한국아동·청소년상담학회 연구총서 19

변증법 행동치료(DBT), 새롭게 다시 보기

Gillian Galen · Blaise Aguirre 공저 | 김동일 역

학지사

DBT FOR DUMMIES

This work was supported by the Ministry of Education of the Republic of Korea and the National Research Foundation of Korea (NRF-2020S1A3A2A02103411)

역자 서문

제3세대 인지행동치료에서는 정서나 인지 내용의 변화를 시도하기보다는 정서적 과정이나 인지적 과정 자체를 수용하고 행동에서의 변화를 추구하는 특징이 있습니다. 이 중 변증법 행동치료(Dialectical Behavior Therapy, 이하 DBT)는 가장 대표적인 치료법으로, 인지행동치료, 변화와 수용의 변증법, 그리고 마음챙김을 중심축으로 하는 심리치료 체계입니다. DBT는 변화와 수용을 중심으로, 내담자의 현재 삶의 맥락에 비추어 봤을 때 마땅한 행동이나 감정은 타당화하고 수용하며, 마땅하지 않은 행동이나 감정은 변화해야 한다고 봅니다. 개인적으로 의미 있는 DBT의 주요한 가정들은 다음과 같습니다.

- 내담자는 자신이 할 수 있는 최선을 다하고 있다.
- 내담자는 관련된 모든 상황을 견딜 수 있는 새로운 방식을 학습하고, 새로 학습한 행동을 그 행동과 관련된 모든 상황에서 연습해 익힌다.
- 내담자가 치료에서 실패하는 경우는 없다.
- 내담자는 더 잘하려고 하고, 더 열심히 노력해야 한다.
- 어려운 내담자를 만나는 DBT 팀의 모든 상담사는 서로 돕고 지원해야 한다.
- DBT 상담사는 치료에서 실패할 수 있다.
- 상담사가 실패하지 않더라도 DBT는 실패할 수 있다.

저는 2017년부터 SSK 교육사각지대 학습자 연구사업단(소형, 중형1, 중형2)을 중심으로 우리 학교와 사회의 다양한 사각지대 내담자에 대한 연구와 실천을 진행해 왔습니다. DBT는 자해, 자살 문제를 비롯하여 다양한 위기에 처해 있는 교육사각지대 학습자의 부적응을 다루는 효과적인 증거 기반 중재입니다. 이미 다양한 내담자 집단을 위해 변형된 DBT 모델, 사회적 · 행동적 · 심리적 문제를 보이는 위기 학생들을 대상으로 하는 CSB-DBT(학교 기반 종합 DBT)와 모든 학생을 대상으로 예방적 차원에서 실시하는 사회정서

학습 프로그램인 DBT STEPS-A 등이 개발되고 검증되었습니다. DBT 공부와 실천을 통해 내담자가 각자 바라는 '살 만한 삶'을 보다 확실하게 그릴 수 있게 되고, 보다 효과적으로 다가서는 경험을 할 수 있기를 기대합니다.

이 책을 출간하기까지 매우 많은 분의 도움이 있었습니다. 이 책을 같이 읽고 공부해 온 서울대학교 아동청소년상담연구실(WITH Lab.) 대학원생, 교육사각지대 아동과 청소년을 위한 워크숍을 직접 참여하고 운영해 준 서울대학교 SSK 연구원, 그리고 정성 어린 손길로 책을 만들어 준 학지사 임직원 여러분께 진심으로 고마운 마음을 전합니다. 마지막으로 지속적으로 동참해 준 독자 여러분께 깊은 감사를 드립니다.

서울대학교 SSK 교육사각지대 학습자 연구사업단

단장 김동일

powered by SNU WITH Lab. (Widening InTellectual Horizon):

Education and Counseling for Children-Adolescents with Diverse Needs

저자 서문

우리의 임상 경험상, 2020년이라는 독특한 해는 절실하고, 효과적이며, 포괄적인 정신건강 관리에 대한 요구가 가장 많은 시기였습니다. 코로나19 팬데믹, 경제의 불확실성, 사회 정의에서의 양극화, 정치 성향으로 극단적인 지역 감정으로 인해 확대된 의심과 의혹은 정신건강 문제가 없는 사람에게도 영향을 미쳤을 뿐만 아니라 정신건강 문제를 겪는 내담자와 정신건강 상담사에게까지 영향을 끼쳤습니다. 이는 우리가 스트레스, 부정적 감정, 상호 관계 단절에 반응하는 두뇌를 가진 인간임을 알려 줍니다.

우리 모두는 자신을 돌봐야 하지만, 자신의 삶을 곰곰이 살피며 보낼 시간이 없는 것도 사실입니다. 오늘 당신이 만드는 변화는 당신의 남은 생애 동안 영향을 미칠 것입니다. 이제 당신의 가치와 기대에 부합하는 방식으로 행동을 시작할 때입니다. 물론, 가장 잘하는 주장 선수라 할지라도 팀의 지원 없이는 승리할 수 없는 것과 마찬가지로 당신은 다른 사람의 도움이 필요하지만, 자신을 스스로 돌볼 수 있습니다. 더 건강한 음식을 먹고, 더 규칙적으로 운동하고, 제시간에 잠자리에 들고, 금주하고, 매일 명상을 실천함으로써 행동을 바꾸기 시작하는 데에 다른 사람의 굉장한 축복이 필요한 것은 아닙니다. 당신이 더 건강한 사람이 되면 당신의 삶과 당신이 중요하게 여기는 인간 관계에 더욱 능숙해진 자신의 모습을 보게 될 것입니다.

우리는 내담자, 친구, 가족, 동료에게 변증법 행동치료(DBT)가 내담자만을 위한 것이 아니라 모든 사람의 삶을 향상시키는 도구라고 이야기합니다. DBT를 통하여 우리 자신과 인간 관계를 더 잘 돌볼 수 있고, 더 자비로워지며, 고착된 판단적 가정을 하지 않게 됩니다. 우리가 이런 이야기를 할 수 있는 것은 단순히 이 책을 집필했기 때문이 아니라 개인과 직업 생활에서 DBT의 이점을 확인했기 때문입니다.

이 책에 대하여

이 책은 현시대를 위한 책입니다. 우리가 이 글을 쓴 2020년은 예상하지 못했던 도전으로 가득 차 있었습니다. 팬데믹 전염병, 선거 분쟁, 우리 사회의 분열을 격화시키는 다양한 시위로 가득했습니다. 이러한 경험은 우리에게 아주 큰 부담을 주는 동시에 우리의 약점과 어려움을 야기할 수도 있습니다.

이미 내재된 정신건강 문제에 맞서 싸우고 있는 사람들은 조절하고, 효과적으로 연계하며, 더 깊은 절망에 빠지지 않은 채 어려운 순간을 견디면서 현재 순간에 주의를 기울일 필요가 있습니다. 이 책은 이런 면에서 시의적절하고 필수적입니다. 이 책의 기법들을 규칙적으로 배우고, 사용하고, 연습한다면 불확실성으로 가득 차 있든 없든 간에 현재뿐만 아니라 미래의 모든 순간에도 유용하게 활용될 것입니다.

당신이 DBT를 처음 접하는 사람이든, 새로운 아이디어를 찾고 있는 전문가이든 관계없이 DBT에 관해 알아야 할 것이 이 책에 담겨 있습니다. 우리는 이 책이 전문적 치료를 대체할 수 없다는 점을 분명히 하고 싶습니다. 이 책을 읽으면 무엇을 해야 할지에 대한 정보와 좋은 아이디어를 얻을 수 있지만, 어려움을 겪고 있어 적절한 도움을 받으려면 DBT 전문상담사가 필요합니다.

DBT를 사용하는 과정에서 많은 내담자가 이전에 DBT 치료를 받았고 비슷한 용어를 들어 보거나 치료 과정을 겪었지만, 우리가 수행한 DBT 작업은 달랐다고 말했습니다. 우리의 프로토콜은 대부분 다른 DBT 상담사의 프로토콜과 동일합니다. 그러나 DBT는 프로토콜뿐만 아니라 원리 주도로 이루어지기 때문에 DBT의 기술적 측면과 전달되는 방식이 중요합니다. 이 책에 나오는 많은 아이디어는 우리의 임상 실습에서 직접 나온 것이며, 각 상담사마다 치료법을 다르게 적용할 수 있습니다.

이 책도 다른 많은 책처럼 처음부터 끝까지 읽을 필요는 없습니다. 당신이 관심 있는 것이 감정 조절을 실천하는 방법, 마음챙김을 사용하여 관계를 개선하는 방법, DBT를 특정 정신질환에 적용하는 방법이라면 관련 정보가 여기에 있으며 쉽게 찾을 수 있고, 단시간 내에 읽고 이해할 수 있습니다.

다음의 사항을 참고하세요. 본문에 있는 글상자는 특정 주제의 세부 정보를 알려 주지만 주제를 이해하는 데 중요하지 않을 수 있습니다. 필요하면 읽어 보거나 혹은 건너뛰세요. 기술적 사항 아이콘과 함께 제공되는 정보도 건너뛸 수 있습니다. 이 아이콘은

DBT에 대하여 흥미롭지만 꼭 필수적이지는 않은 정보를 제공합니다.

마지막으로, 한 가지 조언하자면 이 책에서 일부 웹 주소는 두 줄로 나뉘어 적혀 있을 수 있습니다. 인쇄본 책에서 보고 웹 페이지를 방문하려면 본문에 표시된 대로 정확히 웹 주소를 입력하면 됩니다. 이 책을 전자책으로 읽고 있다면, 웹 주소를 클릭하면 바로 웹 페이지로 이동하실 수 있습니다.

기본 가정

우리는 당신에 대한 기본적인 가정을 하고 있습니다. 당신이 완전 초보상담사는 아닐 것이라는 점입니다. 그래도 당신은 DBT에 대해 보다 명료하고, 전문적 용어가 덜 들어간 설명을 원하기 때문에 이 책을 읽을 것입니다. 그리고 상담 및 심리치료에 대해 어느 정도 기본적인 지식을 갖고 있고, 특정 증상을 다루는 데 DBT가 유용하다는 이야기 정도는 들어 봤을 것입니다. 사실 이 책은 DBT라는 매우 훌륭한 심리치료에 대한 훨씬 더 명확한 설명을 제공합니다.

우리는 또한 그 어떤 책도 전문적 치료를 대신할 수 없다는 것을 알고 있고, 도움이 필요한 사람이라면 누구나 이 책을 이해를 위한 가이드로 삼더라도 전문적인 도움을 찾을 것이라고 가정합니다. 마지막으로, 우리는 심리적 어려움을 겪고 있는 내담자들이 오히려 새로운 치료법을 배우기 어려워한다는 것을 가정하고 있습니다. 우리는 당신을 매우 소중하게 여기며, 당신의 삶에 던져진 걸림돌에도 불구하고 이를 극복하려는 당신의 노력을 응원합니다.

이 책에서 사용한 아이콘

당신이 알아야 할 몇 가지 아이콘을 본문 옆에 넣었습니다. 이 아이콘은 특정한 유형의 정보를 제공하게 됩니다. 다음을 확인하기를 바랍니다.

TIP

이 아이콘은 당신이 눈치챌 수 있도록 특정한 방향을 안내하는 글이 있을 때 제시됩니다. 의도한 대로 어떤 기술을 연습하는 것을 대체할 수는 없지만 그 기술을 더 쉽게 기억할 수 있도록 상기시켜 주는 역할을 합니다.

기억하세요

우리가 말하는 모든 것을 당신이 기억하기를 바라지만, 이것들이 얼마나 쉽게 잊혀지는지를 여러 번 보았습니다. 반복이 학습에 좋은 방법이라는 것을 알고 있기 때문에 되도록 반복할 것입니다. 잊어버리기 쉬울 때 이 아이콘이 보이면 해당 정보가 뇌에 각인되도록 기억하세요.

주의

당신이 이 책에서 말하는 모든 것을 기억하고 우리가 권하는 모든 것을 당신이 수행하기를 원합니다. 그렇지만 우리가 권하는 것 중에서 겨우 1/2이나 1/4 정도만 할 수 있겠지요. 치료에 심각한 장애물이 될 수 있는 함정에서 벗어나려면, 이 아이콘과 관련된 것에 주의를 기울여야 합니다.

기술적 사항

'전문가'로서 우리는 가장 끈질긴 내담자 또는 DBT에 열정적인 상담사가 좋아할 만한 지식 덩어리들을 가지고 있습니다. 그리고 우리는 당신이 신경 경로 및 뇌 화학 물질과 같은 주제에 대해서도 더 많이 알고 더 깊이 탐구하고 싶어 할 수도 있다고 생각합니다. 이러한 지식 덩어리가 당신을 따분하게 하는 것이 아니라 흥분시킨다면 우리와 같이 탐구하는 것도 환영합니다. 그러나 원한다면 이 아이콘과 관련된 정보를 건너뛸 수 있습니다. 다시 말하면, 당신이 원할 경우 건너뛸 수 있는 유일한 정보를 가리키는 아이콘입니다.

이 책을 넘어서

지금 읽고 있는 인쇄본이나 전자책 외에도 이 책의 내용에는 웹을 통해 접근할 수 있는 몇 가지 기능이 함께 제공됩니다. DBT에서 기대되는 사항, DBT 구성 요소 및 유용한 기술에 대한 흥미로운 정보를 보려면 무료 자료를 확인하세요. 해당 자료를 참고하려면 www.dummies.com을 방문하여 검색창에서 'Dialectical Behavior Therapy For Dummies Cheat Sheet'를 검색하세요.

이제 무엇을 해야 하는가

이제 시작해 보세요! 책의 자세한 차례를 확인하고 관심 있는 장을 바로 읽어 보세요. 이 책은 처음부터 끝까지 읽어야 하는 소설이 아닙니다. 우리 자녀들이 냉장고를 열고 원하는 것을 가져가는 일과 비슷합니다. 하지만 DBT를 처음 접하는 경우라면 제1장부터 시작하는 것이 좋습니다. DBT에 대해 점점 더 많이 이해하게 되고, 상담사에게도 한두 가지 알려 줄 수 있게 될 때까지, 이 책을 계속해서 읽고 더 많은 정보를 발견해 보세요. 이는 '아하' 하는 통찰의 순간까지 도달하게 해 줄 것입니다. 이런 경험을 우리에게도 알려 주세요. 당신의 귀중한 여행에 우리를 동반하게 해 주어 고맙습니다.

차례

⊙ 역자 서문 _ 3
⊙ 저자 서문 _ 5

제1부
DBT의 기초

제1장 DBT 입문하기 • 21

DBT의 주요 토대 살펴보기 _ 21
DBT의 치료 방식과 기능에 대한 개관 _ 22
DBT의 이론적 틀에 주목하기 _ 24
DBT 상담 단계 살펴보기 _ 25
DBT 기술 살펴보기 _ 26
DBT의 운영 구조 자세히 살펴보기 _ 27
DBT로 특정 상황 개입하기 _ 27

제2장 DBT 이해하기 • 29

생물사회적 이론으로 시작하기 _ 30
포괄적인 치료 접근의 기능과 목표 _ 34
치료 유형 확인하기 _ 37
변증법적 통합 _ 40

제3장 다중적 관점 받아들이기 • 45

첫 반응에 질문하기 _ 46
당신의 인식을 확장하기 _ 49
연민의 마음으로 스스로를 바라보기 _ 53

제4장 충동성에서 능동적 즉흥성으로 나아가기 • 55

충동성과 즉흥성을 구분하기 _ 56
자동적 반응에서 벗어나기 _ 57
마음 열기 _ 61
부정적인 일을 긍정적인 일로 바꿔 보기 _ 68

제2부 이해에 도달하기

제5장 나의 감정 이해하기 • 77

나의 감정 알아차리기 _ 78
부적절한 반응에 직면하기 _ 83
문제 영역 식별하고 처리하기 _ 87

제6장 나의 행동 이해하기 • 89

감정이 어떻게 행동에서 나타나는지 알기 _ 90
감정적인 트리거 식별하고 처리하기 _ 91
특정 행동을 특정 반응에 연결하기 _ 96

제7장 나의 생각 이해하기 • 101

자기 대화 들여다보기 _ 101

반응 관찰하기 _ 108

제8장 나의 관계 이해하기 • 115

관계 역동 인식하기 _ 115

의사소통 강화하기 _ 120

더 많은 가능성 열어 놓기 _ 122

제3부

DBT 기술 탐구하기

제9장 마음챙김 • 127

나의 마음을 탐구하기 _ 128

마음챙김의 유형 이해하기 _ 140

마음챙김의 이점 깨닫기 _ 146

제10장 감정 조절하기 • 151

감정 조절 시작하기 _ 151

스스로에게 정서적 지지자 되어 주기 _ 160

제11장 고통 감내 • 163

위기 생존 기술로 어려운 순간 관리하기 _ 164

모든 것에는 이유가 있다는 것 인식하기 _ 169

충동적인 행동 억제하기 _ 172

스스로 위기 관리하기 _ 177

제12장 대인관계 효과성 향상시키기 • 187

시작하기 전: 걸림돌 알아차리기 _ 187
DEAR MAN 기술 익히기 _ 189
타당화 기술 연습하기 _ 195
GIVE 기술로 커뮤니케이션하기 _ 200
FAST 기술을 통해 진실성을 지키기 _ 201
GIVE와 FAST 기술을 통합하기 _ 203
모든 기술을 통합하기 _ 204

제13장 중용 지키기 • 205

균형 잡기 _ 206
협력과 타협으로 포용하기 _ 211

제4부 DBT 치료 기법

제14장 치료의 기반 살펴보기 • 217

일대일 개인 치료 _ 218
모두 함께: 집단 치료 _ 222
시간에 관계없이 연결되기: 전화 코칭 _ 224

제15장 변증법 수용하기 • 231

시작: 변증법과의 우연한 만남 _ 232
치료에서 다루어지는 주요 변증법 딜레마들 살펴보기 _ 235
양육의 변증법 딜레마: 중용 지키기 _ 237
상담사의 변증법 개입 이해하기 _ 240

제 16장 환경 구조화 • 243

서로 다른 두 환경 구조화하기 _ 243
문제를 해결하는 다섯 가지 방법 _ 245
기본 틀 구축하기 _ 246
개인 회기 구조화하기 _ 250
다른 맥락에 구조 배치하기 _ 257

제 17장 상담자 자문팀 • 263

자문팀에 가입하기 _ 264
의제 지키기 _ 270

제 18장 경험 따라가 보기 • 273

다이어리 카드 쓰기 _ 273
행동 분석하기 _ 282

제 19장 동기 부여하기 및 유지하기 • 291

치료 동기 지니기 _ 291
동기 높이기 _ 295
동기 유지하기 _ 299

제 5부

특정 상황을 위한 DBT 수행

제 20장 기분장애 및 성격장애 정복하기 • 307

경계성 성격장애 다루기 _ 307
기분 관리하기 _ 316
불안 완화하기 _ 320

제21장 트라우마 다루기 • 327

DBT PE의 기본 개념 이해하기 _ 328
DBT-PTSD: 대체 모델 탐구하기 _ 332
해리의 딜레마 파헤치기 _ 334

제22장 중독 완화하기 • 337

도파민이란 _ 337
약물 의존증 다루기 _ 339
섭식장애 극복하기 _ 349
신체 이형 장애 이해하기 _ 356
행동 중독에 대한 이해하기 _ 362

제23장 문제 행위 대처하기 • 367

자기부정의 문제 해결 _ 367
자기혐오 다루기 _ 377
고독과 관계의 균형 유지 _ 381

제6부 DBT 이해와 실천

제24장 열 가지 마음챙김 연습 • 391

가려움 관찰하기 _ 392
삼키고 싶은 충동 관찰하기 _ 392
손 관찰하기 _ 392
단계적 호흡으로 숨 쉬는 것 관찰하기 _ 393
소셜 미디어 게시물 설명하기 _ 394

어렵거나 고통스러운 감정 설명하기 _ 394
주변의 소리 묘사하기 _ 394
한 발로 서 보기 _ 395
잘 안 쓰는 손으로 써 보기 _ 395
운전하기 _ 396

제25장 우울증을 넘어서는 열 가지 방법 • 397

운동하기 _ 397
명상하기 _ 398
가공식품 줄이기 _ 398
알코올과 다양한 약물 조심하기 _ 399
충분한 수면 취하기 _ 400
사회적 상호작용과 친밀한 관계 유지하기 _ 401
일상에서 여가와 휴식 시간 갖기 _ 402
자연 환경에 자주 노출하기 _ 402
반려동물과 다른 동물들 돌보기 _ 403
신앙과 기도를 위한 시간 갖기 _ 403

제26장 DBT에 관한 열 가지 오해와 사실 • 405

오해: DBT는 경계성 성격장애 내담자에게만 쓰일 수 있다 _ 405
오해: DBT 상담자는 매뉴얼에 적힌 기술을 기계적으로 가르치며, 이는 실제 치료가 아니다 _ 406
오해: DBT를 통해 효과가 나타나기까지 오래 걸린다 _ 406
오해: DBT는 자살 예방 치료이다 _ 407
오해: 다른 치료법으로 효과를 보지 못했다면, DBT도 효과가 없다 _ 407
오해: DBT를 시작했다면 중간에 그만둘 수 없다 _ 407
오해: 불교를 믿어야만 DBT를 할 수 있다 _ 408
오해: DBT는 컬트 집단이다 _ 408
오해: DBT가 효과가 있다는 증거는 거의 없다 _ 409
오해: DBT는 정신질환의 '근본 원인'에 관심이 없다 _ 409

제 1 부 DBT의 기초

Dialectical Behavior Therapy

제1장 … DBT 입문하기
제2장 … DBT 이해하기
제3장 … 다중적 관점 받아들이기
제4장 … 충동성에서 능동적 즉흥성으로 나아가기

제1부에서는

- 변증법 행동치료(DBT)가 어떻게 발전되어 왔는지 알아봅니다.
- 전체적인 DBT 치료의 구성 요소를 이해합니다.
- 마음챙김이 DBT의 핵심임을 이해하고 여러 관점을 수용하는 방법을 알아봅니다.
- 완전한 치료로 나아가기 위해 마음챙김에 행동주의를 접목합니다.

제1장

DBT 입문하기

이 장에서

- DBT의 토대, 방식, 그리고 기능 살펴봅니다.
- DBT의 이론적 틀을 파악합니다.
- DBT의 상담 단계를 파악합니다.
- DBT 기술의 핵심을 살펴봅니다.
- DBT를 사용하여 특정 상황에 개입합니다.

변증법 행동치료(Dialectical Behavior Therapy: DBT)의 세계로 들어가는 것은 변증법의 철학적 과정에 주목하면서 한편으로는 행동주의와 변화에 대한 심리적 과정에 주목하는 일입니다. 모든 것은 정(正)–반(反)으로 구성되어 있다는 점, 이 정–반 모두가 진실이라는 점, 변화한다는 그 사실 자체를 제외한 모든 것이 변화한다는 점, 그리고 고통으로부터 벗어나는 길은 이러한 점들을 모두 수긍함으로써 시작한다고 말하는 치료의 세계로 들어갑시다. 이번 장은 이와 관련된 기초를 다룹니다.

DBT의 주요 토대 살펴보기

기억하세요

DBT는 크게 세 가지의 철학적 · 과학적 토대 위에 서 있습니다. 이러한 기초들은 함께 치료를 지탱하는 특정 가정들입니다.

- **모든 것은 상호 연결되어 있습니다.** 모든 것, 그리고 우리 모두는 상호 연결되어 있고 상호 의존적입니다. 우리는 모든 것으로 이뤄진 거대한 조직의 일부분으로, 우리를 지지하고 지탱하는 존재 공동체의 일원입니다. 우리는 우리의 가족, 친구 그리고 공동체와 연결되어 있습니다. 우리는 다른 사람들을 필요로 하고, 다른 사람들은 우리를 필요로 합니다.

- **변화는 거듭되며 필연적으로 이뤄집니다.** 이는 결코 새로운 생각이 아닙니다. 소크라테스(Socrates) 이전 철학자인 헤라클레이토스(Heraclitus)가 "이 세상에 변하지 않는 유일한 것은 모든 것이 변한다는 사실뿐입니다."라고 말했던 것처럼 우리의 인생은 고통으로 가득 차 있지만 늘 변화가 일어나기 때문에 변화는 확신할 수 있는 유일한 것이고, 마찬가지로 고통 또한 변화할 것입니다.

- **정-반을 통해 진실에 더 가까이 다가갈 수 있습니다.** 이것은 변증법의 핵심입니다. 변증법적 통합은 정반합(正反合)을 통해 이루어집니다. 두 (양극단의) 아이디어를 종합하는 과정에 있어 정(正)과 반(反)을 통해 합(合)으로 갈 수 있습니다. 엄밀히 말해서, '합'은 '정'에서 가져온 하나의 개념과, '반'에서 가져온 하나의 개념을 통합해서 만들어집니다.

DBT의 주요 토대에 대한 추가적인 내용은 제2장을 참조하세요.

DBT의 치료 방식과 기능에 대한 개관

DBT는 원래 자해와 자살 행동으로 힘들어하는 사람들을 위해 마샤 리네한(Marsha Linehan) 박사가 개발했고, 이후 경계성 성격장애에 최적화된 상담 기법이 되었습니다. 이에 대해서는 제20장에서 종합적으로 다룰 예정입니다. 이 기법은 많은 상담사와 내담자에게 매력적인데, 매우 유용할 뿐만 아니라 사람들을 괴롭게 하는 네 가지 요소, 즉 생물학적·환경적·영적·행동적 요소를 통합한 포괄적인 방법이기 때문입니다. 또한 DBT는 지금 이 순간 현재 있는 그대로를 완전히 수용하면서도 변화해야 할 필요성에도 동시에 균형을 맞추는 데 초점을 둔다는 점에서 독특한 기법입니다.

제2장에서 볼 수 있듯이 DBT는 네 가지 방식을 통해 치료를 제공하고, 이 네 가지 방식은 다섯 가지 기능에 초점을 맞춥니다.

치료의 네 가지 방식

기억하세요

치료에는 네 가지 방식이 있으며, 이는 제14장에서 자세히 다루고 있습니다.

- **개인 치료**: 훈련을 거친 상담사가 개인이 새롭게 학습한 기술을 삶 속에서 마주하는 어려움에 적용할 수 있도록 돕습니다.
- **집단 기술 훈련**: 다른 내담자들과 함께 새로운 행동 기술을 배우고, 과제를 하며, 때로는 역할놀이를 통해 다른 사람과 상호작용하는 새로운 방식을 연습합니다.
- **기술 코칭(전화 등)**: 회기 사이에 상담사에게 전화하여 어려운 상황이 생길 때마다 대처하는 방식에 대한 조언을 구합니다.
- **상담사 자문팀 회의**: 한 상담사는 DBT를 제공하는 다른 상담사와 만납니다. 상담사들은 회의를 통해 어렵고 복잡한 상담 장면에서의 문제들을 다루고, 새로운 아이디어를 주고받습니다. 자문팀에 대한 내용은 제17장에서 자세히 다루고 있습니다.

치료의 다섯 가지 기능

기억하세요

앞서 다뤘듯이, DBT는 통합적인 상담 프로그램입니다. DBT는 한 명의 상담사가 한 명의 내담자를 대상으로 하는 하나의 치료 방식이라기보다는 다양한 상담 기법의 집합입니다. 어떤 프로그램을 선택하든 다음의 다섯 가지 치료 기능을 고려해야 합니다(제4장에서 자세히 다룸).

- **변화에 대한 동기 강화하기**: 자기 파괴적이고 부적응적인 행동을 바꾸는 것은 매우 어려운 일이며, 낙심하기 쉽습니다. 상담사는 상담이 제대로 진행되고 있는지 확인하고 유의미한 삶과 일치하지 않는 행동을 감소시키 위해 함께 노력할 것입니다. 개인상담과 집단상담에서 상담사는 이러한 목표를 달성하기 위해 스스로의 행동을 추적하게 하고, 기술 훈련을 시행할 것입니다.
- **역량 강화하기**: DBT는 사람들이 어려움을 겪는 이유가 감정 조절 기술, 현재에 주의를 집중하고 경험하기, 대인관계 상황을 효과적으로 탐구하기, 스트레스 조절하기와 같은 몇 가

지 중요한 삶의 기술이 부재하거나 부족하기 때문이라고 가정합니다.

- **상담에서 배운 것을 삶으로 일반화하기:** 개인 또는 집단 상담 회기에서 배운 기술이 일상에 적용되지 않는다면, 자신의 문제를 성공적으로 해결했다고 볼 수 없습니다.
- **이익을 강화하기 위해 환경을 구조화하기:** 자신의 부적응적인 문제 행동으로 다시 돌아가지 않게 하기 위해서는 만약 그런 일이 일어났더라도 그 영향이 지속되지 않게 하는 것이 중요합니다. 이를 위해 개인의 목표를 향한 진전을 촉진하도록 치료를 구성할 수 있습니다. 보통 상담사가 효과적인 상담의 모든 요소를 놓치지 않으려 할 것이며, 이를 내담자가 스스로 하기 어려워 보일 때에는 내담자가 기술을 습득할 때까지 상담사가 한시적으로 개입할 것입니다.
- **상담사의 역량과 동기를 강화하기:** 여러 가지 문제를 가지고 상담에 찾아오는 사람들을 돕는 것은 상담사와 내담자 모두에게 매우 보람 있는 일이지만, 그들의 행동이 상담사를 아주 힘들게 할 때도 있습니다. 때문에 DBT를 지속하기 위해서는 상담사도 도움이 필요합니다. 바로 이때, 앞서 소개한 DBT 상담사 자문팀이 그 기능을 발휘합니다.

DBT의 이론적 틀에 주목하기

DBT는 다음의 세 가지 중심 이론을 기반으로 합니다.

- **생물사회학 이론:** 리네한 박사의 생물사회적 이론은 감정적으로 더욱 예민하고, 반응적이며, 이전 감정 상태로 돌아가는 데 더 오랜 시간이 걸리는 것과 같은 개인의 생물학적 기질과 '수용 · 인정해 주지 않는 환경' 사이의 오랜 상호작용을 통해 개인이 감정 조절에 어려움을 겪게 된다고 설명합니다.

  수용 · 인정해 주지 않는 환경은 아동의 감정적 경험이 자신에게 중요한 사람에게 타당한 것으로 인지되거나 받아들여지지 않는 것입니다. 이런 상황에서 아이의 감정적 경험은 높은 수준으로 고조되기 전까지 수용 · 인정되지 않으며, 아동은 이를 통해 아주 강하게 표현해야 자신의 의사가 전달된다는 것을 학습하게 됩니다. 자신의 감정을 강하게 표현했다는 이유로 혼이 날 때, 아동은 자신의 어려움을 자해와 같은 부적응적인 행동을 통해 조절하려고 할 수 있습니다. 그리고 아동은 이로 인해 부끄러움이나 죄책감을 느끼기 때문에 결국 더 큰 감정으로 이어집니다. 제2장에서 생물사회적 이론을 더 자세히 다루고 있습니다.

>> **행동이론**: 행동이론은 선행사건 분석을 통해 인간의 행동을 설명하려고 합니다. **선행사건**(A)은 **행동**(B)에 앞서는 사건, 상황, 환경, 감정, 사고 등 행동이 일어나기 전에 일어난 사건을 말합니다. **결과**(C)는 행동에 뒤따르는 반응이나 행위를 뜻합니다. 행동이론에 따르면, 행동을 일으키고 지속시키는 요소들은 부적응적 행동을 감소시키고 적응적 반응을 증가시키는 데 적용할 수 있습니다.
행동이론의 중요한 요소 중 하나는 개인이 감정과 사고 처리 과정에서의 문제로 인해 더 적응적으로 기능하기 위한 기술을 습득하지 못해 부적응적 행동이 지속된다고 보는 것입니다. 때문에 유용한 감정 조절 기술을 배우는 것을 특히 강조하고 있으며, 제10장에서 감정 조절에 대해 다루고 있습니다.

>> **변증법의 철학**: 변증법적 이론에서의 현실은 서로 연결되고 엮인 상반된 구조를 가지고 있으며, 서로 반대되는 힘, 생각, 개념의 지속적인 통합이 바로 변증법입니다. 제15장에서 변증법에 대해 더 자세히 다루고 있습니다.

DBT 상담 단계 살펴보기

기억하세요

DBT는 다섯 가지 상담의 단계를 포함하며, 그중 하나는 치료 전 단계입니다.

>> **치료 전 단계**: DBT 상담에 임할 것을 자기 자신과 상담사에게 결심하는 시기입니다. 이 단계에서 내담자는 원하는 삶을 살아가는 데 방해가 되는 문제 행동의 위계적 목록을 만듭니다.

>> **1단계**: 이 단계의 주요 목표는 개인의 삶에 큰 영향을 미치는 가장 심각한 행동을 감소시키는 것입니다. 이는 자살이나 자해와 같이 목숨을 위협하는 행동, 치료에 오지 않거나 과제를 하지 않는 등의 치료 방해 행동, 약물 오남용과 해로운 관계와 같이 삶의 질을 저하시키는 행동을 포함합니다. 마지막으로, 기술 집단의 형식에서 다룬 행동 기술을 증가시키고자 합니다.

- **2단계**: 이 단계에서 개인은 감정 경험 및 고통과 절망으로 이어지곤 했던 삶의 트라우마를 돌아보는 데 집중합니다.
- **3단계**: 권태, 공허함, 애도, 인생 목표와 같은 남아 있는 문제들을 다룹니다.
- **4단계**: 마지막 단계에서는 자신의 자기 인식과 불완전함에 대한 감각을 심화하고, 영적으로 더욱 충만하고 행복은 자기 안에 있음을 인식하기 위해 노력합니다.

DBT 기술 살펴보기

DBT는 사람들이 가진 문제의 대부분은 감정적인 상황을 다루는 기술이 없거나, 부족하거나, 효과적으로 사용되지 않았기 때문에 일어난다고 가정합니다. 특히 효과적인 행동이 필요한 순간에 사용하지 못하는 것은 어떤 행동이 효과적인지 알지 못하거나, 알더라도 어떻게 사용하는지 모르기 때문입니다. 개인상담, 집단상담, 코칭 등 일반 치료 상황에서도 DBT 기술의 사용은 자살 행동, 비자살적 자해 행동, 우울의 감소와 감정 조절과 대인관계 문제의 개선으로 이어졌습니다. 제3부에서는 다음의 기술을 집중적으로 다룹니다.

- **마음챙김**: 선종 및 신비주의적 명상 훈련으로부터 부분적으로 파생된 DBT는 마음챙김의 중요성을 강조합니다. 이 과정에서 "마음챙김을 위해 어떤 것을 해야 하는가?" "마음챙김 기술을 어떻게 실행하는가?"의 두 가지 사항을 고려합니다.
- **대인관계 효과성**: DBT는 사람들이 자신이 원하고 필요로 하는 것을 얻고, 대인관계에서의 갈등을 줄이고 개선하며, 무리한 부탁에 대해 "아니요."라고 거절하는 효과적인 방식을 가르칩니다. 여기서는 스스로를 존중하고, 자기주장을 연습하며, 자신의 요구를 수용 · 인정하는 데 초점을 둡니다.
- **고통 감내**: 많은 정신건강 치료가 힘든 상황을 바꾸는 데 집중하는 반면, DBT는 감정적인 고통을 주는 상황을 견뎌 내는 기술을 가르치는 데 집중합니다. 이러한 기술 중에는 현실을 그대로 받아들이는 것과 그 현실을 '기꺼이' 받아들이는 것을 구분하는 것의 중요성을 아는 것도 포함됩니다.
- **감정 조절**: DBT는 특히 감정 조절을 효율적으로 하지 못해 어려움을 겪는 사람들에게 효과적입니다. 감정 조절 관련 기술은 어떤 감정을 경험하고 있는지, 어떠한 취약성이 감정

조절장애에 기여하는지, 감정의 기능이 무엇인지, 그리고 과도한 감정에 어떻게 대처해야 하는지를 알아 가는 것을 포함합니다.

DBT의 운영 구조 자세히 살펴보기

앞서 언급한 바와 같이, 통합적인 DBT 상담은 개인상담을 넘어 집단 기술 훈련, 기술 코칭(전화 등), 상담사 자문팀 등을 포함합니다. 집단 기술 훈련은 일반적으로 일주일에 한 번, 2시간 30분씩 진행됩니다. 집단에서는 앞서 언급한 네 가지 기술(마음챙김, 대인관계 효과성, 고통 감내, 감정 조절)을 학습합니다(이러한 기술은 제3장에서 폭넓게 다룸).

기억하세요

일반적으로 모든 모듈을 다루는 데에 6개월이 걸리며, DBT 과정을 수행하는 많은 사람이 이를 반복합니다. 결과적으로, 총 1년 정도 소요됩니다. 외상 후 스트레스 장애와 같은 동반 이환(co-occurring disorders)이 있으면 시간이 더 소요될 수 있습니다.

집단 기술 훈련 첫 번째 장에서는 지난 시간에 할당된 과제를 복습하는 데 전념하고, 두 번째 장에서는 새로운 기술을 배우고 가르치고 연습합니다. 집단에서 배운 기술은 개인상담에서 개인의 치료적인 요구와 목표의 맥락에서 검토됩니다. 집단 기술 훈련이 기술을 개인에게 가르치는 반면, 개인상담은 개인의 삶의 맥락에서 기술을 이끌어 내는 것입니다.

DBT로 특정 상황 개입하기

DBT 효능에 대한 대부분의 연구는 경계성 성격장애로 힘들어하는 사람들을 대상으로 수행되었지만, DBT는 많은 다른 증상에 대해서도 연구되었습니다(제5장에서 더 자세히 다룸). DBT는 그 자체로 또는 다른 행동치료와 함께 다음과 같은 증상에 대해 어느 정도의 효과를 갖는 것으로 나타났습니다.

- 외상 후 스트레스 장애(PTSD)
- 약물사용장애(SUD)
- 폭식장애(BED)

DBT는 다양한 대상에게도 적용됩니다.

- 청소년(제13장 참조)
- 교정시설 수감자
- 발달장애인
- 경계성 성격장애인의 가족 구성원
- 학교에서 사회정서학습 교육과정의 혜택을 받을 수 있는 학생

제 2 장

DBT 이해하기

이 장에서

- DBT의 바탕이 되는 생물사회적 이론을 검토합니다.
- DBT의 목표와 기능에 대해 알아봅니다.
- DBT의 상담 방식을 알아봅니다.
- 변증법 과정을 조사합니다.

변증법 행동치료(DBT)는 워싱턴 대학교의 심리학자인 마샤 리네한 박사에 의해 경계성 성격장애(BPD)를 가진 성인 여성을 돕기 위해 처음 개발되었습니다. BPD는 감정의 격렬한 변화, 친밀하고 가까운 관계에서의 어려움, 자기 파괴적인 행동, 자해 및 자살 행동을 특징으로 합니다. BPD를 가진 많은 사람에게 자살에 의한 사망 가능성은 BPD를 치료하기 가장 어려운 정신건강 상태 중 하나로 만듭니다. 실제로도 DBT가 개발되기 이전에 BPD는 특히 치료하기 어려운 정신질환으로 여겨졌고, 약물이나 심리치료 또한 즉각적인 완화 효과를 제공하지 않는 것처럼 보였습니다.

하지만 자살하는 사람들은 '단지' 자살할 뿐 아니라 많은 다른 문제를 가지고 있었기 때문에, 한 사람의 모든 문제를 다루는 치료를 받는 것은 포괄적이고 지지적이며 성공적인 치료를 받는 데 필수적이었습니다. 게다가 많은 상담사가 종종 자살 가능성이 있는 내담자를 치료하는 것을 두려워하기 때문에 그 치료는 상담사와 내담자 모두에게 유용할 필요가 있었으며, 그들 또한 지원이 필요했습니다.

DBT에 대해 더 알아봅시다. 이번 장에서는 생물사회적 이론, DBT의 목표와 기능, 상담 방식, 변증법적 과정을 포함한 이 치료법의 모든 기초를 알아봅니다.

생물사회적 이론으로 시작하기

기억하세요

리네한 박사는 BPD와 같은 특정 상태 및 장애는 주로 감정 조절장애, 즉 (강력하고 때로는 고통스러운 감정의 영향을 잘 참거나 효과적으로 대처하는 것을 통한) 감정 조절의 어려움에 의해 특정지어진다는 것을 인지했습니다. 그녀는 이러한 어려움들이 개인의 생물학적 · 유전적 구성과 특정한 환경적 요인들(**생물사회적 이론**으로 알려진 개념) 사이의 상호작용에서 비롯되었다고 했습니다. 그녀는 BPD와 같은 질환을 가진 사람들은 세 가지의 두드러진 특징을 가지고 있다고 언급했습니다.

- 그들은 감정적으로 매우 민감한 경향이 있는데, 이는 그들이 감정적인 경험으로 이어진 사건에 대해 일반인보다 매우 빠르고 더 강렬하게 반응하는 경향이 있다는 것을 의미합니다.
- 감정이 격해질 때, 그들은 스스로를 통제하는 데 어려움을 겪었고, 이것은 결국 그들의 감정 상태에 따라 행동을 결정하는 것으로 이어졌습니다. 그 결과, BPD를 가진 사람들은 기분이 좋을 때 거의 모든 것을 할 수 있었고, 기분이 나쁠 때는 그 순간의 기대를 충족하는 데 어려움을 겪었습니다. 이러한 감정에 따른 행동을 '기분 의존적 행위'라고 합니다.
- 개인이 이러한 강렬하고 고조된 감정을 경험했을 때, 그들은 감정의 기초선 수준으로 돌아가는 데 일반인보다 더 오래 걸렸습니다.

뒤이어 조절장애와 환경적 요인에 대해 더 자세히 논의합니다.

조절장애의 유형

시간이 지남에 따라 감정적으로 민감하고 삶의 어려운 상황과 관계를 관리하는 기술이 없는 사람들은 일상 경험의 다섯 가지 영역을 조절하는 데 지속적인 어려움을 겪게 됩니다. 상담사들이 조절 불능에 대해 사용하는 용어는 **조절장애**이며, BPD와 같은 조건을 가진 사람들은 1993년 리네한 박사가 처음 기술한 개념인 다섯 가지 조절장애 영역을 가집니다.

>> **감정 조절장애:** 감정 조절장애는 감정 반응이 매우 민감하게 올라오는 상황에서 자신의 감정에 유연하게 반응하고 관리할 수 없는 것을 말합니다. 일반적으로 이러한 에피소드는 몇 시간 지속되는 짧은 삽화지만, 그들은 압도당한다고 느낍니다. BPD를 가진 사람은 모든 감정을 조절하는 데 어려움을 겪을 수 있지만, 정신건강 전문가가 정신질환을 분류하는 데 사용하는 매뉴얼인 『정신질환의 진단 및 통계 편람(DSM)』에는 짜증과 분노가 명시되어 있습니다.

>> **대인관계 조절장애:** 대인관계 조절장애는 그것이 현실이든 상상이든 간에 BPD를 가진 사람이 가까운 사람들에게 버림받을 것이라는 두려움을 특징으로 가집니다. 이러한 맥락에서 BPD를 가진 사람은 버려지는 일이 일어나지 않게 하기 위해 필사적이며, 그런 일이 발생하면 막으려고 행동합니다. 이러한 방식은 종종 행동을 받는 쪽의 사람에게 극단적으로 보일 것이며, 때때로 그 사람이 BPD를 가진 사람과 더 이상 관계를 맺고 싶어 하지 않는 이유가 될 수 있습니다. 이것의 또 다른 특징은 BPD를 가진 사람들이 다른 사람들과 강렬한 관계를 발전시키는 경향이 있다는 것입니다. 이런 관계는 때때로 다른 사람을 이상화하고 때로는 다른 사람을 평가절하하는 극단적인 특징이 있습니다. 이 변화는 매우 빠르게 일어나서 상대방을 혼란스럽게 만듭니다.

>> **자기 조절장애:** 자기 조절장애는 불안정한 자아 의식과 내면의 공허함을 경험하는 것이 특징입니다. BPD를 가진 사람들은 자신이 누구인지, 자신의 가치가 무엇인지, 장기적인 목표와 삶의 방향이 무엇인지 정의하는 데 매우 큰 어려움을 겪을 수 있습니다. 때때로 그들은 다른 사람들과 다른 사람들의 행동을 보고 맞추기 위해 그것을 모방하려고 하지만, 그들이 단순히 다르게 행동할 때 그것이 항상 진정성 있게 느껴지지 않는다는 것을 종종 인식합니다. 자기 조절장애의 또 다른 측면은 단절, 외로움, 오해받는 강렬한 느낌을 포함한 공허함을 경험하는 것입니다.

>> **인지 조절장애:** 인지 조절장애는 편집증적 사고의 비교적 짧은 삽화를 특징으로 하며, 이는 특히 스트레스 기간 내에 해당합니다. 이것은 BPD를 가진 사람의 스트레스 수준이 높을 때, 이것이 사실이라는 증거가 없을 때에도 다른 사람들이 의도적으로 그들에게 못되게 군다고 상상하기 시작할 수 있음을 의미합니다. BPD를 가진 사람들은 또한 해리를 경험할 수 있습니다. 해리는 자신이 실재하지 않거나 세상의 나머지 부분이 실재하지 않는다는 느낌이나 생각을 말합니다.

>> **행동 조절장애:** BPD가 있는 사람들의 행동 조절장애는 극단적이고 가끔 충동적이며 때로

> 는 위험한 행동을 특징으로 합니다. 이러한 행동은 종종 강렬하고 참을 수 없는 감정을 다루는 수단으로 사용되며, 손목을 긋는 자해 및 자살 시도와 같은 자해 행동이 포함됩니다. 다른 그러한 행동에는 폭식 같은 섭식장애, 친구들과 어울리거나 자가 치료를 위한 약물 남용, 유대감을 느끼기 위한 위험한 성적 행동, 격렬한 긍정적 감정을 느끼기 위한 난폭 운전 또는 과소비 등이 포함됩니다.

자기부정 환경

리네한 박사가 제시한 환경적 요인은 이전 장의 특성을 가졌던 사람의 BPD 악화에 가장 중요한 요인이었으며, 그녀는 이를 **자기부정 환경**(self-invalidation environment)이라고 불렀습니다. 자기부정 환경에는 다음과 같은 특징이 있습니다.

감정 표현을 수용하지 않음

자기부정 환경은 사적인 감정 경험, 특히 관찰 가능한 사건에 의해 뒷받침되지 않는 감정에 대한 다른 사람의 표현을 용납하지 않습니다. 예를 들어, 어떤 사람이 그 누구도 자신을 사랑할 수 없다고 믿고 이것 때문에 극도로 슬퍼지면, 다른 사람들은 그것이 사실이 아니며 그들이 사랑받을 수 없다는 진술이 근거 없는 이야기라고 말하는 것이 일반적입니다. 사랑받을 수 없다는 느낌은 다른 사람이 관찰할 수 있는 것이 아니므로 그러한 생각으로 고민하는 사람에게 자신이 생각하는 것이 사실이 아니라고 말하는 것은 그 사람의 감정적 경험의 타당성이 수용받고 인정받지 못하며 부정되는 것입니다.

즉, 그 사람이 사랑받지 못한다는 것은 사실이 아닐 수 있지만 그들이 경험하는 감정은 느껴서는 안 된다는 다른 사람의 말로 극복하기 어렵습니다.

기억하세요

부정은 다른 사람이 특정 방식으로 느끼는 것이 이치에 맞지 않는다고 말할 때 발생합니다. 자신이 느끼는 방식을 느끼지 말라고 말하는 것은 그들의 감정적 경험을 바꾸지 못하며, 이는 감정을 유발한 사건에 비해 적절하지 않은 감정을 느끼는 것이라고 그들에게 말하는 것입니다.

강한 감정의 강화

자기부정 환경의 또 다른 특징은 강한 감정의 표시를 강화할 수 있다는 것입니다. 강화는 행동이 현재 수준에서 증가하거나 유지될 가능성을 증가시키는 행동 뒤에 오는 결과입니다.

TIP

강화물에 대해 생각하는 또 다른 방법은 강화물이 보상과 같다는 것입니다. 따라서 사람이 낮은 수준의 감정 표현에 괴로워할 때 무시당하고, 강한 감정이 있을 때 관심을 받게 되면, 그들이 원하는 것이 다른 사람의 관심일 때 강한 감정이 더 자주 나타날 것입니다.

수치심

자기부정 환경의 또 다른 특징은 자신의 감정적 분노 표현이 용납될 수 없거나, 부당하거나, 정당하지 않다는 말을 들을 때, 종종 자신의 행동 방식에 대해 또는 그런 모든 감정에 대해 수치심(shame)을 느끼기 시작한다는 것입니다. 이것의 문제는 누군가를 부끄러워하는 것이 그들이 강한 감정을 느낄 때 무엇을 해야 하는지 가르쳐 주지 않다는 것이며, 따라서 그들은 다음에 강한 감정이 나타날 때 무엇을 해야 하는지 배우지 못하게 됩니다. 그것은 또한 사람이 자신의 감정에 정확하게 이름을 붙이는 방법을 배우지 못하게 합니다.

야채의 이름을 붙일 수 없는 어떤 사람이 야채를 사오라는 말을 들었지만 대신에 빵과 우유를 가지고 돌아와서 야채를 사지 않았다고 조롱을 받았다고 상상해 보세요. 이 사람을 부끄럽게 만드는 것은 그들이 무엇을 해야 하는지 가르쳐 주지 않는 것이며, 장기적인 수치심은 상당한 심리적 손상을 일으킬 수 있습니다. 그러한 상황에서 그 사람이 실제로 배우는 것은 벌을 받을까 두려워 큰 감정을 표출하지 않으려고 애를 쓰다가 그것을 어떻게 관리해야 할지 모른 채 큰 감정 폭발을 일으키는 것 사이를 오가는 것입니다.

문제와 반응을 다루지 않음

마지막으로, 자기부정 환경은 감정이 민감한 사람들에게 문제를 해결하기 쉽다고 말합니다. 어떤 부모는 감정적으로 민감한 자녀에게 "진정해. 그게 내가 하는 일이야."라고 말할 수 있습니다. 부모에게는 쉽지만, 아이에게는 쉽지 않을 수 있습니다. 감정적으로 민감하고 (생물사회적 이론에 따르면) 생물학적으로 타고난 기질이나 감정적으로 취약한 성향을 가진 사람들은 감정적으로 자극되는 환경 요인에 반응하는 데 상대적으로 낮은 임계값을 가집니다.

이는 땅콩 알레르기를 가지고 태어나 환경에서 땅콩에 민감한 아이와 같습니다. 땅콩에 반응하지 말라고 아이에게 말하는 것은 아이의 생물학적 특성을 무시하는 것입니다. 이와 비슷하게, 감정적 민감성을 가진 사람에게 그들이 겪고 있는 반응을 나타내지 말라고 말하는 것은 그들의 신경생물학을 무시하는 것입니다.

기억하세요

다른 사람들이 감정적으로 민감한 사람들의 반응을 무시, 일축 또는 처벌하거나 그들이 겪고 있는 문제에 대한 대처 및 해결을 지나치게 단순화하면, 시간이 지날수록 그 사람은 적응적인 대응 메커니즘을 개발하지 못하게 될 수 있습니다. 대신, 그들은 자해 및 약물 사용과 같은 행동과 같이 쉽게 할 수 있지만 자기 파괴적인 대처 방법에 의지하게 됩니다.

포괄적인 치료 접근의 기능과 목표

감정에서의 어려움을 특징으로 하는 장애의 개념화에 기초하여(앞의 절 '생물사회적 이론으로 시작하기' 참조), DBT는 특히 사람들이 보다 적응적인 방식으로 감정을 조절하도록 돕는 데 중점을 둡니다. 따라서 DBT에는 내담자에게 감정을 인식, 이해, 분류 및 조절하는 방법을 가르치는 것을 목표로 하는 많은 행동 기술이 포함되어 있습니다.

감정적으로 민감한 사람들을 돕기 위해서는 포괄적인 치료가 필요합니다. 모든 치료가 포괄적이기 위해서는 다섯 가지 필수 기능을 다루어야 하며, DBT도 다르지 않습니다. 포괄적인 치료는 다음 절의 작업을 수행해야 합니다.

내담자와 상담사에게 동기 부여하기

포괄적인 치료는 내담자가 치료에 참여하고 완료하도록 동기를 부여하며 다양한 전략을 사용하여 치료에 내담자와 상담사 모두 치료를 지속하게 합니다. 동기부여는 개인의 목표를 이해하는 동시에 상대적 강점과 상대적 약점을 파악하는 데서 비롯됩니다. 상담사는 내담자의 목표가 무엇인지를 스스로 명확하게 알고 있는지, DBT가 내담자가 목표를 달성하도록 도울 수 있는 방법을 설명을 설명했는지, 그 과정에서 상담사와 내담자가 협력할 수 있는지를 확인합니다. 동기는 내담자에게만 국한되지 않습니다. 상담사의 동기 또한 중요하며, 특히 좌절감을 느낄 때 그렇습니다. 동기부여 전략은 제19장에서 더 자세히 검토합니다.

내담자에게 새로운 대처 메커니즘 교육하기

포괄적인 치료는 내담자에게 삶의 도전에 대처하는 새로운 방법을 가르치거나 개인의 기존 능력을 향상시킵니다. DBT에서 상담사는 어려움을 겪는 사람들이 어쩔 수 없이 그렇게 하는 것이 아니라 오히려 다음을 포함하여 몇 가지 중요한 생활 기술이 부족하거나 개선할 필요가 있다는 가정을 염두에 둡니다.

- 감정 조절 능력
- 현재 순간의 경험에 신중하고 정확한 주의를 기울이는 능력
- 어려운 순간을 견디는 능력
- 관계를 효과적으로 다루는 능력

기억하세요

어려운 순간을 관리하는 더 건강하고 더 효과적이며 오래 지속되는 방법으로 부적응적이거나 비효율적인 행동을 대체한다는 아이디어입니다. 이러한 기술의 교육은 일반적으로 최대 10명의 내담자와 2명의 코리더가 있는 매주 기술 집단 회기에서 이루어집니다. 집단 회기는 일반적으로 90분 동안 지속되며 기술을 가르치고, 다음 기술 집단에서 숙제를 할당하고 검토하는 교육적인 구성 요소가 있습니다. 이 장의 뒷부분에서 기술 치료를 다루게 될 것입니다.

내담자의 일상생활에 새로운 기술 통합하기

포괄적인 치료는 내담자의 일상생활에 새로운 기술과 대처 방법을 일반화합니다. 상담 회기에서 배운 기술이 내담자의 일상생활에 적용되거나 전이되지 않는다면 치료가 성공적이었다고 말하기 어려울 것입니다. 이 기능은 두 가지 방법으로 수행됩니다.

- 기술 훈련 집단에서 상담사는 기술 집단에서 주어진 주간 숙제를 제공하고 검토합니다.
- 내담자는 회기 사이에 상담사에게 연락하여 내담자가 무엇을 해야 하거나 기술을 적용하는 방법을 모르는 상황에서 상담사로부터 직접 도움을 받을 수 있습니다(이 장의 뒷부분에서 전화 코칭에 대해 자세히 알아보십시오).

상담사 지원하기

그들이 하는 일에서 효과적이기 위해 DBT 치료를 제공하는 상담사는 특히 다루기 어려운 행동을 보이는 내담자와 함께 일하려는 동기를 유지해야 합니다. 많은 상담사는 BPD 및 관련 증상이 있는 내담자와 함께하는 작업이 매우 보람 있는 일이라고 생각하지만, 동시에 내담자의 격렬한 감정과 때때로 자기 위협적인 행동은 상담사의 소진과 절망으로 이어질 수 있습니다.

DBT를 제공하는 상담사는 **자문팀**에 참여해야 합니다. 자문팀은 매주 만나 내담자에게 사용하는 것과 동일한 기술을 사용하여 서로를 돕는 다른 DBT 상담사 집단입니다. 상담사 소진은 필수적으로 다뤄져야 하며, 상담사와의 면담, 문제 해결, 검증, 지속적인 훈련 및 기술 구축을 사용하여 공감적인 치료를 계속 적용하도록 격려합니다. 일반적인 자문팀은 일주일에 한 번 1~2시간 동안 만나게 됩니다. 이 장의 뒷부분에서 자문팀에 대해 더 자세히 설명할 것입니다.

내담자의 환경 구조화하기

필요한 경우 성공 가능성을 최대화하는 방식으로 환경을 구조화하는 것은 부적응 행동을 강화하지 않고 적응 행동을 강화하는 것을 포함합니다. 구조화에는 내담자가 환경을 수정하도록 돕는 것도 포함됩니다. 예를 들어, 약물을 사용하는 내담자는 친구 집단을 바꿀 수 있습니다. 학대적인 관계로 이어지는 데이트 앱을 사용하는 사람들은 앱을 삭제하도록 지도할 수 있습니다. 밤에 수면 문제로 고생하는 내담자들은 더 나은 수면의 질을 위해 야간 일과를 수정해야 할 수도 있습니다.

내담자는 환경을 수정하는 방법을 찾는 데 도움이 필요할 수 있습니다. 일반적으로 내담자는 수정 방법에 대해 지도를 받지만 어리거나 성숙하지 않은 내담자의 경우 상담사는 환경을 구조화하는 데 더 적극적인 역할을 수행해야 할 수도 있습니다. 제16장에서 환경 구조화에 대한 도움을 얻기를 바랍니다.

치료 유형 확인하기

앞 절의 다섯 가지 필수 기능을 어떻게 달성할 수 있을까요? DBT의 표준 모델에는 치료가 포괄적으로 적용될 수 있도록 네 가지 치료 유형이 있습니다. 이 네 가지 유형에는 약물처방 및 사례 관리 서비스와 같은 다른 치료 유형이 포함되지 않습니다. 이러한 다른 치료 유형은 DBT에 추가될 수 있으며, 자주 추가할 수 있지만 치료의 핵심은 아닙니다.

기술 훈련

기억하세요

DBT에서 가장 많이 시행되는 치료 방식은 기술 훈련 집단입니다. 여기에는 다양한 이유가 있는데, 기술 훈련 집단은 실용적으로 쉽게 구현되고 구조화됩니다. 한 번에 한 명 이상의 내담자를 가르치기 때문에 많은 내담자의 요구를 충족할 수 있습니다. 정해진 교육과정, 유인물, 숙제가 있어 일반적인 교실 환경과 매우 흡사합니다. 또한 많은 정신건강 환경에는 모든 내담자를 개별 상담사에게 배정할 만큼 DBT 훈련을 받은 인원이 충분하지 않으며, 이러한 맥락에서 코리더와 협력하는 상담사는 최소한 더 많은 수의 상담사에게 치료를 제공할 수 있습니다. 치료에 기술 훈련만 사용하는 것이 정신건강 증상이 많은 내담자를 돕는 데 효과적이라는 강력한 증거가 있다는 점을 기억하는 것이 중요합니다.

이 유형에서 내담자는 교실 같은 분위기에서 새로운 기술을 배우는 데 집중하게 됩니다. 기술은 연습을 통해 향상될 뿐만 아니라 숙제의 할당 및 검토를 통해 내담자의 개인 생활의 다른 측면으로 일반화됩니다. 가르치는 특정 기술은 마음챙김, 감정 조절, 고통 감내 및 대인관계 효과성의 네 가지 DBT 기술 모듈입니다. 모듈은 일반적으로 6주에 걸쳐 진행되지만 내담자의 필요와 자료를 배우는 속도에 따라 다를 수 있습니다. 특정 기술은 제3부에서 자세히 검토됩니다.

집단 회기의 일반적인 구조는 일주일에 한 번이며 2시간에서 2시간 30분 정도 지속됩니다. 첫 1시간은 이전 회기에서 할당된 숙제를 복습하는 데 사용되며, 그 다음 1시간은 새로운 기술을 가르치는 데 사용됩니다. 다음 숙제는 집단의 마지막 작업으로 할당됩니다.

참고 개인상담에서 기술을 가르쳐야 하는 특정 상황도 있습니다. 예를 들어, 특정 시간에 참여할 수 없는 작업 제한이 있거나, 큰 집단에서 가르치는 속도를 따라가지 못하는 언어 제한 또는 학습 장애가 있을 수 있습니다.

개인상담

표준 DBT의 개인상담는 매주 또는 격주로 60분의 회기로 진행되며, 내담자가 변화하고자 하는 행동을 이해하고 탐구하며 대상으로 삼는 데 초점을 맞추고 있습니다. 그것은 내담자가 치료를 완료하도록 동기를 부여하고 그룹에서 배운 새로운 기술을 적용하도록 장려함으로써 행해집니다. 제4부에서 다루는 다양한 기술은 동기가 약해지기 시작할 때 이를 해결하기 위해 DBT 상담사가 사용합니다.

기술 코칭(통화)

DBT의 기술은 필요한 순간에 사용하지 않는 한 거의 가치가 없습니다. 시간이 충분하고 감정이 더 잘 조절될 때 그 기술이 어떻게 유용할 수 있는지 쉽게 알 수 있고, 많은 내담자가 그 기술이 자신들의 일상생활에서 어떻게 작동하는지 설명할 수 있습니다. 그러나 정서적 혼란의 시기에는 보다 익숙하지만 종종 부적응적인 행동이 먼저 나타나는 경향이 있습니다. 자해하거나 물질을 사용하려는 충동이 나타날 때, 감정이 격렬할수록 미숙련자는 이러한 오래된 형태의 충동을 다루는 방법을 사용할 가능성이 높습니다.

리네한 박사는 내담자들이 치료를 받을 때, 인생에서 가장 어려운 문제들이 발생하지 않는 경향이 있다는 것을 깨달았습니다. 그것들은 낮이든 밤이든 언제든지 일어날 수 있습니다.

그녀는 내담자들이 기술 훈련 그룹에서 배운 기술을 일상 생활로 일반화할 수 있도록 돕기 위한 회기 간 코칭의 중요성을 강조했습니다. 기술 코칭 통화의 지속 시간은 일반적으로 15분 이하의 짧은 통화로 내담자에게 현재 상황에 대처하기 위한 지원과 아이디어를 제공합니다.

주의

초임 상담사들이 우려하는 주요 우려 사항 중 하나는 내담자와 통화하면서 시간을 보내는 것이 생명을 위협하는 행동을 강화할 수 있다는 것입니다. 다시 말해서, 그들은 만약 내담자들이 자살 충동을 느낄 때 통화 중에 지지를 느낀다면, 그들이 더 자주 그들의 상담사들과 이야기할 수 있도록 더 많은 자살 사고를 표현할 가능성이 있다고 걱정합니다. 상담사들은 이러한 만일의 사태에 대처하는 방법을 배웁니다(제14장 참조).

자문팀

자살 시도 내담자들과 함께 일하는 것의 더 어려운 측면 중 하나는 상담사들이 낙담하고 지치게 되는 것이 흔하다는 것입니다. 매일 자살하는 사람들을 상대하는 것은 상담사들이 내담자가 느끼는 많은 절망감을 느낄 수 있다는 점입니다. 행동 변화는 시간이 걸릴 수 있고, 많은 상담사가 감정적인 고통의 사건 동안 내담자의 안전에 대해 걱정합니다. 자문팀은 **상담사들을 위한 치료**를 목적으로 하며, 그들이 중증, 복합, 치료가 어려운 장애를 가진 내담자들과 함께 일할 수 있도록 지원합니다.

기억하세요

개별 치료가 내담자가 치료에 대한 동기부여를 유지하도록 돕는 것과 마찬가지로, 자문팀은 가능한 한 최고의 치료를 제공하기 위해 상담사가 동기부여된 상태를 유지하도록 보장합니다. 팀은 일반적으로 매주 1시간에서 1시간 30분 동안 만나고, 개별 상담사, 가족 상담사, 그룹 리더, 그리고

DBT 치료를 제공하는 다른 모든 사람으로 구성됩니다. 자문팀이 없다면 상담사가 DBT 치료를 한다고 말할 수 없을 정도로 필수적인 요소입니다. 제17장에서는 자문팀을 더 자세히 다룹니다.

변증법적 통합

기억하세요

DBT 실천의 기초가 되는 기본 원칙은 **변증법적 과정**을 인식하고 강조하는 것입니다. DBT의 핵심에 있는 변증법 철학은 생각이나 감정, 행동 등 겉보기에 반대되는 경험이 공존할 수 있고, 둘 다 일리가 있다는 것입니다. 다시 말해, 겉보기에는 완전히 상반된 두 가지 생각이 동시에 사실일 수 있습니다. 이를 위해서는 상담사와 내담자가 상황을 여러 관점에서 바라볼 수 있고, 겉으로 보기에는 정반대로 보이는 생각을 종합할 수 있는 방법을 찾을 수 있어야 합니다.

이 틀 안에서 현실은 줄다리기와 다를 바 없이 긴장 상태에 있는 대립 세력으로 구성되어 있습니다. 치료와 관련되듯이, 많은 경우 변화 지향적인 치료 전략을 적용하려는 추진은 종종 조언에 대한 저항을 일으킵니다. 상담사는 한 방향으로, 내담자는 다른 방향으로 당깁니다. 치료 중 BPD와 같은 질환을 가진 많은 사람이 경험하는 정서적 혼란과 고통에 직면할 것이라는 예상이 그들이 감당할 수 있는 것보다 더 고통스럽게 느껴지기 때문입니다. 변증법 철학도 대립하는 세력이 스스로 불완전하다는 것을 인정합니다. 한 팀만으로는 줄다리기를 할 수 없습니다.

상담사들은 내담자가 변화하도록 하는 데만 초점을 맞춘 것이 아니라 협력적이고 수용적인 자세로 전환함으로써 변화의 가능성이 발생했다고 언급했습니다. 그래서 상담사가 공감적 치료에서 수용과 변화에 초점을 맞춘 전략의 균형을 맞추고 종합할 때, 내담자는 치유에 필요한 자유를 경험합니다. 많은 경우, DBT 이전에 내담자들은 그 반대를 경험했습니다. 그들은 내담자들이 바뀌어야 한다고 주장하는 상담사들과 다투거나, 내담자들에게 신경은 쓰지만 단순히 듣고 도움을 줄 수 있는 아이디어를 제시하지 않는 수동적인 상담사들을 경험하는 것을 주목했습니다. 어떤 경우에는, 개인상담사들이 두 극단 사이에서 흔들리는데, 이는 그 자신이 극단 사이에서 흔들리는 경향이 있는 내담자들에게 도움이 되지 않는 또 다른 스타일입니다.

이것이 전통적인 치료법에서 나타난 또 다른 방법은 상담사가 종종 내담자의 공식화 또는 내담자의 행동에 대한 해석이 '옳다'고 느낀다는 것입니다. DBT에서 상담사는 옳아야 할 필요를 버리고 그 순간에 다른 가능성이 있다는 생각에 열려 있습니다. 마지막으로, DBT에서는 경직된 치료 방식에서 벗어나는 것에 중점을 두기 때문에 종종 치료 회기 내에서 많은 움직임, 속도, 흐름이 나타납니다. 이것은 상담사가 치료 상호작용의 강도, 심각성, 가벼움 또는 에너지를 증가 · 감소시키기 위한 다양한 전략을 사용하여 달성되며, 그렇게 함으로써 하나의 스타일이 모든 내담자에게 동등하게 잘 작동한다고 가정하는 것이 아니라 특정 내담자에게 가장 잘 작동하는 것을 평가합니다.

다음 절에서는 변증법적 과정에 대해 더 자세히 설명합니다. 자세한 내용을 보려면 제15장으로 참고하세요.

어떤 상황에서든 여러 진실을 찾기

DBT의 핵심 변증법은 수용과 변화가 공존한다는 것입니다. 이것은 예시로 가장 잘 설명됩니다. 교통 체증이 매우 심한 도로에 갇혀 있다고 상상해 보세요. 차에서 내릴 수도 없고, 근처에 출구가 없고, 30분 전까지 도착해야만 하는 회의에 도착하기까지 내비게이션 앱은 최소 한 시간이 소요된다고 안내합니다. 당신은 무엇을 할 수 있을까요? 어떤 사람들은 분노할 수 있고, 어떤 사람들은 포기할 수 있고, 어떤 사람들은 전화로 회의에 참여하는 것과 같이 다른 방법으로 문제를 해결하려고 시도합니다. 그 순간의 현실은 그 순간이 있는 그대로라는 것을 받아들여야 합니다.

그렇다면, 만약 그 순간을 받아들인다면, 변화는 어디에서 일어날까요? 교통 체증은 매우 악화될 수 있기 때문에 지속적인 고통으로 이어질 수 있습니다. 그것을 생각하는 또 다른 방법은 다음과 같습니다. '나는 교통 체증을 다른 것으로 만들 수는 없지만, 교통 체증에 대한 나의 반응을 바꿀 수 있다. 참을 수 없는 상황에 처했을 때 긴장을 푸는 법을 배울 수 있다.' 당신의 일란성 쌍둥이가 당신의 차 조수석에 앉아 여행하고 있었고 둘 다 같은 교통 체증을 겪고 있었다고 상상해 보세요. 당신이 현실을 받아들이지 않고 끝까지 맞서 싸웠다고 상상해 보세요. 교통 상황이 이렇게 나쁜 것은 불공평하다고 느끼면서 말입니다. 당신의 마음 상태는 어떨까요? 반면, 만약 당신의 쌍둥이가 그 순간에 변화가 공존하고 자신들이 통제할 수 있는 유일한 것이 자신들의 마음 상태와 스트레스를 받는 상황에 대한 반응이라는 것을 보기 위해 연습하고 있다면, 두 사람은 훨씬 더 편안한 마음 상태에 있을 것입니다. 연구에 따르면, 감정적으로 조절되는 사람일수록 문제를 해결할 능력이 있고, 조절이 잘 안 되는 사람일수록 더 적은 선택지가 마음에 떠오르게 됩니다.

기억하세요

철학적 관점에서 볼 때, 우리는 한쪽에는 **논제**가 있고 다른 한쪽에는 **반대되는 논제**를 가집니다. 그러고 나서 리네한 박사가 변증법적 합성이라고 부른 것이 등장했는데, 이것은 두 가지 관점을 결합한 것입니다. "나는 내가 좋아하지 않는 상황에 처할 수 있지만 그것을 받아들일 수 있고, 그렇게 함으로써 나는 더 유능한 사람이 되기 위해 필요한 변화를 만들 수 있다. 결과적으로 어려운 순간은 내가 더 능력 있고 능숙해지는 법을 배울 수 있는 기회라고 말했다." 예를 들어, 논제는 "나는 교통 체증에 갇히는 것을 참을 수 없다."가 될 수 있습니다. 이에 대한 반대말은 "나는 교통 체증에 갇히는 것을 참을 수 있다."는 것입니다. 다른 경로를 찾거나, 교통 체증에 갇히는 문제에 대한 반응을 바꾸거나, 교통 체증에 갇히는 것을 받아들이는 법을 배우면서 견딜 수 없는 것을 견딜 수 있는 방법을 찾는 것이 합성입니다.

모순에서 합으로 나아가기

DBT를 받는 사람들에게 삶은 교통 체증에 갇히는 것보다 훨씬 더 복잡한 일입니다. 강렬한 감정은 종종 올바르게 행동하기 위해 고군분투하는 사람들을 자기 파괴적인 방식으로 행동하도록 이끌며, 절단과 같은 자해는 강렬한 감정에 휩싸인 사람들에게 매우 흔하게 나타나는 행동입니다. 많은 사람은 자해 행동을 보면 "스스로를 해하는 것은 매우 심각한 문제야!"라고 말할 것입니다. 하지만 자해하는 사람들은 이를 항상 문제로 여기진 않습니다. 대신에 그들은 자해를 강렬한 감정을 겪게 만드는 문제에 대한 해결책으로 봅니다. 자해가 문제인 동시에 해결책일 수 있단 말일까요? 이는 모순처럼 보입니다. 하지만 변증법적 관점에서는 두 가지 입장 모두 사실로 받아들여집니다.

합(synthesis)은 상당한 심리적 고통으로 이어지는 강렬한 감정에 휩싸인 사람들이 그 고통을 끝내길 바라며, 자해가 이러한 정서적 고통을 해결하는 빠른 방법이라고 여겨지는 것입니다. 자해하는 사람들은 감정적 이미지에 반응해 감정을 경험하게 하는 뇌 영역인 편도체에서 더 높은 활성화를 나타낸다고 알려져 있습니다. 편도체의 높은 활성화는 고통감과 관련이 있습니다. 많은 사람에게 자해는 편도체 활동을 증가시키겠지만, 자해를 조절 수단으로 사용하는 사람들에게는 역설적으로 편도체 활동이 감소하는 결과를 낳고, 뒤이어 부정적 기분의 감소와 긍정적 기분의 증가로 이어지게 됩니다.

하지만 자해는 단기적 해결책으로, 장기적인 정서적 고통을 해결하지 못합니다. 자해에서 강렬한 감정에 따르는 문제로 초점을 돌리면, 우리는 타당하고 다중적인 관점에 대한 새로운 관점을 발달시키게 됩니다. 모순은 각각의 관점을 통합해 새롭게 바라보는 방식이 됩니다.

또 다른 모순처럼 보이는 것은 DBT 상담사가 다른 정보가 없을 때 그 사람이 할 수 있는 최선을 다하고 있다고 가정한다는 것입니다. 또한 상담사는 DBT를 받는 사람이 더 잘할 수 있다고 보는 모순적 입장을 가지고 있습니다. 스스로 최선을 다하고 있는 사람이 어떻게 더 잘할 수 있게 된다는 말일까요? 모순은 다음과 같이 설명할 수 있습니다. 만약 그 사람이 강렬한 감정에 대처할 수 있는 기술이 없거나 그러한 상황에서 엄청난 감정적 폭풍에 휩싸인 상황이라면, 그것은 곧 그들이 할 수 있는 최선이 됩니다. 두 입장의 합은 그 사람이 현재 최선을 다하고 있으며, 동시에 변화를 위해 더 열심히 노력하고 동기가 부여되어야 한다는 것입니다.

TIP

방금 막 수영하는 것을 배운 사람에 비유하자면, 얕은 수영장이나 웅덩이에 들어가는 것은 괜찮을 것입니다. 만약 그 사람이 큰 파도와 폭풍우가 치는 바다에 던져진다면, 그 상황에 대처하는 데에 큰 어려움을 겪을 것입니다. 그 사람이 수영 초보라는 것을 고려할 때, 그것은 그가 할 수 있는 최선일 것입니다. 하지만 그가 얕은 수영장에서 떠나고 싶어 한다면 그는 더 어려운 수영 조건에 어떻게 대처해야 하는지 배워야만 하고, 이는 곧 수영을 더 잘하기 위해 필수적인 기술을 배우는 것이 됩니다.

기억하세요

감정에 압도된(flooded) 내담자에게 감정이 고조된 순간에 나타나는 행동은 곧 그들이 할 수 있는 최선에 해당할 수 있습니다. 하지만 이것은 또한 덜 고통스러운 삶을 살기 위해 더 잘해야 하는 경우이기도 합니다. 더 '잘하기' 위한 방법은 강한 감정이 마음을 압도시키려 위협할 때 대처하는 새로운 방법을 배우는 것입니다. 그렇게 함으로써 모순처럼 보이는 '최선을 다하고 있고, 그럼에도 더 잘할 수 있는' 것이 공존할 수 있습니다. 합은 강렬한 정서나 수영 조건이 있든지 없든지, 그 사람이 새로운 기술을 배워 더 복잡한 상황에 대처할 수 있는 능력이 생기는 것이 됩니다. 이것이 바로 변증법의 본질입니다.

제 3 장

다중적 관점 받아들이기

이 장에서

- 당신의 첫 반응에 대하여 질문합니다.
- 다른 사람에 대한 당신의 인식을 넓힙니다.
- 당신이 다른 사람에게 연민을 가지듯이 자신에게도 연민을 가집니다.

다중적 관점을 가지고 바라보는 것이 쉬운 일만은 아니며, 때로는 불가능한 것처럼 느껴지기까지 합니다. DBT의 토대는 두 가지 상반되는 관점이 동시에 진실일 수 있다는 **변증법** 개념으로, 이는 곧 우리가 다중적인 관점이나 사실을 지닐 수 있다는 말이 됩니다. 예를 들어, DBT에서는 사실의 반대가 늘 거짓이 되는 것은 아니라고 봅니다. 그 대신 사실의 반대는 또 다른 사실일 수 있다고 말합니다. 이와 같은 방식으로 생각하면, 무언가에 대해 매우 강하게 느낄 때조차도 다른 관점에 대해 마음을 열 수 있게 됩니다.

사람의 사고는 더 유연하거나 덜 유연할 수 있지만, 다른 관점을 보는 데 가장 큰 방해가 되는 것 중 하나가 우리의 감정입니다. 더 감정적이게 될수록 사고의 폭은 더 좁아집니다. 좁게 사고하면 가장 열정적으로 지지하거나 확신하는 관점이 아닌 다른 관점을 보는 것이 어려워집니다. 이는 마치 터널과 같은 시야(tunnel vision)를 가지고 있는 것처럼 보일 수 있습니다.

당신이 감정을 강렬하게 느끼는 사람이라면, 이것은 익숙한 어려움일 것입니다. 당신 자신의 관점을 강하게 고수하는 것은 중요한 정보를 잃고, 관계를 해치고, 원하는 것을 얻거나 원하는 말을 듣기 어렵게 만듭니다.

이 장에서 당신은 첫 반응에 어떻게 주의를 기울이고 이를 평가할지, 어떻게 다른 관점으로 인식을 넓힐지 알게 될 것입니다. 그리고 이 과정을 시작할 때 자기 자신에 대한 동정심을 찾게 될 것입니다.

첫 반응에 질문하기

기억하세요

첫 반응은 항상 현명한 곳으로부터 비롯되지 않습니다. 그 대신 감정에 의해 매우 강력하게 전달됩니다. DBT에서는 이러한 반응이 감정 마음(emotion mind)에서 온다고 말합니다. 당신의 마음 상태가 이러할 때, 당신은 상황의 사실에 대한 고려 없이 오로지 그 순간에 당신이 어떻게 느끼는지에 기반해 세상을 바라보고 이에 반응하게 됩니다. 첫 반응이 문제적이면, 느끼는 정도에 따라 너무 많이 전달되어 당신이 옳다거나 당신이 선택할 수 있는 관점이 딱 하나뿐이라는 식의 문제적인 확신으로 이끌 수 있습니다. 여기서 우리는 다른 가능성이 있을 수 있다는 것과 우리의 사고가 경직되어 있다는 인식을 구축할 수 있습니다. 이 장과 함께 제9장에서 논의하는 마음챙김 기술은 강한 감정을 더 잘 인식하고, 뒤로 물러나는 법을 배우고, 더 넓은 인식과 호기심을 가지고, (반응적이기보다) 더 목적을 지니고 앞으로 나아가는 데에 도움이 될 것입니다.

첫 반응에 의문을 가지는 것은 도전적이고 놀라운 연습입니다. 이렇게 하면 열린 마음을 갖고 가치에 부합하는 방식으로 행동할 수 있게 됩니다. 다음 절에서는 상황에 대한 첫 반응에 의문을 가지는 몇 가지 중요한 측면, 즉 과장된 것일 수 있음을 인식하기, 첫 반응을 눈앞에 있는 것과 일치시키기, 선불리 행동하는 것을 멈추기에 대해 설명합니다.

기억하세요

무언가에 대해 절대적으로 확신할 때 중요한 정보를 놓치고 있을 수 있다는 점을 기억하는 것이 중요합니다. 이는 당신이 다른 관점을 고려할 때 도움이 되는 단서일 수 있습니다.

당신의 첫 반응이 과장될 수 있다는 것 깨닫기

당신이 무언가를 열렬히 느낄 때, 스스로 오해라고 느끼거나 다른 사람이 당신에게 동의하지 않을 정도로 강하게 반응하기 쉽습니다. 만약 당신이 감정적으로 민감한 사람이라면, 다른 것들에 크게 반응하는 사람이라고 들어왔을 것입니다. 가끔 빠르게 일어나는 반응들이 과장되거나 지나치게 클 수 있다는 점을 이해하는 것은 중요합니다. 이것은 단순히 당신 자신에 대해 아는 것입니다. 이러한 지식은 당신의 반응이 그 상황에 맞는 것처럼 느껴지거나, 감정에 의해 너무 과장된 것처럼 느껴질 때 스스로 판단할 수 있도록 도움을 줄 것입니다. 다시 말해, 당신이 마음챙김을 더 많이 연습할수록(제9장 참조), 해당 연습은 더욱 쉬워질 것입니다.

사람들은 너무 과장했다거나 감정적으로 너무 크게 반응했다고 자주 판단받으며, 이것은 매우 아픈 일일 수 있습니다. 하지만 때에 따라 우리의 반응이 지나치게 크다는 것과 이런 데엔 몸이 아프거나, 직장이나 학교에서 쌓인 스트레스나, 경제적인 고민을 갖고 있거나, 관계 문제를 갖고 있거나, 배고프거나, 단순히 잠이 부족한 것과 같은 우리 각각의 취약성에 대한 민감성에 의한 것일 수 있다는 것을 깨닫는 것은 중요합니다.

당신의 마음을 다양한 관점에 노출시키는 그 첫 번째 단계는 연민의 마음으로 당신의 첫 반응이 사실 과장되었거나, 너무 크거나, 너무 완고할 수 있음을 수용하는 것입니다. 이것은 이런 반응이 문제임을 아는 것과 이것이 바뀌기를 원하는 것을 포함합니다. 당신의 자세나 신념을 그대로 두기보다 그것을 꼭 잡은 채로 다른 사람의 정보에 마음을 열고 그들의 관점에도 귀 기울인다는 것을 기억하면 도움이 될 것입니다. 이것이 변증법적 사고방식입니다.

당신이 마주한 것과 당신의 반응 일치시키기

지금 이 순간, 당신은 알아차림을 확장하기 이전에, 떠오르는 어떤 강한 감정도 조절해야만 합니다. 두려움, 화, 부끄러움, 질투, 그리고 부러움 같은 감정들은 특히나 다루기 힘들 수 있습니다. 가끔 당신은 느껴지는 것의 강도를 감소시키기 위해 DBT 고통 감내 기술들(제11장 참조)과 같은 또 다른 접근법을 사용할 필요가 있을 것이고, 그렇게 새롭거나 다른 정보에 마음을 열기가 더 쉬워질 것입니다.

TIP

만약 당신이 감정적으로 민감한 사람이라면, 당신 앞에 놓인 상황과 당신의 감정 수준을 일치시키려 하는 것이 어려울 수 있습니다. 이것은 매우 당연한데, 왜냐하면 감정적으로 민감한 사람들은 일반인보다 어떤 것을 더 오래, 더 깊이 느끼는 경향이 있기 때문입니다. 여기 당신이 사용할 수 있는 몇 가지 기술이 있습니다.

- **당신이 할 수도 있는 반응을 하는 누군가를 생각하세요.** 그 사람이 어떻게 반응할지 스스로 물어보고, 당신의 반응과 비교하세요.
- **당신의 감정들이 어떻게 일리가 있는지 인식함으로써 스스로 타당화하거나 스스로 판단하려고 하지 마세요.** 이것은 당신이 느낀 감정들의 강도를 줄이고 당신의 반응을 평가하기 위한 내면의 지혜에 접촉하는 데 도움이 될 것입니다. 이것은 종종 자기 판단, 자기 비하, 자기부정이 될 수 있는데, 이는 당신이 느낀 감정의 강도를 계속해서 고양시키고 생각하는 것을 어렵게 만듭니다(자기 수용 · 인정에 대해서는 제5장 참조).
- **감정의 강도를 낮추기 위해 다섯 가지 마음챙김 호흡기법을 사용하세요.** 단지 몇 분간의 호흡만으로도 당신의 몸과 마음을 가라앉히는 데 도움을 얻을 수 있습니다.
- **당신의 반응성을 촉진한 주제나 상황을 알아차리세요.** 이러한 알아차림은 당신을 반응하게 만드는 더 큰 위험과 관련된 특정 상황들을 알고 그 상황들에 대처하는 계획을 세우는 데 도움이 될 수 있습니다. 몇몇 사람은 이러한 주제나 상황을 '빨간 깃발'이라 규명하고 그것들을 대처하기 위한 계획을 세우는 것이 유용하다는 점을 압니다. 만약 당신이 이러한 빨간 깃발들을 알아볼 수 있다면, 당신은 반응하기 전에 멈추고 대신 당신의 기술을 사용할 수 있습니다.

기억하세요

당신 앞에 놓인 상황과 당신의 반응을 일치시키는 것은 하나의 기술이며, 이러한 기술들은 연습을 통해 향상됩니다. 당신이 이 기술을 완성시킬 때, 당신은 현재 거의 자동적으로 반응하던 것이 의도적이고 선택에 의한 것들로 채워진다는 사실을 발견할 것입니다.

선불리 행동하는 것 멈추기

감정의 세 가지 기능 중 하나는 행동을 동기화하는 것입니다. 몇몇 상황에서 그것은 분명 일어날 필요가 있는 것이지만, 다른 경우 너무 빠르게 행동으로 옮겨지는 것은 당신에게 문제를 일으킬 수 있습니다. 당신의 마음을 열고 다양한 관점을 볼 수 있게 되는 것이 목표일 때, 당신은 종종 자신의 관점을 주장하고, 타인의 입장은 무시하거나 묵살하며, 더 이상 다른 의견이 없다는 확신에 빠지고 싶은 당신의 욕구를 관찰할 필요가 있습니다.

제9장에서 더 다뤄지지만, 단순하게 관찰한다는 것은 행동으로 옮겨지는 점이 반드시 유익하거나 효과적이진 않다는 깨달음을 의미합니다. 가끔은 당신이 오래 고집한 뒤에 그런 깨달음을 얻을 수도 있습니다. 이 상황에서 당신이 할 수 있는 일은 연민으로 바라보는 것이며, 대부분의 경우 너무 늦었다고 해서 속도를 늦추거나, 숨 쉬고, 마음을 열지 못하는 일은 없다는 것을 기억하세요.

당신의 인식을 확장하기

당신이 자신의 첫 반응을 관찰하려는 의지나 기술을 가졌을 때(이번 장 초반에 다루었듯이), 당신은 자신의 인식을 확장할 기회를 가질 것이고 대안적인 관점을 고려할 것입니다. 이런 유형의 알아차림을 개발하는 것의 놀라운 점은 당신 스스로 다음엔 어떻게 행동할지에 대한 몇몇 선택지를 얻게 된다는 점입니다. 당신은 자신의 관점을 고수하려고 할 수도 있지만, 당신의 마음은 더 개방되고 덜 확신에 찰 확률이 높으며, 당신은 다른 가능한 관점들을 고려하는 것이 더 쉽다는 것을 발견하게 될 것입니다. 당신의 인식과 알아차림을 확장하는 것은 당신이 문제를 해결하는 데 오직 하나의 해결 방법밖에 없다고 느낄 때나, 다른 사람을 이해하지 못하고 그들도 당신을 이해하지 못하는 갈등 상황에 있을 때 매우 유용할 수 있습니다. 종종 강한 감정들은 정말 유용할 수 있는 대안들로부터 우리의 눈을 멀게 합니다.

당신의 인식을 확장할 줄 아는 것은 중요한 관계를 만들고 유지하는 데 필수적입니다. 많은 관계는 한쪽 혹은 양쪽 사람이 속도를 늦추지 못하고 대안적 관점을 보지 못할 때 끝납니다. 또 다른 관점을 보는 것은 단순히 당신이 반드시 거기에 동의해야 함을 의미하지 않습니다. 오히려 만약 당신이 다른 사람의 관점이 어디서 왔는지 알고 이해할 수 있다면 당신은 그들의 감정을 이해할 수 있고, 더 호기심을 갖게 되며, 그들이 어떻게 그렇게 되었는지에 대해 무비판적일 수 있습니다. 만약 그 상호작용이 확대된다면 관계된 모든 사람에 대한 감정의 강도가 줄어들 것입니다. 이러한 방식으로 접근함으로써 당신은 다른 사람들이 당신의 관점에 호기심을 갖도록 도울 수 있고, 더 효과적인 대화를 할 수 있습니다.

다음에서는 당신이 자신의 인식을 확장하고 다른 관점을 고려하는 핵심 단계를 소개합니다.

기억하세요

다양한 관점으로 보는 것은 당신의 관점을 포기하라는 뜻이 아닙니다. 오히려 그것은 당신이 더 이해심 있고 개방적으로 된다는 것을 의미합니다. 당신의 관점이나 입장을 유지할 수 있고, 다른 사람의 것을 채택할 수도 있으며, 아니면 당신과 다른 사람이 함께 하나의 독특한 합을 도출해 낼 수도 있습니다.

당신의 상담사의 관점 고려하기

이번 장에서 이미 논의했듯이, 간혹 실천하기 가장 어려운 것은 결정을 내리기 위한 행동을 하지 않는 것이며, 대화나 토론을 지속하는 것, 말참견하는 것, 직장이나 학교를 관두는 것, 심지어 관계를 끊는 것입니다. DBT의 매우 직접적인 의사소통 방식 때문에 내담자들은 가끔 상담사의 관점을 이해하는 데 어려움을 겪습니다. 이것은 아마 상담사들이 행동 계획의 일부이거나 당신에게 어려운 피드백일 수 있는 상담사와 계약한 행동을 유지하려고 하기 때문일 것입니다. 이런 일이 일어났을 때, 가끔은 당신의 상담사의 관점을 보기 어려울 수 있습니다.

기억하세요

당신이 당신의 상담사의 관점을 이해하려고 노력할 때, 상담사들이 말하거나 행동한 것에 대해 혼란스러웠거나 강한 느낌을 인지했는지 아닌지 스스로 물어보는 것은 유용합니다. 대인관계에서의 어려움들은 양측 모두가 조절될 때 가장 잘 다뤄진다는 것을 기억하세요. 당신의 감정이 더 강할수록 다른 사람의 관점을 이해하는 것은 더 어려워집니다. 다음에 효율적으로 당신의 상담사의 관점을 이해하기 위한 몇 가지 방법이 있습니다.

- 깊은 숨을 몇 차례 쉬고, 당신의 호흡 수와 심박 수가 조절되는지 확인하세요.
- 당신의 상담사는 당신이 자신의 목표에 도달하는 데 도움을 주고자 한다는 것을 기억하세요. 이를 위해 어떻게 당신의 상담사의 관점이 당신이 자신의 목표를 이루는 데 도움이 될 수 있을지 스스로에게 질문하세요.
- 스스로에게 상담사의 입장에서 지혜로운 건 무엇인지 질문하세요.
- 스스로에게 당신이 이 관계에서 올바르거나 효율적이고 싶은지 질문하세요.

관계에서 합의점 찾기

친밀한 관계에서 감정을 이해받지 못하거나 화가 나는 것은 매우 고통스러울 수 있습니다. 그렇다면 이러한 일들이 당신의 상담사 또는 친밀한 관계에서 일어났을 땐 어떻게 이 문제를 해결할 것인가요? 관계에서 서로 합의하는 데 가장 큰 장애물 중 하나는 당신이 다른 관점을 바라보지 못한다는 것입니다. 또는 당신의 입장을 바꾼다면 당신은 포기 혹은 굴복했다고 느끼거나, 상대방이 이겼다고 느끼게 됩니다. 여기 몇 가지 유용한 질문은 당신이 갈등관계에서 아무것도 못하고 있을 때 합의점을 찾는 데 도움을 줄 것입니다.

- **멀리 떨어져서 바라보고 있나요?** 관계에서 당신이 합의점을 찾기 위한 시도들을 하고 있다면 멀리 떨어져서 바라보는 게 도움이 됩니다. 상대방의 관점에 대해 생각하세요. 당신의 상담사가 당신을 걱정하고 있나요? 그녀가 당신의 목표를 달성하기 위해 도움을 주려고 하나요? 그녀가 실수를 한 것 같은가요? 그녀가 말하는 것들이 현명해 보이나요? 당신이 이해를 받지 못하거나 다른 관점으로 바라보는 것이 어렵다고 느껴질 때 이 기술을 친밀한 관계에 적용해 보는 것이 유용할 수 있습니다.
- **당신은 효과적으로 행동하고 있나요?** 자신이 효과적으로 행동을 하고 있는지 스스로에게 질문하는 것이 도움이 될 수 있습니다. 당신의 관점이나 주장이 당신이 필요로 하는 것을 얻도록 하는 데 도움을 주나요? 당신은 상담사 또는 친밀한 관계에서 상대방이 이해할 수 있는 적절한 방법으로 표현하고 있나요? 당신의 관점을 전달할 때 진실함을 유지하고 있나요?

- **현명한 마음으로 행동을 하고 있나요?** 앞 장의 '첫 반응에 대해 질문하기'에서 논의를 했듯이, 때때로 다양한 관점을 유지하는 데 어려움이 있는 경우, 그것은 당신이 정서적 마음(emotion mind)으로 행동을 하고 있기 때문입니다. 잠시 숨을 고르고 현명한 마음(wise mind)으로 바라보세요. 당신의 현명한 마음은 당신이 느끼는 것과 이해하고 지각하는 것 모두에 연결되어 있는 상태를 의미합니다(제9장 참조).
- **상대방에 대해 긍정적으로 생각을 하고 있나요?** 당신이 강한 정서들을 느끼고 있을 때 이 질문은 당신이 상대방에 대한 부정적인 판단을 형성하지 않도록 하는 데 도움을 줍니다. 판단적 생각은 강한 정서들이 올라오게 하는 데 영향을 미칩니다.

기억하세요

사람들은 서로의 관점에 대해 합의를 하지 않을 수도 있습니다. 의도적으로 동의를 하지 않을 수도 있습니다. 그리고 현명한 마음으로 왜 상대방이 그 감정을 느끼고 있는지 그대로 바라보세요. 이것을 '합의하지 않기로 합의하기(agree to disagree)'라고 하며, 일반적인 상황은 아닙니다. 당신은 상대방이 옳다는 것에 동의를 할 수도 있습니다. 당신이 상대방의 관점이나 생각에 대해 호기심으로 궁금해하거나 열린 마음으로 이해를 하려고 할 때 이러한 일들이 일어날 수 있습니다. 세 번째 방법은 당신의 관점과 어느 정도 합치를 이루는 새로운 관점을 가지게 되는 것입니다. 이 과정을 통해 당신은 마음을 열고 그동안 바라보지 못했던 관점과 생각을 지속적으로 바라보고 있는 자신을 알아차리게 될 것입니다.

의도적으로 변화 시도하기

기억하세요

합의점을 찾았다면, 변화를 시도는 하는 것이 중요합니다. 누군가에게는 그동안 경험했던 경험과 정서를 내려놓는 것이 어려운 과제일 수 있습니다. 제10장에서 이 부분에 대해 더 다루고자 합니다. 이러한 어려운 경험을 놓지 않는 것은 이미 지나간 과거에 스스로를 가둬 둘 수 있고 현재에 머무는 것을 어렵게 하기도 합니다. 마음챙김적으로 상대방에 대한 판단적인 생각을 바라보는 것이 필요하며, 가장 중요한 것은 스스로의 판단적인 생각과 후회들을 마음챙김적으로 바라보아야 합니다.

연민의 마음으로 스스로를 바라보기

다양한 관점을 수용하는 것이 항상 쉬운 것은 아닙니다. 그리고 당신이 갈등관계에서 아무것도 못 하고 있어서 당신의 자각을 확장하기 어렵다면, 이것은 당신의 관계에 피해를 줄 수 있고, 직장 또는 학교 생활에 방해가 될 수 있습니다. 이로 인해 당신은 솔직하지 못하거나 당신의 가치에 맞지 않는 행동을 하게 될 수 있습니다.

당신이 다양한 관점을 가지는 것이 가능해졌거나 다양한 방법을 배울 때 우리 모두가 실수를 할 수 있다는 것과 정서적인 마음으로 행동하고 생각할 수 있다는 것을 기억하는 것이 중요합니다. 이러한 방법을 익히기 위해 당신은 스스로에 대해 연민의 마음을 가져야 하며, 모든 사람은 정서적인 마음에 사로잡힐 수 있다는 것을 알아야 합니다. 정서적으로 민감한 많은 사람은, 이런 유형의 도전들이 자기혐오와 자기비난을 하도록 이끌며, 그러한 상태로 연습을 하는 것은 정서를 조절하는 방법을 배우는 것을 어렵게 합니다. 만약, 당신이 정서를 조절하는 방법을 연습하기 시작했다면 새로운 행동을 시도하지 못하고 오래된 습관으로 다시 돌아가게 되는 것은 자연스러운 것입니다. 스스로에 대해 너그럽게 바라보고 친절해지는 것은 다시 기술들을 배울 수 있도록 당신을 도와줄 것입니다.

TIP

어떤 사람에게는 자기연민을 갖는 것이 쉬운 과제가 아닐 수 있습니다. 제10장에서 이 부분에 대해 더 자세히 다루고자 합니다. 많은 사람에게 유용한 간단한 방법은 당신과 가까운 친구를 생각해 보도록 하고 그 친구가 당신과 비슷한 상황에 처해 있다면 당신은 그 친구를 어떻게 대할 것인지를 떠올려 보게 하는 것입니다. 대부분의 사람은 친구들이나 사랑하는 사람에 대한 연민을 갖는 것이 더 쉽기 때문에 이러한 방법이 도움이 될 수 있습니다. 그럼에도 불구하고 그들 스스로에 대해서는 동일한 연민의 마음을 갖기가 어려울 수 있습니다. 당신이 가까운 친구를 대하는 것과 같이 자신을 대하는 것은 스스로에게 더 친절하도록 도움을 줄 것입니다. 그리고 가까운 친구는 당신의 내면에서 찾아야 합니다.

제4장

충동성에서 능동적 즉흥성으로 나아가기

이 장에서

- 충동성과 능동적 즉흥성을 구분합니다.
- 당신의 첫 반응을 넘어섭니다.
- 다른 가능성을 열어 봅니다.
- 부정적인 것에서 긍정적인 것으로 바꾸어 봅니다.

충동성은 사람들이 DBT를 받으러 오는 주요한 이유 중 하나입니다. 또한 이러한 특징은 경계성 성격장애(BPD)와 같은 감정 조절 곤란을 보이는 사람들이 나타내기도 합니다. BPD의 충동적인 특징은 자살 행동, 자해, 약물 및 알코올 남용, 위험한 성적 행동, 난폭 운전, 분노 조절의 어려움과 같은 가장 불안한 성격적 특성을 보이는 행동들을 포함합니다(감정 조절 곤란에 대한 정보는 제2장 참조).

DBT에서 우리는 당신이 충동성에서 즉흥성으로 이동하는 것을 바라고 있습니다. 이번 장에서 당신은 과거의 첫 반응들을 변화시키기, 스스로를 개방시키기, 부정적인 생각을 긍정적인 것으로 변화시키기를 통해 충동성에서 즉흥성으로 이동하는 방법에 대해 배우게 될 것입니다. 그러나 먼저 우리는 충동성과 즉흥성이 어떤 차이가 있는지를 설명하고자 합니다.

충동성과 즉흥성 구분하기

충동성은 복잡한 행동으로, 성격적 특질과 화학적 요소 및 뇌의 신경세포 연결망과도 관련이 있습니다.

- 성격적 특질의 관점에서 충동성은 사회적 관습을 무시하는 것과 같은 통제력이 부족함을 나타냅니다. 또한 잠재적으로 위험한 상황과 같은 가능한 결과들을 숙고하는 능력의 부족함으로 보기도 합니다.
- 신경생물학적 관점에서는 충동성을 특정 행동을 제한하는 능력의 부족함으로 봅니다.

행동의 영향을 고려하지 않고 무엇을 하는 행동인 충동성과 조금 다르지만 관련이 있는 개념으로 즉흥성이 있습니다. 각각의 상황에서 행동의 결과를 알지는 못할지라도 즉흥성은 질적으로 다른 특징을 보입니다. 즉흥성은 개방성, 역동성, 즐거움을 느끼게 하는 행동입니다. 충동성은 좁은 시야를 갖게 하는 경향이 있는 반면, 즉흥성은 넓은 관점을 갖게 합니다. 행동의 결과를 알지 못할지라도 즉흥성은 그 자체로 행복감을 줍니다. 예를 들어, 갑자기 친구에게 연락해서 점심을 같이 먹는다거나 마트에서 당신이 좋아하는 음악을 듣고 카트를 밀며 춤을 추는 것과 같습니다.

기억하세요

두 경우 모두, 행동들은 즉흥적입니다. 그렇다면 둘 중 어떤 요인이 하나는 삶을 풍요롭게 하고 또 다른 하나는 파괴적인 특성을 가지게 할까요? 이를 결정짓는 한 가지 핵심은 당신이 행동을 할 때 경험되는 당신의 마음 상태입니다.

- 일반적으로 만약 어떤 행동이 두려움 또는 불안과 같은 강한 정서로부터 영향을 받았다면 불편한 정서를 완화시키려고 우리의 행동은 충동적으로 됩니다. 어떤 활동에 참여하지 못할 것 같은 두려움, 과도한 지루함, 또는 자신이 원하는 것이 즉각적으로 이루어지도록 강하게 요구하는 것은 충동성을 일으킵니다.
- 다른 측면에서 보자면, 만약 어떤 결정이 안정감으로부터 영향을 받았거나 어떤 상황에서

든 기회들이 존재한다는 것과 우리의 행동에 대한 통제감을 인식하고 있다면 그것은 즉흥성의 특징이라 볼 수 있습니다.

자동적 반응에서 벗어나기

기억하세요

충동성은 종종 원치 않는 결과를 초래하며, 돌이켜 보면 자신이 한 일이 아닌 다른 일을 할 수 있었다고 쉽게 생각할 수 있는 것처럼 보입니다. 그 당시에는 다른 선택지가 없다고 느꼈을지 모르지만 충동과 행동 사이에는 항상 공간이 있고, 그 공간에 머물러 있을 때 다른 선택지가 펼쳐집니다. 충동을 다루기 위해 이용 가능한 심리치료 방법 중 마음챙김은 특히 충동 중심 행동을 변화시키는 데 도움이 되며, 따라서 DBT의 마음챙김 상태에서 충동을 가장 쉽게 조절할 수 있습니다(제9장 참조).

다음은 (자동적인 반응에서 벗어나서) 다른 선택을 하기 위해 충동을 느끼고 기계적으로 행동하지 않도록 충동과 행동 사이를 효과적으로 사용하는 방법에 대한 지침을 제공합니다.

심호흡하기

충동성을 조절하기 위하여 심호흡하는 것은 단순한 이론이 아닙니다. 이는 경험 연구를 기반으로 한 것으로, 실제로 도움이 된다는 것을 보여 줍니다. 예를 들어, 한 연구에서 요가를 기반으로 호흡 기술을 배우는 4주간의 프로그램을 거친 14~18세의 500명 이상의 십 대가 프로그램을 거치지 않은 십 대들의 비교 그룹보다 충동 조절을 더 잘했습니다.

숨을 쉬는 것은 충동적인 무언가를 하고 싶은 충동을 다루는 훌륭한 방법입니다. 호흡에 집중하는 것은 충동과 행동 사이의 간격에 도달하는 방법이고, 이것을 연습하면 할수록 이 간격은 더 많이 존재한다는 것을 알게 될 것입니다. 또한 이것을 더 많이 연습할수록 (충동과 행동 사이의) 격차가 더 크다는 것을 알게 될 것입니다. 비록 항상 숨을 쉬고 있지만, 이는 호흡 하나하나에 주의를 기울이는 것 같지는 않습니다. 특히 감정이 올라온 상황에서 충동적인 행동이 일어나려고 할 때는 더욱 그렇습니다.

TIP

호흡에 집중하는 방법은 다음과 같습니다.

1. 코로 깊고 천천히 숨을 들이마셔 보세요. 이 내쉬는 숨결은 4~6초 정도 지속되어야 합니다.
2. 입술을 오므려 숨을 내쉬면서 마치 풍선을 부는 것처럼 숨을 내쉬세요. 내쉬는 호흡은 들이마시는 호흡보다 더 오래 지속되어야 합니다. 예를 들어, 5~8초 정도 지속하세요.
3. 2분 정도 이렇게 호흡하는 데 집중하세요. 몇 분 후, 안쪽 호흡이 멈추고 바깥쪽 호흡이 시작되는 지점에 주의해 보세요.

기억하세요

충동 조절이 필요할 때 이를 이용할 수 있도록 충동 조절이 필요하지 않을 때 미리 이를 연습해야 합니다. 시험 전에 연습 시험을 치르는 것과 마찬가지로 시험이 오면 준비가 되어 있거나 시합 전에 테니스를 연습해야 경기에서 무엇을 해야 할지 알 수 있습니다.

TIP

다음에 충동적인 행동을 할 것 같으면 이 호흡을 5분 동안 연습해 보세요. 여전히 충동에 따라 행동에 참여할 수도 있지만, 반면에 속도를 늦출 때 그 잠깐의 휴지(pause)는 행동의 결과를 충분히 고려하도록 할 수도 있습니다.

정서적 균형 찾기

스트레스가 많은 상황을 경험하고 긴장을 풀 시간이 없는 것은 심리적 고통으로 이어질 수 있습니다. 삶의 스트레스를 다루는 생각은 불가능하게 느껴질 수 있고, 많은 사람은 다가오는 문제들을 무시하거나 피하는 것을 선택합니다. DBT는 스트레스를 피하는 것이 더 많은 스트레스로 이어질 수 있으며, 따라서 스트레스를 피하는 것보다 정서적 균형을 찾는 것이 이러한 상황을 관리하는 방법이라고 가르칩니다.

기억하세요

하지만 정서적 균형이란 무엇이고 그것을 어떻게 달성할 것인가요? 원치 않는 상황에 있을 때, 일반적으로 우리 대부분은 강한 감정으로 반응합니다. 전형적으로 분노, 두려움, 불안, 걱정 또는 슬픔으로 반응합니다. 정서적 균형을 찾는 것은 원치 않는 감정들을 효과적으로 다루는 방법을 사용하여 정서적으로 균형을 잡는 연습입니다. 그래야 그 속에 갇히게 되거나 삶이 얼마나 끔찍하고 불공평한지에 대해 되새기면서 시간을 보내지 않을 것입니다. 이 균형을 찾는 것은 또한 행복을 증가시키고, 다른 방식으로 일을 할 수 있는 동기를 향상시키며, 숙면을 취할 수 있도록 돕습니다.

구체적인 단계는 정서적 균형을 연습하고, 형성하고, 유지하는 데 도움을 줄 수 있습니다. 다음 절에서 알 수 있듯이, SUN, WAVE 및 NO는 이 작업을 수행할 수 있는 방법입니다. 또한 감사하는 것을 연습하고, 행동 활성화 방법을 사용할 수도 있습니다.

정서적 균형을 찾는 데 있어 고통 감내 기술(제11장 참조)과 함께 감정 조절 기술(제10장 참조)을 사용할 수 있습니다. 감정 조절 기술은 부정적인 결과를 초래할 수 있는 행동을 하지 않고 어려운 감정을 다루는 데 사용합니다. 반면, 어려운 상황을 더 악화시키지 않고 인내하고 순간적으로 수용하기 위해서는 고통 감내 기술을 사용합니다. 이러한 모든 아이디어를 정기적으로 사용하는 것이 정서적 균형을 찾는 DBT 방법입니다.

감정 파악하기: SUN

TIP

감정의 강도와 반응성으로 어려움을 겪는 많은 사람은 자신이 어떤 감정을 느끼고 있는지 정확히 알지 못하기 때문에 감정의 균형이 깨졌을 때 무엇을 해야 할지 모를 수도 있습니다. 감정을 식별하는 한 가지 방법은 SUN이라는 머리글자를 사용하는 것입니다. 이는 다음 단어들의 알파벳 첫 글자를 딴 것입니다.

- **감각**(Sensations): 몸 느낌과 신체적 감각에 집중해 보세요. 몸의 어느 부분에서 긴장감이 느껴지는지 알아차리세요.
- **충동**(Urges): 특별히 무언가를 하고 싶은 충동이 있나요? 대부분의 정서는 행동 충동과 함께 옵니다. 예를 들어, 화가 난 사람은 공격하고 싶은 충동이 있는 반면, 슬픈 사람은 울

거나 고립되고 싶은 충동을 느낍니다.

>> **감정에 이름 붙이기**(Name the emotion): 신체 감각과 행동 충동을 합치면 감정의 이름을 짓기가 더 쉬워집니다.

감정의 파도 타기: WAVE

감정은 파도와 같습니다. 그것들은 형성되기 시작했다가, 최고조에 달하고, 해변으로 도달하기 전에 무너져 내릴 것입니다. 감정에 초점을 맞추고, 그것이 최고조에 달했을 때 그것을 알아차리고, 충동에 따라 행동하기 전에 감정이 더 다루기 쉬워질 때까지 그것을 타고 내려가 보세요.

감정과 나는 다르다: NO

여기서 과제는 내가 감정 자체가 아니라는 것을 스스로에게 상기시키는 것입니다. 그래서 "나는 슬프다(I am sad)."라고 말하기보다 "나는 슬픈 감정을 느낀다(I feel sad)."라고 말하세요. 이렇게 함으로써 자신과 슬픔을 동등하게 만들지 않을 수 있습니다. 만약 슬픔과 자신을 동등하게 만들어 버리면 이는 바꿀 수 없습니다. 하지만 슬픔이 당신이 느끼는 방식이라면, 이것은 바꿀 수 있습니다. 여기서 해야 할 일은 또한 감정을 증폭시키거나 억제하지 않는 것인데, 그렇게 하는 것은 스트레스를 받는 상황을 더욱 악화시키기 때문입니다.

감사하기

기억하세요

'감정 파악하기' '감정의 파도 타기' '감정과 나는 다르다' 연습 외에 균형을 찾는 또 다른 방법은 당신의 삶에서 사물에 대한 감사를 찾는 연습을 하는 것입니다. 인생에는 항상 감사할 수 있는 것들이 있습니다. 많은 사람은 '거창한' 것이 없기 때문에 이것이 사실이 아니라고 생각합니다. 하지만 종종 우리가 감사할 수 있는 작은 것들이 있습니다. 다른 사람의 친절한 미소, 고요한 순간, 정원의 새소리, 바쁜 일과가 끝나는 것 등입니다. 이 연습을 통해서 삶이 불행하거나 원치 않는 일련의 결과들로 이루어져 있지 않다는 것을 스스로에게 상기시킬 수 있습니다.

몸 움직이기, 일명 '해 보기!'

신체적인 움직임은 감정적 저하의 문제를 해결하는 한 방법입니다. 몸 움직이기는 사람이 우울해짐에 따라 점점 더 고립되고 회피하는 행동에 관여한다는 관찰에서 비롯한 활동입니다. 따라서 몸 움직이기의 목표는 우울증과 같은 원치 않는 기분 상태를 가진 사람들과 함께 기분을 개선하는 것으로 나타난 활동을 함으로써 일하는 것입니다. 종종 이러한 활동들은 우울해지기 전에 사람들이 즐겼던 활동들을 가리킵니다. 이러한 활동들은 과할 필요가 없습니다. 만약 어떤 사람이 우울해지기 전에 달리기를 즐겼다고 해도 움직이기 위해 하프 마라톤을 뛸 필요는 없습니다. 30분 동안 동네를 조깅하거나 산책할 수 있습니다. 여기서의 과제는 움직임을 일상의 일부로 만드는 것입니다.

마음 열기

이 주제로 들어가는 것은 상황을 이해하고 어려운 문제를 해결하는 다른 방법이 있다는 것을 깨닫는 것을 의미합니다. 충동적으로 행동하는 것을 유일한 해결책으로 두는 것보다는, 우리가 마음을 열었을 때, 삶은 덜 일차원적이 되고 삶을 더 잘 통제할 수 있게 됩니다.

다른 관점을 보기

관점의 변화는 DBT가 사람들이 무언가를 보는 방식을 바꾸는 것을 돕기 위해 사용하는 강력한 방법입니다. 이것은 다양한 방식으로 해 볼 수 있습니다.

- 만약 어떤 사람이 자신이 잘못했고 사랑받지 못할 것 같다고 느낀다면, 상담사는 그들에게 그들의 가장 친한 친구는 무엇이라고 말할 것 같은지 물어볼 것입니다.
- 자기 자신을 대하는 방식이 현명한 마음과 일치하는지 성찰할 수 있습니다. 현명한 마음은 이성적인 마음과 감정적인 마음의 변증법적 통합입니다. 이 두 가지 마음은 더 직관적이고, 가치기반적이며, 전체적인 행동 방침으로 이어지는 단일 상태로 통합됩니다.
- 일부 회기에서 상담사는 내담자가 다른 관점을 가질 수 있도록 서로 자리를 바꿔 앉음으로

써 내담자의 관점에 대해 보다 구체적인 접근법을 취할 수 있습니다.

- 어떤 기술은 특정 상황에 대해 젊은 자신이라면 어떻게 말할지 상상하거나, 또는 현재 행동에 대해 미래의 자신이 어떻게 말할지 상상함으로써 단순히 다른 사람의 관점을 상상하는 것을 넘어서게 합니다.

다음 절에서는 다양한 관점을 보는 다양한 방법에 대해 자세히 살펴봅니다.

투사적이고 성찰적인 관점

관점에 대한 수용은 투사적(projective)이거나 성찰적(reflective)인 것으로 간주됩니다.

- **투사적 관점**은 미래에 대한 관점을 투사하는 것을 의미합니다. 예를 들어, 상담사 또는 당신 자신은 "상담을 마친 후 내년에 당신이 어떻게 보일 것이라고 생각하나요?"라는 질문을 할 수 있습니다. 물론, 당신은 실제로 당신이 어떻게 보일지 알 수 없기 때문에 이것에 대해 생각하는 유일한 방법은 당신의 감정과 생각을 미래의 자신이 어떻게 보일지 상상하는 것에 투사하는 것입니다.
- **성찰적 관점**은 현재의 경험에 대한 관찰을 필요로 합니다. 그래서 상담사는 "만약 당신이 지금부터 1년 후, DBT 과정을 마친 후에 자신을 보고 현재의 자신을 기억할 수 있다면, 당신은 자신을 어떻게 묘사할 수 있나요?"라고 질문할 수 있습니다.

기억하세요

투사적 관점 갖기의 목표는 사람들이 자신의 외부를 바라봄으로써 그들의 인식을 넓히도록 돕는 것입니다. 반면 성찰적 관점 갖기는 사람이 현재 상황에 대한 통찰력에 접근하도록 하는 데 초점을 맞춥니다. 이 두 가지 관점의 스타일은 모두 그 사람 안에서 성취될 수 있고, 혹은 그들은 새로운 사고방식을 성찰하기 위해 다른 사람의 관점을 취할 수 있습니다. 예를 들어, 그들은 "만약 내가 지금 내 상담사/부모/친한 친구였다면 어떻게 했을까요?"라고 물을 수 있습니다. 혹은 만약 당신이 자신의 자기비판의 내용을 듣는 가장 친한 친구라면 어떤 말을 할지 상상해 보라고 할 수 있습니다.

THINK(관점)의 기술

TIP

다른 관점을 갖기의 또 다른 방법은 당신이 다른 사람에게서 부당한 대우를 받았다고 느낄 때 그들의 관점을 고려하는 것입니다. 감정적인 반응에서 현명한 반응으로 사람을 움직이도록 가르치는 DBT의 기술이 'THINK' 활동입니다. 이는 일반적으로 두 사람 사이에 불일치가 큰 상황에서 사용됩니다. 작동 방식은 다음과 같습니다.

>> **생각해 보기**(Think): 상대방의 입장에서 상황을 생각해 보세요. 당신의 말과 행동을 포함하여 그들은 상황을 어떻게 해석하고 있나요? 만약 당신이 다른 사람의 입장이 되어 당신이 말하는 것을 듣는다면, 당신은 무엇을 생각할 것인가요?

>> **공감해 보기**(Have empathy): 상대방은 무엇을 느끼거나 생각하고 있나요? 그들은 당신의 공격성을 두려워하나요? 당신이 멀어진다고 느끼며 슬퍼하나요? 그들이 오해를 받고 있다고 느끼나요?

>> **해석하기**(Interpretations): 그 사람의 행동에 대한 다른 해석이나 설명을 고려할 수 있나요? 왜 그 사람이 그렇게 반응했는지에 대한 긍정적이거나 타당한 이유를 포함한 대안적인 설명 리스트를 만들어 보세요.

>> **주의하여 관심 갖기**(Notice): 상대방이 상황을 개선하기 위해 어떻게 노력해 왔는지 생각해 보세요. 그 사람이 도움이 되려고 했던 시도를 알아차리고 그들이 지금 이 순간에 그들의 삶에서 어떻게 고군분투하고 있는지 알아차려 보세요.

>> **친절하게 대하기**(Kindness): 다른 사람의 관점을 고려할 때, 누군가가 당신에게 친절하기를 바라는 방식으로 그들에게 친절해야 한다는 점을 기억하세요.

감정의 범위를 넓히는 것

감정을 느끼는 것은 인간의 본성입니다. 감정적으로 예민한 사람들에게 감정은 그들을 고통스럽게 만드는 경험이며, 그들은 종종 감정을 없애고 싶어 합니다. 그들은 감정을 떨쳐 버리고 싶기 때문에 깊게 살피고 싶어 하지 않지만, DBT는 바로 그것을 필요로 합니다.

만약 당신이 감정적으로 민감하다면, 상황에 반응하여 매우 다양한 감정을 느낄 수 있습니다. 예를 들어, 만약 당신이 우울하다면 당신은 슬플 수도 있지만, 이 슬픔은 종종 외로움, 오해, 절망 등과 함께 올 것입니다. 당신이 어떻게 느끼는지 정확히 알아내기 어려운 이유는 감정들이 정말 빨리 일어나는 것 같고, 생각이나 다른 감정들과 섞이기 때문입니다. 결과적으로, 그 경험은 혼란스러울 수 있습니다.

실제로 일어나고 있는 일을 다루고 경험하고 있는 주요 감정을 다루기 위해 DBT는 내담자에게 가장 자주 발생하는 감정적 경험을 인식하고 일차감정과 이차감정을 분리하도록 합니다. 그렇게 하면 자신이 진정으로 느끼는 감정을 다음과 같이 설명할 가능성이 더 높아집니다.

- **일차감정**: 일차감정은 감정을 발생시킨 사건과 직접 연결되는 최초의 감정입니다. 감정은 일반적으로 지속 시간이 짧습니다. 그러나 시간이 지나고 우리가 그것을 야기한 사건에서 멀어질 때, 일차감정은 빠르게 사라지고 생각이나 다른 감정과 같은 이질적인 요소들이 나타나기 시작합니다. 일차감정은 가파른 산을 미끄러져 내려가기 시작하는 눈덩이와 같습니다. 속도를 줄이지 않으면 일차감정은 증기를 모아 더욱 강하고 멈추기 힘든 이차감정의 눈사태가 될 수 있습니다. 그것은 좀처럼 멈추지 않고 눈덩이로만 머물며, 더 많은 눈과 바위 같은 것들이 모여 눈사태가 될 수 있습니다.

TIP 일차감정은 덜 복잡하고 이해하기 쉽습니다. DBT의 관점에서는 열 가지 주요 감정이 있으며, 이를 제10장에서 자세히 살펴볼 것입니다.

- **이차감정**: 이차감정은 기본적으로 일차감정에 대한 감정적 반응입니다. 이것은 우리가 어린 시절의 경험과 부모와 그들의 반응을 관찰한 결과로 일반적으로 발달하는 학습된 감정적 반응입니다. 영화 〈스타워즈: 보이지 않는 위협〉에 이차감정에 대한 훌륭한 예시가 있습니다. 마스터 요다는 "두려움은 분노를 낳고, 분노는 증오를 낳고, 증오는 고통을 낳는다."라고 말했습니다.

TIP 감정이 일차적인지 이차적인지를 아는 방법은 만약 어떤 사건이 일어난 지 오랜 후에 그 감정이 지속된다면 이차적인 것일 가능성이 높습니다. 만약 감정이 복잡하고 정의하거나 식별하기 어렵다면 그것은 거의 대부분 이차적인 것입니다.

기억하세요

새로운 관점은 다음과 같습니다. 감정을 피하지 않고 주의를 기울임으로써 당신은 경험의 범위를 넓힐 뿐만 아니라, 그것들이 고통스러울 수 있지만 당신을 파괴하지 않을 것이라는 것을 알게 됩니다. 이 사실을 인식하면서 강렬한 감정을 다스리는 데 필요한 기술을 개발할 수 있습니다.

경직된 선택에서 벗어나기

BPD와 같은 조건을 가진 사람들은 종종 흑백논리적인 사고를 경험하거나 '할 거면 다 하거나, 아니면 아예 안 하거나' 식의 경직된 결정을 내리곤 합니다. 어떤 사람에게는 이러한 생활 방식이 이내 점점 더 파괴적으로 변해 가는 부정적인 생각을 자동적으로 되풀이하게 되는 패턴으로 이어질 수 있습니다. 그래서 '나는 제대로 할 수 있는 게 아무것도 없어.'와 같은 생각이 이내 '나는 쓸모가 없어.'가 되고, 나아가 '나는 살아서는 안 돼.'로 이어질 수 있습니다. 다음 절의 내용은 당신이 이러한 경직된 사고에서 벗어날 수 있도록 도와줄 것입니다.

'둘 중 하나/또는'에서 '둘 다/그리고'로 변화하기

DBT의 핵심은 양극단의 위치에서 통합된 위치로 이동하는 것이며 이는 곧, 각 위치의 진리가 받아들여진다는 것을 의미합니다. 이 통합은 DBT를 개발한 마샤 리네한 박사가 겉보기에는 상반되어 보이는 두 개의 입장에서 진리를 수용하는 것으로 설명한 데에서 비롯되었는데, 그녀는 이 두 입장을 **테제**(thesis)와 **안티테제**(antithesis)라고 불렀습니다. 앞의 예를 들면 다음과 같습니다.

- **테제:** "나는 실수를 많이 하기 때문에, 나는 제대로 할 수 있는 게 아무것도 없고, 쓸모도 없어, 그러니까 나는 살아서는 안 돼."
- **안티테제:** "실수하는 건 별 게 아냐. 모든 사람이 실수를 해. 실수하는 것에 대해 별로 신경쓰지 말아야 해."

이 문장들은 '둘 중 하나/또는' 유형의 문장입니다. 첫 번째는 극단적이며, '할 거면 다 하거나, 아니면 아예 안 하거나' 식의 사고로 가득 차 있습니다. 그리고 두 번째는 자신이 실제로 느끼고 있는 감정에 대한 진실을 부정하고 있습니다.

변화란 우주에 존재하는 유일한 상수이며, 이는 곧 지속적인 과정임을 인정하는 방식으로 테제와 안티테제를 통합하는 것을 변증법적 통합이라 합니다. 이는 나아가 모든 것이 서로 반대되는 힘으로 이루어져 있다는 점을 인식하는 것이며, 그리고 특히 DBT의 맥락에서 변증법적 통합은 주어진 상황에 대한 새로운 의미, 새로운 이해 또는 새로운 해결책을 형성하기 위해 (테제와 안티테제라는 상반된) 양극단의 가장 본질적이고 핵심적인 부분을 통합하는 것입니다.

변증법적 통합은 타협과는 다릅니다. 타협은 일반적으로 양측이 서로 양보를 하면서 합의에 도달하게 되는 반면에, 변증법적 통합은 진정한 호기심에서 파생된 이해를 통해 양측이 상대방의 관점이 가진 지혜를 통합함으로써 합의에 도달하게 됩니다. 앞서 나온 테제와 안티테제를 변증법적으로 통합하면 다음과 같습니다.

- **변증법적 통합:** "내가 실수를 하는 것도 사실이고, 다른 사람들이 실수를 하는 것도 사실이야. 그런 경험을 할 때 내가 쓸모가 없고 살아 있어서는 안 된다는 생각이 드는 건 사실이지만, 살아 있는 모든 사람은 실수를 하고 그들이 모두 쓸모없는 건 아니야. 그러니까 나는 실수를 한다는 사실을 인정하고, 내가 실수를 하게 되는 상황을 파악하고 개선하려고 노력함으로써 나는 더 성숙한 사람이 될 거야. 내가 저지른 실수는 한 인간으로서의 나의 가치와 쓸모를 떨어뜨리지 않아."

반사적 반응 대신 선택하기

주의

사건에 대한 우리의 대응 행동 중 대부분은 선택이 아니라 반사적 반응입니다. 문제는 이러한 대응이 항상 최선의 행동 방침은 아니라는 것입니다. 이러한 대응은 결과적으로 사람들을 불행에 빠뜨리거나 인간관계에 질적으로 부정적인 영향을 미치는 것을 포함하여 상황을 악화시킬 수 있습니다.

우리는 종종 생각하지 않고 반응합니다. 이것은 진화적 반응일 가능성이 높습니다. 만약 뱀이 우리 앞을 지나간다면, 아마 우리는 그 자리에 멈춰 서서 뱀의 본성에 대해 곰곰이 생각해 보고 그것이 독이 있는지 궁금해하고 싶어 하지는 않을 것입니다. 대부분의 상황에서는 그냥 그대로 대응하는 것이 실제로 합리적입니다. 하지만 만약 우리의 대응이 단순히 우리의 두려움과 불안에 근거한 것이라면, 그러한 대응은 종종 우리의 장기적인 이익에 부합하지 않습니다.

반면, 선택은 최선의 행동 방침을 결정하기 전에 현재 상황의 모든 요소를 고려하는 것입니다. 여기에는 가치, 장기적인 목표, 감정, 현재 주변 상황 등을 통합하는 것이 포함됩니다.

더 구체적인 예로는 당신의 가장 친한 친구가 파티에 가는데 그녀가 파티에 간다는 것을 당신에게 언급하지 않는 경우를 들 수 있습니다. 당신은 즉시 화를 내며 그녀에게 전화하는 반응을 취합니다. 이제 당신과 그녀 둘 다 화가 났습니다. 당신은 관계를 악화시켰고, 이는 아마도 당신의 가치 및 인간관계적 목표와 일치하지 않을 것입니다.

이와 달리 만약 당신이 자신의 반응을 선택한다면, 당신은 자신이 화가 난 반응을 하고 있다는 걸 알아차릴 것입니다. 그런 다음 당신은 STOP 기술(제11장 참조)을 사용할 수 있습니다. 이 방법은 기본적으로 당신을 일단 멈추게 만들며, 심호흡을 하게 하고, 현재 상황에 대해 숙고하게 만듭니다. 당신은 친구에게 무슨 일이 있었는지 다 알고 있나요? 당신은 그녀의 의중을 알고 있나요? 당신을 거부하거나 무시하는 것이 그녀의 목적이었나요? 무슨 일이 일어난 것인지 곰곰이 생각해 보는 것이 당신에게 도움이 되나요? 이 다음의 선택은 그녀에게 전화를 걸어 당신이 그것에 대해 듣지 못한 것에 대해 상처를 받았다고 말하는 것이 될 수도 있고, 당신이 혼란스럽다는 것을 그녀에게 알리는 것이 될 수도 있습니다. 아니면 당신의 가장 친한 친구가 당신은 부르지 않은 데에는 그럴 만한 충분한 이유가 있을 수도 있으며, 그녀가 당신을 깊이 아끼고 있다는 것을 깨닫고 그냥 내버려둘 수도 있습니다.

기억하세요

DBT에서 말하는 마음챙김을 실천하는 것(제9장 참조)의 핵심은 선택을 실천하는 것입니다. 왜냐하면 그것이 우리의 삶에서 일어나는 일들에 대한 우리의 대응을 알아차리는 것을 수반하기 때문입니다. 그 다음으로 할 일은 즉각적으로 대응하지 않고 일단 멈추는 것입니다. 우리가 대응하고 싶다는 생각이 든다고 해서, 반드시 그대로 따라야만 하는 것은 아닙니다. 우리는 반드시 행동으로 옮기지 않고도 그 충동을 알아차릴 수 있습니다. 그리고 그것을 알아차렸을 때, 우리는 그것이 실제로 현명한 선택인지 아닌지 판단할 수 있거나, 아니면 단순히 스스로가 충동을 알아차릴 수 있는지를 판단할 수 있습니다. 선택은 때때로 아무것도 하지 않는다는 선택이 될 수도 있습니다.

일단 멈춘 후, 대응 충동에 주의를 기울여 보세요. 머잖아 충동이 지나가는 걸 알 수 있습니다. 모든 것은 항상 지나갑니다. 일시성의 본질은 그것이 곧 지나간다는 것입니다. 그리고 이내 결국엔 완전히 사라질 것입니다. 당신이 과거에 가졌던 모든 충동에 대해 생각해 보세요. 그것들이 지금 어디에 있나요? 모두 지나갔습니다. 일단 그 충동이 지나가고 나면, 그 다음으로 할 일은 무엇이 현명한 방법일지 고려해 보고, 타인을 대할 때 배려하는 반응을 해 보는 건 어떨지 고려해 보는 것입니다. 스스로에게 질문해 보세요. "어떤 반응이 내 인간관계에 도움이 될까?" 그리고 "내 가치를 고수하고 장기적인 목표를 달성하는 데 어떤 반응이 도움이 될까?"

TIP

대응하지 않고 선택하는 것을 실천하는 것은 시간이 걸리는데, 이는 실제로 대응하지 않은 상태로 자신 안의 대응 충동을 살펴봐야 하기 때문입니다. 이렇게 하는 가장 좋은 방법은 먼저 의도를 설정해 놓은 다음 더 큰 충동과 싸워 보기 전에 어떤 느낌인지 알기 위해 미리 작은 충동으로 연습해 보는 것입니다.

부정적인 일을 긍정적인 일로 바꿔 보기

DBT는 종종 비유를 사용하여 학습됩니다. 이러한 비유의 유형 중 하나로 단편이 알려져 있는데, 새옹지마의 우화입니다. 우리가 살펴볼 것은 농부와 그의 말들에 관한 이야기입니다. 이야기는 다음과 같습니다.

한 늙은 농부는 여러 해 동안 농사를 지었습니다. 그는 열 마리의 말을 가지고 있었기 때문에 이웃 사람들에게 부유하다고 여겨졌습니다. 끔찍한 폭풍이 몰아치는 어느 날, 그의 말들이 도망쳤습니다. 그 소식을 들은 이웃 사람들은 위로를 표하기 위해 찾아왔습니다. "정말 운이 없었네요."라고 그들은 동정적으로 말했습니다. "글쎄요."라고 농부는 대답했습니다.

다음날 아침, 야생에서 배가 고파진 말들이 야생마 열 마리와 함께 돌아왔습니다. "이렇게 좋을수가! 당신은 부자예요!"라고 이웃들이 외쳤습니다. "글쎄요." 농부는 대답했습니다.

다음날 그의 아들이 야생 종마 중 한 마리를 길들이려고 했습니다. 말은 소년을 밀쳐내고 그의 다리를 부러뜨렸습니다. 이웃들이 다시 와서 위로를 표했습니다. "아마 아드님은 당신을 도와 밭에서 일할 수 없을 거예요. 정말 운이 없었군요!"라고 그들은 말했습니다. "글쎄요." 농부는 말했습니다.

다음날 군대의 관리 몇 명이 전쟁을 준비하기 위해 젊은 남자들을 징집하려는 목적으로 마을에 찾아왔습니다. 아들의 다리가 부러진 것을 보고 그들은 그를 지나쳤습니다. 이웃 사람들은 다시 찾아와 농부에게 이 상황이 얼마나 잘된 일인지 축하해 주었습니다. "글쎄요." 농부는 말했습니다.

기억하세요

이 이야기의 요점은 우리는 앞으로 어떻게 될 것인지를 절대로 정확히 알 수 없다는 것입니다. 그리고 긍정적인 일이 부정적인 일로 보일 수도, 부정적인 일이 긍정적인 일로 보일 수도 있다는 것입니다. BPD와 같은 질환으로 고생하는 많은 사람에게 있어, 긍정적인 일은 종종 부정적인 일로 보이고 부정적인 일을 긍정적인 일로 바꾸는 것은 불가능한 일처럼 보이곤 합니다. 다음 절이 도움이 될 것입니다.

새로운 사고 패턴 만들기

DBT 치료에 오는 많은 사람은 부정적인 사고로 어려움을 겪고 있습니다. 어떤 사람은 내면에 가혹한 심판자(judgmental inner critic)를 가지고 있거나 걱정스러운 생각, 낮은 자기 가치감, 심지어 자기혐오라는 반복 순환 고리(repeat loops)를 가지고 있습니다. 부정적인 혹은 도움이 되지 않는 사고 패턴은 매우 강렬할 수 있으며, 종종 일, 가족 그리고 관계에 부정적인 영향을 줍니다.

부정적인 사고를 다루는 비효과적인 방법들이 있습니다. 당신이 이러한 부정적 사고들로 어려움을 겪는다면, 당신은 그것들로부터 주의를 다른 곳으로 돌리거나 그것들을 완전히 피하려고 할 수 있습니다. 몇몇 사람은 부정적인 사고가 계속되는 것을 방지하기 위해 약물이나 알코올을 사용하거나 단기적으로 자기 파괴적인 행동을 합니다. 부정적인 생각이 얼마나 고통스러울 수 있는지를 감안하면 그들은 그런 행동을 할 수 있습니다.

부정적인 사고 패턴은 반복적이며, 도움이 되지 않고, 원치 않는 생각들입니다. 이러한 사고 패턴은 일반적으로 사람들로 하여금 자기 자신과 상황에 대해 더 좋지 않게 느끼게 만듭니다. DBT는 사고의 패턴을 분석함으로써 사람들이 그러한 패턴을 인식하고, 패턴이 나타났을 때 자각할 수 있도록 돕습니다. 이렇게 한 걸음 물러나서 생각하는 것을 **인지적 탈융합**(cognitive defusion)이라고 합니다. 이것은 생각에 사로잡히지 않고 그 생각을 알아차리는 행위입니다. 사람들이 그들의 생각이 사실인 것 마냥 행동하는 것을 **인지적 융합**(cognitive fusion)이라고 합니다.

인지적 탈융합은 생각들을 붙잡고 있지 않고, 그것들이 자유롭게 오갈 수 있도록 허락하는 연습을 포함합니다. 인지적 탈융합을 통해 당신의 머릿속에 있는 생각들은 단순히 생각에 불과하다는 것을 알아차리는 것을 배울 수 있습니다. 당신이 당신의 생각과 융합되면, 당신은 그것들이 마치 사실인 것처럼 진지하게 받아들이는 경향을 가질 수 있습니다. 당신은 생각의 실체에 그 어떤 사실적 근거가 없음에도 그것들을 믿습니다.

기억하세요

당신이 생각과 융합되지 않았을 때, 인지적 탈융합을 위해 한 걸음 물러나 생각할 수 있습니다. 그런 다음 그것에 사로잡히지 않으면 그 생각들을 쉽게 내려놓을 수 있습니다. 이것은 부정적인 생각이 그저 흘러가도록 하는 첫 번째 단계입니다. 긍정적인 생각에도 근거는 없는 건 마찬가지이므로, 단순히 긍정적인 생각으로 바꾸는 것이 목표가 아닙니다. 긍정적인 생각은 당신이 부정적인 생각이 진짜라고 믿으며 살 필요가 없으며, 단순히 당신이 좋아하지 않는 생각이기에 그것에 너무 많은 시간을 할애할 필요가 없다는 것을 인식하도록 합니다. 어려운 생각들에 대처하는 방법들은 제7장에서 좀 더 살펴봅니다.

자기 파괴적인 행동을 긍정적인 것으로 바꾸기

자기 파괴적인 행동은 신체적 혹은 정서적으로 자기 자신에게 해를 입힐 가능성이 있는 사람들이 하는 행동입니다. 사람들이 치료 장면에서 DBT에 가져오는 자기 파괴적인 행동의 유형으로는 자살 시도, 자해, 폭식, 난폭한 운전, 도박, 위험한 성행위, 약물 남용 등이 있습니다.

주의

단기적으로 이러한 행동을 하는 사람들은 그 행동이 정서적 고통으로부터 벗어날 수 있도록 한다고 말합니다. 이것은 특정 화학 물질이 뇌에서 나오기 때문입니다. 예를 들어, 사람들이 자해를 할 때 뇌에서 아편류의 일종의 화학 물질이 나온다는 연구결과가 있습니다. 알코올은 뇌에 영향을 미치기 때문에 음주는 진정효과로 이어집니다. 위험하게 운전하는 것은 위험을 감수하는 행동으로, 우리의 뇌가 도파민을 분비하게 해서 기분을 좋게 만듭니다. 이러한 모든 위험한 행동은 일시적으로 우리의 기분을 바꿀 수 있지만, 이러한 행동 중 많은 부분이 적절하지 않은 행동이기 때문에 이러한 행동을 사용하는 사람들은 그 효과가 단기적이라는 것, 그리고 장기적으로는 자신의 기분을 더욱 나쁘게 한다는 것을 발견하게 됩니다.

DBT는 약물과 알코올을 피하고, 제시간에 잠자리에 들고, 운동을 하고, 건강한 식습관에 집중하는 등 건강한 습관 형성에 중점을 둡니다. 이렇게 건강한 행동들을 실천하는 사람들은 시간이 지남에 따라 이러한 행동이 자기 파괴적인 행동처럼 즉각적인 영향력을 가져오진 않지만, 더 오래 지속되며 전반적인 웰빙, 정서적 · 신체적 건강, 그리고 관계에 긍정적인 영향을 미친다는 것을 발견합니다. 제6장에서 행동에 대해 더 깊이 다룰 것입니다.

당신의 반응에 대한 신뢰 증가시키기

주의

궁극적으로, 당신이 좋은 선택을 했는지 여부에 대한 판단을 다른 사람에게 의존한다면 당신은 결코 당신 스스로를 신뢰하는 방법을 배우지 못할

> 것입니다. 당신이 스스로를 신뢰하지 못한다면 당신은 효과적인 선택을 하는 방법을 배우지 못할 것이고, 혹은 어떤 선택을 했을 때 그것이 올바른 선택인지 알 수 없을 것입니다. 그때 당신이 할 수 있는 유일한 선택은 다른 사람들의 의견이나 다른 사람들이 당신에게 하도록 압력을 가하는 것에 기초하여 선택을 하는 것입니다. 다른 사람이 좋은 의도로 당신에게 조언을 하더라도 문제는 당신이 누구이고 무엇이 필요한지에 따라 결정을 내리는 법을 가르쳐 주지 않는다는 것입니다. 또한 그들이 더 이상 거기 없으면 어떻게 될까요? 반복이 뇌에 미치는 영향 때문에 선택을 할 수 있는 자신의 능력을 믿지 않고 몇 년을 보내면 결국 다른 사람의 조언으로 이루어진 삶을 살게 될 것입니다. 자신을 믿지 않는 많은 사람이 만성적인 불행과 우울증을 경험합니다.

어떻게 당신은 자신을 신뢰하는 법을 배우지 못했을까요? 정서적으로 민감한 많은 사람에게 정서를 크게 표현하면 벌을 받는다는 사실은 이러한 정서를 표현한 자신이 나쁘거나 잘못되었다는 것을 알게 된다는 것을 의미하며, 그래서 그들은 다른 사람들은 어떻게 하는지 살피게 됩니다. 이러한 접근에는 큰 문제가 있습니다. 여기 조금 다른 예가 있습니다. 한 아이가 땅콩버터 알레르기로 온몸에 알레르기 반응이 나타났고, 이 땅콩 알레르기로 벌을 받았다고 상상해 보세요. 그리고 그 상황에서 그런 알레르기가 있는 다른 사람은 아무도 없고 알레르기가 있다는 이유로 다른 사람들에게 놀림을 받는다면, 자신에 대해 나쁜 느낌을 가지고 자신들이 가지고 있는 알레르기 반응에 대해 변명하려고 할 수 있습니다.

마찬가지로, 특정 상황이 당신에게 큰 정서적 반응을 유발한다면 그것은 자연스러운 것입니다. 민감해서 나쁠 건 전혀 없습니다. 당신이 자신의 민감함을 어떻게 다루어야 할지 모를 때 당신이 곤경에 처하게 되는 것입니다. 그리고 이는 다른 사람들이 당신의 반응에 대해 부정적이고, 판단적이고, 징벌적으로 반응할 때 더욱 악화됩니다. 자신의 경험을 신뢰하는 법을 배우지 못한 아이는 자신의 경험을 신뢰하지 못하는 어른으로 성장합니다.

기억하세요

자신을 신뢰하는 법을 배우는 열쇠는 당신의 몸과 뇌에 내재되어 있습니다. 당신의 몸은 당신에게 신체적 · 정서적 신호를 줍니다. 그러나 우리 중 일부는 이러한 신호에 주의를 기울이는 법을 배우지 못했습니다. 이것의 사소한 예는 우리가 온도 감각을 가지고 있다는 것입니다. 뜨거운 것을 만졌을 때 우리의 신경계는 우리에게 손을 떼라는 신호를 보냅니다. 우리는 우리의 신체의 경험을 믿습니다. 우리는 이것에 대해 질문할 필요가 없습니다. 마찬가지로, 당신이 당신의 가치와 장기적 목표에 일치하지 않는 일을 하려고 할 때 당신의 몸과 뇌는 당신에게 경고 신호를 보낼 것입니다. 그 신호는 불안의 증가일 수도 있고, 몸속 깊은 곳의 느낌일 수도 있고, 두통일 수도 있습니다. 자신을 신뢰하는 법을 배우는 첫 번째 단계는 이러한 신체 감각과 감정에 주의를 기울이는 것입니다. 주의를 기울이지 않고 반응적으로 행동하지 않으면 자신의 경험을 진정으로 알 기회를 얻을 수 없으며, 그렇게 하지 않고서는 자신과 자신의 선택을 신뢰하는 법을 결코 배우지 못합니다.

당신의 몸과 마음에 주의를 기울이는 법을 배우고 몸이 보내는 신호에 따라 선택을 하기 시작하면 아마도 당신은 틀림없이 실수를 하게 될 것입니다. 그러나 여기 좋은 소식이 있습니다. 그것은 바로 당신의 실수입니다. DBT 상담사는 내담자가 시도한 것에 대해 보상을 주고, 실수에 대해 벌을 주지 않는 방식으로 내담자와 작업합니다. 실수를 하지 않고는 배움이 있을 수 없으며, 그 실수를 통해 무엇이 잘못되었는지를 알아차릴 수 있습니다. 또 다른 악순환은 실수에 대한 두려움으로 시도조차 하지 못하고, 의사결정 상황에서 더 많은 실수를 하게 될 때 생깁니다. 해야 할 일은 당신의 성공과 실패를 모두 신뢰하는 것입니다. 당신의 실수를 신뢰하세요. 실수는 당신을 어디로 데려갈지 모르기 때문입니다.

민감한 사람이 자신을 신뢰하는 방법을 배울 때 마주할 수 있는 위험 중 하나는 판단을 받게 된다는 것입니다. 당신은 스스로에 대해 생각하는 것을 어떻게 믿을 수 있나요? 다른 사람들이 어떻게 반응할지에 대한 당신의 생각에 따라 결정을 걸러 내고 있나요? 진실은 당신 주변의 대부분의 사람은 심지어 자신들이 판단하고 있는 것처럼 느껴지더라도 아마도 자신의 삶 자체에 사로잡혀서 당신을 판단할 시간이 거의 없다는 것입니다. 당신이 다른 사람들의 의견에 더 신경을 쓰는 한, 당신 스스로도 자신을 무시하게 될 것입니다.

다른 사람을 기쁘게 하기 위해 행동을 바꾸는 것은 자기 신뢰에 모순됩니다. 일시적으로 기분이 좋을지 모르지만, 다른 사람들이 자신에게 진실하지 않고 당신을 기쁘게 하기 위해 행동을 바꾼다면, 당신은 그들이 정직한지 어떻게 알 수 있을까요?

기억하세요

마음챙김 수행을 통해 순간에 존재하고, 당신의 몸이 보내는 신호를 통해 감정, 생각, 감각에 존재함으로써 당신은 당신 내면의 지혜를 만날 수 있고, 자기 신뢰에 도달할 수 있으며, 자기 신뢰에 도달할 수 있는 이보다 더 강력한 도구는 없습니다.

제 2 부 이해에 도달하기

Dialectical Behavior Therapy

제5장 … 나의 감정 이해하기
제6장 … 나의 행동 이해하기
제7장 … 나의 생각 이해하기
제8장 … 나의 관계 이해하기

제2부에서는

- 강렬한 감정이 유익하지 않은 행동으로 이어질 수 있음을 인지합니다.
- 건강하지 못한 행동을 더욱 유익한 대안으로 대체합니다.
- 가혹한 심판이 낮은 자아존중감으로 이어질 수 있음을 알아차리고 상황을 더욱 건강한 방법으로 다루기 위해 사고 기술을 활용합니다.
- 자기 자신과의 관계 개선을 통해 다른 사람과의 관계를 개선합니다.

제5장

나의 감정 이해하기

이 장에서

- 나의 감정을 알아차리고 이름을 붙입니다.
- 감정적 괴로움을 놓아줍니다.
- 어려운 감정들을 파악합니다.

우리는 자신의 감정을 파악하고 이름 붙일 때 스스로의 경험을 이해하기 시작할 수 있습니다. 이것이야말로 DBT를 삶에 적용하기 위한 첫걸음입니다. 지쳤거나, 스트레스를 받았거나, 화가 나거나, 기쁘거나 슬픈 것과 같이 스스로가 대략 어떤 상태에 있는지 아는 것은 어렵지 않습니다. 하지만 나의 감정을 더 잘 이해하기 위해서는 더욱 정확하게 묘사할 필요가 있습니다. 게다가 감정을 정확하게 묘사하는 것은 감정을 증가시키거나, 감소시키거나, 변화시키거나, 견뎌내고 받아들이기 위해 필요한 DBT 기술이 무엇인지 알려 줍니다.

강렬한 감정으로 고통받는 많은 사람이 DBT를 찾습니다. 내담자들은 단순히 감정을 사라지게 해 달라고 요청하곤 합니다. 자신이 감정적 민감성이나 반응성이 너무나도 파괴적이었기 때문에 감정 없이 살아가는 것이 해결책이라고 생각하기 때문입니다. 그런 괴로움을 겪은 사람에게는 당연한 결론일지도 모릅니다. 하지만 감정 없이 살아가는 것은 더 큰 문제가 될 수 있습니다. 감정에는 기능이 있고, 효과적으로 조절되었을 때 우리에게 아주 중요한 정보를 제공합니다. 감정에는 세 가지 기능이 있습니다. 자신과 소통하기, 다른 사람과 소통하기, 그리고 행동을 유발하기입니다. 순간의 감정이 얼마나 많은 상호작용과 결정, 그리고 생각에조차 영향을 미치는지를 떠올려 보세요.

이 장에서는 감정 단어를 확장하는 것의 중요성을 깨닫게 됩니다. 자신의 감정을 파악하고 이름 붙이고, 강도를 조절하며, 어려운 감정에 주의를 기울이는 법을 배우게 됩니다. 이러한 배움을 우리의 괴로움을 줄여 줍니다. 시간과 연습을 통해 나를 고통스럽게 하는 감정까지도 사랑할 수 있게 되기를 바랍니다.

나의 감정 알아차리기

나의 감정을 알아차리기 위해서는 먼저 주의를 기울여야 합니다. 하지만 강렬한 감정으로 어려움을 겪는 사람들은 오히려 감정을 외면하고 싶어 합니다. 주의를 기울이기보다는 회피하기 위한 행동을 합니다. 감정적 회피는 주의를 돌리고 무시하는 것부터 "난 이런 감정을 느껴선 안 돼."라고 말하기, 알코올이나 약물, 성관계, 무모한 행동, 자해, 심지어는 자살에 이르기까지 다양한 모습으로 나타날 수 있습니다.

기억하세요

나의 감정에 주의를 기울이고 경험을 바라보는 것은 어려운 일이지만 오히려 감정의 강도가 낮아지는 데 도움이 됩니다. 쉽지 않은 일이라는 걸 알고 있습니다. 감정이 너무 강렬해서 관찰하기 어려울 때도 있습니다. 그럴 때에는 감정을 더 깊이 들여다보기 전에 제11장에서 다루는 고통 감내 기술을 사용해 감정의 강도를 줄여 볼 수 있습니다. 고통 감내 기술을 사용한 상태에서 그만하고 싶은 마음이 들겠지만 그건 단기적인 해결책일 뿐, 우리의 감정을 장기적으로 변화시키지 못합니다.

이어지는 절에서는 주의를 기울이고 마음챙김을 사용하는 것이 감정을 알고 통제할 수 있게 해 준다는 것을 알게 될 것입니다. 감정 알아차리기는 연습이 필요하지만, 익숙해지고 나면 이 책 속 모든 DBT 기술을 삶에 적용할 수 있게 될 것입니다.

일차감정과 이차감정 구분하기

많은 사람이 감정을 어떻게 알아차려야 하냐고 질문합니다. 특히 부정적으로 경험되는 감정일 때에는 감정을 알아차린다는 것이 어렵고 추상적으로 들릴 수 있습니다. 감정에 주의를 기울이기 전에 내가 무엇을 찾고 있는지, 그리고 어떻게 이름 붙일지를 알아야 합니다. 다가오는 절에서는 일차감정과 이차감정을 발견하는 법을 다룹니다.

일차감정

기억하세요

명칭에서부터 알 수 있듯이, 일차감정은 우리가 첫 번째로 느끼는 감정입니다. 감정을 발생시키는 내적 혹은 외적 경험과 같은 특정 자극이 주어졌을 때 뇌가 가장 먼저 만들어 내는 감정이라고 생각할 수 있습니다. 일차감정은 생득적이며 여러 문화에서 공통적으로 나타나는 표정과 연관되어 있습니다(자기 자신 및 다른 사람과 의사소통하는 것이 감정의 기능 중 하나라는 것을 기억하세요). 감정 조절에 관한 연구 분야에서는 일차감정이 몇 개인가에 대한 토론이 이어져 왔습니다. 학자에 따라 네 가지, 다섯 가지, 여덟 가지 혹은 열 가지라고 주장합니다. DBT의 창시자인 마샤 리네한 박사는 열 가지의 일차감정이 있다고 생각합니다. 우리가 주목해야 할 열 가지 감정은 다음과 같습니다.

- 기쁨: 즐거움, 행복, 만족의 감정
- 사랑: 깊은 애정의 강렬한 감정
- 슬픔: 불행 혹은 비극의 감정
- 분노: 적대심, 불쾌함, 짜증의 강렬한 감정
- 공포: 사람 혹은 대상이 위험하거나 위협이 될 것이라는 강렬한 감정
- 죄책감: 잘못했거나, 의무를 져버렸거나, 스스로의 가치에 반했다는 감정
- 수치심: 어리석은 행동이나 사회적 규범을 거스르는 행동을 했다는 생각으로 인해 느끼는 고통스럽고 부끄러운 감정, 그래서 외면당하거나 배척당한다고 느끼게 하는 것
- 부러움: 다른 사람의 소유물이나 자질, 특성을 가지고 싶다는 욕망에서 비롯된 불만족스러운 감정

- **질투**: 경쟁, 혹은 나에게 중요한 것을 빼앗길 것이라는 공포에서 비롯된 불편한 감정
- **혐오**: 불쾌하거나 모욕적인 것으로 인해 느끼는 반감

TIP

대부분의 감정이 익숙하겠지만 일상에서 혼동되거나 잘못 쓰이는 경우가 많은 두 쌍의 감정에 주목하길 바랍니다. 죄책감과 수치심, 부러움과 질투의 정의를 살펴보세요. 이러한 감정들의 정의를 잘 이해할수록 더욱 수월하게 나의 감정에 이름을 붙일 수 있습니다.

이차감정

이차감정을 고려하지 않는다면 당신의 감정을 이해하는 것이 조금 더 쉬웠을 것입니다. 이차감정은 당신이 무심코 걸려 넘어질 수 있는 장애물입니다. 이 감정들은 대부분 당신의 일차감정에 대한 생각의 결과입니다. 감정에 대한 당신의 신념, 판단, 태도는 당신을 이차감정으로 이동시킵니다. 예를 들어, 슬픔을 느끼고 슬픔이 약점이라고 생각하여 화를 냅니다. 슬픔은 일차감정이고, 당신이 경험한 맥락에서 타당한 감정이며, 분노는 슬픔에 대한 당신의 믿음과 판단에서 비롯되는 이차감정입니다.

기억하세요

일차감정은 이차감정으로 바꾸는 일련의 생각들을 적용하지 않으면 평균 90초 동안 지속됩니다. 이차감정의 문제는 그것이 오래(몇 시간, 며칠, 몇 주, 몇 달) 지속될 수 있다는 것입니다. 당신은 이차감정에 갇힐 수 있고, 그 감정들은 쉽게 영구화되는 경향이 있습니다. 비참함을 느끼는 것은 복잡한 이차감정에 갇힌 대표적인 예입니다. 이차감정에 대한 한 가지 까다로운 점은 일차감정은 사실 이차감정일수도 있다는 것입니다. 만약 슬픔에 대한 믿음, 판단 그리고 태도가 당신이 더 많은 슬픔을 느끼게 만든다면 슬픔 또한 이차감정입니다. 자기부정과 타인에게 인정받지 못하는 것은 이차감정을 경험하게 합니다. 그래서 만약 당신이 (다른 것이 그것을 촉진하기 전에) 90초 이상 지속되는 감정을 경험한다면 당신은 무심코 슬픔을 필요 이상으로 더 오래 느낄 수 있습니다. 사실 이것은 자신의 감정을 이해하는 데 중요한 실마리가 됩니다. 그렇기 때문에 주의를 기울이고 당신의 감정을 식별, 분류, 이해, 검증할 수 있는 방법을 배우는 것이 매우 중요합니다.

당신이 느끼는 것에 주의 기울이기

당신이 느끼는 것에 주의를 기울이는 것은 당신의 감정적인 경험에 빛을 비추는 개방성과 의지를 요구합니다. 우리는 당신이 감정을 직접적으로 바라볼 때 그 감정의 강도가 줄어들기 시작한다는 것을 알고 있습니다. 의심스럽다면 빠른 시일 내에 시도해 보는 것이 좋습니다. 감정을 식별하고 검증하는 것(그것이 어떻게 이해되고 수용 · 인정되는지)은 강력하고 치유적인 경험입니다.

그럼, 어디서부터 시작할까요? DBT에서 우리는 현재 감정의 마음챙김이라고 불리는 기술을 가지고 있으며, SUN WAVE NO NOT이라는 약자를 사용하여 단계를 나눕니다. 이 기술을 사용하면 일차감정을 알아차리고 이름을 붙이는 데 도움이 됩니다. 다음 단계에 따라 이 작업을 수행해 보세요.

TIP

이 기술을 사용하기 시작할 때, 종이 한 장에 당신의 답을 적는 것이 도움이 될 수 있습니다. 천천히 해 보세요. 처음에는 더 느린 과정이 될 수 있습니다. 일단 연습하면 다음 단계를 거치지 않고도 시간을 멈추고 감정을 더 많이 알아차릴 수 있을 것입니다.

정서 파악하기: SUN

기억하세요

SUN의 머리글자는 감각(Sensations), 충동(Urges), 감정에 이름 붙이기(Name the emotion)를 의미합니다.

- **감각(S)**: 모든 감정은 연관된 감각을 가지고 있습니다. 당신의 몸은 당신이 어떻게 그리고 무엇을 느끼는지에 대한 중요한 단서를 가지고 있습니다. 머리부터 발끝까지 당신의 몸을 짧게 살펴보세요. 턱이 뻐근하거나 꽉 쥐는 느낌이 드나요? 볼에 온기가 느껴지나요? 머리가 욱신거리나요? 눈에 눈물이 고이나요? 가슴이 답답한가요? 초조하거나 가라앉는 느낌인가요? 손을 꽉 쥐고 있나요?
- **충동(U)**: 모든 감정은 행동할 충동과 함께 옵니다. 감정의 기능 중 하나는 행동에 동기를 부여하는 것이기 때문입니다. 예를 들어, 당신이 두려움을 느낄 때 당신은 도망가고, 싸우고 혹은 얼어붙는 충동을 느낄 수 있습니다. 당신이 슬플 때 당신은 몸을 웅크리고 울거나

고립되고 싶은 충동을 느낄지도 모릅니다. 당신이 수치심을 느낄 때 당신은 숨고 싶을지도 모릅니다. 당신이 화가 날 때 소리를 지르거나 무언가를 때리거나 던지고 싶은 충동을 느낄 수 있습니다. 다른 사람들은 화가 날 때 울 수도 있습니다. 우리 모두가 같은 행동 충동을 가지고 있는 것은 아니지만, 비슷한 경향이 있습니다.

>> 감정에 이름 붙이기(N): 일단 신체 감각과 충동을 확인하면, 당신은 그 감정의 이름을 붙일 수 있는 충분한 정보를 갖게 됩니다. 우리는 당신이 일단 그 감정에 이름을 붙일 수 있게 되면, 그 감정의 강도가 줄어들기 시작한다는 것을 알고 있습니다. 이것은 종종 당신의 경험과 당신이 느끼고 있는 것 사이에 약간의 틈을 주기 때문에 발생합니다. 이것은 또한 이차감정 아래에 숨겨져 있었을지도 모르는 일차감정을 발견하는 것을 돕습니다(이 장의 앞부분에서 일차감정과 이차감정에 대해 논의합니다).

감정의 파도 타기: WAVE

감정의 이름을 붙이고 나면, 당신의 과제는 파도처럼 감정을 견뎌 내는 것입니다. 일차감정이 발생하면 당신은 파도처럼 그것을 경험하게 될 것입니다. 처음에는 강도가 낮아지고, 파도의 정점이나 꼭대기까지 상승할 것이며, 그 다음에는 당신의 기준선으로 돌아오거나 파도가 해변에 도달할 때까지 강도가 약해질 것입니다. 파도를 타는 방법은 제9장에서 더 자세히 다루는 마음챙김의 '관찰하기와 묘사하기 기술'을 사용하는 것입니다. 당신이 이미 SUN 절에서 파악한 당신의 감각과 충동을 알아차리고 묘사할 것입니다. 당신의 경험에 대해 판단하지 말고 알아차리고 묘사하세요. 예를 들어, 당신의 생각이 빠르게 떠오르고, 초조해지고, 얼굴이 빨개지는 것을 느끼고, 눈물이 뺨을 타고 흐르는 것을 알아차릴 수 있습니다.

당신은 과거나 미래를 끌어당기는 당신의 경험에 대한 판단이나 사설이 없기 때문에 이것이 다소 지루한 과정이라는 것을 알게 될 것입니다. 이것은 당신의 감정이 단순히 그들의 방향으로 흐르도록 돕는 것입니다. 당신의 감정을 더 다루기 쉬워질 때까지 이 과정을 반복하세요.

감정과 나는 다르다: NO NOT

최종 단계는 NO NOT으로 구성됩니다.

기억하세요

>> NO: 감정을 억제하지 마세요. 감정을 강화하지 마세요. 이것은 당신이 어떤 것을 느낄 수 없다고 스스로에게 말하지 않고, 그것을 판단하고 부정하는 것과 같이 원하지 않는 감정의 강도를 높이지 않는 것을 의미합니다. 이 단계는 앞 절의 감정의 파도 타기(WAVE)를 할 때 피해야 할 사항으로 구성되어 있다고 생각할 수 있습니다.

>> NOT: 감정의 파도를 타면서 나 자신은 감정이 아니며, 감정은 영원히 지속되지 않을 것이라는 것을 스스로에게 상기시키세요. 사소한 의미론처럼 보일 수 있지만, 당신의 경험에 대해 말할 때, "나는 우울하다."라고 말하는 것을 피하고, 그 대신 "나는 우울함을 느낀다."라고 말하는 것이 중요합니다. 당신이 그것을 감정 상태로 나타낼 때, 그것은 뇌에 변화하는 어떤 것이라는 신호를 보냅니다. 감정은 분명히 변화하고 변동합니다. 첫 번째 진술은 "나는 우울한 사람이다. 이것은 저에게 내재되어 있고 따라서 변화 가능성이 적다."를 의미합니다. 이것은 작아 보일 수 있지만, 당신이 감정을 경험하고 그것이 흐르도록 할 때 큰 차이를 만듭니다. 때때로 감정이 매우 격렬할 때, 당신은 그것이 결코 끝나지 않을 것이라고 느낄지도 모릅니다. 주목해야 할 것은 일차감정이 평균 90초 동안 지속된다는 것이며, 영원할 것처럼 느껴지더라도 그렇지 않다는 것입니다.

부적절한 반응에 직면하기

만약 당신이 감정적으로 민감한 사람이라면, 당신은 일반인보다 감정을 더 오래, 깊이 느끼며, 기준선으로 돌아오는 속도가 훨씬 느립니다. 이것은 그저 생물학적 반응이며 자동차의 엔진과 같다고 생각할 수 있습니다. 대형차와 소형차의 엔진은 빠르게 가속하는 기능이 매우 다릅니다. 이는 감정적으로 민감한 사람들이 더 격렬하게 반응하고 감정을 더 오래 붙잡는 것은 드문 일이 아니라는 것을 의미합니다. 이것의 문제는 그것이 당신의 고통을 증가시키고 관계에 부정적인 영향을 미칠 수 있다는 것입니다.

우리가 함께 일하는 사람들은 종종 그들이 '과하다'는 말을 듣거나 항상 과민반응을 한다고 말합니다. 그런 피드백은 매우 고통스러울 수 있습니다. 혹시 이로 인해 어려움을 겪고 있다면 다행히도 좋은 소식이 있습니다. 빠른 엔진을 가진 자동차처럼 자신을 '운전'하는 법을 배울 수 있습니다. 또한 당신의 반응이 너무 강렬할 때를 알아차리고 그것을 조절할 수 있다는 것입니다. 다음 절이 도움이 될 것입니다.

내 반응이 과장된 것일 수도 있다는 것 깨닫기

만약 감정적으로 민감한 사람이라면 자신이 종종 과장된 반응을 보일 수 있다는 것을 판단 없이 받아들일 필요가 있습니다. 자신의 반응 중 일부에 대해 이것을 받아들이는 것은 그것이 언제 일어나는지 인식하는 데 도움이 될 것이고, 이는 첫 번째 단계입니다. DBT에서 우리는 정당화된 감정과 정당화되지 않은 감정 두 가지에 대해 이야기합니다. 이것은 주관적으로 보일 수 있고, 많은 면에서 그렇기도 합니다. 당신은 DBT의 몇 가지 질문을 사용하여 자신의 감정이 정당한지 정당하지 않은지를 결정할 수 있습니다. 다시 말하지만, 이것은 나의 감정을 판단하는 것이 아니라 내 감정이 불행과 고통으로 이어질 때 대처하도록 도와주고, 그리고 나서 내가 사용할 수 있는 기술을 알아내는 것입니다.

기억하세요

이 질문에 답하려면, 자신에게 다음 세 가지 질문을 해야 합니다.

- 내 감정이 상황에 적절하고, 이 감정이 지금 올라오는 게 타당한가?
- 내가 느끼는 감정의 강도가 타당한가?
- 내가 느끼는 지속 시간이 타당한가?

TIP

때때로 당신이 강한 감정으로 가득 차 있을 때 이러한 질문에 대답하는 것은 어려울 수 있습니다. 여기 유용한 요령이 있습니다. 즉, 우리는 종종 내담자들에게 그들이 경험을 느끼고 그들의 감정을 잘 조절하며 비교를 위한 합리적인 척도를 제공할 만한 주변 사람에 대해 생각해 보라고 요청합니다. 그것은 나의 친구, 직장 동료, 또는 심지어 가족이나 친척일 수 있습니다. 앞의 세 질문에 대한 당신의 답을 그들의 것과 비교하도록 노력하세요. 당신이 모델로 사용할 수 있는 방식으로 감정을 경험하고 조절하는 사람들을 선택하세요. 이것은 내 감정에 대해 나쁜 감정을 느끼게 하는 비교가 아니라, 내 기술 선택을 도와주는 비교 대상입니다. 제10장은 자신의 감정이 정당한지 정당하지 않은지 확인한 후에 사용할 수 있는 구체적인 감정 조절 기술을 몇 가지 알려 드립니다.

인식에서 조절로

어떤 사람들은 감정을 인식하는 것이 가장 어려운 부분이라고 생각하는 반면, 다른 사람들은 감정을 어떻게 해야 할지 알아내거나 기술을 사용하려는 의지를 찾는 것이 가장 어려운 일이라고 생각합니다. 우리는 제10장에서 더 구체적인 감정 조절 기술에 대해 논의할 것입니다. 일단 자신의 감정을 인식하게 되면, 당신은 그 감정으로 무엇을 하고 싶거나 무엇을 해야 하는지 스스로에게 물어볼 필요가 있습니다.

내 감정을 검증하기

가장 중요하고 때로는 가장 어려운 것 중 하나는 나의 감정을 검증하는 것입니다. DBT에 오는 많은 사람에게, 이것은 가장 어려운 기술 중 하나입니다. 왜냐하면 수년 동안 내담자들과 그들의 사랑하는 사람들은 종종 내담자들의 감정을 부정해 왔기 때문입니다. 검증의 핵심은 자신이 느끼는 감정에 대해 어떤 것이 합리적인지 자신(그리고 다른 사람)에게 상기시키는 것입니다. SUN WAVE NO NOT(이 장의 앞부분 설명 참조)의 NO는 무의식 중에 행하는 자체 부정을 방지하는 데 도움이 됩니다.

주의

정의에 따르면, 검증은 감정이 적절하다는 것을 상기시켜 감정의 강도를 낮추는 데 도움이 됩니다. 자기부정, 또는 스스로에게 어떤 식으로 느껴서는 안 된다고 말하는 것, 어떤 것을 느끼는 것에 대해 멍청하거나 약하다고 말하는 것, 또는 심지어 그것을 극복해야 한다고 말하는 것은 이미 고통스러운 감정을 키우고, 고통으로 이어지도록 하는 가장 효과적인 방법들 중 하나입니다. 자기부정은 끈적끈적한 이차감정을 유발하는 주요 요소입니다(이 장의 앞부분에서 일차감정과 이차감정에 대해 논의합니다).

몇 가지 유용한 질문하기

기억하세요

일단 당신이 감정을 인식하고 이름을 붙였으면, 당신은 어떤 기술이 가장 효과적일지 생각하는 데 도움이 되는 몇 가지 질문을 스스로에게 하고 싶을지도 모릅니다. 우리는 이것이 습관이 되도록 연습하는 것을 추천합니다. 자신에게 다음과 같은 질문을 던지는 것을 고려해 보세요.

1. 지금 나의 감정을 어떻게 검증할 수 있을까?
2. 나는 이 감정을 참고 받아들여서 파도처럼 이겨 내고 싶은가?
3. 나는 이 감정의 강도를 높이고 싶은가, 줄이고 싶은가?
4. 나는 우울한 상태에 머무르고 싶은가?
5. 나는 상황을 더 악화시키기 위해 무언가를 하고 싶은가?

우리는 이 책의 제3부에서 당신이 감정의 강도를 증가시키고 감소시키고, 인내할 수 있는 기술들을 검토합니다.

TIP

종종 사람들은 4번과 5번 질문에 혼란스러워합니다.

- 때때로 일정 시간 동안 비참한 상태를 유지하는 것도 괜찮습니다. 당신이 어떻게 그런 상태에 도달했는지 깨닫지 못하고 있는 자신을 발견하는 상태가 아니라, 그것이 의도적인 선택이기를 원하기 때문에 우리는 그것을 4번으로 포함하였습니다. 당신은 다음과 같이 생각할 수 있습니다. 때때로 우리는 모두 그것이 필요하기에 신세 한탄을 하는 것은 괜찮지만, 자신이 선택했다는 것을 알아야 합니다. 그래야 적당한 시간이 지난 뒤 당신은 떠날 수 있습니다.
- 5번도 비슷한 이유로 질문에 포함했습니다. 그것은 상황을 악화시키는 함정에 빠지는 것을 피할 수 있도록 도와줄 것입니다. 당신은 언제나 상황과 감정을 더 악화시킬 수 있다는 것을 기억하세요. 우리가 바라는 것은 당신이 이 감정을 덜 경험할 수 있도록 이것을 선택지로 배우는 것입니다. 이런 일이 눈 깜짝할 사이에 거의 인지하지 못한 채 일어나는 것은 드문 일이 아닙니다. 이 생각은 속도를 늦추기 위한 것입니다. 뻔한 예처럼 보일 수도 있지만, 화가 나서 벽에 주먹을 날릴 때 아드레날린이 엄청나게 솟구치는 순간 기분이 좋을 수

> 도 있지만 그 다음에는 그저 그 상황을 타인에게 설명하고 고쳐야 할 구멍만 벽에 남게 됩니다. 당신은 문제를 악화시켰고, 만약 당신이 많은 사람과 같다면 당신은 강한 수치심을 느낄 것입니다.

이러한 질문을 생각할 수 있다면, 당신은 반응의 감소를 자각할 수 있으며, 조절로 가는 능숙한 길을 어떻게 나아가야 하는지에 대한 선택할 수 있게 될 것입니다.

문제 영역 식별하고 처리하기

우리는 모두 문제 영역을 가지고 있습니다. DBT에는 여러 가지 기술 훈련 가정이 있고, 가장 중요한 두 가지 가정은 우리 모두가 할 수 있는 최선을 다하고 있다는 것과 변화를 위해 우리는 더 잘해야 하고, 더 노력해야 하고, 더 동기부여를 해야 한다는 것입니다. 문제 영역 또는 감정적으로 취약한 영역은 존재합니다. 문제 영역에 대한 판단에서 헤매는 것보다 대신 스스로에 대해 알고 자신을 관리할 수 있는 인식과 기술을 쌓을 수 있는 지혜의 꾸러미로 받아들이는 것이 더 도움이 될 것입니다.

나를 괴롭게 하는 원인 마주하기

무엇이 자신을 고통스럽게 만드는지 보는 것은 어려운 상황을 예측하는 데 도움이 될 수 있습니다. 당신이 어려운 상황이나 상호작용을 예측할 수 있을 때, 그것은 당신이 같은 상황에서 계속해서 고통을 겪지 않도록 미리 계획할 시간을 줍니다. 당신의 공통적인 고통의 영역을 아는 것은 또한 자신의 경험을 수용 · 인정하는 데 도움이 될 것이고, 이것은 우리가 이 장의 앞부분에서 논의했듯이 나의 고통스러운 감정이 강렬해지는 것을 막는 데 도움이 될 것입니다.

기억하세요

넓은 범위의 다양한 것이 사람들을 괴롭게 할 수 있으며, 우리는 각자는 우리의 감수성과 경험에 근거하여 다루기 어려운 독특한 영역을 가지고 있습니다. 당신이 이것에 대해 생각하기 시작할 때, 어떤 상황들은 꽤 명백하고 식별하기 쉬울 수 있는 반면, 다른 상황은 이해하는 데 더 많은 시간이 걸릴 수 있습니다. 다음 질문을 사용해 보세요.

- 당신이 반복적으로 스트레스를 받는 일(소셜 미디어에 글을 올리기, 특정인과 함께 있기, 특정 장소에 가기)이 있습니까?
- 당신에게 반복적으로 스트레스를 주는 특정한 관계나 상호작용이 있습니까?
- 당신에게 반복적으로 스트레스를 주는 휴일이나 모임이 있습니까?
- 당신이 가는 특정한 장소(직장, 학교, 식당, 사람들의 집)가 당신에게 스트레스를 주나요?
- 반복적으로 스트레스를 받는 상황(거절당하기, 칭찬을 받기, 직장에서나 친구로부터 피드백을 받기, 누군가를 거절하기)이 있습니까?
- 다루기 어렵고 자주 스트레스를 주는 특정한 감정이 있습니까?

이러한 경험들에 대해 생각하는 것은 당신이 계속해서 비슷한 고통스러운 상황에 처하도록 놔두지 않고 자신의 기술을 집중할 수 있는 특정 영역을 좁히는 데 도움이 될 것입니다.

대처 전략 찾기

이 책의 제3부에서는 연습과 함께 대처 전략으로 사용할 수 있는 DBT 기술을 소개합니다. 때때로 해결책은 단순히 당신 앞에 있는 현실을 용인하고 받아들이는 것이지만, 다른 기술들은 당신이 문제를 해결하거나, 감정의 강도를 높이거나 낮추거나, 당신의 관계나 다른 사람들과의 상호작용에 더 효과적일 수 있다는 것을 기억하세요. 당신의 감정을 이해하고 식별할 수 있는 것은 대응하는 첫 번째이자 매우 중요한 단계입니다. 사람들은 이 단계를 종종 건너뛰는데, 그렇게 된다면 목표를 달성하기 위해 가장 효과적인 기술을 선택하는 경우가 웬만해서는 없습니다.

제 6 장

나의 행동 이해하기

이 장에서

- 자신이 느끼는 것을 행동과 연결합니다.
- 트리거[1]를 인식하고 처리합니다.
- 특정 행동을 특정 반응과 연결합니다.

정신건강 분야에 종사하는 많은 사람은 인간의 행동이 매력적이라고 생각합니다. 행동 패턴을 관찰하고 다음에 무엇을 할 것인지 예측하려고 노력하는 것은 무엇이 도움이 되고 무엇이 도움이 되지 않으며, 행동이 바뀌어야 할 경우 어떤 개입을 사용할지 결정하는 데 유용할 수 있습니다. 그런데 많은 경우, 행동은 매우 예측 가능합니다. 왜냐하면 반복을 통해 패턴화되기 때문입니다. 걷는 행동을 떠올려 보세요. 반복 때문에 A 지점에서 B 지점으로 갈 때 사람이 걸어갈 것이라는 예측이 가능합니다. 그런데 걷는 것은 비교적 간단한 행동입니다. 강한 감정에서 나오는 행동은 매우 복잡하고 예측하기가 훨씬 더 어려울 수 있습니다.

정서적으로 민감한 사람들은 일반적으로 덜 민감한 사람들보다 더 강한 강도로 삶을 경험합니다. 일반적으로, 민감도가 높을수록 행동 변동성이 커집니다.

감정적으로 더 예민한 것은 문제될 것이 없습니다. 많은 예술가, 상담사, 배우, 음악가

1) 역자 주: trigger, 직역하자면 방아쇠를 뜻한다. 트라우마 등과 관련해 부정적 감정을 불러일으키는 촉발 요인을 비유적으로 이르는 말. 발사 버튼, 격발 장치, 격발 버튼 등으로 번역되기도 한다.

등은 예민한 것이 그들의 기술(craft)에 도움이 된다고 인식합니다. 하지만 강한 감정을 가진 사람들은 그들의 기분 상태에 의존적인 방식으로 행동할 위험이 있습니다. 기분-의존적인 행동 때문에 종종 사람들은 두 가지 주요 이유로 DBT 치료를 요청하게 됩니다. 첫 번째는 감정적으로 충전된 상황을 효과적으로 관리할 수 있는 기술이 없다는 것이고, 두 번째는 결과를 고려하지 못한 채 자신의 감정이나 충동에 따른 행동이 괴로움을 유발한다는 것입니다. 종종 기분-의존적인 행동은 마치 그 사람에게 선택의 여지가 없었던 것처럼 자동적이고 빠르게 일어나는 것처럼 보입니다. 그것은 어디선가 와서 개인의 통제에서 벗어난 것처럼 보이고, 그래서 그것을 움직이는 강력한 감정, 충동, 부정적인 생각을 고려할 때 그것을 바꾸기 어려워 보일 수 있습니다.

이 장에서는 우리는 감정과 행동 사이의 연관성을 검토하고, 행동을 유발하는 트리거(trigger)를 인식하며, 도움이 되지 않는 행동을 바꾸기 시작하는 방법으로서 특정 행동을 특정 반응과 어떻게 연결할 수 있는지 살펴봅니다.

감정이 어떻게 행동에서 나타나는지 알기

당신이 기분-의존적인 행동에 관여할 때, 당신은 근본적인 감정 상태에 의해 야기된 충동에 따라 행동합니다. 예를 들어, 기분이 좋지 않고 침대에서 일어나지 않고 아무도 만나지 않으려는 충동이 있을 때를 떠올려 봅시다. 침대에 누워 친구를 만나지 않는 것은 기분-의존적인 행동일 것입니다. 만약 당신이 화가 났고 당신의 동료에게 사소한 위반에 대해 맹렬히 비난한다면, 그것은 기분-의존적인 행동입니다.

그런 행동을 하기 쉬운 사람들은 그 기분이 지나가면 자신의 행동에 죄책감이나 수치심을 느낄 때가 많습니다. 그러나 그 순간에는, 생각 없이 자신의 감정에 따라 행동하는 것에 대해 정당하고 옳다고 느낍니다. 멈춰 서서 무엇을 할지 성찰하거나, 심지어 감정의 불편함을 참는 것이 견딜 수 없게 느껴질 수 있습니다. 기분-의존적인 행동은 단기적으로는 즉각적인 안도감을 줄 수 있고 기분 좋게 느껴지지만, 장기적으로는 더 큰 해를 끼칠 뿐입니다.

기억하세요

어떤 개인에게든 모든 감정은 행동 충동을 가지고 있으며, 강한 감정을 느낄 때 자신이 하게 되는 전형적인 행동을 아는 것이 DBT의 핵심 부분입니다. 만약 당신이 이런 부분에서 어려움이 있다면, 현재 감정 상태가 어떻게 이러한 행동들로 이어지는지에 대한 인식을 발전시키기 위해 마음챙김이 꼭 필요합니다. 마음챙김은 또한 좀 더 신중한 반응을 보이는 데 중요합니다. 이것은 강한 감정이 일어났을 때 당신이 잠시 멈추고 자신에게 다음과 같이 물어봐야 한다는 것을 의미합니다.

- "내가 하려는 일이 나의 장기적인 목표와 가치관에 부합한가?"
- "이런 행동이 실제로 내가 원하는 것을 얻게 할 수 있을까?"
- "내 행동이 후회, 죄책감, 부끄러움으로 이어질 가능성은 얼마나 될까?"

감정적인 트리거 식별하고 처리하기

모든 사람의 뇌는 자신을 해치는 것과 그와 관련된 사람들 사이에 강력한 연관성을 만들어 냅니다. 예를 들어, 어두운 골목길에서 한 번 공격을 받으면 그냥 골목길 옆을 지나는 것도 신체적 반응을 일으킬 수 있습니다. 흥미롭게도 우리는 자신의 반응과 그 반응을 유발하는 것 사이의 연관성을 이해하기 때문에 우리 자신의 행동을 인정하고 용서하는 것이 더 쉽습니다. 하지만 다른 사람들 또한 그들의 반응에 대한 이유가 있다는 것도 사실입니다. 우리가 그들이 왜 자신들이 하고 있는 일을 하고 있는지 이해하지 못한다고 해서 그들에게 자신만의 트리거가 없는 것은 아닙니다.

특히 누군가가 트라우마, 학대, 비타당화를 경험했을 때 이것은 검토 및 처리되지 않은 감정을 만들어 내며, 그 감정은 그 사건들에 대한 기억을 떠오르게 하는 무엇에서든지 촉발될 수 있습니다. 트리거가 촉발된 사람도 보통 현실 감각을 가지고는 있지만 그들의 감정적인 반응은 현재 상황을 반영하지 못합니다. 그들은 주변 사람들의 의도에 의심을 느끼거나, 친구들과 있을 때 불안해하거나, 겉보기에 사소한 일로 매우 화를 낼 수 있습니다.

당신이 트리거에 대한 자신의 반응을 이해할 수도 있지만 다른 사람이 어떤 방식으로 행동하는 이유 또한 그들의 트리거가 촉발되었기 때문일 수도 있다는 것을 깨닫는 것이 중요합니다.

기억하세요

트리거를 식별하는 가장 중요한 이유는 트리거가 당신의 삶을 방해하는 것을 제한하거나 또는 트리거가 당신의 행동을 제어하는 힘을 최소화하기 위해서입니다. 다음 절에서는 트리거 식별에 대한 자세한 정보를 제공합니다.

트리거의 방해 막아 내기

기억하세요

감정적 트리거의 방해를 막기 위해서는 트리거가 무엇인지 알아야 합니다. 트리거를 인식하기 위해 다음의 검토 과정을 사용할 수 있습니다.

- **환경적인 트리거는 무엇인가요?** 특정한 방식으로 반응하고 싶은 충동을 만드는 감정이 어떤 일이 일어나면서 생기게 되었나요? 예를 들어, 당신의 파트너가 저녁을 먹으러 집에 오고 있다고 말했는데 당신의 어머니가 그가 술집에서 친구들과 술 마시는 걸 본 것 같다고 전화했을 때 당신은 화가 나게 됩니다.
- **당신의 내적 기분 상태는 어떤가요?** 감정에 이름을 붙여 보세요. 당신은 질투심을 느끼고 나서 당신의 파트너가 당신을 무시한 것에 화가 난다는 것을 알아차립니다. 당신은 또한 혼란스러움을 느끼고 당신의 어머니에게 화가 난다는 것을 알아차리는데, 왜냐하면 어머니가 실제로 그 사람을 보았다고 확신하지 못하기 때문입니다.
- **지금 순간에 당신의 단기 목표는 무엇인가요?** 당신의 파트너가 실제로 하지 않았을 수도 있는 일에 대해 비난하지 않기 위해서 그가 집에 돌아오기 전까지 당신이 더 차분한 상태가 되기를 원합니다.
- **당신의 장기적인 목표는 무엇인가요?** 당신은 파트너를 신뢰하고 직접적이면서 호기심이 어린 방식으로 그와 차분한 대화를 나눈 수 있기를 원합니다.
- **어떤 행동이 당신의 장기적인 목표와 일치하나요?** 당신의 행동이 목표를 성취하는 데 도움이 되나요? 화를 내는 것이 목표를 달성하는 데 도움이 되나요? 아니면 더 침착한 상태로 조절하고 당신과 어머니가 도움이 되지 않는 결론을 내리게 만들었을지도 모르는 아주

작은 정보 조각만을 당신이 가지고 있다는 사실을 인식해야 하나요?

- **만약 당신이 충동에 따라 행동한다면 이것이 당신의 목표를 달성하는 데 도움이 될까요? 아니면 방해가 될까요?** 만약 당신의 파트너가 문으로 들어서자마자 그를 무신경한 사람이고 거짓말쟁이라고 비난하면서 소리를 지르기 시작한다면, 이것이 당신이 그와 더 신뢰하는 관계를 갖도록 도울 수 있을까요? 반면에 만약 그가 당신을 무시하고 있는 것이라면, 무슨 일이 일어났는지 궁금해하지 않고 단순히 화를 내는 것이 당신이 스스로의 가치를 매기는 방식에 부합하나요?
- **만약 당신이 충동에 따라 행동한다면, 나중에 그렇게 행동한 것을 후회할까요?** 과거의 경험이 당신에게 무엇을 가르쳐 주었나요? 당신은 과거의 파트너들에게 소리 지른 적이 있나요? 만약 그렇다면, 그 관계들은 어떻게 끝났나요?

이러한 질문들은 기분-의존적인 행동에 처해 있지 않은 사람에게는 명백해 보일 수 있지만, 트리거가 한 사람의 삶의 질과 중요한 관계를 방해하지 않도록 제한하기 위한 마음챙김의 길을 반영합니다.

트리거의 힘 최소화하기

다음 절에서 알 수 있듯이, 감정적 트리거의 영향을 줄일 수 있는 몇 가지 방법이 있습니다.

반응의 크기 줄이기

감정적 트리거의 영향을 줄이는 첫 번째 방법은 감정적 반응의 크기를 줄이는 것입니다. 이를 위한 다양한 방법이 있습니다.

- **감정적 자극을 낮출 시간 가지기:** 강한 감정의 영향을 최소화하는 가장 간단한 방법은 결정을 내리기 전에 시간을 보내는 것입니다. 이것이 효과가 있는 이유는 신경학적 수준에서 그 사람이 그 상황에 대해 계속 반추하지 않는 한 감정은 단명하기 때문입니다. 어떤 감정이든 생리적 징후는 덧없고 빠르게 사라집니다. 하지만 강한 감정이 사람들로 하여금 행동을 하도록 강요하기 때문에 시간을 보내는 것은 말하기는 쉬워도 행동하기는 어렵습니다.

> » 억압 이용: 예를 들어, 이것은 한 사람이 그들의 분노를 조절하도록 요청받는 반응 유형일 것입니다. 불행하게도, 연구는 억압은 역효과를 낳는다는 것을 보여 줍니다. 억압은 당신이 억누르려고 하는 매우 감정적인 상태의 강화로 이어집니다.

재평가를 사용한 트리거 재구성하기

더 도움이 되는 접근법은 **재평가**를 하는 것입니다. 재평가는 감정적 반응을 이끌어 낸 촉발 사건의 의미를 재구성하는 것을 의미합니다. 감정적 반응의 힘을 약화시키는 가장 강력한 방법입니다. 예를 들어, 재평가의 한 예는 단 한 번의 시험에 실패하는 것이 세상의 끝이 아니라는 것을 인식하는 것입니다("그것은 단지 한 번의 시험이야. 다음 시험을 위해 더 많은 공부를 할 수 있고 선생님에게도 도움을 받을 수 있어."). 또는 "내가 직장을 잃었다는 사실은 내가 다른 장기적인 꿈을 추구할 수 있다는 것을 의미해."라고 알아차림으로써 할 수 있습니다.

이 접근법은 DBT 문제 해결에서 **문제와의 관계를 바꾸는** 관행과 일치합니다. 억압과 대조적으로 재평가는 사건을 촉발하는 반응으로서 부정적인 감정을 감소시킬 뿐만 아니라 신체와 뇌의 생물학적 반응도 감소시킵니다. 재평가를 사용하는 사람들은 일반적으로 더 긍정적인 감정 경험을 하고 원치 않는 증상을 더 적게 보입니다.

반대 행동의 개념 사용하기

또 다른 유용한 접근법은 반응하는 감정 상태를 유도하는 연습입니다. 이 아이디어는 반대하거나 다른 행동 충동이나 경향을 유발하는 다른 감정을 유도함으로써 강렬한 감정에 의해 야기되는 부적응 행동에 대항하는 것입니다. 예를 들어, 당신의 가장 친한 친구가 어젯밤에 당신에게 전화하기로 약속했지만 전화하지 않았다고 해 봅시다. 당신은 화가 났고, 당신이 하고 싶은 것은 그저 그녀에게 화가 나서 그녀가 얼마나 끔찍한 친구인지 말하는 것입니다. 그 대신 만약 당신이 그녀에게 가지고 있는 사랑과 그녀가 과거에 당신을 위해 그곳에 있었던 모든 멋진 방법을 떠올릴 수 있다면, 당신은 사랑으로 증오에 저항할 것입니다. 이 연습은 DBT에서 **반대되는 행동**의 감정 조절 기술과 일치합니다.

기억하세요

이것에 대해 생각하는 또 다른 방법은 만약 어떤 감정이 뒤따르는 행동을 가지고 있다면, 그것은 그 감정이 그 행동을 일으켰다는 것을 의미합니다. 당신은 이어지는 행동을 바꿈으로써 감정을 바꿀 수 있습니다. 반대 행동의 묘미는 다음과 같습니다. 감정이 행동을 일으킬 뿐만 아니라 행동이 감정을 일으키기 때문에 행동을 변화시킴으로써 감정을 변화시킬 수 있습니다.

반대되는 행동은 당신의 감정이 현재 상황의 사실과 맞지 않을 때 가장 잘 작동합니다. 만약 당신이 애리조나에 있는 집의 거실에서 방울뱀을 두려워한다면 그 두려움은 사실에 부합하고, 뱀이 그곳에 있기에 정당화될 것입니다. 만약 뱀이 그곳에 없다면 그 감정은 사실과 맞지 않고, 그 두려움은 정당화되지 않습니다. 만약 감정이 사실과 맞지 않는다면 이것은 그 강렬함과 지속 시간이 당신의 장기적인 목표를 달성하는 데 효과적이지 않다는 것을 의미합니다.

만약 당신이 반대 행동을 사용한다면 자신을 그 기술에 완전히 몰입시키는 것이 중요합니다. 당신이 하고 싶은 충동과 반대되거나 다른 행동을 하고, 반대되는 감정 단어, 생각, 얼굴 표정, 목소리 톤, 그리고 몸의 자세를 사용하세요. 예를 들어, 다음과 같은 예를 생각해 봅시다.

- **두려움**: 두려움을 느낀다면 당신에게 불안감을 주는 상황과 트리거에 접근하세요. 두려움을 직시해 보세요. 두려움에 대한 통제감을 높이는 행동에 참여하세요. 자신을 둔감하게 만들기 위해 정당하지 못한 두려움에 반복적으로 자신을 노출시킬 수 있습니다. 예를 들어, 만약 당신이 상사에게 말하는 것이 두렵다면 당신은 자신 있게 상사에게 접근하는 것을 반복해서 연습할 수 있습니다.
- **분노**: 만약 당신이 누군가에게 화가 나서 호되게 꾸짖고 싶다면 그들을 공격하기보다는 처음에는 피할 수 있습니다. 그러고 나서 그들과 그들이 그렇게 하게 만든 행동을 공감하는 것을 연습할 수 있습니다. 당신은 그들의 행동에서 진실의 핵심을 찾으려고 노력할 수 있습니다. 무언가가 그들의 행동을 야기했습니다. 그게 뭐였는지 궁금해하세요.
- **슬픔**: 만약 당신이 기분이 침체되거나 우울하다면 침대에 머무르거나 고립시키거나 피하기보다는 다가가고, 참여하고, 침대에서 일어날 수 있습니다. 고립시키는 것이 아니라 당신을 활동적이고 바쁘게 유지하고 연결해 주는 활동에 참여합니다.

- **수치**: 만약 당신이 한 일에 대해 수치심을 느끼고 그 수치심이 정당하다면 사과하세요. 수치심이 사실과 맞지 않고 정당하지 않다면 사회적 상호작용에 참여함으로써 수치심을 유발한 상황에 온전히 관여하고, 수치심을 경험하게 된 자신의 생각과 행동까지 공유할 필요가 있습니다.
- **죄의식**: 수치심과 유사하게, 만약 당신의 죄의식이 사실에 부합한다면 당신은 그 위반에 대해 사과할 필요가 있습니다. 만약 당신의 죄가 정당하지 않다면 사과해서는 안 됩니다. 대신 자신감 넘치고 꾸준하며 맑은 목소리로 대화하면서 어깨를 뒤로 젖힌 채 큰 걸음으로 걷고 좋은 눈 맞춤을 유지하는 것으로 몸의 자세를 바꿔 보세요.

특정 행동을 특정 반응에 연결하기

모든 사람은 기본 행동과 자동 행동을 가지고 있습니다. 이러한 행동들은 구체적이고 종종 자동적인 반응으로 이어질 수 있으며, 이러한 자동 반응들을 처리하는 방법은 효과적인 결과와 그렇지 않은 결과 사이의 차이를 만들 수 있습니다. DBT는 필요한 경우 대안적 반응을 만들기 위해 대안적 행동을 고려하는 것을 목표로 이러한 행동 패턴에 세심한 주의를 기울이는 데 초점을 맞춥니다.

물리적 반응 및 의식적 감정 이해하기

감정은 촉발 사건에 대한 반응으로 발생하는 신경학적 현상입니다. 트리거는 다른 사람과의 상호작용, 시각, 소리, 냄새, 생각 또는 무엇이든 될 수 있습니다. 일단 감정이 발생하면, 그것은 우리가 행동을 취하도록 만듭니다. 모든 감정은 우리의 진화생물학의 일부로서 활성화되고 단단하게 연결되어 있습니다. 이것은 우리가 감정이나 감정을 경험할 때 행동하도록 하는 것입니다. 다음은 몇 가지 예입니다.

- 갈증은 우리에게 수분을 공급해야 한다는 것을 말해 주고, 그래서 그것은 우리가 마실 물을 찾도록 합니다.
- 배고픔은 우리 몸에 연료가 부족하고 먹을 음식을 찾아야 한다는 것을 말해 줍니다.

- 두려움은 우리에게 환경에 위협이 있다는 것과 안전을 찾는다는 것을 말해 줍니다.
- 극도로 더운 날씨는 우리가 과열되거나 얼어서 그늘이나 따뜻한 옷을 찾아야 한다는 것을 알려 줍니다.
- 피로는 우리 몸이 휴식이 필요하고 속도를 늦추고 잠을 좀 자야 한다는 것을 말해 줍니다.

기억하세요

감정은 다양한 뇌 회로에 의해 매개됩니다. 감정 상태는 두 가지 뚜렷한 요소를 가지고 있습니다.

- **특징적인 물리적 반응 패턴**: 감정적인 신체 상태는 우리의 호르몬, 근육, 심장, 방광, 위 등의 반응입니다.
- **의식적인 느낌**: 의식적인 느낌은 우리가 그 상황과 관련된 생각입니다.

예를 들어, 우리가 겁을 먹었을 때 우리는 두려움을 느낄 뿐만 아니라 심박과 호흡의 증가, 입의 건조, 근육의 긴장, 그리고 땀이 나는 손바닥과 같은 무의식적인 신체 변화를 겪습니다. 그 경험의 의식적인 부분은 우리가 그 상황에 대해 가지고 있는 생각들로 구성되어 있습니다.

DBT에서 상담사는 내담자가 가지고 있는 특정한 반응과 생각을 그들이 경험하고 있는 감정과 연결시키기 위해 내담자와 함께 작업합니다. 이것들을 계획함으로써 그들은 전형적인 반응의 자동화를 깨닫고, 자동적 반응의 레퍼토리를 더 잘 개발하는 이상을 실현하는 것을 목표로 내담자가 감정을 더 쉽게 인식할 수 있도록 돕습니다. 우리는 제10장에서 감정의 영향과 그것을 어떻게 다뤄야 하는지 복습할 예정입니다.

새로운 경로 형성하기

"나이 든 개에게 새로운 묘기를 가르칠 수 없다."라는 속담이 있습니다. 이것이 사실이라면 상담과 특정한 DBT 치료가 필요하지는 않을 것입니다. DBT는 행동이 부적응적일 때 이전 행동을 대체하기 위해 새로운 기술을 가르치는 것입니다.

그렇다면 뇌에서 관찰되는 행동 변화는 어떤 모습일까요? 신경 경로(neural pathways)는 신경계의 한 부분을 다른 부분으로 연결하는 신경 묶음입니다. 이는 휴대전화를 충전기에 연결하거나 TV를 케이블 상자에 연결하는 케이블과 비슷합니다. 신경 다발은 수상 돌기(dendrite)에 의해 서로 연결됩니다. 수상 돌기는 대략 벽이나 핸드폰에 연결되는 플러그로 생각할 수 있습니다. 플러그와 수상 돌기의 큰 차이는 동작이 수행될 때마다 수상 돌기의 수가 증가한다는 것입니다. 반복에 대한 또 다른 접근법은 자동차가 비포장도로를 지나며 만드는 자국을 고려하는 것입니다. 도로를 주행하는 차가 많을수록 자국은 더 깊어집니다.

신경 다발은 신경 발화(neuronal firing)라고 알려진 과정을 통해 서로 소통합니다. 뇌세포끼리 자주 소통이 일어나면, 이들 사이의 연결이 강화됩니다. 연결을 강화하는 또 다른 과정은 수초화(myelination)입니다. 수초는 마치 구리 케이블을 둘러싸고 있는 플라스틱 피복처럼 뉴런을 덮고 있습니다. 시간이 지나며 행동이 더 많이 반복될수록 더 많은 수초가 신경 세포를 감싸게 됩니다.

수천 번이 넘는 행동의 반복, 수초화, 수상 돌기 형성은 신경 세포 간의 소통을 더 빠르고 쉽게 이루어지게 합니다. 충분히 반복된 행동은 자동화되기도 합니다. 걷는 것이 대표적인 예인데, 아이가 걷는 법을 배울 때 처음에는 자주 넘어지고 걷는 데에 다소 서투릅니다. 수천 번의 반복이 일어난 후 비로소 걷는 행동이 자동화될 수 있습니다.

기억하세요

그러나 우리가 특정 행동으로 이어지는 신경 경로를 만들었다고 해서 이것이 우리가 그 행동에 쭉 고정되어 있다는 의미는 아닙니다. 자동화된 행동을 바꾸고 싶다면 새로운 활동을 시작해야 합니다. 우리는 새로운 행동을 함으로써 뇌와 뇌세포가 새로운 신경 경로를 생성하도록 훈련시킵니다. 이전 행동과 마찬가지로, 새로운 행동을 반복할수록 새로운 경로가 더 강해집니다. 결국 새로운 행동은 뉴 노멀(즉, 새로운 기술)이 될 수 있습니다.

아이의 걸음마 이야기로 돌아가면, 처음에는 아이가 뒹굴거리며 이리저리 움직이는데 기어다니는 것은 기어다니는 것의 반복에 의한 자동화된 행동으로서 이는 뇌세포의 강화로 이어집니다. 아이가 걷기 시작하면 결국 새로운 '걷기' 경로가 '기어다니기' 경로보다 더 강해지고, 걷기가 뉴 노멀이 됩니다. 이러한 과정은 모든 행동에 일어날 수 있지만, 행동이 오래 지속되었을수록 일어나기 더 어려울 수 있습니다.

기억하세요

아무것도 변하지 않는 것처럼 느껴질 수 있기에 포기하기 쉬울 수 있습니다. 연구에 따르면, 새로운 행동이 더 자동적으로 되기까지는 3개월에서 6개월 정도가 걸리지만, 이는 사람마다 편차가 있습니다. 당신이 만약 DBT를 받고 있다면, 당신의 상담사는 당신의 새로운 행동이 더 습관화될 때까지 당신이 새로운 행동을 지속하길 원할 것입니다. 여기에는 DBT 상담사가 새로운 행동을 하는 데에 방해가 될 수 있는 장애를 극복하기 위한 아이디어를 제공하는 것이 포함됩니다. 이 책의 제3부에서 관련 기술을 검토할 때 이러한 아이디어에 대해 더 자세히 살펴볼 것입니다.

제7장

나의 생각 이해하기

이 장에서

- 자신이 스스로에게 어떻게 말하는지 살펴봅니다.
- 나의 생각에 대한 반응을 이해합니다.

DBT는 인지행동치료(Cognitive Behavior Therapy, 이하 CBT)와 마음챙김 기반 치료를 종합한 것입니다. 이 장은 CBT로부터의 기여를 좀 더 중점적으로 다룹니다. CBT는 생각과 신념을 변화시켜 행동과 느낌을 바꾸고자 합니다. 이는 사고나 인지에 집중하는 치료법입니다. 이 장에서 우리는 당신이 생각하는 것뿐만 아니라 특히 당신이 자기 자신에게 말하는 방식, 그것이 당신의 반응과 행동에 어떻게 영향을 미치는지와 관련한 생각을 자세히 살필 수 있도록 돕고자 합니다. 당신의 머릿속에서는 많은 일이 일어나고 있습니다!

자기 대화 들여다보기

이상하게 들릴 수 있겠지만, 사람들은 누구나 스스로에게 말을 겁니다. 심리학에서는 이를 자기 대화라고 합니다. 자기 대화는 당신의 내면에서 일어나는 대화입니다. 그것은 생각, 신념, 가정, 질문, 아이디어로 구성됩니다. 자기 대화는 두뇌가 일상 경험을 이해하는 데에 도움이 됩니다. 당신의 자기 대화는 긍정적이거나 부정적일 수 있고, 격려거나 처벌일 수도 있고, 도움이 되거나 해가 될 수도 있습니다. 자기 대화는 자주 발생하며, 때로는 평소보다 더 많은 주의가 기울여질 수 있습니다.

자기 대화의 매혹적인 점은 그것이 당신의 행동에 얼마나 영향을 미치는지에 달려 있습니다. 대부분의 사람은 두 가지 주요한 자기 대화의 유형이 있다고 믿습니다. 이는 긍정적인 것("나는 할 수 있다.")과 부정적인 것("나는 할 수 없다.")입니다. 또 어떤 사람들은 가능성("만약 내가 이것을 할 수 있다면 ~")이라고 하는 세 번째 유형의 혼잣말이 있다고 믿습니다. 당신은 자기 자신에게 말하는 방식이 행동에 얼마나 큰 영향을 미치는지에 대해 알 수 있습니다. 자기 대화를 다루기 어려운 이유는, 당신이 자기 대화를 끊임없이 연습한다는 점에 있습니다. 이는 부적응적이거나 문제가 있는 자기 대화에 매우 능숙해지게끔 합니다. 이럴 때 우리는 당신이 자신과 대화하는 더 효과적인 방법을 연습하는 것을 배우도록 도울 수 있습니다. 속지 마세요. 이것은 삶을 사는 것이지, 마음속 무지개와 나비에 대해 말하고자 하는 것이 아닙니다. 이것은 당신이 스스로에게 말하는 방식에 주의를 기울이고, 이것이 당신의 목표와 당신에게 중요한 것을 달성하는 데에 더 도움이 되는지, 방해가 되진 않는지 확인하는 것을 말합니다.

자기 대화를 어떻게 활용하면 좋을까요? 자기 대화를 효과적으로 사용하면 동기를 강화하고 불안을 진정시켜 안심할 수 있으며, 자신감을 높일 수도 있습니다. 운동선수가 자기 대화를 사용해 수행능력을 향상시키는 데에 도움을 줄 수 있다는 것을 입증하는 많은 연구가 그 예입니다. 부정적인 자기 대화에 빠지면 부정적인 생각에 압도되어 자신이 충분하지 않거나 자격이 없고 결코 성공할 수 없거나 실패자라고 믿게 될 수 있습니다. 당신이 꽤나 깊은 곳에 갇혀 있다면, 당신은 계속해서 자기 자신을 공격하는 악순환(loop)에 빠질 수 있습니다. 우울증은 매우 부정적이고 문제적인 자기 대화로 이어질 수 있으며, 이는 당신이 세상을 바라볼 때 작용하는 어두운 렌즈가 될 수 있습니다. DBT를 받으러 오는 많은 사람은 부정적인 자기 대화의 고통스러운 악순환에 갇힌 자신을 발견합니다.

주의

정적인 자기 대화는 복잡해질 수 있습니다. 당신은 자신이 정직하고, 그럴 자격이 있으며, 그것이 실망으로부터 자신을 보호해 줄 것이고, 더 나은 일을 하도록 동기를 부여할 것이라 믿을 수 있습니다. 이는 모두 매우 흥미로운 믿음이지만, 그중 어느 것도 사실이 아닙니다. 누군가는 자신에게 가혹한 행동을 하거나 자신을 꾸짖는 것이 순간적으로 동기를 부여하는 것처럼 느낄 수 있지만, 장기적으로는 부정적 결과가 따르는 좋지 않은 전략입니다.

기억하세요

당신의 자기 대화에 주의를 기울이고 그것이 당신을 방해하고 있지는 않은지 살펴보세요. 당신의 생각이 자기 멋대로 가고 있다는 위험 신호로서 다음 질문에 대해 고려하세요.

- 자기 대화가 목표를 설정하거나 달성하는 데에 방해가 되나요?
- 자신에게 바보, 실패자, 무가치한 존재라고 말하나요, 아니면 자신에 대해 생각할 때 다른 비합리적 신념을 사용하나요?
- 뭔가를 시도하기 전이나 하고 있는 동안에 이미 성공하지 못할 것이라 결론지었나요?
- 절대적인 결론을 도출하나요? 혹은 흑백논리를 가지고 있나요?
- 타인의 생각, 특히 타인이 당신을 어떻게 생각하는지에 대해 절대적으로 확신하나요?

이러한 질문에 "예"라고 대답하는 것은 당신의 자기 대화가 방해가 될 수 있다는 것을 의미합니다. 좋은 소식은, 당신의 느낌에도 불구하고, 당신이 생각하는 모든 것을 믿을 필요는 없다는 것입니다. 본질적으로 우리 모두는 오랜 시간 동안 머릿속에 많은 '가짜 뉴스'를 가집니다. 잠시 시간을 갖고 생각해 보세요. 당신이 생각하는 모든 것을 믿을 필요는 없다는 생각은 매우 자유롭습니다. 이를 위해서 당신은 자신이 생각하고 있는 것에 주의를 기울이고, 자신의 생각과 함께 일하는 기술을 배워야 합니다. DBT의 세 가지 인지 기술은 당신이 이것을 하도록 도와줄 것입니다. 현재 생각의 마음챙김을 연습하고, 인지 재평가를 사용하고, 사실을 점검하는 것입니다.

기억하세요

당신이 생각하는 방식에 대해 생각하고 바꾸는 것은 당신의 감정에 깊은 영향을 미칠 수 있습니다. 감정은 당신의 생각을 정말로 혼란스럽게 할 수 있고 상황을 객관적으로 바라보거나 정확한 해석을 하는 것을 어렵게 만들 수 있습니다. 당신의 감정적인 사고를 인지하고 잠시 뒤로 물러서기 위해 마음챙김을 사용하여 당신의 생각과 함께 일하는 것은 당신의 고통을 줄이는 데 진정으로 도움이 될 것입니다. 당신이 너무 깊은 감정에 빠져 있을 때, 즉 매우 강한 감정이 당신이 어떻게 느끼는지 뿐만 아니라 그 순간에 어떻게 생각하고 행동하는지 지시하고 있을 때, 당신의 생각을 가지고 일하는 것은 불가능하게 느껴질 수 있습니다. 이러한 경우, 마음챙김(제9장 참조) 또는 괴로움을 참는 기술(제11장 참조)을 사용하여 당신이 어떻게 느끼는지의 강도를 낮추도록 하여 당신이 생각을 더 잘할 수 있도록 하세요.

현재 생각의 마음챙김 실천하기

당신의 생각에 주의를 기울이는 것이 첫 번째 단계입니다. 이를 위해 제9장에서 논의하는 관찰 및 묘사 기술이 사용됩니다. 이 기술의 도전과제는 주의를 기울이고 방해가 되는 바로 그 생각에 사로잡히지 않는 것입니다. 당신은 관찰자가 되는 것을 연습해야 하는데, 이것은 당신이 가지고 있는 생각이 당신이 강한 감정을 느끼도록 이끌 때 더 도전적입니다. 마치 열린 마음과 호기심으로 자신의 생각을 지켜보고, 그것이 단순한 생각일 뿐 반드시 진실은 아니라는 것을 상기시키는 것과 같습니다.

기억하세요

당신이 현재 생각의 마음챙김을 실천할 때 다음 네 단계를 따르세요.

1. 당신의 생각을 관찰하세요.
파도처럼 또는 하늘을 가로질러 움직이는 구름처럼 당신의 생각을 관찰하세요. 관여하거나 추가하지 않고 단순히 관찰하세요. 당신은 스스로에게 "나는 그 생각을 알아차린다."라고 말하며 그것들에 이름을 붙일 수 있습니다. 그 생각들을 판단하거나 분석하지 마세요. 거기에 있는 생각들을 인정하세요. 그것을 억압하지 말고 그냥 관찰하세요.
2. 호기심을 사용하세요.
호기심을 가지고 마음을 여세요. 그 생각들에 너무 얽매이지 않고 어디에서 그 생각들이 나올 수 있었는지 생각해 보세요. 그것들은 단지 생각일 뿐이라는 것을 스스로에게 상기시키세요.
3. 기억하세요. 당신은 당신의 생각이 아닙니다.
당신의 생각이 당신을 규정하지 않으며 그것이 행동으로 이어질 필요가 없다는 것을 스스로에게 상기하세요. 흑백논리적 사고와 파국적 사고는 감정 마음의 결과이며, 당신이 마음을 잘 통제하고, 고통받거나 격렬하게 화를 내지 않을 때, 당신은 다르게 생각하리라는 점에 주목하세요.

4. 생각을 막거나 억누르지 마세요.

당신은 제10장에서 당신의 감정을 억누르는 것이 고통스러운 감정을 증진시키는 가장 좋은 방법 중 하나라는 것을 알게 됩니다. 당신의 생각도 마찬가지입니다. 당신이 어떤 것을 생각할 수 없다고 스스로에게 말하는 것은 그 생각들을 더 강하고 빠르게 만들 뿐입니다. 주의 깊고 신중한 방식으로 당신의 생각에 관여하세요. 생각이 강렬할 때, 당신은 감각이나 감정에 관심을 돌리고 당신의 무슨 생각이 당신이 회피하는 데 도움이 될 수 있을지 자문할 수 있습니다. 이것은 당신이 종종 이러한 문제적인 생각을 하게 만드는 일차감정과 연결되도록 도울 수 있습니다. 당신의 생각을 높이 평가하거나, 심지어 "와, 이런 생각을 하고 있는 것이 흥미로운 걸요." 라고 말하려고 노력하세요.

생각이 선명해지고 반복되면, 혹은 그것을 노래로 부르거나, 가능한 한 빨리 또는 느리게 반복해서 말하고, 재미있는 목소리로 말하거나, 연예인에 의해 언급되는 것을 상상하면 당신은 생각을 가지고 놀 수 있습니다.

기억하세요

현재 생각의 마음챙김은 의도적인 마음의 실천입니다. 우리가 이렇게 말하는 것은 언뜻 보면 이것이 타당하지 않은 것처럼 느껴질 수 있기 때문입니다. 당신의 생각을 관찰할 수 있고 때때로 그것들을 덜 진지하게 받아들일 수 있는 것은 당신이 마음속의 생각들에 사로잡혀 있는 것을 자유롭게 하고 당신이 무엇을 믿어야 할지 더 마음속으로 선택하도록 도울 것입니다. 당신이 이것을 할 수 있을 때 당신은 자신의 행동에 대해 더 통제감을 느낄 것입니다.

인지적 재평가 사용하기

인지적 재평가는 감정에 이끌리는 생각을 다시 평가하여 당신의 감정을 조절하는 것을 돕는 CBT의 기술입니다. 재평가는 당신의 생각을 재구성함으로써 감정적으로 가득 찬 상황을 보고 어떻게 다른 방식으로 생각할 수 있는지 볼 수 있도록 돕습니다. 재평가는 감정 조절을 개선하고 심리적 웰빙을 증진할 수 있습니다. 당신이 어떤 것에 대해 만드는 의미는 당신이 어떻게 느끼는지 그리고 어떻게 행동하는지 둘 다에 차이를 만듭니다. 예를 들어, 당신이 "가을이 오고 있어요."라고 말했을 때, 어떤 사람은 "잎이 바뀌는 것이 너무 기대됩니다."라고 대답할 수 있고, 다른 사람은 "오, 핼러윈과 추수감사절은 정말 멋진 휴일이에요."라고 대답할 수 있고, 다른 사람은 "여름 방학은 끝났네요."라고 대답할 수 있습니다. 뭐가 눈에 띄나요? 처음 두 가지 평가는 행복과 흥분으로 이어지는 반면, 세 번째 평가는 두려움과 어쩌면 불안감을 유발합니다.

당신은 현재 생각의 마음챙김(앞 절 참조)이 재평가에 얼마나 도움이 되는지 발견할 수 있습니다. 당신을 덜 고통스럽게 할 수 있는 가능성에 마음을 열어 놓은 것처럼 생각해 보세요. 당신의 인지적 재평가는 당신의 감정적 반응에 변화를 가져올 것입니다. 예를 들어, 당신은 최종 면접에 합격했지만 그 직업을 얻지 못했고, 당신은 '나는 실패자야.'라는 생각을 알아차리게 됩니다. 어떻게 그걸 재평가할 수 있을까요? 그것은 정확한 생각인가요? 재평가는 감정적인 상황을 더 정확하게 평가하는 데 도움이 됩니다. 그 상황을 또 다른 시각으로 보자면 당신은 최종 2명까지 진출했고 다른 많은 사람을 뛰어넘는 뛰어난 성적을 거뒀다는 뜻입니다.

TIP

인지적 재평가와 관련하여 명심해야 할 한 가지는 당신이 매우 혼란스러움을 느낄 때 적용하기가 매우 어려운 기술이 될 수 있다는 것입니다. 때때로 이 기술을 사용하는 가장 효과적인 방법은 먼저 고통 감내 기술(제11장 참조)을 사용하여 감정의 강도를 낮춘 다음 감정 마음이 그렇게 깊지 않을 때 다시 재평가하는 것으로 넘어가는 것입니다. 당신이 이 기술을 더 많이 연습할수록 당신이 감정적으로 있을 때 더 많이 재평가할 수 있을 것입니다.

사실 점검하기

사실 점검하기는 인지적 재평가 기술을 더 발전시키는 것을 필요로 합니다. 이 책에서 전반적으로 설명하고 있는 것처럼, 나와 내 주변에서 일어난 일에 대한 생각은 내가 느끼는 감정에 영향을 미칩니다. 이것이 당신이 만들어 내는 해석입니다. 가끔 당신의 해석은 실제 일어난 사건을 과장하여 고통을 유발하기도 합니다. 당신이 느끼는 감정은 당신의 생각에도 영향을 미치기 때문에 더 복합하고 어려운 일입니다. 생각과 감정은 모두 이후 당신의 행동에 영향을 미치게 됩니다. 생각을 확인하여 당신이 만들어 내고 있는 해석과 무엇을 생각하고 있는지를 자세히 관찰하는 것은 당신의 생각이 효과적인지, 그리고 그 생각이 당신이 느끼고 싶어 하는 감정을 느끼게 해 주는지 판단하는 데 도움이 됩니다. 이것은 인지적인 기술이기는 하지만, 관찰과 묘사라는 마음챙김 기술(제9장 참조)이 도움이 되는 것을 발견할 것입니다.

기억하세요

사실 점검하기를 활용할 때 당신에게 도움이 되는 여섯 가지 질문이 있습니다.

1. 어떤 정서를 변화시키기를 원하나요? SUN WAVE NO NOT 기술(제5장 참조)을 활용하여 당신의 일차정서를 파악하세요.

   예 모든 사람이 나를 싫어하기 때문에 나는 슬프고 수치스러워.

2. 이 정서를 촉발하는 사건은 무엇인가요? 비판단적으로 무슨 일이 일어났는지를 묘사하세요. 판단적인 생각, 이분법적 사고 또는 절대적인 확신과 같은 정서에 대한 생각에 주의하세요. 사실에 초점을 맞추세요.

   예 토요일 밤 파티에 나는 초대받지 못했는데, 이건 단지 SNS에 올라온 사진만 보고 알게 된 거야.

3. 그 사건에 대한 나의 생각, 해석, 가정은 무엇인가요? 당신의 해석과 가정에 주의를 기울이세요. 열린 마음으로 적어도 두 가지 다른 관점을 활용하여 그 상황을 바라보는 것을 연습하세요. "나의 해석과 가정은 그 상황에 대해 사실적으로 맞는 것인가?" 몇 가지 예를 살펴봅시다.

   예 나는 항상 혼자야. 이 친구들과 이러한 일이 일어난 것은 처음 있는 일이야. 그 파티 사진에는 내 친구 둘만 보였어. 그리고 그 상황을 떠올려 보면 그들은 내가 새로 사귄 친구들이고 이미 알고 있는 친구들이 있었을 거야. 그 두 명만이 나의 모든 친구들은 아니야. 내 친구들은 나를 챙겨 주지 않아. 나의 친한 친구들은 그 사진에 한 명도 없었어. 그들은 왜 나를 그 파티에 데려가지 않았는지 이유를 설명해 주지 않았어. 나는 그들에게 이번 주에는 같이 놀러 갈 수 없다고 이야기를 했었어.

4. 그 사건을 위협적이라고 가정하고 있나요? 당신이 두려워하는 위협이 무엇인지 확인하세요. 당신이 두려워하는 것이 일어날 가능성이 얼마나 있는지를 고려하세요. 다른 가능성들을 열린 마음으로 떠올려 보세요. "다른 가능한 결과들이 있을 수 있는가?" 스스로에게 질문하세요.

   예 친구를 더 잃을까 봐 두려워. 다시 혼자 남게 될까봐 두려워. 나는 과거에 친구를 잃은 경험 때문에 두려워하고 있는 거야. 나는 정말 혼자 남게 되는 것을 힘들어해. 나의 두려움 때문에 나는 이런 해석들을 하고 있어. 이러한 문제는 내가 당연히 힘들어할 수도 있지. 그리고 내 친구들은 나를 떠나지 않았고 내 친구들은 여전히 나를 친구라고 생각하고 있어.

5. 절망적 사고는 무엇인가요? 그 결과가 절망적이었나요? 만약 그렇다면 당신의 기술을 활용하여 미리 대처하세요. 만약 가장 안 좋은 결과가 일어났다면 무엇을 할 수 있는지를 생각해 보세요. 효과적으로 대처할 수 있는 계획을 세우세요.

   예 혼자 남아 친구들을 잃는 것은 절망적이야. 이전에도 이런 감정을 다뤄 본 적이 있어. 고통스럽기는 했지만 견딜 만했어. 어린 시절 내 옆에는 항상 친구들이 있었어.

6. 당신의 정서는 타당한가요(정서의 강도가 사실과 정말 맞는 것인가요)? 지혜로운 마음으로 당신이 느끼는 감정의 강도와 지속 정도가 사실과 맞는지 질문하세요. 지혜로운 마음은 그 상황이 일어난 사실 그 자체, 그리고 당신이 느끼는 감정에 대해 함께 바라보게 해 주는 내면의 지혜로운 마음을 의미합니다. 만약 그렇지 않다면 그 감정과 반대되는 행동을 고려해 보세요(제10장 참고).

   예 내 정서는 타당하지 않은 것 같아. 내가 느끼는 감정이 가장 최악의 시나리오를 예상하고 있고, 과도하다는 것을 알고 있어. 나는 과거에 친구들을 잃고 혼자 남겨진 경험 때문에 이러한 감정을 느끼고 생각을 하는 거야. 과거의 내가 고통스러웠던 사건과 비슷한 일들이 일어나면 나는 바로 감정을 경험하게 돼.

반응 관찰하기

반응을 관찰하기는 잠시 상황에서 물러나 당신의 생각뿐만 아니라 당신의 생각으로 인해 촉발된 반응을 같이 바라보게 하는 기술과 활동입니다. 만약 당신의 뇌에서 일으키는 몇 가지 반응에 웃을 수 있는 여유가 있다면, 잠시 앉아서 어떻게 행동을 할지 결정할 수 있는 시간을 만들어 낼 수 있습니다.

우리 대부분은 머릿속에 극단적인 반응들을 가지고 있습니다. 그러나 만약 당신이 잠시 멈춘 다음 한 발짝 뒤로 물러나 당신의 정서로부터 오는 것들을 관찰한다면 비효과적이고 문제를 일으키는 방식으로 덜 반응하게 됩니다. 예를 들어, DBT를 받으러 오는 많은 내담자가 자살적 사고로 인해 힘들어합니다. 우리는 당신이 생각을 반복할수록 그 생각이 더 뚜렷해진다는 것을 알고 있습니다. 이것은 모두 반복에 대한 것입니다. 우리가 함께 작업했던 내담자들은 이러한 기술들을 배워 어떤 문제가 크든지 작든지 관찰했고 자살사고도 관찰을 하게 되었다고 합니다. 한 내담자는 마트에서 긴 줄을 기다리고 있어서 약속시간에 늦을 것 같았다고 합니다. 그 순간 그녀는 '자살하고 싶어.'라는 생각을 알아차렸다는 것을 우리에게 전해 주었습니다. 그녀는 그 반응을 관찰할 수 있었고, "우와, 약속시간에 늦는 것과 마음에 떠올랐던 자살사고에 대한 걱정을 하고 있는 내 모습이 신기하네."라는 말을 시도해 볼 수 있었습니다. 이러한 기술을 배우기 전, 그녀는 자살사고에 깊이 빠져들거나 그런 생각을 하는 자신에 대해 바보 같다고 판단적으로 스스로를 비난했었습니다. 현재 그녀는 좀 더 균형적인 반응을 하게 되었습니다.

기억하세요

머릿속에서 떠오르는 반응들은 다음과 같습니다. 그러한 반응들은 당신을 좋은 사람 혹은 나쁜 사람으로 만들지 못합니다. 왜냐하면 그것들은 단지 당신이 관찰하는 수 있는 생각들일 뿐입니다. 문제적인 반응들의 대부분은 당신 자신과 다른 사람들에 대한 오래된 판단적 사고이거나 가정들로부터 기인했을 수 있습니다. 다음 절에서는 당신의 감정, 가정 그리고 자기 판단과 함께 당신의 관계에 대해 보다 자세히 살펴보고자 합니다. 이러한 것들을 어떻게 생각하는지는가 당신의 감정과 행동에 영향을 미친다는 것을 유념하세요.

어떤 정서를 느끼는지 확인하기

DBT를 받으려고 오는 많은 내담자가 일반적인 사람들보다 정서적으로 더 민감하고 그 감정이 더 오래 지속되며, 더 깊이 경험을 합니다. 그리고 다시 일상으로 돌아오는 데에도 더 많은 시간을 할애하게 됩니다. 이러한 이유 때문에, 정서를 조절하는 것에 대해 어려움을 느끼게 되고 지치게 됩니다. "정서가 내 삶을 망치고 있어요."라는 말을 듣는 것은 우리에게 흔한 일입니다. 우리가 언급했듯이 사람들은 자신의 정서를 어떻게 안 느낄 수 있는지에 대해 자주 질문을 하곤 합니다. 당연히 우리는 "그런 방법은 없습니다."라고 말합니다. 그러나 우리가 할 수 있는 것은 내담자들이 정서에 대해 다르게 생각하고 조절할 수 있도록 돕는 것이라는 점을 알려 줍니다. 제10장에서 우리는 정서를 판단하고 억압하는 것은 우리가 느끼는 정서를 오히려 더 강화한다는 감정 조절 모듈(emotion regulation module)에 대해 살펴봅니다. 안타까운 점은 당신은 자신도 모르는 사이 결국 스스로를 더 고통스럽게 하고 있는 것입니다.

기억하세요

만약 당신이 정서적으로 민감한 사람이라면 당신은 자신에 대해 수용하고 포용하는 것이 필요합니다. 왜냐하면 그것은 우리가 변화시킬 수 없는 것이기 때문입니다. 우리가 변화시킬 수 있는 것은 그러한 감정을 조절하는 방법입니다. 그러나 그렇게 할 수 있기 위해서는 먼저 당신의 민감성에 대한 관점을 변화시켜야 합니다. 당신이 생각하는 것은 당신의 감정에 대해 느끼는 감정에 영향을 미친다는 것을 유념하세요. 당신을 힘들게 하는 것은 정서 그 자체가 아니라 그 정서에 대해 바라보는 당신의 관점입니다. 정서적으로 민감한 사람이라는 것이 주는 이점에 대해서도 한번 생각해 보세요. 민감한 정서가 당신으로 하여금 좋은 친구, 직장동료가 되게 해 준다거나 당신의 직업에서 더 나은 성취를 하게 해 주지는 않나요? 잠시 시간을 갖고 마음을 열어 민감함이 당신의 삶에 주는 이점에 대해 떠올려 보세요.

그렇다면, 매일 일어나는 판단적인 생각들에 대해 당신이 할 수 있는 것은 무엇인가요? 첫 번째 단계는 당신의 정서적 민감성과 정서에 대해 느끼는 감정에 좀 더 익숙해지는 것입니다. 이런 민감함은 부정적 판단의 모습으로 나타날 수 있습니다. 몇 가지 예를 살펴봅시다.

>> 화를 내는 내 모습이 너무 바보 같아.

>> 나는 관종이야.

>> 심지어 내가 이렇게 신경을 쓴다는 것이 바보 같아.

>> 이게 그렇게 큰일이야?

>> 나는 지금 당장 이걸 끝내고 싶어.

>> 나는 너무 미성숙해.

>> 이러는 내 모습이 너무 싫어.

>> 나는 너무 약해.

>> 나는 너무 감정적이야.

기억하세요

당신의 판단적인 생각을 판단하지 마세요. 판단적인 생각 그 자체를 자세히 살펴보세요. 그것들은 당신의 정서에 대한 생각일 뿐입니다. 그리고 어떤 일에 대해 당신이 어떻게 느끼고 무엇을 느끼는지 이해하는 과정에서 이러한 판단적인 생각들이 자기 대화를 통해 일어나게 됩니다. 이제 당신은 이런 생각의 함정에 대해 자각을 하게 되었기 때문에 모든 사람이 어느 정도의 판단적인 생각들을 계속하고 있다는 점을 알게 되었을 것입니다. 이제는 언제 이러한 생각들이 일어나는지를 지속적으로 찾아보는 것이 필요합니다. 이러한 생각들을 알아차렸을 때 다시 기본으로 돌아가 당신이 느끼는 감정에 주의를 기울이세요. 그 순간 당신이 느끼는 감정을 조절하는 것은 당신의 생각으로 인해 느껴지는 감정의 강도를 강화하지 않을 때 더 쉬워집니다. 감정에 머무르는 연습을 하고 그 강도를 조절하는 기술을 활용하세요. 그다음 다시 감사하는 생각들로 시선을 돌리고, 당신의 정서에 초점을 맞출 수 있도록 마음을 여세요. 이것은 인지적 또는 신체적인 행동으로 즉시 이동하지 않고 정서를 바라볼 수 있다는 것을 당신에게 알려줄 것입니다.

비합리적 가정 평가하기

누구나 "가정하는 것은 우리 모두에게 도움될 것이 없다(When you assume, you make

an ASS out of U and ME).”라는 말을 들어 본 적이 있을 것입니다. 가정의 사전적 정의는 아무런 증거도 없이 진실로 받아들이거나 분명히 일어날 것이라고 믿는 것입니다. 이것이 문제가 되는 이유는 분명합니다. 우리는 보통 정보가 불충분하고, 필요한 정보를 얻기 위해 질문하고 싶지 않을 때 가정을 합니다. 이는 곧 빈칸을 채워 넣는 것과 같습니다. 문제는 무슨 일이 일어난 것인지 이해하기 위해서 우리가 보고 듣거나 경험한 것에 대한 개인적인 해석을 바탕으로 빈칸을 채워 넣는 것에서 시작됩니다.

문제는 실제로는 존재하지 않는 단서들을 연결하는 데 있습니다. 우리의 감정은 가정을 부추깁니다. 안타깝게도, 삶 속의 고통스러운 사건들이 오히려 다른 사람들의 동기나 의도, 혹은 그들의 반응이나 상황의 결말까지도 가정하게 만듭니다. 감정이 강렬할수록 가정은 더욱 확신을 얻습니다. 그럴 때에는 한 걸음 물러나 가정을 판별하기가 어렵습니다. 나의 가정은 과거의 상처로부터 기인하는 경우가 많고, 과거의 감정으로 현재에서 행동하게 되면 훨씬 더 많은 문제를 불러일으킵니다.

다음 절에서는 가정의 문제점과 나의 가정을 돌아보는 방법을 다룹니다.

가정의 문제점 찾아내기

주의

다음 가정의 문제점에 대해 생각해 보세요.

- 가정은 가장 쉬운 길이지만 현실이 반영되어 있지 않거나 이를 직시하는 것을 어렵게 만들 수 있습니다.
- 가정은 우리를 고통스러운 상황에 갇혀 있게 하고, 과거가 항상 반복되지는 않는다는 것을 깨닫기 어렵게 만듭니다.
- 가정은 타인에게 항상 최악을 기대하게 하기 때문에 현재의 관계를 해칩니다.
- 가정은 항상 최악을 예상하게 하고, 불안과 슬픔, 분노, 수치심으로 이어집니다.
- 가정은 더 많은 고통을 불러일으킵니다.
- 가정은 항상 틀립니다. 가끔은 가정의 일부가 진실이기도 하지만 전체는 그렇지 않습니다.

나의 가정 찾아내기

당신의 가정은 무엇인가요? 특히 더 문제가 되는 가정은 다음과 같습니다.

>> 내가 없는 게 더 나을 거야.

>> 아무도 날 사랑하지 않을 거야.

>> 어차피 모든 관계는 끝나.

>> 너한테는 쉽겠지.

>> 넌 날 좋아하지 않아서 그렇게 행동한 거야.

>> 난 항상 운이 나빠.

>> 아무도 믿을 수 없어.

>> 실수하면 난 패배자야.

>> 남들은 항상 행복해.

앞선 가정 중 몇 가지에 특히 공감이 갈지도 모릅니다. 이러한 가정은 훨씬 더 많습니다. 현재 생각에 대한 마음챙김 기술과 사실 확인 기술을 사용해 찾아낸 가정들을 다룰 수 있습니다. (이 두 기술은 이 장의 앞부분에서 다뤘습니다.)

기억하세요

가정을 판단하지 마세요. 그냥 알아채고 질문하세요. 가정은 과거의 고통스러운 경험에서 오기 때문에 그렇게 생각할 수도 있음을 인정하는 것이 중요합니다. 하지만 그러한 가정을 진실로 받아들이는 것이 유용하지도, 효과적이지도 않을 뿐입니다.

자기 판단 설명하기

제9장에서 우리는 판단을 더 복잡한 개념을 과잉 단순화하고 축약한 것이라고 설명했습니다. 판단은 좋다, 나쁘다, 예쁘다, 못났다, 바보 같다, 약하다, 강하다, 멋지다, 찌질하다와 같이 경험을 하나의 단어로 압축해 버립니다. 자기 판단 또한 우리가 어떤 사람인지를 한 단어로 설명해 버립니다. 부정적인 자기 판단은 자기 대화 속으로 스며들어 고통을 유발할 수 있습니다. 흥미롭게도, 우리가 일차감정으로부터 멀어져 자기 대화, 가정 그리고 괴로움의 굴레로 빠져들게 하기도 합니다.

부정적인 자기 판단에 대한 주도권을 찾고, 주의를 기울이고, 확인함으로써 첫발을 뗄 수 있습니다. 자기 판단에 주의를 기울이는 것은 가정에 주의를 기울이는 것과 다르지 않습니다(앞 절 참조). 흥미로운 점은 자기 판단은 반복되는 경우가 많고, 반복될수록 찾아내기 쉽다는 것입니다.

주의

부정적인 판단, 특히 자주 사용해 온 판단은 빠져나가기 힘들 수 있습니다. 나의 일부처럼 느껴져 이를 굳게 믿고 애착을 가지며, 매달리게 될 수도 있습니다. 그 판단을 놓아 버리면 길을 잃을 것 같기도 합니다. 실수를 하거나 누군가를 실망시켰을 때 스스로가 멍청하거나 패배자라고 믿는 것만큼 그 경험을 빠르게 이해하는 방법은 없습니다. 그러나 희망적인 소식은 그러한 판단을 바꿔 나갈 의지가 있다면 고통을 줄이고, 경험을 더 잘 이해하며, 부정적인 경험을 반복하지 않는 법을 배울 수 있다는 것입니다.

TIP

다시 말하지만, 부정적인 자기 판단은 축약된 것이고, 중요한 정보가 결여되어 있습니다. 따라서 가정에 대해 그랬던 것처럼 부정적인 자기 판단이 어떤 정보를 빠트리고 있는지 살펴보아야 합니다. (이 장의 앞부분에서 다룬) 현재 생각에 대한 마음챙김 기술을 이용해 빈칸을 채워 보세요. 예를 들어, 내가 정말 멍청한 것인지, 혹은 너무 긴장할 때면 생각하기가 어려워서 답이 기억나지 않았던 것인지 생각해 볼 수 있습니다.

이러한 접근의 또 다른 이점은 판단을 확장해 상황을 좀 더 효과적으로 해결하고, 다시 반복되지 않게 할 수 있다는 것입니다. 예를 들어, 불안이 방해가 되었다는 것을 안다면 문제에 답해야 하는 상황이 찾아왔을 때 사용할 수 있는 기술을 미리 준비할 수 있습니다. 기술을 사용해 불안을 조절하면 문제에 답할 수 있을 것이고, 결과적으로 스스로를 훨씬 더 자랑스러워하게 될 것입니다.

기억하세요

부정적인 판단을 벗어나는 것은 쉽지 않은 일이나 그럴 만한 가치가 있습니다.

제8장

나의 관계 이해하기

이 장에서

- 관계의 역동을 이해합니다.
- 의사소통의 질을 향상합니다.
- 더 끈끈한 관계를 구축합니다.

루스벨트(Theodore Roosevelt) 대통령은 "성공의 공식에서 가장 중요한 한 가지 요소는 사람들과 어떻게 잘 지내는지 아는 것"이라고 말했습니다. 종종 사람들은 다른 사람들과 갈등이 생겨서가 아니라 상대방의 관점을 이해하지 못하거나 갈등이 발생했을 때 다름과 어려움을 관리할 수 있는 기술이 없기 때문에 관계에서 어려움을 겪습니다. 이 장에서는 관계에서 나타나는 역동을 이해하는 방법, 의사소통을 개선하는 방법, 관계를 강화하는 방법을 알아봅니다.

관계 역동 인식하기

관계의 맥락에서 **역동**(dynamic)이라는 단어는 두 사람 또는 한 사람과 한 그룹 사이의 예측 가능한 상호작용이나 의사소통 패턴과 관련이 있습니다. 여기서 개인의 발달, 삶의 경험, 대인관계, 문화 및 기타 여러 요인이 다른 사람과 관계를 맺는 방식에 영향을 미칩니다. 제12장에서는 대인관계 기능을 보다 효과적으로 만들기 위해 사용되는 특정 DBT

기술을 검토하지만, 이 장에서는 관계 역동의 두 가지 측면, 즉 당신과 다른 사람의 측면을 검토할 것입니다.

당신의 역동 관찰하기

가장 기본적인 수준에서, 관계란 한 사람이 다른 사람과 갖는 상호작용입니다. 연애, 가족, 직장, 학교, 친구, 팀 동료 등을 포함해 모든 종류의 관계가 있습니다. 어떤 조합(dyad)이든 각 사람들은 그들 자신의 특성을 관계에 가져오고, 그 다음에 이러한 특성들이 상호작용하는 방식이 있습니다. DBT에는 많은 사람이 인간관계의 어려움 때문에 오는데, 이것은 주로 관계의 역동이 상처를 주기 때문입니다.

주의

하나의 흔한 패턴은 정서적으로 민감한 사람이 다른 사람과 정서적으로 강렬한 관계를 원하는 패턴입니다. 이것은 일반적으로 새로운 관계의 빛과 함께 시작되지만 시간이 지나며 강도가 낮아집니다. 감정적으로 강렬한 사람은 상대방이 피하는 것처럼 느끼기 시작하고, 그후 부정적인 상호작용이 반복됩니다. 하나는 오해를 하는 것이고, 다른 하나는 최악의 상황을 상상하는 것입니다. 부정적인 순환이나 파괴적인 상호작용에 갇히면 관계가 악화되고 이 패턴은 결국 신체적·정서적 단절로 이어질 수 있습니다.

DBT 치료를 원하는 사람들은 종종 이 특정한 역동을 인식하는데, 가장 치명적일 수 있는 측면은 상대방에 대한 이상화와 평가절하가 반복될 때입니다.

>> 이상화란 무엇인가요? 이상화는 타인에게 지나치게 긍정적인 특성을 부여하는 심리적 과정입니다. 어떤 사람들은 그들이 누군가를 완벽한, 긍정적인 특성만을 가진 사람으로 볼 때 그들이 더 안전하고 덜 불안하다고 느낀다는 것을 알고 있습니다. 이상화의 상태에 있는 동안, 이상화를 하는 사람은 그들이 이상화를 하는 사람에 대해 강한 친밀감을 느끼며, 그 사람은 아무 잘못도 하지 않는 것처럼 보입니다. 이러한 이상화 상태는 빠르고 때로는 예측할 수 없게 바뀔 수 있으며, 갑자기 이상화된 사람에 대한 격렬한 분노가 나타나고 종종 평가절하가 뒤따른다는 점에 유의하는 것이 중요합니다.

>> **평가절하란 무엇인가요?** 평가절하는 이상화의 반대 개념입니다. 그것은 누군가 완전히 결함이 있고, 가치가 없고, 쓸모가 없으며, 구원받을 희망이 거의 없는 부정적인 특성만 가지고 있다는 관점을 그들 자신이나 다른 사람에게 부여하는 과정입니다.

이러한 특성은 사람들이 치료에서 인식하는 가장 극단적인 역학이며 관계에 가장 파괴적입니다. 그러나 다음의 항목을 포함하여 다른 특성도 문제가 될 수 있습니다.

>> **과한 통제**: 이 행동은 상대가 무엇을 할 수 있는지, 그들이 누구를 볼 수 있는지, 그들이 무엇을 입을 수 있는지, 그리고 심지어 그들이 무엇을 먹을 수 있는지를 포함하여, 모든 결정을 당신이 내리라고 요구하는 것과 관련됩니다.

>> **적대감**: 적대감은 당신이 다른 사람과 갈등을 피하기 위해 그들의 행동을 바꾸는 방식으로 싸울 때 발생합니다. 이것은 지나치게 통제하는 것과 관련이 있습니다.

>> **거짓말**: 거짓말은 두 당사자(속이는 사람과 속이는 대상이 되는 사람) 사이의 상호작용입니다. 속이는 사람은 의도적으로 거짓 정보를 전달하고, 속임수의 대상이 된 사람은 거짓말을 믿거나 꿰뚫어 봅니다. 거짓말에는 다양한 형태가 있습니다:

- 사회적 거짓말은 거짓말을 하는 사람이 다른 사람을 보호하려고 할 때 사용합니다.
- 자기 강화(self-enhancing) 거짓말은 비승인(disapproval)과 같은 결과를 피할 의도로 사용합니다.
- 이기적인 거짓말은 종종 부정행위를 숨기기 위해 다른 사람을 희생시키면서 자기 보호를 위해 사용합니다.

>> **과한 의존성**: 이 행동은 감정적으로 민감한 사람이 상대방 없이는 살 수 없고, 상대방이 관계를 끝내면 죽을 수도 있다고 느낄 때 발생합니다.

>> **협박 및 위협**: 이러한 행동들은 상대방을 두렵게 만드는 위협을 이용하여 상대방의 삶의 요소들을 통제하려는 행동입니다.

다음 절에서는 관계를 형성할 수 있는 역동에 대해 자세히 설명합니다. 자신의 초기 감정을 인정하고 상대방을 완전히 받아들이는 것이 핵심입니다.

당신의 초기 감정 인정하기

관계를 시작하고 유지하는 가장 강력한 요소는 감정입니다. 감정은 우리가 사랑하는 사람들과 시간을 보내고 싶게 만듭니다. 그것은 열정과 소속감의 안정감을 불러일으킵니다. 그것은 사랑하는 사람의 성취에 대한 자부심과 이해받는 느낌의 안정감을 만듭니다.

감정의 다른 측면은 부정적인 감정이 관계를 어렵게 만들 수 있다는 것입니다. 그것은 당신이 하지 않았으면 하는 말을 내뱉게 할 수 있습니다. 그것은 당신을 차단하고 고립시킬 수 있으며, 당신을 통제 불능으로 만들 수 있습니다.

감정이 격한 많은 사람은 종종 자신들이 어떤 감정을 느끼고 있는지 불분명합니다. DBT의 임무 중 하나는 관계를 보존하기 위한 방법으로 그들의 감정을 이해할 수 있도록 그들의 감정을 알고 인정하는 것입니다. 이 때문에 감정이 관계에서 어떤 역할을 하는지를 고려하는 것이 중요합니다(감정에 대해서는 제5장 참조).

기억하세요

일차감정은 어떤 사건이나 상황에 반응하여 당신이 처음 느끼는 감정입니다. 그러나 많은 상황에서 당신의 일차감정은 초기의 감정적 반응에 대한 이차 반응에 의해 가려집니다. 이것들은 당신의 부차적인 감정을 구성합니다.

여기에 예시가 있습니다. 레베카(Rebecca)가 그녀의 남자 친구와 밤을 보내기를 기대하고 있을 때, 남자 친구가 그녀에게 그의 친구들이 방문할 것이라고 말했고, 그녀는 상처를 받았습니다. 슬픔이 그녀의 주된 감정이었습니다. 그러나 그녀의 이차감정은 다양할 수 있습니다.

- 만약 그녀가 누군가를 필요로 해서는 안 되고, 누군가에게 의존하기보다는 혼자 있는 법을 배웠어야 한다고 생각했기 때문에 죄책감을 느낀다면, 죄책감은 부차적인 감정일 것입니다.
- 그녀가 이제 어떻게 해야 할지 몰라서 한심한 것에 대해 수치심을 느꼈다면, 수치심은 부차적인 감정일 것입니다.
- 만약 그녀가 그녀의 남자 친구가 그녀보다 친구들과의 관계를 우선시한다는 것에 화를 느낀다면 분노 또한 부차적인 감정일 것입니다.

기억하세요 DBT에서 과제는 당신의 초기 감정이나 일차감정에 집중하는 것입니다. 이것은 관계의 함정을 피하기 위해 중요합니다.

현실에 적응하기

현실에 적응하기 위해서는 무언가를 받아들여야 하는데, 이것은 관계 내에서 그 존재를 온전히 사랑하는 것을 의미합니다. 이는 그 존재의 모든 훌륭한 특징뿐만 아니라 결점, 단점, 신체적 · 정서적 결함 등을 사랑하는 것을 포함합니다. 이것은 판단하지 않는, 연민으로 가득 찬 사랑입니다. 당신이 이런 식으로 누군가를 받아들이면 자기 스스로가 더 좋아지기 시작합니다.

기억하세요 이런 식으로 누군가를 사랑하는 것을 상상하기가 쉽지 않다면 당신의 관점에서 생각해 보세요. 당신이 아끼는 사람이 이런 식으로 당신을 사랑한다고 상상해 보세요. 얼마나 기분이 좋을까요! 이것은 현실을 받아들여 적응함으로써 당신이 다른 이의 곤란한 행동에 대하여 스스로 체념한다는 의미가 아닙니다. 대신, 당신이 이러한 행동에 강렬한 감정보다는 친절과 동정심으로 다가간다는 것을 의미합니다. 그렇게 한다면 우리 모두는 우리 성격의 어떤 측면이나 특성으로 상대방이 힘들어하는지에 대해 침착한 분위기에서 잘 알 수 있습니다.

다른 사람의 관점 수용하기

심리학에서 다른 사람의 관점 또는 정신 상태를 이해하려고 노력하는 행위는 정신 이론으로 알려진 개념입니다.

이러한 관점을 취하면 관계에서 이 관점이 어떻게 작용할까요? 관점을 취하는 능력은 우리의 사고 능력과 집행 기능을 어떻게 사용하느냐에 따라 달려 있습니다. 집행 기능은 유연한 사고, 자기 통제 그리고 심적 갖춤새(mental sets) 사이의 전환을 포함하는 정신 능력을 사용하는 것입니다. 당신이 다른 사람의 관점으로 사물을 본다는 것은 자신의 정신 상태에서 다른 사람의 정신 상태로 전환하는 것을 의미합니다. 당신이 다른 사람의 관점을 고려할 때 당신은 다른 사람들을 염두에 두고 있는 뇌의 부분들을 사용합니다.

기억하세요

다른 사람의 관점을 인식하는 것이 좋은 이유 중 하나는 다음과 같습니다. 다른 사람이 어떤 행동을 한 이유를 알게 되고, 또한 그것이 일리가 있다는 것을 알게 됩니다. 그들의 관점에서는 그들의 관점이 타당하다는 것을 알기 시작하면 그들과의 유대감과 소속감이 증가하며, 판단적이고 비난하는 태도가 줄어듭니다.

의사소통 강화하기

의사소통은 커플 사이에 중요하다고 생각되는 모든 자질 중에서 가장 중요하게 여겨집니다. 사람들은 종종 자신이 무엇을 필요로 하는지, 또는 다른 사람의 행동이 자신에게 어떠한 영향을 미치는지 명확하게 표현하는 데 매우 서툽니다. 다음 절에서는 관계에서 의사소통을 강화하는 기본 과정을 설명합니다.

자기 자신과 대화하며 확인해 보기

DBT에서 마음챙김 기술은 사람들을 더 성찰적으로 만듭니다. 사람들이 점점 더 성찰하면서 자신이 가졌던 본래의 인식이 얼마나 많은 요소에 의해 좌우될 수 있는지 깨닫기 시작합니다. 사람들은 다른 사람들에 대한 자신의 기대가 과거의 경험, 사회적 및 가족적 기대, 그리고 그들 자신의 욕망과 같은 것들에 기반을 두고 있다는 것을 알기 시작합니다. 자신과 대화하다 보면 때로는 자신의 필요와 기대에 기반을 뒀다는 결론이 나옵니다.

기억하세요

다른 사람의 말에 귀를 기울이는 첫 번째 단계는 우리 자신의 사고 과정과 관점에만 집중하는 왜곡과 편견을 판별하는 것입니다. 우리는 다른 사람과의 대화를 듣고 이해하기 전에 우리 자신에게 귀를 기울이는 연습을 해야 합니다. 사실 내면에 귀를 기울이는 것은 감정이 강렬할 때는 어렵지만 마음에 여유를 가지고 천천히 행하면 다른 사람과의 대화를 정확하게 경청하는 것이 언제 어려운지 확인할 수 있습니다. 마음챙김에 대한 자세한 내용은 제9장을 참조하세요.

정직하게 경청해 마음 터놓기

일단 대인관계 상황에 대하여 갖는 자신의 인식이 정확하지 않을 수도 있다는 것을 깨닫는다면 당신은 중요한 선택에 직면하게 됩니다. 상대방에게 의도를 물어봐서 당신의 인식을 적극적으로 탐구할 것인가요? 스스로에 대하여 좀 더 자세히 들여다볼 것인가요? 아니면 당신은 호기심을 가진 채 계속해서 상대방의 의견을 듣고, 그 의견을 막지 않으며, 상대방이 그들의 관점을 공유하도록 할 것인가요?

자신의 내면에 귀를 기울이는 것을 인식하고 자신의 감정을 유보하면 다른 사람과 더 깊고 완전한 의사소통이 가능해집니다. 예를 들어, 다른 사람의 말에 화가 난 경우, 다음과 같은 선택지가 있습니다. 다른 사람의 말에 대해 처음부터 의견을 내는 것, 그들을 더 잘 이해하기 위해 더 많이 질문하는 것, 또는 그저 내버려두는 게 효과적인 선택이라고 결정하는 것입니다. DBT에 따르면, 사람들은 오해받았다고 느낄 때 좀처럼 추측을 멈추려 하지 않습니다. 한편, 부부 치료 및 가족 치료를 받는 사람들은 그들이 추측하는 것을 멈추고 감정을 유보한 뒤 대화를 진전시켜서 모두가 확인할 수 있는 방식으로 스스로 관점을 공유하고 관점을 분명하게 할 수 있도록 합니다.

다양한 범위의 관점 수용하기

이런 내용의 고대 우화가 있습니다. 코끼리와 마주친 적이 없는 한 무리의 맹인들이 우연히 코끼리를 만나 코끼리를 만지면서 코끼리를 개념화하기로 했습니다. 맹인들은 각각 코끼리의 몸에서 다른 부분(코, 피부, 꼬리, 어금니, 다리, 귀)을 만지고 나서 다른 사람들과 경험을 공유했습니다. 이 우화의 한 유형에서 맹인들은 다른 사람들이 거짓말을 하며 다투려 한다고 믿습니다. 다른 유형에서는 맹인들은 여전히 코끼리에 대한 완전한 이해를 하지 못합니다. 다른 관점이 존재한다는 사실을 받아들이지 않을 때 두 가지 중요한 문제가 발생할 수 있습니다. 첫 번째는 우리가 다른 사람들이 거짓말을 하고 있다고 믿을 수도 있다는 것이고, 두 번째는 모든 관점을 취합하지 않으면 사건에 대하여 불완전한 시각을 갖게 된다는 것입니다.

기억하세요

DBT에서 변증법적 탐구의 과제는 모든 사람이 보다 완전한 관점을 얻는 것을 목표로, 다양한 관점에서 상황을 바라보는 것입니다. 우리가 단일한 관점에서 본다면 우리는 코끼리를 묘사하려는 맹인들과 같습니다. 모든 관점을 취합하면 우리는 전체 상황을 볼 수 있을 뿐만 아니라, 다른 사람이 스스로 한 행동을 어떻게 이해하게 되었는지도 알 수 있습니다. 따라서 그 상황에 관련된 사람들의 반응과 행동에는 그것이 설명되는 이유와 관점이 있는 것은 사실입니다. 그렇기 때문에 그들이 그 이유를 완전히 이해하지 못할 때에도 나름의 계기가 있었다는 것이 분명해집니다. 제13장에서는 여러 관점을 검토하는 변증법적 과정을 더 살펴봅니다.

더 많은 가능성 열어 놓기

DBT의 변증법적 목표는 새로운 아이디어가 꽃필 수 있도록 관점을 넓히는 것입니다. 또한 새로운 아이디어뿐만 아니라 문제가 있어 보이는 상호작용 방법에서 도움이 되는 무언가가 나올 수 있다는 아이디어도 그 목표에 포함됩니다. 나트륨과 염소를 생각해 봅시다. 나트륨은 거의 모든 조건에서 폭발할 수 있는 반응성이 매우 높은 금속입니다. 반면, 염소는 독성이 있고 치명적인 기체입니다. 하지만 이들이 결합하면 염화나트륨이 만들어지는데, 이것은 보다 일반적으로 요리에 쓰이는 소금으로 알려져 있습니다. DBT에서는 더 많은 관점을 받아들이는 것이 중요합니다. 다음 절에서는 새 관계 역동을 만들어 내는 방법에 대해 자세하게 설명합니다.

새로운 역동을 만들려는 의지와 능력

나트륨과 염소 원자가 결합해 멋진 분자를 만들 수 있는 것처럼 서로 다른 관점을 공유하고 수용하려는 의지를 갖는 것이 관계 속에서 새로운 역동을 만들어 내는 길입니다.

의사소통과 경청이라는 새로운 역동을 만들어 내려는 의지가 없다면, 이전의 비효율적이고 감정적으로 고통스러운 상호작용 방식으로 돌아갈 수도 있습니다.

다음과 같은 예를 생각해 봅시다. 열일곱 살인 십 대 헨리(Henry)는 부모의 신뢰를 되찾기를 간절히 원했습니다. 부모는 헨리가 몇 달 동안 통금 시간을 어겼기 때문에 자동차를 몰지 못하게 했습니다. 그런데 어느 토요일 밤, 헨리는 좋아하는 소녀가 파티에 있다는 것을 알고 그곳에 갔습니다. 헨리는 자신의 '가장 친한 친구' 잭(Jack)이 그 소녀에게 추근대는 것을 보고 (잭은 이 사실을 부인했지만) 화가 났습니다. 헨리는 거의 차를 되찾을 수 있는 상황이었고 부모에게 그날 밤 11시에는 귀가할 것이라고 약속했었습니다. 한편, 헨리는 잭과 그 소녀 사이에 아무 일도 일어나지 않을지 확인하기 위해 잭을 감시하고 싶었습니다.

헨리는 통금 시간 이후에 집에 도착해서 부모와 크게 싸웠습니다. 부모는 즉시 벌을 주며 통금 기간을 연장하게 되어 헨리와 싸우고, 헨리를 방에 감금하고, 결국에는 헨리가 밤에 몰래 빠져나가게 되는 그들의 예전 상호작용 방식으로 돌아가기보다는, 다음 DBT 가족 치료까지 모든 것을 보류하기로 결정했습니다. 가족 치료에서 헨리와 그의 부모 모두가 그날 밤에 대하여 이야기했습니다. 그들은 헨리가 통금 시간 이후 어떤 일을 겪었는지 알아보았습니다. 헨리는 소녀와 다퉜던 일과 잭에 대하여 걱정한 일을 공유했습니다. 헨리와 부모 모두 상호 신뢰와 의사소통을 발전시키기 위해 노력했으며, 그들이 서로의 의견을 들을 수 있게 되었습니다. 헨리는 부모가 헨리가 좀 더 올바르게 차를 되찾길 바라는 것이 정직하다고 생각하여 기꺼이 믿었고, 부모는 헨리가 어려운 대인관계 갈등을 공유했다는 것을 인식했으며, 그가 통금 시간을 놓친 것을 그러한 맥락에서 이해했습니다. 그들은 함께 자신들을 정상 궤도에 올려놓을 수 있는 합리적인 계획을 생각해 낸 것입니다.

좋은 실천 방법을 향상시키고 상처 주는 것들을 내려놓기

당신이 다른 사람과 갈등을 빚거나 의견이 일치하지 않는 상태가 자주 일어날 때, 사랑하는 사람의 가치관과 당신의 가치관이 상반된다고 생각하면 특히 마음이 상할 수 있습니다. 이때 낡고 파괴적인 상호작용 방식을 내려놓는 것이 보다 조화로운 관계의 열쇠가 될 수 있습니다. 더 나은 대인관계 의사소통 능력을 개발하고 강화하려면 시간과 반복이 필요하고 이는 당신이 이 일에 전념할 때 가능합니다. 여기 도움이 될 만한 실천 방법이 있습니다. 초기에 DBT 상담사는 모든 사람의 관점을 끌어냄을 시도하면서 회기 안에서 이 작업을 할 수 있습니다.

1. DBT 상담사는 각 사람이 그들의 관점이나 상황을 명확히 하도록 합니다. 그들은 이 일을 할 때 다른 사람들의 방해를 받지 않아야 합니다. 모든 사람에게 충분한 시간이 주어지고 그들의 이야기가 공유되어야 합니다.
2. 일단 이것이 진행되면, 상담사는 방에 있는 각 사람의 목표가 무엇인지 묻습니다.
3. 목표를 마음에 새기고, 상담사와 다른 참가자들은 만약 다른 사람의 이야기를 이해하기 어렵거나 혼돈이 생길 때 구체화하는 질문을 할 수 있습니다. 이것은 빠른 속도로 질문을 쏟아내는 심문과는 다릅니다.
4. 상황이 명확해지고 모든 사람의 관점이 공유되었다면 상담사는 참가자들이 가능한 해결책에 대해 브레인스토밍을 할 수 있도록 돕습니다.
5. 토론은 각 해결책의 실행 가능성을 중심으로 이루어져야 하며, 이러한 해결책이 어떻게 구현될 수 있을지를 고려하여야 합니다. 가능한 해결책들의 우선순위가 만들어져야 합니다.
6. 그런 다음 어떻게 이것이 진행되었는지를 향후 회기에서 검토하기로 동의한 후 첫 번째 해결책을 구현해 봅니다.
7. 이 실천 방법이 성공하면 이것은 향후 문제 해결의 본보기가 됩니다. 만약 해결책이 잘 적용되지 않으면, 모든 참가자는 무엇이 잘못되었는지 문제를 찾아 해결하거나 목록에 있는 다른 해결책을 고려할 수 있습니다.

기억하세요

새로운 상호작용 방식에 전념하고 기존의 부적응적이고 비효율적이며 해로운 대인관계 상호작용을 내려놓음으로써 당신은 자신의 삶을 발전시킬 유의미한 관계를 만들 수 있습니다.

제 3 부 DBT 기술 탐구하기

Dialectical Behavior Therapy

제9장 … 마음챙김

제10장 … 감정 조절하기

제11장 … 고통 감내

제12장 … 대인관계 효과성 향상시키기

제13장 … 중용 지키기

제3부에서는

- 감정에 정확한 이름을 붙이고 이를 타당화함으로써 당신의 감정을 조절합니다. 이와 동시에 감정을 강화하는 취약한 부분들을 인식하고 줄입니다.
- 자신의 존엄성을 지키고 상황을 나쁘게 만들지 않으면서 어려운 상황을 견딥니다.
- 당신의 삶에서 중요한 인물들과의 관계를 개선하고, 증진시키며, 강화합니다.
- 중용을 걷는 방법, 즉 청소년과 그들의 가족을 위한 DBT의 특별 기술을 발견합니다.

제9장

마음챙김

이 장에서

- 마음챙김의 기본을 시작합니다.
- 마음챙김의 종류를 확인합니다.
- 마음챙김의 이점을 알아봅니다.

DBT 핵심에 마음챙김의 수행이 있습니다. 많은 사람이 마음챙김에 대해 혼란스러워하고 치료 장면에서 마음챙김에 대해 잘 생각하지 않습니다. 대신에 사람들은 종종 마음챙김과 명상은 종교인, 수도원에 있는 사람, 높은 산의 동굴에 앉아 있는 사람들이 하는 것이라 생각합니다. DBT의 관점에서 마음챙김은 습득되고 훈련될 수 있는 하나의 기술로 간주됩니다. DBT 치료법을 개발한 리네한 박사가 마음챙김을 행동 치료에 포함시킨 이유는 마음챙김이 정서적으로 민감한 사람들이 겪는 고통을 경감시키는 가장 효과적이고 지속 가능한 방법이라는 것을 깨달았기 때문입니다.

만약 당신이 마음챙김 연습을 한다면 그것은 당신이 치료 장면에서 지금까지 해 왔던 것과는 전혀 다른 것일 것이며, 새로운 것이 늘 그렇듯이 익숙하지 않기에 처음 연습할 때는 어려울 수 있습니다. 열린 마음을 유지하는 것이 중요합니다. 강렬한 감정으로 고생하고 있는 많은 사람은 마음챙김이 자신의 감정뿐만 아니라 생각, 행동, 관계로 인한 고통에서 벗어나는 길이라는 것을 발견했습니다. 이 장은 마음챙김에 대해 더 깊이 있게 다루고, 제24장에서 마음챙김을 연습하기 위한 더 많은 아이디어를 제공할 것입니다.

나의 마음 탐구하기

기억하세요

이어지는 절에서 마음을 탐구하는 것에 대해 이야기하기 전에, 마음이 의미하는 것을 고려하는 것이 중요합니다. 심리학자의 관점에서, 마음은 뇌가 사건을 인식하고 경험하는 방식이며, 그것은 감정과 생각, 감각, 욕구, 동기, 기억을 포함합니다. 그것은 사람들에게서 즉각적으로 인식되는 모든 것과 그들의 인식 속에 없는 무엇인가를 모두 포함합니다. 기억해야 할 것은 서로 다른 뇌는 같은 정보를 가지고도 서로 다른 일을 한다는 것입니다.

예를 들어, 식탁을 보세요. 당신은 무엇을 보았나요? "나는 식탁을 보았어요."라고 당신은 이야기합니다. 그러나 당신이 생각한 식탁은 실제로 존재하는 식탁과 정확히 일치하지 않습니다. 그것은 하나의 관점일 뿐입니다. 실제로 일어난 상황을 설명하면 다음과 같습니다.

1. 식탁에 대한 정보는 시각 시스템을 통해 뇌로 들어갑니다.
2. 당신의 뇌는 당신이 식탁이라고 부르는 것의 모형을 만듭니다. 모든 뇌가 이렇게 하는데, 만약 당신이 겹눈을 가진 파리라면 더 많은 식탁을 볼 것입니다. 각 시각 시스템들은 정보를 인코딩하는 고유한 방법을 가지고 있습니다.
3. 정보를 인식하고 생각을 다루는 전두엽 피질은 당신의 뇌가 만들어 낸 식탁의 모형을 수신합니다.
4. 당신은 식탁에 대해 이야기하고 이것은 매우 간단해 보입니다. 하지만 당신이 아마존 정글 깊숙한 곳에서 온 원주민이고, 한 번도 식탁을 본 적이 없다고 상상해 보세요. 확실히 당신은 시각 시스템을 통해 정보를 받을 것입니다. 그러나 나머지 뇌는 무엇을 만들어야 할지 모를 것입니다.

진실은 당신의 뇌가 당신의 경험을 포함한 모든 일에서 이것을 한다는 것입니다. 그리고 대부분의 경우 뇌의 빠르고 단순한 인식 모델은 우리의 경험을 완벽히 드러내기보다는 단순화합니다. 예를 들어, 어떠한 사실도 없이 당신은 누군가가 당신을 좋아하지 않는다는 생각이 들 수 있습니다. 당신이 DBT에 오는 많은 사람과 같다면, 당신은 그 생각이 사실이라고 주장할 것입니다. 생각이 사실이라고 판단하는 이유는 당신의 뇌가 만든 것을 떠올리게 하기 때문입니다. 그리고 뇌가 만들어 낸 것은 당신으로 하여금 그 사람이 당신을 좋아하지 않는다는 결론에 도달하게 합니다. 아무도 당신을 설득할 수 없습니다. 당신은 그것이 사실이라고 확신합니다. 그러나 그 사람이 "나는 당신을 좋아하지 않아요."라고 말하지 않는 한, 그렇게 느껴지더라도 당신의 두뇌가 만들어 내는 것은 완벽하게 정확하지 않습니다. 그 정보는 완벽하게 정확하지 않습니다. 당신이 생각하고 있는 어떠한 인식은 당신이 실제로 가지고 있는 인식과 다릅니다. 당신의 마음의 기능에 대해 더 정확한 그림을 갖게 되는 것은 마음챙김 수련을 통해서입니다.

마음챙김 핵심 발견하기

마음챙김 기술을 개발하는 데 가장 중요한 것은 현재 순간의 현실과 그 안에 있는 모든 것을 의도적으로 판단하지 않고 보는 것입니다. 사실 이것은 보기보다 훨씬 더 어렵습니다. 만약 그 정의에 너무 사로잡히면, 지금 이 순간이라는 용어가 당신의 마음속에서 일어나고 있는 모든 것, 주변에서 일어나고 있는 모든 것, 그리고 우리나라, 지구, 우주에서 일어나고 있는 모든 것을 포함하여 엄청난 양의 것을 포함하게 된다는 것을 깨닫게 됩니다.

기억하세요

DBT 마음챙김의 본질적인 과제는 자동적으로 하는 모든 일, 특히 삶을 어렵게 만드는 것들에 주의를 기울이기 시작하는 것입니다. 어떤 생각을 한다고 해서 그 생각의 내용이 사실인 것은 아닙니다. 어떤 충동이 있다고 해서 그 충동대로 행동해야 하는 것은 아닙니다. 감정이 있다고 해서 그 감정이 영원히 지속되는 것은 아닙니다. 이 모든 것을 깨달았을 때 우리에게는 무엇을 할 것인지를 선택할 자유가 있다는 점을 깨닫게 됩니다. 고통스러운 결과를 초래하는 생각, 충동, 감정에 따라 행동하지 않음으로써 덜 고통받게 됩니다.

이런 종류의 마음에 관한 탐구는 우리가 일상적으로 사용하는 방식이 아닙니다. 우리 대부분은 일하면서 마음을 보려고 해도 주위의 다른 생각이나 사건에 쉽게 정신이 팔려 주의가 산만해집니다. 마음챙김 연습은 이러한 방해를 길들이는 방법입니다.

세 가지 마음의 상태 살피기

리네한 박사는 DBT를 처음 받으러 온 사람들이 종종 삶에 어려움을 만드는 극단적 감정 상태의 영향으로 종종 어려움을 겪고 있다는 것을 알아차렸습니다. 반면, 감정 조절에 어려움을 겪지 않는 사람들도 있었습니다. 이들은 강한 감정에 영향을 받지 않은 것처럼 보이며, 종종 논리와 이성의 입장에서 행동했습니다.

기억하세요

리네한 박사는 한편으로는 논리와 이성의 입장에서, 다른 한편으로는 강한 감정의 입장에서 작동하는 자연스러운 인간의 경향을 관찰했습니다. 문제는 어떤 상황을 논리의 렌즈나 강한 감정의 렌즈를 통해서 볼 때 많은 뉘앙스와 정보를 놓치게 된다는 것입니다. 사건과 관계를 사실, 논리, 이성적인 생각만으로 보는 것은 차가운 로봇이 보는 것처럼 느껴집니다. 반대로 감정의 관점으로만 본다면 인생은 혼란스럽고 무질서하게 느껴집니다. 리네한 박사는 내담자를 돕기를 원했기 때문에 사람들이 자신의 감정 마음(emotion mind)으로부터 행동하거나 합리적 마음(rational mind)으로부터 행동한다고 말함으로써 정신 상태의 개념을 단순화했습니다.

기억하세요

그러나 세 번째 마음의 상태가 핵심입니다. 리네한 박사는 이것을 지혜로운 마음(wise mind)이라고 불렀고, 우리가 이를 깨닫고 있든 모르고 있든 우리 모두 지혜로운 마음을 가지고 있다는 것을 인식했습니다. 지혜로운 마음에서 행동할 때 당신은 의사 결정에 대해 더 신중하고 사색적인 접근을 취합니다. 즉, 당신은 감정, 이성적인 생각, 직관 또는 목표와 같은 마음의 모든 경험을 행동의 과정으로 이끌기 위해 사용하는 것입니다. 실제로 그것을 갖기 위해 지혜로운 마음을 가지고 있다는 것을 의식할 필요는 없습니다. 하지만 일단 알아차리면 지혜로운 마음을 경험할 수 있을 것입니다. 다시 말하지만, 알아차림(awareness)은 지혜로운 마음으로 들어가는 최초의 열쇠는 아닙니다. 이러한 점은 많은 경우에 해당합니다. 예를 들어, 지금 당장 위나 신장이 있다는 것을 인식하지 못한다고 해서 당신의 위와 신장이 존재하지 않고 제 기능을 못하고 있다는 것을 의미하지는 않습니다. 지혜로운 마음은 존재하고 마음챙김을 실천함으로써 이를 알아차리고, 이 힘을 활용하여 고통을 줄일 수 있을 뿐만 아니라 삶의 많은 측면을 향상시키는 데 사용할 수 있습니다.

WHAT 기술로 마음챙김 연습하기

마음챙김을 연습하고자 하는 생각은 비록 많은 사람이 이를 하고 싶어 할지라도 비현실적으로 보일 수 있습니다. 수도사나 수녀가 교회나 사원에서 명상을 하고 있다고 상상해 보세요. '이들이 실제로 무엇을 하고 있을까요?' 하고 궁금해할 수도 있습니다. 리네한 박사는 마음챙김이 내담자들에게 유용하기 위해서는 그 사람이 반드시 종교적일 필요가 없는 방식으로 접근할 수 있어야 한다는 것을 인지했습니다. 만약 종교가 있다면 마음챙김은 그들의 신앙과 양립하지는 않습니다. 마음챙김을 하기 위해 리네한 박사는 무엇(WHAT)을 해야 하는지, 어떻게(HOW) 연습해야 하는지에 초점을 맞추며 이를 기술로 분해함으로써 연습을 단순화했습니다. 그리고 그녀는 이것을 무엇(WHAT)과 어떻게(HOW) 기술이라고 불렀습니다. 제24장에서 몇 가지 구체적인 연습을 제공할 것입니다.

WHAT 기술은 **관찰하기**(observe), **설명하기**(describe)와 **참여하기**(participate)의 세 가지 기술로 구성됩니다(HOW 기술은 이 장의 뒷부분에 있습니다).

관찰하기

관찰하는 습관은 주목할 만한 것 중 하나입니다. 이는 환경 속의 사물, 몸속의 감각, 그리고 마음속의 생각과 감정을 알아차리는 것입니다. 환경과 주변 환경에 인식하세요. 어떤 생각, 감정 그리고 감각을 경험하고 있나요? 아무 반응 없이 그냥 관찰해 보세요. 관찰하는 것에 이름이나 판단을 붙이지 마세요. 목표는 말없이 관찰하는 것입니다. 이는 매우 어려울 수 있지만, 이름을 붙이지 않고 단순히 경험하려고 노력할 수 있을 것입니다. 감정과 생각을 알아보세요. 모든 것을 밀어내지 말고, 현상들이 일어날 때마다 마음을 여세요. 관찰력을 향상시키기 위해 오감을 사용하세요.

TIP

관찰하기 기술을 연습하려면 다음을 수행해 볼 수 있습니다. 당신이 일상의 산만함에서 벗어날 수 있는 5분을 확보하세요. 바닥, 쿠션 또는 의자에 양반다리를 하고 앉습니다. 휴대전화를 끄거나 비행기 탑승 모드로 설정하고 타이머를 5분으로 설정합니다. 숨을 깊게 들이마시며 "내가 하려는 것은……"이라고 말하고, 그리고 숨을 내쉬며 "…… 관찰하기를 실천하는 것입니다."라고 말합니다. 일단 자리를 잡고 앉게 되면 5분 타이머를 시작하세요. 그런 다음에 다음의 내용을 수행하세요.

- 현재 공간, 방의 온도, 그리고 어떤 소리든지 귀를 기울이세요. 신체 감각을 알아차리세요. 생각과 감정을 알아차리세요. 이 중 어떤 것에도 반응하지 않고 그대로 앉아 있으세요.
- 감정과 생각에 반응하는 것을 피하세요. 만약 하나가 일어난다면 관찰하는 것 외에는 아무것도 하지 않고 단순히 경험을 알아보세요.
- 감정과 생각이 나타나는 것을 알아차리고 이들이 움직이는 지 알아보세요. 모든 생각은 일어나고 모든 생각은 사라집니다. 이것이 활동적인 마음의 현상이기 때문입니다. 그 어떤 생각이나 감정도 영원히 지속되지 않으며, 이를 어떻게 믿든지 간에 그 어떤 것도 지속되지 않을 것입니다.
- 감각이 아무리 불편하거나 고통스러워도 알아차리기를 피하지 마세요. 그리고 아무리 즐겁고 유쾌해도 어떤 생각이나 감정에도 집착하지 마세요.

설명하기

설명하기 연습은 관찰되는 생각, 감정, 감각, 현상에 단어 이름을 붙이는 연습입니다. 이는 의사소통을 용이하게 해 준다는 장점이 있습니다. 예를 들어, "우리가 저녁을 먹을 수 있도록, 나는 당신이 이 접시들을 대개는 나무로 만들어졌고, 꼭대기가 평평하고 한 개 이상의 다리를 지닌 가구 위에 놓았으면 좋겠습니다."라고 말해야 한다고 상상해 보세요. 물론 더 나은 선택은 식탁이라는 단어를 사용하는 것입니다. 하지만 다른 국적을 가진 다섯 명의 사람이 식탁을 보고 있었다고 상상해 보세요. 무엇을 보고 있느냐고 물으면 영어권 사람은 'table', 스페인어권 사람은 'mesa', 줄루어권 사람은 'ithebula', 네팔 사람은 'tālikā', 사모아 사람은 'laulau'라고 말할 것입니다.

요점은 모든 사람이 매우 유사한 것을 관찰할 수 있지만, 각각의 사람들이 그들이 관찰하고 있는 것에 단어를 붙이기 시작하는 순간, 다른 사람들은 묘사된 그 단어에 다 같은 경험을 공유하고 있지 않기 때문에 혼란을 유발하거나 심지어 적대감을 불러일으킬 수 있다는 것입니다. 말(words)은 사람이 경험하는 정확한 것을 완전히 전달하지는 못하지만 우리가 가진 유일한 도구라는 점에서 '설명하기'는 중요합니다.

경험을 설명할 때 큰 소리로 말하는 것은 유용할 수 있습니다. 예를 들어, 만약 불안함을 느낀다면, "나는 불안함을 느낀다는 것을 알아차렸습니다. 아무도 나를 파티에 초대하지 않을 것이라고 생각하고 있습니다. 심장이 빨라지고 있다는 것을 알아차리고 있습니다."라고 말하는 것입니다. 다시 한번 말하지만, 당신이 설명하고 있는 것에 어떤 이름이나 판단도 붙이지 않도록 주의하세요.

TIP

설명하기 기술을 연습하려면 다음을 수행해 보세요. 일상적인 산만함에서 벗어난 5분의 시간을 확보합니다. 바닥, 쿠션 또는 의자에 양반다리로 앉습니다. 휴대전화를 끄거나 비행기 탑승 모드로 설정하고 타이머를 5분으로 설정합니다. 숨을 깊게 들이마시고 이렇게 말합니다. "내가 하려는 것은……" 그리고 숨을 내쉬며 말합니다. "…… 설명하기 기술을 연습하는 것입니다." 자리를 잡고 앉으면 5분 타이머를 시작합니다. 그러고 나서 다음을 수행합니다.

- 주변 환경을 알아차립니다. 당신이 앉아 있는 의자에 의자라고 이름을 붙이고, 당신이 듣고 있는 소리에 난방기 소리, 새소리 또는 외부의 자동차 소음으로 이름을 붙입니다. 당신의 신체 감각을 가려움, 통증 또는 압박으로 이름 붙입니다. 생각이 떠오르면 생각이라고 이름 붙입니다. 충동이 올라오면 충동이라고 이름 붙입니다. 감정을 발견하면 그 감정에 이름을 붙입니다.
- 감정과 생각에 반응하는 것을 피합니다. 그 대신 자신의 경험에 단어를 붙이고 스스로에게 "나는 내가 불안의 감정을 느끼는 것을 알아차린다." 또는 "나는 사람들이 내가 주변에 있기를 원하지 않는다는 생각을 알아차린다." 또는 "나는 도망치고 싶은 충동을 알아차린다."라고 말합니다.

>> 판단적인 언어 사용을 알아차립니다. 예를 들어, 만약 당신이 '나는 멍청하고 모두가 나를 싫어한다.'라는 생각을 가지고 있다면, 그 대신 "나는 스스로가 멍청하고 모두가 나를 싫어한다는 생각을 하고 있다."와 같은 방식으로 그 경험을 묘사합니다. 생각을 생각이라고 이름 붙임으로써 생각 자체에 존재하는 것에서 빠져나옵니다.

참여하기

이것은 당신이 하고 있는 행동에 대한 판단이나 기대 또는 부정적이거나 자기비판적인 생각을 버림으로써 그 행동에 완전히 몸을 던지는 연습입니다. 다시 말해, 당신이 먹을 때는, 그냥 먹습니다. 책을 읽을 때는, 그냥 읽습니다. 정원을 가꾸고 있을 때는, 그냥 정원을 가꿉니다. 요점은 당신이 참여하고 있는 활동에 완전히 몸을 던짐으로써 당신히 온전히 존재하게 된다는 것입니다. 완전히 참여하기 위한 또 다른 요소는 자의식을 버리는 것입니다. 이것은 어렵지만 연습하면 놓아주는 것을 더 잘하게 될 것입니다. 만약 당신이 다른 것들 때문에 산만하다면 당신은 자신이 하고 있는 활동에 완전히 참여할 수 없습니다. 통화에 정신이 팔려 있는 친구가 당신과 대화하려고 하는 것에 대해 생각해 보세요.

TIP

참여하기 기술을 연습하려면, 다음을 수행해 보세요. 어떤 활동에 완전히 참여하려는 의도를 가집니다. 예를 들어, 당신은 설거지를 할 것입니다. 휴대전화를 끄고 TV도 끕니다. 숨을 깊게 들이마시고 "내가 하려는 것은……" 그러고 나서 숨을 내쉬며 "…… 참여하기 연습을 하는 것입니다."라고 말합니다. 싱크대 앞에 자리를 잡고 나면 5분 타이머를 시작하세요. 그러고 나서 다음을 수행합니다.

>> 씻어야 할 그릇들을 쌓아 놓고 각각을 따뜻한 물과 비누로 씻습니다. 그런 다음 각 접시를 깨끗한 물로 헹굽니다.

>> 휴대전화를 확인하려는 충동에 반응하는 것을 피합니다. 특히 알림이 올 때 더욱 주의합니다. 지루함이 느껴지거나 TV를 켜고 싶은 욕구가 있지는 않은지 알아차립니다.

>> 물, 비누, 접시에 충분한 주의를 기울입니다. 닦기, 헹구기, 말리기가 당신이 해야 하는 유일한 일인 것처럼 꼼꼼하게 합니다.

마음챙김에 HOW 기술 사용하기

HOW 기술은 WHAT 기술이 사용되는 방법을 설명합니다. 세 가지 HOW 기술이 있습니다. 즉, 비판단적(non-judgmentally) 마음 갖기, 한 번에 하나씩 주의 기울이기, 그리고 효과적인 것 하기입니다.

비판단적 마음 갖기

이것은 판단을 버리는 연습입니다. 당신 스스로가 판단하는 것을 발견한다면 그것에 대해서도 당신 스스로를 판단하지 마세요.

우리는 왜 판단하는 습관을 내려놓아야 할까요? 우리 대부분은 자동적이고 습관적으로 판단합니다. 이것 때문에 우리는 스스로가 판단하고 있다는 것을 거의 알지 못합니다. 우리가 판단할 때 우리는 판단이 우리의 정서적 고통을 증가시키고 우리의 관계를 손상시킨다는 것을 알아차리지 못합니다. 예를 들어, 당신의 자녀가 집에 늦게 오는데 연락을 하지 않았다고 상상해 보세요. 당신은 아이를 이기적이라고 판단할지도 모릅니다. "여기서 나는 깨어 있고 아이가 집에 돌아오기를 기다리고 있는데, 아이는 나에게 전화해서 어떤 상황인지 알려 줄 염치조차 없습니다." 당신은 아이가 이기적이라는 이러한 판단이 당신과 아이의 관계를 어떻게 악화시키고 손상시킬 수 있는지 알 수 있습니다.

비판단적 태도를 연습하기로 결정하는 것은 어떤 상황에 대한 당신의 감정, 생각, 선호를 부정한다는 것을 의미하지는 않습니다. 당신은 사실에만 근거하여 당신의 반응을 다음과 같은 방식으로 바꾸어 표현할 수 있습니다. "나는 내 아이가 집에 늦게 오면서 연락하지 않은 것이 화가 납니다. 그건 나를 걱정하게 만들고, 그들이 마치 이기적으로 행동하는 것처럼 느껴집니다. 늦을 것 같으면 전화하는 것을 선호하지만, 나는 실제로 어떤 상황인지는 모른다는 것을 깨달았습니다."

이러한 상황에서 판단을 없애는 것이 어떻게 자신의 경험을 자신의 것으로 인식하고 상황을 더 잘 통제할 수 있게 만드는지 보이나요? 또한 덜 판단함으로써 덜 고통받게 되는 것도요? 정서적인 부담을 제거하게 되면 앞으로의 계획을 생각하고 상황을 어떻게 해결할지 결정하는 것이 더 쉬워집니다. 상황을 초래한 원인에 초점을 맞추면 다양한 해결책을 고려할 수 있고, 이는 판단적인 태도보다 훨씬 효과적입니다.

기억하세요

판단을 버린다는 것은 상황과 상호작용을 좋음과 나쁨, 타당함과 부당함, 옳고 그름의 관점에서 고려하지 않는 것을 의미합니다. 이러한 단어를 사용할 때는 스스로가 그러한 단어를 쓰고 있음을 알아차리는 것이 첫 번째 단계입니다.

다음으로, 상황에 대한 사실에 집중하세요(사실을 확인하는 방법에 대한 자세한 내용은 제7장 참조). 사실에 집중하는 것은 '누가, 무엇을, 어디서, 언제'에 집중하는 것입니다. "이기적인 내 아들이 나쁜 친구들과 함께 말도 안 되는 시간에 나갔고, 나쁜 일을 벌입니다."와 같이 이러한 요소들에 판단을 덧붙이고 그런 판단이 사실인 것처럼 행동함으로써, 당신은 상황에 대한 진실을 놓치고 고통을 겪습니다.

기억하세요

부정적인 판단을 긍정적인 판단으로 대체하는 것이 목표가 아님에 주목할 필요가 있습니다. 비록 긍정적인 판단이 부정적인 판단보다 적은 고통을 야기한다고 하더라도 말입니다. 이 기술은 전혀 판단하지 않는 것입니다. 왜냐하면 긍정적인 판단은 금방 부정적인 판단이 될 수 있기 때문입니다. 예를 들어, 당신이 가장 친한 친구를 지구상에서 가장 멋진 사람으로 판단했는데, 그 친구가 당신을 화나게 하는 일을 한 상황을 생각해 봅시다. 이건 모든 관계에서 일어나는 일입니다. 긍정적인 판단은 빠르게 바뀔 수 있습니다.

스스로를 판단하는 것에 대해서는 자신이 달라져야 한다는 생각을 버리세요. 자기 판단은 종종 가장 고통스러우며 대부분의 사람이 버리기 가장 힘들어하는 것입니다. 자신을 멍청하거나 게으르거나 보잘것없는 사람으로 판단하지 마세요. '비판단적 마음 갖기' 기술을 연습함으로써, 당신은 스스로를 판단하는 것을 멈추고 대신 이 순간의 당신 자신을 있는 그대로 받아들이기 시작합니다. 이것은 당신이 자신의 행동의 특정한 측면을 바꾸고 싶어 하는 것을 포기해야 한다는 의미는 아닙니다. 대신 당신은 이러한 측면들을 장기적인 목표에 도움이 되지 않거나 비효과적이거나 모순되는 것으로 인식하고 이 측면들을 다루기로 결정할 수 있습니다.

기억하세요

판단을 줄이는 것은 연습이 필요하기 때문에 자신의 판단을 알아차리고 사실에 근거한 비판단적 진술로 대체하는 작업을 할 때에는 스스로에 대한 너그러운 태도가 중요합니다.

한 번에 하나씩 주의 기울이기

일을 하나씩 온전히 하는 것에는 두 가지 요소가 있습니다.

- 첫 번째는 과거에 연연하거나 미래에 대해 생각하지 않고 현재에 온전히 존재하는 것입니다.
- 두 번째는 이메일을 확인하면서 전화로 대화를 나누는 것 같이 당신의 주의를 여러 곳에 나누는 대신 한 번에 한 가지 일을 하는 것입니다.

많은 사람이 스스로 멀티태스킹을 할 수 있다고 믿지만, 연구에 따르면 우리 중 실제로 멀티태스킹을 할 수 있는 사람은 매우 매우 소수입니다. 한 번에 한 가지 일을 하는 것은 우리가 멀티태스킹을 할 수 있다는 망상에 대한 해결책입니다. 네 가지 일을 동시에 하려고 한다고 상상해 보세요. 한 번에 네 가지를 저글링하려고 할 때, 당신은 주의를 네 곳에 나누어야 하며, 뇌는 이것을 효과적으로 할 수 있도록 만들어지지 않았습니다. 또는 당신의 좌우에서 사자가 한 마리씩 오고 있다고 상상해 보세요. 당신은 모든 주의를 둘 중 하나에만 집중할 수 있습니다. 두 사자 사이를 왔다 갔다 하기 시작한 순간 주의력에 틈이 생길 것입니다.

TIP

일상적인 일을 하고 그것에 당신의 모든 주의를 집중해 보세요. 예를 들어, 손을 씻을 때는 물의 온도, 비누의 느낌과 향, 그리고 손이 서로 비벼지는 느낌을 알아차립니다. 손에 묻은 물을 헹구면서 알아차리고, 손을 닦으면서 수건의 촉감을 알아차립니다. 그리고 나서 깨끗한 손을 가지고 있다는 느낌을 알아차립니다.

효과적인 것 실천하기

이것은 주어진 상황에서 필요한 행동을 하는 기술에 관한 것입니다. 이는 현실을 변화시키고자 하는 욕구와 효과적 행동 사이에서 선택하는 과정을 포함합니다. 그것은 효과적인 일을 하는 것, 그리고 스스로에게 "이 상황에서, 내가 내 관점을 주장하는 것이 옳은가, 아니면 내가 효과적이고 상황이 필요로 하는 것을 하는 것이 옳은가?"라고 묻는 행위입니다. DBT에서 효과적이라는 것은 무엇이 공정하고 불공정하며 누가 옳고 누가 그른지와 같은 개념에서 벗어나 대신 무엇이 효과가 있는지에 초점을 맞추는 것입니다.

효과적인 기술을 연습하는 첫 번째 단계는 당신이 무엇을 원하는지 알아내는 것입니다. 효과적으로 행동하기 위해서는 어떤 상황에서 무엇을 원하는지 알아야 합니다. 당신의 목표를 명확히 하고, 일단 그것을 알게 되면, 당신은 그것에 도달하기 위한 가장 효과적인 수단을 고려할 수 있습니다.

예를 들어, 많은 주차 공간이 있는 주차장에 있다고 상상해 보세요. 쇼핑할 가게 바로 옆에 빈자리를 발견했을 때 누군가가 빠르게 그 자리를 차지한다면 그 자리가 본인 차례였기에 불공평하다고 느낄 수 있습니다. 경적에 울리거나 그들이 빠져나오지 못하도록 차를 막고, 그들이 차를 떠날 때 소리를 지르고 싶은 유혹을 느낄 수도 있습니다.

이 예는 극단적으로 보일 수 있지만, 싸움을 하는 것이 효과적이고 목표를 추구하는 데 시간을 절약할 수 있을까요? 당신은 조금 더 먼 곳에 가서 효율적으로 쇼핑을 하는 사람이 될 것인가요? 그 대신 주차 자리를 가질 자격이 있다고 주장할 건가요? 이 예시에서 효과적인 것은 상황을 악화시키지 않는 것입니다. 그 대신, 심호흡을 주의 깊게 하세요. 당신은 다른 사람을 처벌하지 않고, 자신을 돌보고, 당신의 일을 해내며, 사실 당신은 그들의 사정을 잘 알지 못합니다.

공간 만들기와 루틴 설정하기

당신은 매일 WHAT과 HOW 기술을 연습하고 싶어 합니다. 시간을 내서, 공간과 루틴을 설정하는 것은 이상적인 시작 방법입니다.

공간 만들기

공간을 만드는 데는 두 가지 고려 사항이 있습니다. 물리적인 공간을 만들어야 하지만 정신적인 공간도 만들어야 합니다. 당신이 스트레스를 받을 때, 당신은 종종 모든 곳에서 압박이 오는 것처럼 느낄 수 있습니다. 심지어 당신의 몸도 수축을 느낄 수 있고, 당신은 숨을 쉴 수 없는 것처럼 느낄 수 있습니다. 당신에게 고요함을 가져다주는 공간을 갖는 것은 중요한 첫 번째 단계입니다.

실제 공간의 경우, 공간을 만드는 데 있어 중요한 것은 해당 공간에 대한 의도를 설정하는 것입니다. 다른 연습들에는 다른 속성이 필요합니다. 예를 들어, 만약 당신이 걷기 명상을 하고 있다면, 당신은 걸을 수 있는 외부 공간을 원할 것입니다. 만약 당신이 앉아서 명상을 하고 있다면, 당신은 작고 조용한 방이 가장 좋다는 것을 발견할지도 모릅니다.

연습이 결정되면 공간을 정하세요. 앉아서 마음챙김(sitting mindfulness)을 하기 위해서 당신은 조용하고 방해받지 않을 공간을 원할 것입니다. 만약 앉아서 명상을 연습할 것이라면, 앉을 쿠션이나 편안한 의자가 있는지 확인하세요. 걷기 명상을 한다면, 돌아서서 다시 걸어가야 하기 전에 적어도 30초 동안 천천히 걸을 수 있는 공간을 찾으세요.

기억하세요

초기의 정신적 공간은 상대적인 침묵 속에서 가장 잘 달성됩니다. 명상의 조용한 공간은 당신을 폭격하는 감각 입력의 수를 줄이는 이점이 있습니다. 하지만 침묵은 침묵의 공간에 있는 것에 관한 것만은 아닙니다. 말을 하지 않는 것도 중요합니다. 우리는 깨어 있는 시간의 많은 부분을 다른 사람들과 이야기하는 데 보내며, 그래서 의도적인 몇 분간의 침묵에 전념하는 것은 침묵을 말로 채워야 하는 것으로부터 휴식을 줄 수 있습니다.

루틴 설정하기

마음챙김 루틴을 설정하고 유지하는 것에는 많은 장점이 있습니다. 스트레스가 많은 직업을 가진 사람들에게 일상적인 일과로 아침을 시작하는 것은 남은 하루 동안 긍정적인 사고방식을 만드는 방법이 될 수 있습니다. 우울증과 불안으로 고생하는 사람들에게 아침 마음챙김 루틴은 더 건강한 습관을 확립하는 방법이 될 수 있습니다.

어떤 사람들은 밤 루틴을 선호합니다. 하루 종일 힘든 일을 한 후에 TV를 보면서 느긋하게 쉬거나, 소셜 미디어 앱에만 집중하거나, 잠이 들 때까지 새로운 TV 프로그램을 보며 휴식을 취하는 것는 것은 루틴이 아닙니다. 마음챙김은 당신의 마음을 돌보고 종종 당신이 숙면을 취할 수 있도록 설정한 루틴을 따르는 것입니다.

기억하세요

루틴을 설정하는 보편적인 방법은 없습니다. 그것은 개인에 따라 다릅니다. 중요한 것은 하나를 정하는 것입니다. 또한 당신의 루틴의 형태가 매일 똑같을 필요는 없습니다. 당신이 매일 운동하기로 약속했다고 상상해 보세요. 운동의 형태는 실제로 하는 것보다 덜 중요합니다. 그래서 당신이 언제는 달리고, 다음 날 걷고, 다른 날은 수영하거나 팔굽혀펴기를 하는 것과 같은 방식으로, 최종 목표는 운동하는 것입니다. 일단 당신이 마음챙김의 루틴을 갖게 되면, 당신은 어떤 날에는 자애로움(loving compassion)을, 다음날에는 집중적인 명상을, 그리고 그 다음날에는 열린 자각(open awareness)을 할 것이라고 결정할 수 있습니다.

마음챙김의 유형 이해하기

마음챙김은 현재 순간에 대한 비판적이지 않은 인식에 중점을 두며, 이는 마음챙김의 다양한 형태와 이점의 근원입니다. 마음챙김의 실천은 현재의 순간에 대한 비판단적 인식 외에는 다른 목적이 없으며, 이로부터 모든 장점이 나옵니다. 다른 종류의 운동이 몸에 좋듯이, 다른 종류의 마음챙김은 정신의 인식능력을 향상시키고, 각각의 마음챙김은 그들만의 형태를 가지고 있습니다. 일반적으로, 마음챙김 실천에는 크게 네 가지 유형이 있습니다.

- 집중적 마음챙김
- 생성적 마음챙김
- 수용적 마음챙김
- 성찰적 마음챙김

집중적 마음챙김

이 연습의 목적은 당신의 주의를 집중시키는 것이고, 이것을 하는 전형적인 방법은 어떤 대상을 고려한 다음 그 대상에 당신의 모든 주의를 집중시키는 것입니다. 촛불이나 벽의 점과 같은 외적인 것들이 있을 수도 있고, 숨결과 같은 내적인 것들이 있을 수도 있습니다. 많은 명상가가 호흡에 집중하는 것을 선택합니다. 이런 식으로 주의를 집중하는 것은 돋보기를 들고 그것의 모든 측면을 인식하기 위해 특정한 물체에 초점을 맞추는 것과 같습니다.

호흡에 초점을 맞추는 것은 대부분의 명상가가 사용하는 것이며, 대부분의 마음챙김 학생들이 이해할 수 있는 연습입니다. 왜냐하면 호흡은 어디에서나 가능하고 항상 당신과 함께하기 때문입니다. 촛불을 보는 것은 꽤 매혹적일 수 있지만, 비행기에서 시도하는 걸 상상해 보세요. 항공사 직원들은 그렇게 행복하지 않을 것입니다! 호흡은 또한 모든 살아 있는 개체와 공유하는 것이라는 점에서 좋은 연습입니다.

호흡에 집중하는 것이 연습 중에서 가장 접근하기 쉽다고 해도, 자연스러운 리듬이나 오감 중 어떤 것도 사용할 수 있습니다. DBT에서 우리는 내담자들에게 싱잉볼의 소리를 듣고, 건포도나 초콜릿 조각의 맛에 집중하고, 특정한 질감을 느끼도록 요청할 수 있습니다. 이 연습에서 해야 할 일은 주의의 초점을 당신이 결정한 대상에 천천히 그리고 부드럽게 가져오는 것입니다. 그리고 당신의 주의가 흐트러졌을 때 당신의 주의를 다시 초점의 대상으로 부드럽게 가져오는 동시에, 그 상황을 비판단으로 의식하는 것입니다.

TIP 다음은 집중적 호흡 연습의 예시입니다.

- 숨을 들이마시고 자연스럽게 내쉬면서 호흡을 따라가세요. 일단 당신의 주의가 당신의 호흡에 집중되면, 각각의 숨을 내쉬고 나서 카운트를 시작하세요. 첫 번째 호흡 후에는 조용히 “하나”를 세고, 두 번째 호흡 후에는 “둘”을 세고, 10이 될 때까지 계속 세어 보세요. 그러고 나서 당신이 10에 도달했다는 것을 의식한 뒤 다시 돌아가서 1부터 다시 시작하세요.
- 일단 당신이 주의가 산만해지지 않거나 또는 그렇다고 해도 다시 쉽게 호흡으로 돌아와서 10까지 집중할 수 있고 반복할 수 있다면, 다음 변형은 10에서 아래로 내려가는 것일 수 있습니다. 즉, 10에서 시작해서 1로 가는 것입니다.
- 일단 이것을 익히면 당신의 다음 연습 버전은 단순히 당신의 몸에 들어오고 나가는 공기의 경험에 주의를 기울이는 것이 될 수 있습니다.
- 그러면 당신은 코끝에 주의를 집중하고, 숨을 들이마실 때 공기가 들어가고, 숨을 내쉬면서 입술에 들어가는 것을 볼 수 있습니다.

생성적 마음챙김

생성적 마음챙김은 긍정적인 감정과 생각을 의도적으로 만들어 내고, 이를 통해 개인의 의도와 내면의 강점을 강화하는 연습입니다. 이 연습은 자기 자신과 타인에 대한 긍정적인 태도를 증진시키는 데 중점을 둡니다. 생성적 마음챙김에서 가장 잘 알려진 연습은 '메타(metta)'라고도 알려진 자애(loving-kindness)입니다. 이것은 다른 사람들과 자신에 대한 연민을 발달시키는 방법입니다. 이것을 실천하는 방법은 당신의 삶 속에 있는 사람들의 이미지를 이용하여 자애의 태도를 개발하는 것입니다. 이 연습에서 까다로운 것은 당신이 다른 사람들이 사랑과 친절을 받을 자격이 있다고 느낄수도 있지만, 당신 스스로는 사랑과 친절을 받을 자격이 없다고 느낄 수도 있다는 것입니다. 다음 두 개의 멋진 인용문이 이 연습의 정신을 수용합니다.

> » "어둠은 어둠을 몰아낼 수 없다. 오직 빛만이 할 수 있다. 증오는 증오를 몰아낼 수 없다. 오직 사랑만이 할 수 있다." –마틴 루서 킹
>
> » "이 세상에서 증오는 결코 증오를 없애지 않는다. 오직 사랑만이 증오를 물리친다. 이것은 아주 오래된 사라지지 않는 법이다." –부처

생성적 연습으로서 자애의 방식이 있습니다. 당신 자신을 위해 이것을 하는 것이 어려울 수도 있기 때문에, 처음에는 이 연습을 다른 사람에게 집중하는 것이 더 효과적일 수 있습니다. 메타의 중요한 측면은 다음과 같습니다. 그것은 어떠한 조건도 없으며, 당신이 자신이나 다른 누군가가 그것을 '받아 마땅하다'고 생각하느냐에 달려 있지 않습니다. 궁극적으로, 당신은 당신 자신과 가장 가까운 사람들을 넘어 그것을 확장할 수 있어야 하고, 당신이 힘들어하는 사람들과 모르는 사람들까지도 모두 포함할 수 있어야 합니다. 자애는 무조건적이고 포용적인 사랑, 지혜로운 사랑의 실천입니다. 연습한 후에는 다른 사람들에게 아무것도 기대하지 않아야 합니다. 그것은 순수한 사랑의 실천입니다. 자신부터 시작한 다음, 이어지는 절의 도움을 받아 다른 사람들에게 적용하세요. (이것이 어렵다면 앞서 언급한 바와 같이 스스로 하기 전에 다른 사람과 함께 시작할 수 있습니다.)

기억하세요

이 연습은 당신 자신과 다른 사람들에 대한 마음을 유연한게 하는 방법입니다. 이것은 다른 것을 소유하려는 욕망이 없고, 일종의 감정적인 호의가 아닙니다. 이것은 다른 사람이 당신에 대해 어떻게 느끼느냐에 달려 있지 않습니다.

당신을 위해

다음과 같은 방법이 있습니다. 10분 동안 쉴 수 있다면 편안한 곳에 앉으세요. 숨을 천천히 쉬세요. 호흡에 주의를 기울이세요. 도움이 된다면, 두 손을 심장 위에 올려놓으세요.

TIP

계속해서 호흡하면서 이러한 전통적인 구절 중 일부를 사용하세요(자신만의 문구를 만들수도 있습니다). 다음으로 넘어가기 전에 각 구절을 천천히 몇 번 생각하거나 말하세요.

- "내가 위험에서 벗어나기를."
- "내가 안전하기를."
- "내가 정신적 고통이 없기를."
- "내가 행복하기를."
- "내가 편안하기를."
- "내가 건강하고 강하기를."
- "내가 평화를 찾을 수 있기를."

당신과 가까운 사람을 위해

다음으로, 당신이 가장 가깝게 느끼는 사람에게 시도해 보세요. 이 사람은 일반적으로 당신이 멘토라고 생각하는 사람이며, 가족 구성원, 후원자 또는 가까운 친구일 수 있습니다. 이 사람은 당신의 조부모, 선생님 또는 당신이 존경과 친절을 느끼는 데 노력이 필요하지 않은 사람이 될 수도 있습니다. 앞서 했던 구절을 말해 보세요. '나' 대신 그 사람의 이름을 넣어 보세요.

중립적인 사람을 위해

다음으로, 더 중립적인 사람, 당신이 강하게 좋아하지도 싫어하지도 않는 사람(아마도 동료나 이웃, 평범한 지인)에게 시도해 보세요. 그들을 마음 속에 기억하고 '나' 대신 그 사람의 이름을 넣어 보세요.

앞의 구절을 반복하면서 그들이 진심으로 감정과 상태를 경험하기를 바라는, 그들을 향한 진정한 친절을 알아차려 보세요.

당신이 어려움을 겪고 있는 누군가와 모두를 위해

이 연습의 마지막 단계이며, 어려워질 수 있습니다. 당신이 대하기 힘들어하거나 어려움을 겪고 있는 누군가에게 시도해 보세요.

TIP

앞의 구절을 반복하고 '나'를 그 사람의 이름으로 바꿉니다. 만약 너무 어렵다면 당신이 아끼는 사람에게 돌아가서 그들에 대한 친절을 느끼고 다시 조금 더 어려운 사람에게로 돌아오세요.

당신이 이것을 몇 주 정도 연습했을 때, 이 연습을 모든 존재에게 확장해 보세요. 당신의 반려동물과 다른 동물들을 포함시키세요. 당신의 궁극적인 목표는 분노와 불친절한 감정을 사랑하는 감정으로 대체하는 것입니다.

특히 기분이 좋지 않은 사람과 연습할 때 다음과 같은 질문을 해 볼 수 있습니다.

- "어떻게 하면 나를 다치게 한 사람에게 친절할 수 있을까?"
- "내가 그들을 눈감아주면 그들은 나에게 한 행동을 잊을 것이다."
- "내가 그들에게 친절을 베풀면 그들은 이기고 나는 지는 것이다."
- "나는 그들이 나에게 한 일을 상기시키기 위해 그 사람에게 계속 화를 내고 싶다."
- "그들은 내가 겪은 것만큼 고통을 받아야 한다."

기억하세요

이것은 마음챙김 연습이고, 그 목적은 마음을 편안하게 하는 것입니다. 만약 당신이 멀리 떨어진 사람에 대해 좋은 생각을 한다고 해도 그들은 아무것도 모릅니다. 만약 당신이 다른 사람에 대해 판단적인 생각을 가지고 있

> 다고 해도 그들도 알지 못합니다. 당신은 그들을 위해 연습하는 것이 아니라 자신을 위해 연습하는 것입니다. 당신 마음의 태도가 핵심입니다. 지금 여기에 존재하는 것은 태도이고, 만약 분노하고 증오하는 태도라면 상대방은 알지 못한 채로 당신은 분노와 증오를 느낄 것입니다.

흥미롭게도, 어떤 상황에서 당신이 애정 어린 연민을 실천할 때, 당신은 왜 마음을 상하게 하는 사람들이 그렇게 행동했는지가 궁금해지기 시작하는 것을 알아차릴 수도 있습니다. 또한 당신은 그 사람들이 당신에게 했던 것처럼 행동하기 위해 매우 어려운 삶을 살아왔다는 것을 고려하게 되는 것을 알아차릴 수 있습니다.

수용적 마음챙김

수용적 마음챙김은 집중적 마음챙김과 생성적 마음챙김의 사이에 있습니다. 이는 연습 중에 발생하는 모든 경험에 주의를 기울이고 수용하는 것입니다. 수용적 마음챙김에는 개방적이고 선택할 수 없고 비판단적인 인식의 태도가 있습니다. 일본 젠(zen)의 전통에서 그것은 '자젠(zazen)' 또는 '그냥 앉아 있기'로 알려져 있습니다.

여기서 해야 할 일은 차분히 앉을 수 있는 공간을 찾는 것입니다. 다음으로, 당신은 소리, 풍경과 같은 몸 밖의 자극들과 생각, 감정, 감각과 같은 몸 안의 자극들을 포함하여 그 순간의 모든 경험을 알아차리기 시작합니다. 모든 감각이 느껴지고, 판단없이 알아차리고, 판단이 일어난다면 판단이 일어났다는 것을 알아채는 것입니다. 이 연습을 하는 동안 당신 자신을 판단하지 말고 현상이 발생할 때 그것들을 바꾸려고 노력하지 않고 단순히 그것들을 알아차림으로써 스스로에게 친절해집니다.

TIP

이 연습은 눈을 뜨고 해야 합니다. 이것은 우리가 인생의 대부분을 눈을 뜨고 보내기 때문에 중요합니다. DBT 관점에서 치료의 기능 중 하나는 당신이 삶을 살아가는 방식으로 기술을 연습하는 것이며, 바라건대 이는 대부분 눈을 뜨고 하는 것입니다.

성찰적 마음챙김

성찰적 마음챙김은 어떤 주제나 사건에 반복적으로 주의를 돌리는 연습입니다. 아마도 당신을 걱정시키는 어떤 주제를 염두에 두고, 그 주제에 대해 성찰함으로써 발생하는 생각, 감정, 감각에 열려 있는 것입니다. 당신의 삶이 얼마나 힘들었는지에 너무 많은 시간을 보낼 수 있기 때문에 마음챙김 훈련의 초반에 도입하는 것은 까다로울 수 있습니다. 이러한 유형의 마음챙김 경험이 많은 사람은 모든 성찰과 사건은 영구적이지 않으며, 어려운 순간에도 끝이 있다는 것을 인식합니다. 이 연습은 양날의 검입니다. 한편으로는 당신이 받은 상처가 영원히 지속되지 않을 것이기 때문에 삶의 유한성은 의미가 있습니다. 하지만 다른 한편으로는, 당신은 만약 삶이 영원하지 않다면 "왜 내가 고군분투해야 하는가?"라는 결론을 내릴 수도 있습니다.

기억하세요

이 연습은 DBT의 맥락에서 경험이 많은 사람에게 적용되어야 합니다.

마음챙김의 이점 깨닫기

마음챙김을 연습하는 당신의 능력을 향상시키는 것은 만족과 자족의 삶에 기여하는 많은 삶의 질을 증가시킵니다. 보다 마음을 챙기는 삶의 방식은 삶의 즐거움이 일어날 때 그것들을 완전히 음미할 수 있게 합니다. 그것은 당신이 활동들과 관계들에 완전히 참여하도록 돕고, 역경이 발생할 때 대처하는 능력을 향상시킵니다.

더 나은 집중의 상태 즐기기

마음챙김 연습의 한 가지 이점은 마음을 집중시키는 능력입니다. 마음의 초점을 안정시키고 지시하는 이러한 능력은 당신이 산만하거나 압도당하는 것을 느낄 때 특히 중요합니다.

TIP

당신을 도울 수 있는 특정한 마음챙김 연습은 집중 훈련에 초점이 맞춰져 있습니다. 이 작업을 수행하는 방법은 다음과 같습니다.

1. 편안한 자세로 의자에 앉습니다. 이 연습을 위해 당신은 눈을 감을 수 있습니다. 당신의 몸은 의자에, 발은 바닥에, 팔은 무릎 위에 올려져 있는 것을 주목하세요. 그냥 앉은 자세에 집중하세요. 집중하는 연습을 더 많이 할수록 당신의 마음은 집중하는 것에 더 좋아질 것이라는 것에 주목하세요.
2. 집중의 초점을 바꾸세요. 여전히 눈을 감은 채로, 몇 분 후에 관심의 초점을 환경의 소리로 전환하세요. 어떤 소리는 에어컨처럼 지속될 수도 있고, 어떤 것들은 지나가는 차 소리처럼 짧을 수도 있습니다. 계속해서 소리에 집중하세요.
3. 당신이 대부분의 사람과 같다면, 당신의 마음은 방황할 것입니다. 뇌는 한 가지 이상의 것에 주의를 기울이도록 진화해 왔기 때문에 마음이 방황하는 것은 놀라운 일이 아닙니다. 그러나 집중력을 높이는 연습을 하고 있기 때문에 마음이 다른 곳으로 방황한 것을 알아채고 그것을 다시 당신의 앉아 있는 자세, 소리, 숨소리에 집중하도록 해야 합니다.

느긋하게 휴식을 취하기

마음챙김은 다양한 방법으로 당신의 휴식을 도울 수 있지만, 마음챙김과 휴식은 다른 것이라는 것을 주목하는 것이 중요합니다. 마음챙김이 긴장을 풀지 못하는 경우가 있는데, 예를 들면 마음이 아픈 순간을 성찰하는 경우입니다. 그럼에도 불구하고 많은 사람은 규칙적인 연습으로 휴식을 경험합니다.

TIP

마음챙김 명상의 한 가지 실천은 바디 스캔입니다. 이것은 당신이 자신의 몸의 여러 부분에 주의를 집중하는 마음챙김의 연습입니다. 이것을 하는 한 가지 방법은 발에서 시작하여 위로 올라가는 것입니다. 각 신체 부위에 초점을 맞추면서, 감각을 '좋다' 또는 '나쁘다'라고 이름을 붙이지 않고 각 부위가 어떻게 느끼는지 관찰하세요. 다음은 단계별 접근 방식입니다.

1. 다리를 꼬지 않고 팔을 당신의 옆에 뻗고 누우세요. 호흡을 늦추는 것으로 시작하고, 긴장이 풀리기 시작할 때까지 몇 분 동안 호흡에 집중하세요.
2. 집중을 한쪽 발의 발가락으로 돌려 보세요. 당신의 발에서 느껴지는 어떤 감각이든 주목하세요. 천천히 숨을 쉬면서 발에 주의를 기울이세요.
3. 집중을 발바닥으로 옮기고, 다시 천천히 숨을 쉬면서 어떤 감각이든 알아차리세요. 천천히 몸을 위로 움직이면서 천천히 호흡을 유지하면서 신체의 그 부분에 있는 감각에 집중을 반복하세요.
4. 전신을 스캔한 후에는 호흡에 주의를 기울이고 계속해서 바닥에 누워 침묵 속에서 잠시 휴식을 취하세요.

기억하세요

만약 몸의 통증과 같은 어떤 이유로, 이 연습이 긴장을 풀어 주지 않는다면, 강제로 하지 마세요. 이것은 당신을 위한 연습이 아닐 수도 있습니다.

당신의 정신에 건강한 공간을 만들기

우리는 우리의 몸을 다른 부분으로 다양하게 나누는 것을 좋아하고, 어떤 면에서는 이것은 많은 의미가 있습니다. 예를 들어, 심장에 문제가 있을 때 피부과를 찾지는 않을 것입니다. 그러나 실제로는 신체의 모든 부분은 서로 밀접하게 연결되어 있습니다. 심장이나 피부 없이는 살 수 없듯이 한 부분을 돌보는 것은 전체 건강에 기여하는 것과 마찬가지입니다. 이렇듯 건강한 마음과 건강한 몸은 서로 연결되어 있습니다.

또 다른 문제는 다음과 같습니다. 비록 기술이 놀라운 일을 해냈지만, 그것은 또한 우리의 마음과 몸을 덜 사용하게 만들었습니다. 차가 있다는 것은 당신이 말을 타거나 직장에 걸어갈 필요가 없다는 것을 의미합니다. 내비게이션 앱이 있다는 것은 당신이 어디로 가는지 알아내기 위해 실제 지도를 꺼내지 않아도 된다는 것을 의미합니다.

주의

깊고 의도적인 참여는 건강한 마음과 몸을 유지하는 데 중요한 열쇠입니다.

- **매일 운동하세요.** 적어도 30분, 일주일에 5일 동안 운동을 하도록 마음을 정하세요.
- **다른 것을 하세요.** 매일 다른 일을 하겠다는 의도를 정하세요. 지배적이지 않은 손으로 이를 닦고, 특이한 옷을 입고, 집으로 가는 다른 길을 선택하세요.
- **창의적인 일을 하세요.** 창의적으로 되려는 의도를 정하세요. 카메라를 꺼내서 사진을 찍어 보세요. 그림 재료를 사서 그림 그리기에 도전하세요. 색다른 향신료로 한 번도 해 보지 못한 요리를 만들어 보세요.
- **연결 상태를 유지하세요.** 당신의 삶에서 중요한 사람들, 특히 최근에 접촉하지 않았을 수도 있는 사람들과 계속 연결되어 있으려는 사려 깊은 의도를 정하세요. 당신이 관심 있는 사람에게 전화를 하세요.
- **당신의 믿음에 연결하세요.** 신앙 실천이 있지만 예배에 참석하는 행동만으로 가고 있다면 신앙의 핵심 진리와 연결되는 의도를 만드세요.

당신의 감정을 진정하기

모든 사람은 감정이 있습니다. 어떤 사람들은 다른 사람들보다 더 강한 감정을 가지고 있고, 그것은 어떤 사람들이 다른 사람들보다 키가 크거나, 신체적으로 더 활발하거나, 더 창의적인 것과 같이 다양성의 일부일 뿐입니다. 강한 감정은 잘 관리하지 못하는 게 아니라면 문제가 되지 않으며, DBT에 오는 많은 사람은 감정 관리에 어려움을 겪기 때문에 문제가 됩니다. 한 사람이 그들의 감정적인 반응을 통제할 수 없을 때, 그것들은 통제할 수 없을 정도로 회전하고 잠재적으로 파괴적인 행동으로 이어질 수 있습니다.

TIP

다음은 감정을 진정시키는 연습입니다.

1. 방석이나 의자에 편안하게 앉으세요. 당신이 알 수 있듯이, 많은 마음챙김 연습은 앉아서 실시합니다! 이제 어려움을 겪고 있는 것에 집중해 보세요. 가장 어려운 상황부터 시작하지 않도록 주의하세요. 비교적 감정적인 동요가 적은 상황에서 감정을 진정시키는 방법을 먼저 익힌 후, 점차 더 어려운 상황으로 나아가세요. 어려운 생각을 밀어내고 싶은 충동이나 상황을 더 쉽게 만들고 싶은 충동에 집중하세요. 이 중 어떤 것에도 접근하지 마세요.

2. 어려운 상황을 향해 몸을 돌려 맞서세요. 코로 5초 동안 깊게 숨을 들이마시고, 그저 앉아서 주의 깊게 숨을 쉬세요. 오므린 입술을 통해 훨씬 더 천천히 숨을 내쉬세요. 이것을 몇 번 해 보세요.
3. 당신 자신에 대한 연민에 초점을 맞추고, 당신의 마음속에 당신을 둘러싸고 있는 연민과 힘의 망토를 만드세요. 당신 옆에 서 있거나, 앉아 있거나, 당신을 깊이 생각하는 사람을 상상해 보세요.
4. 어려운 상황을 직시하세요. 지금 이 순간에 당신은 겁먹을 필요가 없습니다. 두려움을 느끼면 두려움의 감정이 올라왔다가 사라지게 하세요. 예를 들어, "나는 누군가가 나를 좋아하지 않는다는 두려움을 알아차리고 있다."라고 하는 것처럼 강한 감정을 불러일으키는 상황을 관찰하고 이름을 붙이세요. 시간이 좀 걸릴 수도 있지만, 그 감정은 떨어질 것입니다. 스스로에게 친절해지세요. 그리고 이것이 당신에게 어렵다는 것을 확인하세요. 당신이 천천히 숨을 쉬는 동안 감정을 마주하는데 집중하고, 자신에 대한 연민의 태도를 가지세요.
5. 만약 당신이 회피에 다가가거나 당신을 안전하게 느끼게 하는 어떤 외부적인 물체를 발견한다면, 회피나 그 물체에서 돌아서서 강한 감정을 유발하는 생각으로 돌아가세요. 어떤 어려운 감정적 상황이든 관찰하고 그것에 이름을 붙이는 연습을 할수록 뇌의 감정 중추를 훈련시켜 이러한 상황들을 더 잘 다루게 됩니다. 또 하나의 장점이 있다면, 당신은 몸의 나머지 부분에 긴장이 풀리기 시작할 수 있다는 메시지를 보내게 될 것입니다.

제10장

감정 조절하기

이 장에서

- 정서적 취약성을 줄입니다.
- 정서적 고통을 감소시킵니다.
- 친절함을 높이고 스스로를 지지합니다.

제5장에서는 감정에 어떻게 이름을 붙이는지, 어떤 감정이 일차적이고 이차적인지, 감정이 타당화되는지 타당화되지 않는지, 감정의 전반적인 기능은 무엇인지와 같은 감정의 핵심을 다룹니다. 이 모든 것에 대한 이해는 이 장에서 다루는 내용의 기초가 됩니다. 감정을 조절하는 더 많은 기술을 배우기 위해 계속 읽어 보세요.

기억하세요

DBT에서 감정 조절은 의도적으로 감정의 강도를 높이거나 낮추는 데에 필요한 기술을 배우는 것을 의미합니다.

감정 조절 시작하기

제5장에서 당신은 감정이 스스로에게 정보를 전달하고, 다른 사람과 소통하고 이들에게 영향을 미치는 데에 사용되며, 행동에 동기를 부여하는 세 가지 기능을 가진다는 점을 알게 됩니다. 분명 당신의 감정은 매우 강력합니다!

다음 절에서 알 수 있듯이 DBT에서 감정 조절 기술을 다루는 몇 가지 방법이 있습니다. 이러한 기술에는 감정적으로 취약한 순간에 사용하는 방법을 배우는 기술이 있고, 감정적으로 어려운 일이 닥쳤을 때 가능한 한 안정적인 정서적 토대를 갖기 위해 정서적 취약성을 줄이는 방법을 배우는 매우 중요한 기술이 있습니다.

ABC PLEASE를 통해 정서적 취약성 줄이기

삶에는 통제할 수 없는 것이 많습니다. ABC PLEASE 기술의 놀라운 점 중 하나는 당신이 이러한 것들을 통제할 수는 없어도 균형을 찾으려는 노력 자체는 어느 정도 통제할 수 있다는 것입니다. 이 기술을 허리케인과도 같은 강력한 정서가 휘몰아칠 때 안정을 유지하기 위한 튼튼한 정서적 기반을 만드는 데에 필요한 벽돌로 생각하세요. 이 기술이 효과적으로 활용하기 위해서는 당신의 삶 속에서 이를 꾸준히 연습해야 합니다. 우리는 이것이 쉽지 않고, 감정을 조절하는 능력에 미치는 영향이 크다는 것을 알고 있습니다.

이 기술은 두 부분으로 구성됩니다. 첫 번째 부분인 ABC에는 정서적 취약성을 줄이기 위해 시간이 지남에 따라 수행할 수 있는 더 많은 심리적 행동이 포함됩니다. 그리고 두 번째 부분인 PLEASE는 보다 생리학적 기반의, 몸을 돌보는 방법에 초점을 둔 기술입니다. 다음 절에서 두 번째 기술을 자세히 살펴볼 것입니다.

TIP

ABC 기술에는 **긍정 감정 쌓기**(Accumulating positives), **숙달하기**(Building mastery), 어려운 상황이 닥치기 전에 **대처하기**(Coping ahead of time with difficult situations)가 있습니다. PLEASE 기술에는 **신체 질환**[Physical illness; PLEASE의 PL은 신체(physical)의 첫 글자와 마지막 글자에서 따옴], **균형 잡힌 식사**(balanced Eating), **약물 중독 피하기**(avoiding mood-Altering substances), **균형 잡힌 수면**(balanced Sleep), **운동**(Exercise)이 있습니다.

기억하세요

ABC PLEASE 기술을 적용하는 것은 쉬운 일이 아니지만, 이는 삶에 어려움이 닥칠 때 최대한 안정을 유지할 수 있도록 지지하는 데 도움이 되는 강력한 정서적 기반을 구축할 수 있는 기회를 제공합니다. 다음 절을 읽으며 ABC PLEASE 기술의 어려움을 알아차릴 수 있을 것입니다. 이는 곧

PLEASE 기술 중 하나 또는 둘이 떨어져 나갈 경우 나머지 기술이 빠르게 무너진다는 것입니다. 예를 들어, 잠이 안 오면 운동을 하거나 건강한 식사를 할 에너지가 없기 때문에 피곤하고 스트레스를 받는다는 이유로 피자를 시키고 와인을 마시게 됩니다. 다행인 것은 기술의 일부가 떨어져 나가 부정적 영향을 느끼게 되더라도 그 즉시 균형을 찾기 시작하고 곧 긍정적 영향을 느끼게 된다는 것입니다. 당신은 하루나 이틀 정도 숙면을 취함으로써 다시 운동하러 갈 수 있게 되며, 긍정 감정을 얻게 됩니다. 이러한 기술은 균형을 잃고 취약한 상태가 되기 쉽지만, 이를 인식하고 이에 주의를 기울이는 한 균형과 안정을 다시 빠르게 찾을 수 있을 것입니다.

긍정 감정 쌓기

기억하세요

DBT를 만든 마샤 리네한 박사는 항상 우울에 대항하는 삶을 살아야 한다고 말했습니다. 당신은 스스로에게 기쁨을 가져다주는 것을 적극적으로 찾고 그것을 삶에 통합해야 합니다. 또한 좋은 일이 일어나길 기다리지 말고 이러한 일과 삶에 기쁨을 가져다주는 경험을 찾으세요. 고통을 겪고 있을 때 주의를 기울이거나 기쁨을 주는 일을 하는 것은 매우 어려울 수 있습니다. 이것은 작은 일일 수 있으나 매일 긍정적인 경험을 하는 것은 정서적 회복력을 키울 것입니다. 자신에게 중요한 가치, 경험, 사물에 대해 생각해 보세요. 목표를 설정하고 하나하나 달성하기 위해 노력하세요.

숙달하기

성취감을 갖는 것은 당신이 느끼는 방식에 큰 차이를 만듭니다. 성취감을 느낄 수 있도록 도전적인 일을 매일 하도록 노력하세요. 선택한 과제가 도전적일 뿐만 아니라 달성할 수 있는 것인지 확인할 필요가 있습니다. 이것은 직장, 학교, 배워야 할 새로운 기술, 프로젝트, 또는 심지어 당신이 피하고 있는 어려움을 야기하는 무언가와 관련되어 있을 수 있습니다. 과제가 작다고 해서 걱정할 필요는 없습니다. 당신이 해결할 수 있는 도전이라면 당신은 능숙해진 것입니다.

어려운 상황이 닥치기 전에 대처하기

당신이 어려운 상황을 예측하고 준비할 수 있다면, 문제적일 수 있는 강한 정서적 반응으로부터 덜 취약해질 것입니다. 이 기술을 위해 다음의 절차를 거치세요.

1. 상황과 관련된 사실을 설명하세요. 이 일은 마음챙김을 하는 가운데 비판단적으로 해야 하며, 걱정하는 상황에 대한 사실에 충실해야 합니다. 문제의 특성에 대해 명확하게 인식할 수 있게 되었다면 다음 단계로 넘어가세요.
2. 이 문제를 해결하기 위해 사용할 기술을 결정하세요. 하나의 기술로 충분할 것 같지 않다면 여러 기술을 사용해야 할 수도 있습니다. 적어도 세 가지의 기술을 포함하는 계획을 세우기를 고려하는 것이 중요합니다. 감정의 강도를 줄이기 위해 고통감내 기술(제1장 참조)로 시작하고 목표에 따라 수용에 더 초점을 맞춘 기술(그것이 스스로 바꿀 수 없는 문제인 경우) 또는 상황이나 문제를 바꾸는 목표에 더 가까이 다가가기 위한 변화 기술을 시도하세요. 도움이 된다면 기술 계획을 적어 두세요.
3. 가능한 한 자세하게 상황을 상상해 보세요. 그런 다음 기술 계획을 실행하고 효과적인 기술을 반복해서 사용한다고 상상해 보세요. 이것을 상상하는 동안 도전적으로 발생할 수 있는 상황이나 기술을 연습할 때 발생할 수 있는 새로운 문제에 대해 생각하세요.
4. 최악의 시나리오를 생각하세요. 이것은 일반적으로 당신이 걱정해 왔던 것이고, 당신의 머릿속을 맴도는 '만약에'로 시작하는 무수한 말이기도 합니다. 이제 이 시나리오를 해결하기 위한 계획을 시연하세요. 매우 어려울 수 있으므로 공개적으로 하는 것이 좋습니다. 최악의 시나리오에 대비해 계획을 수정해야 한다면 그렇게 하세요.

기억하세요

어려운 상황이 닥치기 전에 대처하기 기술은 문제에 대해 반추하며 행동하지 않을 때 매우 유용합니다. 이러한 행동은 감정을 고갈시킵니다. 당신이 그것을 알아차렸을 때 대처 계획을 시작하고 당신이 피했던 바로 그 불안(대부분 '만약에'로 시작하는 많은 말에 갇혀 있음)과 최악의 시나리오의 세부사항으로 깊숙이 들어간 다음 계획을 세우십시오. 최악의 결과는 대부분 발생하지 않으므로 계획을 세우면 해결책 없이 여러 가지 끔찍한 결과를 상상하는 것을 멈출 수 있습니다. 최악의 시나리오에 대한 계획이 있으면 해당 계획의 일부가 덜 치명적인 결과에 대처하는 데에 도움이 되는 경우가 많으며, 실제로 최악의 결과가 발생하더라도 대처할 계획을 갖고 있다는 점에서 의미가 있습니다.

신체적 질병

신체적으로 몸이 좋지 않은 상태는 기분에 영향을 줍니다. 당신은 더 많은 슬픔이나 짜증, 목표 행동에 대한 증가된 충동을 느끼거나, 더 민감하거나 반응적으로 느끼는 자신을 발견할 수 있습니다. 가능하면 신체적 질병을 치료하세요. 두통이 있을 때는 무언가를 복용하세요. 몸이 좋지 않을 때는 집에 머무르거나 쉬거나 일찍 잠자리에 드세요. 필요하다면 의사에게 가세요. 질병을 사전에 예방하고 기분도 관리할 수 있는 방법으로 생각하고 해 보세요. 신체적 질병이 정서적 취약성을 초래한다는 것을 유의하세요. 명심하면서 자가 진단을 내리고, 추가적인 지원을 받기 위해 할 수 있는 것을 하는 것이 중요합니다.

TIP

3East(저자들이 일하는 곳)의 다수의 내담자는 'PL' 중 'L'이라는 약어를 더 보완하기로 했고, 몇 가지 용어를 추가로 정리했습니다. 우리도 이를 유용하다고 생각했습니다. 그들은 '비누칠하고 린스하고 반복해라'(lather rinse repeat)'를 추가하는 아이디어를 좋아했습니다. 그들은 기분이 좋지 않을 때 흔히 일상생활 활동이라고 불리는 것을 하는 것이 어려울 수 있고, 반대로 샤워는 기분을 바꾸는 데 도움이 되고 이미 우울해진 기분에 대한 추가적인 악화를 줄일 수 있다고 보았습니다. 그들은 또한 불가피하게 "화면 보는 시간을 제한하라(limit)."라고 덧붙였습니다.

균형 잡힌 식사하기

식사와 기분 사이의 연결은 거의 즉시적입니다. 아기들은 배가 고프면 화를 내고 이는 어른이 될 때까지 계속됩니다. 배가 고프면 우리는 더 짜증나고 반응적이 되며, 부모들은 뭐든 꺼냄으로써 항상 아이들의 기분을 관리합니다. 그것은 단지 먹거나 먹지 않는 것에 관한 것이 아닙니다. 많은 사람에게 식사의 횟수, 먹는 음식의 종류, 양을 신경 쓰는 것은 중요합니다. 당신의 식사가 기분에 미치는 영향에 주의하세요.

약물 중독 피하기

기억하세요

기분 조절용 약물은 그 이름처럼 기분에 영향을 줍니다. 우리는 마약, 알코올, 니코틴, 카페인, 그리고 심지어 설탕에 대해 이야기하고 있습니다. 그것들을 합법적이고 책임 있는 방식으로 사용하든 하지 않든 최종적인 결과는 그것들이 당신을 더 정서적으로 취약하게 만든다는 것입니다. 만약 이러한 물질들이 당신의 기분에 부정적인 방식으로 영향을 준다면 당신의 삶에서 그것들의 존재를 어떻게 줄일 수 있는지 생각해 보세요.

균형 잡힌 수면

수면은 기분에 가장 강력한 영향을 미치는 것 중 하나입니다. 건강한 성인은 매일 7~9시간 사이의 수면을 필요로 하고, 청소년은 매일 8~10시간의 수면을 필요로 합니다. 잠을 자지 않은 날에 비해 잠을 푹 잔 날에 세상을 다르게 경험하는 느낌은 놀라울 정도입니다. 당신이 잠을 자지 않을 때 기능하는 것은 어렵고, DBT에 온 많은 사람은 잠을 자는 능력에 대해 깊이 고심합니다. 당신의 수면 균형을 맞추기 위해 최선을 다하고, 수면 계획을 고려해 보고, 악몽 해결에 약물이 도움이 될 수 있는지 알아보기 위해 의사에게 자문을 구해 보세요. 그리고 무엇보다도 당신이 잠을 자지 않을 때 더 취약하다는 것을 인지하세요. 스스로에게 친절해지세요. 수면 문제는 해결하는 데 시간이 걸릴 수 있습니다.

운동

운동과 기분에 대한 많은 연구가 있습니다. 연구가 거듭될수록 운동이 기분에 미치는 이점이 발견되지만, 기분이 좋지 않을 때 운동을 할 수 없다고 느낄 수도 있습니다. 일상 생활에 들어가 당신의 기분을 독립적으로 만들기 위해, 즉 당신의 기분과 상관없이 당신이 운동할 수 있는 루틴을 만들기 위해 노력하세요. 예를 들어, 걷기, 달리기, 팀 스포츠, 춤 또는 체육관에 가는 것을 좋아할 수 있습니다. 많은 종류의 운동이 있습니다. 하루 20분을 운동으로 시작할 수 있는지를 보고, 그것이 어떤 기분을 느끼게 하는지에 주목해 보세요. 운동에 방해가 되는 것이 무엇인지를 생각하고, 그러한 장벽을 해결할 수 있는지를 확인하세요.

반대 행동 연습

ABC PLEASE가 장기적으로 약화된 감정 취약성을 지원하기 위해 항상 인지하고 연습했으면 하는 기술인 반면, 반대 행동 연습은 감정을 변화시켜야 하는 순간에 사용할 수 있는 강력한 감정 조절 기술입니다. 자신이 느끼고 있는 감정에 대한 행동이 효과적이지 않을 때 반대 행동을 사용할 수 있습니다.

때로 감정이 상황에 맞지 않는(정당화되지 않은) 경우엔 그 충동에 따라 행동하는 것은 효과적이지 않습니다. 모든 감정에는 충동적인 면이 있습니다. 즉, 감정은 당신을 무언가를 하고 싶게 하거나, 어떤 경우에는 무언가를 피하도록 만듭니다. 제5장에서 논의했듯이, 감정은 정당하거나 정당하지 않습니다.

- **정당한 감정**은 상황에 따른 사실에 적합합니다. 때문에 그 상황에서 당신 행동의 지속 시간과 강도도 적합합니다.
- **정당하지 않은 감정**은 상황에 따른 사실에 맞지 않습니다. 또는 DBT에선 더 일반적으로, 사실에 맞지 않고 감정을 정당하지 않게 만드는 것은 감정 반응의 강도와 지속 시간이라고 봅니다.

예를 들어, 상사로부터 어려운 피드백을 받을까 봐 걱정되어 출근하는 것이 매우 불안할 수 있습니다. 너무 두려워 침대에서 일어날 수 없을 것 같아 출근하지 않기로 결정합니다. 그러나 이때 두려움의 정도는 정당하지 않습니다. 왜냐하면 침대에 누워 출근하지 않는 것은 상황을 더 악화시킬 것이며, 특히 업무 성과에 대한 피드백을 받을 때 더욱 그러할 것이기 때문입니다. 또한 언제 피드백을 받을지, 어떤 피드백을 받을지 확신하지도 못합니다. 보다시피 불안해하며 일을 피하고 싶은 충동을 따르는 것은 매우 효과적이지 않습니다. 이 기술은 침대에 있고 싶은 충동과 110% 반대로 행동하도록 요청합니다. 이럴 경우에 우린 반대 행동을 사용하도록 안내할 것입니다.

기억하세요 다음의 순서들은 당신이 반대 행동을 연습할 수 있도록 돕습니다.

1. 감정을 식별하고 이름을 붙이세요. 당신은 제5장에서 다룬 SUN WAVE NO NOT 기술을 사용함으로써 이를 시도할 수 있습니다. 이전에 제시된 예시를 따라 보세요.

   예 상사가 나를 해고할까 봐 걱정된다. 어떤 것도 견딜 수 없고 약하기 때문에 부끄럽다.

2. 사실을 확인하고 감정이 정당한지 정당하지 않은지 확인하세요.

   예 이전에 두 번 해고당한 적이 있기 때문에 내 감정은 타당하다. 하지만 4시간 전에 알람이 울린 이후로 감정의 강도가 너무 높아지고 난 침대에 누워 있게 된다.

3. 스스로에게 물어보세요. 나의 행동 충동은 무엇인가요? 지금 기분의 결과로 하고 싶어진 일은 무엇인가요?

   예 난 침대에 누워 있고 싶고, 다시는 매니저와 이야기하지 않기를 원한다.

4. 현명한 마음과 연결하여 이 충동들에 따라 행동하는 것이 효과적인지 스스로에게 물어보세요. 목표를 향해 움직이게 하나요, 멀어지게 하나요? 이러한 충동에 따라 행동하는 것은 효과적이지 않습니다.

   예 난 나의 직업을 좋아하고, 매니저는 과거에 나를 지지해 줬다. 또한 미래에는 그가 다른 직업이나 학교에서 좋은 참고가 될 수 있다.

5. 당신의 감정이 부당하고 현재의 충동에 따라 행동하는 것이 효과적이지 않다면, 현재의 충동과 반대로 행동할 수 있는 몇 가지 방법을 찾으세요.

   예 나는 일어나서 샤워하고 옷을 입고 회사에 갈 수 있다. 또는 매니저에게 연락을 나누고 싶다는 문자를 보낼 수 있다. 또는 일하러 가서 매니저와 직접 이야기할 수 있다.

6. 110% 반대로 행동하세요. 이 새로운 행동에 자신을 던져서 반대로 행동하면 할수록, 당신의 기분에 더 강력한 영향을 미칠 것입니다.

   예 나는 일어나서 샤워하고, 일하기 위해 옷을 조금 차려 입고, 직장에서 매니저를 만날 때 적극적이고 자신감 있게 행동하는 연습을 할 것이고, 내일이나 모레에 이야기할 시간이 있는지 물어볼 것이다.

7. 당신의 충동과 감정이 줄어들 때까지 반대로 행동하는 과정을 계속하세요.

   예 나는 그와 이야기할 수 있을 때까지 직장에서 자신감 있고 자신감 있게 행동할 것이다.

기억하세요

종종 당신이 꼼짝도 못하는 상황일 때, 반대 행동은 많은 의지가 필요한 기술입니다. 이것은 강력한 결과를 수반하는 도전적인 기술입니다. 반대 행동의 장점 중 하나는 우리가 제1장에서 다루었던 단기적인 고통 감내 기술보다 당신이 느끼는 방식에 더 장기적인 변화를 가져올 수 있습니다. 반대 행동의 효과적 사용은 그 기술이 자신을 강화하도록 하는 데 도움을 주는 강력한 숙달감으로 이어질 수 있는데, 이는 다음번에 당신이 반대로 행동하기 위한 어려운 과제를 하도록 의욕을 부여하는 데 도움이 된다는 것을 의미합니다.

스스로에게 친절하게 대하기

DBT를 받으러 오는 대부분의 사람은 스스로에게 가혹하게 대하는 경향이 있습니다. 고통스러웠던 경험들의 결과로 자신도 모르게 오랫동안 비판적이고 자기혐오적인 생각들을 해 왔습니다. 그러나 이러한 생각들은 감정 조절을 하는 데 어려움을 가중시키게 됩니다. 스스로에게 친절하게 대하는 것을 배우는 것은 효과적인 감정 조절을 하는 데 도움이 됩니다.

TIP

스스로에게 친절하게 대하는 연습을 할 수 있는 세 가지 방법이 있습니다. 이 방법은 정서를 조절하는 역량을 길러줄 것입니다.

>> **'나를 위한 시간' 갖기**: 만약 정서적으로 민감한 사람이라면 당신의 주변에서 일어나는 일에 과도하게 자극을 받는다는 것을 쉽게 발견할 수 있을 것입니다. 이것은 고통스러운 자극이나 어려움, 스트레스일 수 있고, 다른 사람들로부터의 요구이거나 기쁜 감정과 신나는 감정일 수도 있습니다. 때때로 당신은 쉼이 필요합니다. 이건 당신을 고립시키거나 사회적으로 철수시키는 행동이 아니라 스스로를 위한 시간을 확보하는 것입니다. 긍정적인 점들을 강화하기 위한 목표로 좋아하는 것들을 할 수도 있고 스스로에게 긴장을 풀어 주는 시간을 줄 수도 있습니다.

>> **응원해 주는 말**: 우리가 초기에 응원해 주는 말을 제안할 때 그렇게 많은 관심을 받지는 않았습니다. 왜냐하면 종종 사람들은 이 응원해 주는 말을 "파이팅! 잘할 수 있어!"와 같은

자기 대화인 것처럼 이해하기 때문입니다. 응원해 주는 말은 우리 자신에게만 맞춰서 하는 특별한 말입니다. 무엇이 내가 듣고 싶은 말인지를 찾아야 합니다.

>> **자기 돌봄 루틴 계획하기**: 어떤 행동을 습관적으로 한다는 것은 루틴을 만드는 것과 같습니다. 매일 자기 돌봄에 집중할 수 있는 한 가지 활동을 시도해 보세요. 자기 자신을 돌볼 수 있는 방법에 대해 생각해 보세요. 예를 들어, 쉬는 시간을 계획하는 것, 해야 할 일이 많다면 체크리스트를 만들어서 계획적으로 생활해 보는 것, 컴퓨터 앞에 앉아 있는 것을 잠시 멈추고 가벼운 산책을 가는 것, 맛있는 커피를 사서 마시는 것, 자신이 가장 좋아하는 음식을 만들어서 먹는 것 등이 될 수 있습니다. 해야 할 일들을 하면서 자신의 웰빙을 위한 시간도 같이 계획해 보세요.

스스로에게 정서적 지지자 되어 주기

자기 자신을 정서적으로 지지하는 것과 다른 사람들에게 의지하는 것 사이의 균형을 찾는 것은 종종 어려운 일입니다. 변증법적인 균형을 갖는 것을 필요로 하는데, 이는 나만을 의지하거나 다른 사람만을 의지하는 것과 같은 이분법적인 생각은 지양하는 것을 필요로 합니다. 건강한 감정 조절은 두 가지 모두를 필요로 합니다. 어떤 사람들은 쉽게 균형을 찾을 수 있는 반면 어떤 사람들은 한 극단에 고착되거나 양극단을 왔다 갔다 하기도 합니다. DBT 기법들을 연습하면 할수록 삶에서 일관성과 균형감을 찾는 것에 더 많은 확신을 갖게 될 것입니다. 다음 절에서는 자신을 정서적으로 지지하는 것을 연습할 수 있는 몇 가지 방법을 살펴볼 것입니다.

감정 재평가하기

기억하세요

우리는 이 책에서 당신의 생각과 정서가 당신을 어떻게 혼란스럽게 할 수 있는지에 대해 다루고 있습니다. 잠시 물러나서 자신의 생각과 감정을 바라보도록 도와주는 마음챙김 기법들(제9장 참조)을 활용하세요. 당신이 하고 있는 문제적인 반응들과 착오들에 대해 익숙해져서 그것들을 자각하고 연민의 마음으로 당신의 반응들을 조절하세요. 자기 자신을 친절하게 대하는 것은 당신을 덜 민감하게 하고 감정적으로 행동하지 않도록 도와줍니다. 당신이 생각하는대로 모든 것을 믿을 필요가 없다는 것을 기억하세요. 그리고 모든 충동에 대해 행동적으로 반응할 필요도 없습니다. 통제감을 갖고, 당신에게 중요한 관계와 목표를 향해 효과적으로 행동할 수 있는 선택들을 할 수 있도록 도와주는 기법들을 익히세요. 실수를 했을 때 자신을 연민의 마음으로 바라보고 정서적으로 지지해 주는 시간을 가지세요.

건강한 자기 진정 기법 적용하기

자기 진정은 정서를 견뎌 내고 조절하려고 할 때 스스로를 대하는 방식입니다. 자기 진정은 스스로를 위해 자신에게 하는 어떤 행동들입니다. 아기들처럼 우리는 반복적인 자기 진정 행동들을 하고 있습니다. 예를 들면, 손가락 빨기, 담요를 안거나 쓰다듬기, 우리를 기분 좋게 하고 진정시키는 데 도움이 되는 애착인형 등이 있습니다.

TIP

자기 진정은 당신에게는 쉽지 않을 수 있으며, 당신에게 익숙하지 않은 기법일 수도 있습니다. 아마도 당신은 건강한 자기 진정 행동들을 건강하지 않은 행동들로 대체했을 수도 있습니다. 몇 가지를 예를 들면, 음주, 과도한 TV 시청, 비디오 게임, 쇼핑, 손톱 물어뜯기, 다리 떨기, 폭식, 과도한 소식, 과로 등이 있습니다.

대부분의 청소년과 성인에게 손가락을 빨거나 담요를 껴안는 행동은 어울리지 않습니다. 그들에게 어울리는 자기 진정을 하는 다른 방법들이 필요합니다. 자기 진정을 할 수 있는 행동들을 하는 것은 정저조절에서 중요한 부분입니다. 당신이 자기 진정을 어떻게 하고 있는지를 떠올려 보세요. 당신이 화가 났을 때 스스로를 어떻게 진정시키고 있나요? 단기적으로 장기적으로 그 행동이 효과적인가요?

TIP

당신의 오감을 활용한다고 생각을 하면 자기 진정을 쉽게 기억할 수 있습니다. 여기 몇 가지 예시를 살펴봅시다.

- 촉각: 따뜻한 거품목욕을 하기, 부드럽고 편안한 옷을 입기, 마사지를 받기
- 미각: 긴장을 풀어 주는 차를 마시기, 핫초코를 마시기, 따뜻한 수프를 먹기
- 후각: 아로마테라피, 에센셜 오일, 향초의 향기 맡기
- 시각: 좋아하는 장소에 대한 사진을 보기, 좋아하는 TV 프로그램을 보기, 밖에 나가 구름과 별을 바라보기
- 청각: 좋아하는 노래를 듣기, 백색소음이나 자연의 소리를 듣기, 밖에 나가 자연의 소리를 듣기

기억하세요

이 예시들은 단지 이해를 돕기 위한 간략한 목록들입니다. 이미 효과적으로 자기 진정 행동들을 하고 있는 것들은 없는지 한번 살펴보세요. 만약 자기 진정 행동들을 해 보고 싶고 어떻게 할 수 있는지 더 많은 방법에 대해 알고 싶다면 몇 가지를 선택해서 시도해 보고 싶은 것들의 목록을 작성해 볼 수 있습니다. 자기 진정 기법을 매일 한 가지는 할 수 있도록 계획을 하세요. 자기 진정은 스스로를 진정시키는 데 도움이 되는데, 우리가 편안한 상태일 때 정확하게 생각을 할 수 있고 자신의 정서를 더 잘 조절할 수 있게 됩니다.

제11장

고통 감내

이 장에서

- 위기 생존 기술을 사용합니다.
- 모든 것에는 이유가 있다는 것을 이해합니다.
- 충동적인 행동을 억제합니다.
- 나의 상황을 수용합니다.

스트레스를 효과적으로 관리하는 능력은 정신건강의 대표적인 특징입니다. 사람이 어쩔 수 없는 상황에 처했을 때가 있습니다. DBT에서는 이러한 순간을 위해 고통 감내 기술을 가르칩니다. 고통 감내란 사람이 고통을 관리하는 기술입니다. 정서적으로 민감한 사람들에게 있어 정서적인 고통은 종종 관리하기 가장 어려운 것입니다. 고통 감내 기술의 초점은 비참함에 갇히거나 상황을 더 악화시키지 않고 스트레스를 받는 순간을 극복하는 것에 있습니다. 만약 어려운 순간이나 강렬한 감정을 견딜 수 있는 능력이 충분하지 않다면, 스트레스에 압도당할 것입니다. 또한 때로는 건강하지 않고, 적응하지 못하거나, 심지어 파괴적인 방법으로 대처하게 될 것입니다.

물론 스트레스를 다루는 사람의 능력은 스트레스 상황이 무엇인지에 따라 달라집니다. 우리는 모두 스트레스를 경험합니다. 어떤 스트레스 상황은 사소할 수 있으며, 또 다른 스트레스 상황은 삶의 주요한 문제와 연관이 있습니다. 스트레스를 받는 상황이 사소한 것이든, 큰 것이든, 이러한 순간들을 잘 극복할 수 있는 것은 삶에서 안정을 유지하는 열쇠가 됩니다. 괴로움을 견디는 고통 감내 기술은 어려운 감정을 다루는 능력에 유의미한 차이를 만들 수 있으며, 종종 사람들이 DBT 치료를 시작할 때 가장 유용하다고 생각하는 기술입니다.

이 장에서는 고통의 순환에 갇히지 않고 생존하며 어려운 순간들을 처리하는 방법을 찾게 될 것입니다. 또한 모든 것이 선행사건들로 야기된다는 것을 이해함으로써 사건들이 불공평하거나 발생해서는 안 된다는 느낌에 갇히는 대신, 그러한 사건들이 향후 끼치는 영향을 줄이는 데 몰두할 수 있을 것입니다.

위기 생존 기술로 어려운 순간 관리하기

우리는 모두 어려운 상황을 겪습니다. 어떤 상황들은 다른 어떤 상황보다 더 악화될 수 있습니다. 교통 체증 속에 앉아 있을 수도 있고, 이미 중요한 회의에 20분이나 늦었을 수도 있고, 절실히 필요한 휴식을 위해 집으로 가는 비행기를 놓쳤을 수도 있고, 혹은 간절히 필요한 커피가 떨어졌다는 것을 아침에 깨달았을 수도 있습니다. 그러나 직업, 관계, 사랑하는 사람의 상실 같이, 고통이 그 이상일 때가 있습니다. 경계성 성격장애(이하 BPD)와 같은 상태를 가진 사람들은 어떤 고통은 다른 사람들이 상상할 수 있는 것보다 더 견딜 수 없다고 느낄 수 있습니다. 특히 버림받았다고 느끼는 상황에서 애인의 전화를 기다리는 것은 마치 죽을지도 모를 것 같이 느껴질 수 있습니다. 그것이 강렬한 감정의 본질입니다. 이는 시간을 왜곡하고, 그것은 마치 고통의 순간이 영원히 지속된 것처럼 느껴지게 합니다.

흥미롭게도, DBT 상담사들과 BPD를 가진 내담자들만 이것을 인식한 것은 아니었습니다. 알베르트 아인슈타인은 "뜨거운 난로 위에 잠시 손을 올려놓으면 한 시간처럼 느껴집니다. 반면에 좋아하는 사람과 한 시간 동안 앉아 있으면 1분 정도 되는 것 같아요. 그것이 상대성 이론입니다."라고 했습니다. 강한 감정은 시간에 대한 인식에 영향을 미치고, 어려운 순간들이 영원처럼 느껴질 수 있다는 것입니다. 이것은 마치 BPD를 겪는 사람이 아무것도 아닌 것을 큰일로 만든다고 느껴질 때, 다른 사람들이 종종 느끼는 혼란과 관련이 있습니다.

고통의 경험의 또 다른 흥미로운 측면은 심지어 고통을 겪는 특정한 신체 부위가 없음에도 불구하고 이러한 고통들이 중추에서 비롯된 것처럼 느껴질 수 있다는 것입니다. 그러한 스트레스 상황에서 만약 BPD를 가진 사람들이 고통을 견딜 수 있는 더 건강하고 더 적응적인 대처 기술을 배우지 못했다면 이들은 종종 자해, 약물 사용, 위험한 성적 행동, 폭식 또는 즉각적인 해결책을 제공하는 것처럼 보이는 다른 충동적인 행동과 같은 덜 적응적인 행동에 의존하게 됩니다. 장기적으로 봤을 때 이러한 해결책들은 문제와 심리적 고통을 더욱 악화시킵니다.

기억하세요

DBT 개발자인 마샤 리네한 박사와 그녀의 팀은 그러한 순간들을 다루는 다양한 방법을 개발했습니다. 고통 감내의 첫 번째 기술은 위기 생존 기술(crisis survival skills)입니다. 위기 생존 기술을 사용하는 순간은 다음과 같습니다.

- 끝이 없는 것처럼 보이는 극심한 감정적 고통을 경험하고 있다.
- 정말로 이러한 감정들이 끝나기를 원하고, 장기적으로 상황을 더 어렵게 만들 행동을 사용하는 것을 고려한다.
- 상황은 압도적이지만 충족시켜야 할 요구와 의무가 있다.
- 어떤 상황에 즉시 대처해야 하지만 아마도 다음 날까지 기다려야 한다.

기억하세요

위기 생존 기술은 매우 도움될 수 있지만 일상적인 문제에 이러한 기술을 사용하거나 일생 동안 발생할 수 있는 모든 문제를 해결하는 데 이를 사용하지 않는 것이 중요합니다. 이러한 기술은 단순한 문제 해결 기술이 아니라 어려운 시기를 헤쳐 나가는 방법입니다. 약간의 스트레스는, 감당 가능하다면, 매우 유용할 수 있습니다. 따라서 위기 생존 기술은 위기 상황을 관리하는 데만 남겨져야 합니다. 감정을 바꾸고 싶다면 제10장에서 검토한 감정 조절 기술을 살펴보세요.

기억하세요

감정적인 혼란 속에서 사는 많은 사람에게는 그들 삶 전체가 위기에 처한 것처럼 느껴질 수 있습니다. 그렇다면 실제로는 무엇이 위기를 구성할까요?

- 위기는 일반적으로 스트레스나 심지어 트라우마를 가지고 사람에게 정의된 사건이며, 보통 강하고 원치 않는 고통스러운 감정을 많이 포함하고 있습니다. 비록 그것이 결코 끝나

지 않을 것처럼 느낄 수 있지만 위기에는 시작과 끝이 있습니다. 리네한 박사는 "만약 그것이 영원히 지속되는 것이고 당신이 그것이 위기라고 생각한다면, 그것은 당신의 삶이지 위기가 아닙니다."라고 말합니다.

- 위기는 즉시 해결해야 하거나 지금 당장 그 상황에서 탈출해야 하는 특성이 있습니다.
- 위기는 일반적으로 준비된 해결책이 없는 것처럼 보입니다. 물론 어려운 상황에 처해 있고, 그 순간에 해결할 수 있다면 그렇게 할 것입니다.

위기 생존 기술 정의에 따르면 이는 위기를 극복하는 데 필요한 기술입니다. 하지만 유일한 해결책이 도망치고 숨거나 심지어 더 파괴적인 것을 고려하게 만드는 스트레스 상황 속에서 어떻게 이를 헤쳐 나갈 수 있을까요? 리네한 박사는 두 가지 기술을 설명했는데, 첫 번째 기술은 주의를 분산시키는 것이고, 두 번째 기술은 스스로를 달래는 것입니다.

나의 주의를 분산시키기

다시 말해, 만약 당신이 어려운 상황에 있지만 해결할 수 있는 상황에 있다면 당신은 그것을 해결해야 합니다. 주의를 분산시키는 것은 이 순간을 위한 기술은 아닙니다. 그러나 이 순간을 해결하는 방법은 상황을 악화시켜서는 안 될 것입니다. 주의를 돌리는 것은 직면한 문제에서 마음을 떼는 행위입니다. 그것은 다른 것에 주의를 기울이는 것을 의미합니다.

기억하세요

이 책의 본문처럼, DBT는 많은 두문자어를 사용하고 있으며, 다음의 기술들을 위해 리네한 박사는 'ACCEPTS'라는 전략을 고안했습니다.

- **활동하기**(Activities): 이 기술의 목표는 활동에 몸을 맡기는 것입니다. 아무 생각 없이 할 수 있는 일이어서는 안 됩니다. 만약 당신이 그렇게 한다면, 당신의 마음은 직면한 문제로 갈 것입니다. 그것은 활동의 목적에 어긋납니다. 문제에서 벗어나 활동 자체에 집중할 수 있는 활동을 수행해야 합니다. 예를 들어, 어떤 문제를 읽고 마음을 유지하는 것은 어렵습니다. 만약 그것이 효과가 없다면 아마도 운동을 하거나 악기를 연주할 것입니다.
- **기여하기**(Contributing): 기여하기는 당신이 도울 수 있거나 기여할 수 있는 대의에 집중

함으로써 주의를 돌리게 하는 행동입니다. 여기에는 두 가지 이점이 있습니다. 첫째는 문제로부터 주의를 딴 데로 돌린다는 것이고, 둘째는 당신이 다른 사람을 위해 좋은 일을 하고 있다는 것입니다. 이를 통해 당신은 자신에 대해 더 나은 느낌을 받는다는 것을 알아차릴 것입니다. 이를 위해 당신은 비영리 단체에 자원할 수도 있고, 누군가가 힘들 때 그들을 위해 무언가를 만들 수도 있습니다. 당신이 해야 할 일은 거창하지 않아도 됩니다. 요점은 당신이 직업을 바꾸는 것이 아니라 이 기술을 주의를 산만하게 하는 방법으로 사용하고 있다는 것입니다.

>> **비교하기**(Comparison): 이 기술은 다음 두 가지 방법 중 하나로 적용할 수 있습니다.

– 자신을 자신보다 더 나쁜 상황에 처한 사람과 비교하기: 어떤 사람들은 자신이 가진 것보다 적은 것을 가진 사람들이 불평하지 않을 때 더 나은 삶을 살 자격이 없는 것처럼 느끼기 때문에 이 활동을 하는 것을 좋아하지 않습니다. 기억하세요. 그들은 당신이 겪고 있는 상황을 겪지 않았을 수도 있고, 고통을 겪고 있지 않을 수도 있습니다.

– 자신을 지금보다 기술이 부족했던 때와 비교하기: 이것은 당신의 문제를 상대적인 관점에서 "이 상황은 더 나빴을 수도 있다."라고 말하면서 주의를 분산시키는 방법입니다.

>> **다른 감정을 불러 일으키기**(Emotions): 이 기술은 다른 감정을 불러일으키는 행동을 함으로써 지금의 감정으로부터 당신 스스로를 분산시키는 것입니다. 예를 들어, 만약 당신이 슬프다면 당신은 행복한 음악을 연주하기를 선택할 수 있습니다. 확실히 슬플 때 슬픈 상태를 유지하고 싶지 않다면 슬픈 음악을 틀고 싶지 않을 것입니다. 당신은 무엇이 당신에게 효과가 있는지 알아내야 합니다. 왜냐하면 당신을 행복하게 하는 음악의 종류가 반드시 다른 사람을 행복하게 하는 음악은 아니기 때문입니다. 다른 생각으로는 줄넘기, 춤추기 또는 감정적인 영화나 영상을 보는 것이 있습니다.

>> **제쳐 두기**(Pushing away): 이 활동은 당신에게 일어나고 있는 일에 대처할 수 없을 때 당신의 주의를 돌리기 위해 적용하는 기술입니다. 당신은 먼저 자기의 삶의 주요한 문제들의 목록을 만듭니다. 그런 다음 당신은 각 항목에게 "지금 이 문제에 대해 무엇이라도 할 수 있을까?" 또는 "지금이 문제를 해결할 시간인가?"라고 묻습니다. 대답이 '예'라면 문제를 해결하고, 그렇지 않으면 건너뛰고 다음 문제로 이동합니다. DBT를 시도하는 사람들에게 일어나는 한 가지 일은 고된 하루를 보낸 후 밤늦게까지 그날의 문제에 대해 반추한다는 것입니다. 자, 지금은 한밤중이고, 그 문제를 해결하기 위해 그 시간에 할 수 있는 것은 아무것도 없습니다. 가장 좋은 것은 그것을 제쳐 두고, 숙면을 취한 다음, 좀 더 안정된 마

음으로 그것이 해결될 가능성이 더 높은 시기에 상황을 처리하도록 하는 것입니다. 목록의 각 항목을 살펴봄으로써 지금 처리할 수 있는지 아니면 나중까지 미룰 수 있는지를 결정할 수 있습니다. 지금은 그럴 때가 아니며, 지금 당장 문제를 해결하려고 하는 것은 효과가 없다는 것을 인식하는 것입니다.

>> **생각하기**(Thoughts): 이것은 당신의 마음에서 10까지 세거나, ㄱ부터 ㅎ까지의 자음으로 시작하는 나라의 이름을 짓거나, 당신의 방에 있는 파란색 사물에 이름을 짓는 것과 같은 어떤 생각에 집중함으로써 당신 자신을 위기로부터 주의를 돌리게 하는 연습입니다. 그저 마음을 바쁘게 하세요. 어떤 사람들에게 매우 효과적인 한 가지 생각은 숨을 들이마실 때 '현명한'을 생각하고 숨을 내쉬면서 '마음'을 생각하는 것입니다.

>> **감각**(Sensations): 이것은 당신의 주의를 돌리기 위해 감각을 사용하는 활동입니다. 그것은 당신이 극심한 감정적 고통에 처해 있거나 당신에게 중요한 일이 아닌 무언가를 하고 싶은 충동에 압도되었을 때 사용하기에 더 좋은 기술 중 하나입니다. 예를 들어, 뜨거운 목욕이나 차가운 샤워를 하세요. 얼음이 녹을 때까지 얼음 한 조각을 잡아 보세요. 강렬한 민트 티를 마셔 보세요. 강한 향기를 맡아 보세요. 무엇이든 강렬한 감각이어야 합니다. 그리고 무슨 일을 하든 자신에게 해가 될 만한 일은 하면 안 됩니다. 예를 들어, 만약 당신이 얼음을 들고 있다면 그것은 당신의 피부를 동상에 걸리게 할 정도가 되어서는 안 됩니다.

마음 진정시키기

기억하세요

이 위기에서 벗어나는 기술은 오감에 집중함으로써 자신을 진정시키는 것입니다. 이렇게 함으로써 당신은 스트레스를 받는 상황에서 완전히 다른 것으로 마음의 초점을 옮길 수 있습니다. 그것은 당신에게 짧은 휴식을 주고 당신과 당신 밖의 세계와 다시 연결할 수 있게 해 줍니다. 다음에 대한 감각을 사용하세요.

>> **시각**: 예를 들어, 쇼핑몰에서 사람들을 구경하거나, 벽난로의 불꽃에 집중하거나, 공원에 가서 자연을 관찰함으로써 당신의 시각을 자극하세요.

>> **청각**: 방에 앉아서 당신의 집에서 나는 소리를 들어 보세요. 아니면 밖으로 나가서 나무들

사이로 부는 바람, 교통 소리, 혹은 사람들이 뒤에서 중얼거리는 소리를 들어 보세요.

- **후각**: 향초에 불을 붙여 냄새를 맡아 보세요. 오렌지 껍질을 벗기고 향기를 맡아 보세요. 당신이 좋아하는 비누나 로션을 가지고 손을 씻고 로션을 바르면서 향을 즐겨 보세요.
- **미각**: 당신이 가장 좋아하는 초콜릿이 입안에서 천천히 녹도록 두거나, 당신이 가장 좋아하는 차 한잔을 즐겨 보세요. 맛에만 집중하세요.
- **촉각**: 당신이 가장 좋아하는 재료에 손을 비비거나, 강아지나 고양이를 쓰다듬어 보세요. 당신이 가장 좋아하는 스카프로 몸을 감싸거나 가장 편안한 잠옷을 입어 보세요.

모든 것에는 이유가 있다는 것 인식하기

고통을 받는 많은 사람은 자신에게만 나쁜 일이 행해지고 있는 것처럼 느끼고, 종종 악의적인 의도로 행해지고 있다고 느낍니다. 그들이 어려운 상황에 대해 생각할 수 있는 또 다른 방향은 그러한 일들이 어차피 발생할 이유가 있거나 이러한 상황이 그들에게 어차피 발생할 것이기 때문에 발생한다는 것입니다. "나쁜 일들이 그냥 일어나요."라고 하지만 일은 "그냥 일어나는 것"이 아닙니다. 모든 것은 원인이 있습니다.

종종 우리는 "나의(혹은 내 사랑하는 사람의) 문제의 근본 원인이 무엇인가요?"라는 질문을 받습니다. DBT는 근본 원인을 조사하는 데 너무 많은 시간을 들이지 않는다는 점에서 다른 많은 치료법과 매우 다릅니다. 다음 절에서 알게 되듯이, 현실을 받아들이는 법을 배우는 데 중요한 부분은 모든 사건과 모든 상황에 원인이 있다는 것을 인식하는 것입니다. 모든 일에 원인이 있는 것을 보면, "왜 나에게 그런 일이 일어났지?"라고 말하는 것을 멈출 것입니다. 그 대신 사건에 원인이 있다는 것을 인식하게 되므로 좋든 싫든 일이 일어나는 방식으로 일어난다는 것을 완벽하게 이해될 것입니다.

기억하세요

당신이 이 상황이 공정하지 않고 이대로는 안 된다고 말할 때, 당신은 '비수용' 상태에 있는 것입니다. 물론 현실은 항상 그대로 존재합니다. 그러지 않았다면 이미 다르게 흘러갔겠죠. 모든 것이 원인이기 때문에 사물이 있는 그대로인 이유는 그것들이 원인이 되었기 때문입니다. 당신이 상황이 어떻게 되는지를 좋아하든 아니든 상관없습니다. 결과가 마음에 들지 않으면 마음에 들지 않는 것입니다. 마음에 들면 마음에 드는 것입니다. 결과는 변하지 않을 것입니다.

실생활 사례에서 알아보기

당신의 고용주가 당신의 팀원들에게 공휴일에 한 명씩 근무할 것을 요구했다고 가정해 봅시다. 각 공휴일 일주일 전까지 누가 근무할지 결정하지 못했다면, 팀원들은 제비뽑기로 각 공휴일에 일할 사람을 정하고 뽑힌 사람은 이후로는 공휴일 근무자에서 제외하기로 했습니다. 추수감사절, 크리스마스와 새해가 남았고, 당신을 포함한 세 명이 남아 있습니다. 당신은 어느 날 근무하더라도 상관없다고 사람들에게 말했고, 다른 두 명은 추수감사절에는 쉬고 싶어합니다. 그런데 당신은 몇 년간 만나지 못했던 가장 친한 고등학교 동창이 추수감사절에 온다는 소식을 갑작스레 듣게 되었습니다. 당신은 상사에게 이를 알렸으나 상사는 이미 결정되었다고 말합니다. 당신은 나머지 두명의 동료들에게 부탁했지만 그들은 이미 추수감사절에 계획이 있다고 했습니다.

당신은 이견이 있는 경우 제비뽑기로 정하기로 한 것이라고 하면서 제비뽑기로 결정하자고 요구합니다. 다른 두 명은 마지못해 수긍했고, 상사는 종이에 세 개의 공휴일을 쓴 뒤 접어서 박스에 넣었습니다. 이제 당신이 추수감사절에 일하지 않아도 될 확률은 2/3입니다. 어차피 일은 무조건 해야 했기 때문에 신이 났습니다. 동료들이 상자에서 종이를 꺼내서 펼쳐 봅니다. 당신도 종이를 펼칩니다. "추수감사절!" 당신은 제비 뽑기 전까지는 만족했었고, 아마 기대도 하고 있었을 것입니다. 반면, 당신의 동료들은 뽑기 전에 속임수에 걸려드는 게 아닌가 하고 기분이 상해 있었습니다. 이제 당신이 화가 났습니다. "이건 공정하지 않아! 내 친구는 몇 년 만에 오는 거라고!"

당신은 모든 일에 원인이 있다는 사실을 잊고 있었습니다. 회사에서 공휴일마다 누군가 일해야 한다는 규정을 만들지 않았다면, 당신이 그해 다른 공휴일에 일하게 되었다면, 나머지 두 명의 동료가 추수감사절에 일하고 싶어 했다면, 당신의 친구가 온다는 얘기를 갑자기 듣게 되지 않았다면, 당신이 다른 종이를 뽑았다면, 모든 상황이 달라졌을 것입니다. 그러나 그런 일은 일어나지 않았습니다. 당신의 상황은 선행된 일에 따른 결과였습니다. 당신의 동료는 만족했고, 당신은 화가 났습니다. 당신이 화가 난 것은 이해가 되지만, 당신이 좋든 싫든 그것은 결과이고 일어난 모든 일 때문에 발생한 것입니다.

관점 바꾸기

모든 일은 그대로 일어나기 마련입니다. "모든 일에는 원인이 있습니다. 내가 좋아하지 않는 것이라도 말입니다." 당신은 파도가 일렁이는 해변가에 있다고 가정해 봅시다. 당신은 아들과 앉아서 두 명의 어린 자녀를 데리고 온 아버지를 보고 있습니다. 그는 아이들이 바닷속으로 들어가지 않도록 하느라 힘들어하는 것처럼 보입니다. 아버지가 짐을 챙기고 떠날 준비를 하느라 잠시 정신이 팔린 사이, 아이 하나가 바다로 달려가서 파도에 휩쓸려서 거의 익사할 뻔했습니다.

당신은 "절대로 일어나서는 안 되는 일이었습니다."라고 말합니다. DBT에서는 이는 일어났어야 하는 일이라고 말합니다. 날씨 때문에 파도가 출렁이고, 아버지는 아이들을 통제하는 데 어려움을 겪었으며, 짐을 챙기느라 아이들에게서 눈을 뗐으며, 아이들은 수영을 할 줄 몰랐고, 물에 호기심이 생겼습니다. 당신은 자녀를 내버려두고 그 아이들을 도울 수 없었습니다. 일어날 일은 일어난다는 것이 이해가 됩니다. 이전의 모든 사건으로 인해 이 일이 발생했습니다. 상황이 달랐다면, 당신이 아이를 데리고 있지 않았다면, 아버지가 아이 한 명만 데리고 왔더라면, 파도가 높지 않았다면, 아버지가 아이들에게서 눈을 떼지 않았다면, 그 일들은 일어나지 않았을 것입니다. 그러나 그 조건들이 사라지길 바랄 수는 없습니다. 그 조건들은 원래 있던 그대로 있었습니다.

우리는 상황이 뜻대로 되지 않을 때에만 종종 이를 고려합니다. 물은 잔잔하고 아이들은 아버지의 말을 잘 들으며 아무 일도 일어나지 않았다고 해 봅시다. 나쁜 일은 아무것도 일어나지 않았음을 우리는 기꺼이 받아들입니다. 아이가 절대로 익사하지 않았다는 상황이 존재했고, 이는 아이가 익사하지 않았다는 결과로 이어졌습니다. 상황이 더 나빴다면 아이가 거의 익사할 뻔했다는 게 말이 되는 것처럼, 상황이 더 안정되었다면 아이는 익사하지 않았을 거라는 것이 말이 됩니다. 그러한 상황이 발생하지 않게 하기 위해서는 과거로 돌아가서 원인을 바꾸어야 했을 것입니다. 이 모든 원인에는 각각의 원인이 있었습니다.

현실을 있는 그대로 받아들인다는 것은 모든 일에는 원인이 있다는 것을 받아들인다는 뜻입니다. 이는 아이가 거의 익사할 뻔했다는 걸 당신이 용인했다거나 이 일이 좋은 일이라고 생각한다는 말이 아닙니다. 당신이 그 아이의 아버지였다면, 다음에 날씨가 좋지 않은 날 해변에 갈 때는 다르게 대처할 것입니다. 어른을 한 명 더 데려가거나, 아예 해변에 가지 않거나, 아이 한 명씩만 데려갈 수 있을 것입니다. 하지만 당신이 어떤 선택을 하든 간에 실제로 발생한 일을 바꾸지는 못합니다.

기억하세요

"그 일은 일어나지 말았어야 했어."라고 말하기보다는 당신의 실제 삶에서 발생할 수 있는 상황에 대해서 생각해 봅시다. 그 상황의 원인에 대해 생각해 보기 바랍니다. 그 일이 일어나게 만든 원인은 무엇인가요? 그 일이 어떤 일로 인해 발생한 걸 알았다면, "그 일은 일어나지 말았어야 했어."는 말이 되지 않는다는 걸 알게 될 것입니다. 물론 당신은 다음과 같이 말할 수 있습니다. "나는 그 일이 일어난 게 싫어." 그러나 그 일이 일어나지 말았어야 하는 것은 아닙니다. 누군가 달걀을 마루에 떨어뜨려 온통 엉망으로 만들어 놓았다고 가정해 봅시다. 당신이 이 일은 일어나지 않았어야 했다고 말한다면, 중력이 사물을 끌어당기지 않고, 달걀 껍질이 더 두껍거나, 마루가 전혀 단단하지 않은 행성에 있어야 했다는 뜻일 수도 있습니다. 일어난 일이 당신의 마음에 들지 않는다고 해서 과학 법칙이 바뀌지는 않습니다. '그 일은 일어나지 않았어야 해.'라는 생각에서 '무엇이 원인이 되어 그 일이 일어났는지 궁금하군.'이라고 생각을 전환하면, 비슷한 상황이 다시 발생하는 경우 원인을 따져 보는 기회를 갖게 될 것입니다.

충동적인 행동 억제하기

당신이 엄청난 고통을 받고 있을 때, 당신은 과거의 행동들을 되돌아보는 경향이 있고, 파괴적인 행동을 하게 만드는 충동이 강해질 수 있습니다. 충동적인 행동을 억제하지 않는다면 당신을 꼼짝 못하게 만드는 반복적인 패턴으로 돌아가게 될 것입니다.

단기적인 만족

자해, 약물, 알코올, 위험하고 극적인 성관계, 과속 같은 행동들은 즉각적인 만족감을 줄 수 있습니다. 그러나 그냥 거기까지인 경우가 너무 많습니다. 이러한 행동들은 당신이 처리해야 하는 문제들을 해결해 주지 않으며, 애초부터 당신이 그 행동들에 관여한 데 대해 더욱 나쁜 기분이 들게 만드는 행동들입니다.

당신은 결코 사랑받지 못할 것이라는 기분이 든다고 말해 보세요. 당신은 데이팅 앱에서 누군가를 만납니다. 그 사람은 당신을 매력적이라고 하면서 당신과 데이트를 하고 싶다고 말합니다. 당신은 첫 만남에서 성관계를 하지 않을 것이라고 말하며 그 사람과 데이트를 합니다. 당신은 그 사람을 좋아하게 됩니다. 그 사람은 성관계를 하고 싶다고 말하고 당신은 그 사람이 당신과 함께하기를 원한다는 사실이 너무 기쁩니다. 그 사람은 당신과 더 데이트를 할 것이라 약속하면서, 오늘만 성관계를 하고 싶은 것이라고 합니다. 당신은 첫 만남에서는 성관계를 하지 않으리라고 당신 자신과 약속을 했지만, 욕망에 마음을 빼앗깁니다. 당신은 자신과의 약속을 깨고 그 사람과 관계를 가집니다. 그 사람은 관계하는 동안 배려를 하지는 않았을 것입니다. 그러나 당신은 관심을 받는다는 기분을 즐깁니다. 그러나 성관계가 끝나자 그 사람은 당신에게 떠나 달라고 합니다. 당신은 자신 본인에게 굉장히 화가 나고 당신의 가치와 약속을 어겼다는 사실에 엄청난 수치심을 느낍니다. 그 사람이 성관계를 원한다고 했던 바로 그 순간에 당신이 멈추는 것이 이상적이었습니다.

기억하세요

이러한 상황이 바로 당신이 STOP 기술을 사용할 수 있는 상황입니다. 수많은 DBT 기술에서와 마찬가지로, STOP은 다음의 첫글자를 딴 것입니다.

- **멈추기**(Stop): 당신이 반응하는 충동이 어떤 것이든 그 충동에 휩쓸리지 마세요. 당신의 몸에 대한 통제력을 유지하세요. 당신이 부정적인 메시지나 이메일을 보내려고 하거나 자해하려고 한다면 전송 버튼을 누르지 마세요. 완벽하게 안정적인 상태를 유지하세요.
- **한 걸음 뒤로 물러서기**(Take a step back): 그 상황에서 벗어나세요. 휴대전화 같은 기기에서 떨어지세요. 당신이 소리지르고 싶은 사람에게서 멀어지세요. 천천히, 깊이 숨을 쉬세요. 충동적인 행동 또는 강력한 감정에 따른 행동은 하지 마세요.
- **관찰하기**(Observe): 당신의 생각, 의도, 충동, 감정, 감각, 주변 상황, 환경을 인지하는 시간을 가집니다. 현재의 경험이 어떠한가요? 이 경험에 대해 스스로에게 천천히 설명합니다.
- **신중하게 행동하기**(Proceed mindfully): 처음 세 단계를 실시했다면, 현재 상황에서 당신의 목표가 무엇인지 생각해 봅니다. 당신이 무엇을 하든 그 행동을 인지한 상태에서 행

동하세요. 당신의 충동이 시키는 대로 행동하지 않겠다는 의미가 아니라 당신이 무엇을 하든 당신은 당신의 반응을 검토하였으며, 앞으로 나아가기 위해 현명한 생각을 했다는 뜻입니다. 그 행동이 당신의 상황을 더 낫게 만들지, 혹은 더 악화시킬지 자문하세요. 그리고 당신의 장기 목표에 이익이 되는 방향으로 행동하세요. 때로는 아무것도 하지 않는 것이 앞으로 나아가는 가장 좋은 방법일 때가 있습니다.

당신의 상황 개선하기

당신이 처한 상황을 즉각적으로 해결할 수 없다면, 당신이 할 수 있는 한 상황을 해결하는 것이 가장 이상적이라는 사실을 기억하고, 만약 위기에 처해 있다면, 자신이 처한 상황과 그것을 개선하려는 시도를 고려해 볼 수 있습니다. 그 순간을 개선하려고 함으로써 당신은 상황을, 최소한 당신의 마음을 더 나아지게 만들기 위해 시도하는 것입니다. 리네한 박사는 가르치기 위해 때때로 두문자어를 사용했습니다. 다음에 IMPROVE 기술이 소개되어 있습니다.

- **심상화**(Imagery): 이것은 당신의 마음속에서 상황을 변화시키는 훈련입니다. 당신이 처한 상황과 다른 상황을 상상해 보세요. 만약 당신이 기상 악화로 인해 꼼짝 못하고 있는 비행기 안에 갇혀 있다면 당신은 비행기가 결국 이륙하여 목적지에 도착하고, 당신이 있을 멋진 해변을 상상해 볼 수 있습니다. 이 기법을 사용하는 또 다른 방법은 현재 상황에서 경험한 것을 상상하는 것입니다.

  기억하세요

  이상적으로, 모든 DBT 기술이 그러하듯이, 필요하지 않을 때도 이러한 기술을 연습해야 필요할 때 바로 사용할 수 있습니다. 이는 대부분의 일상 생활 기술에도 해당됩니다. 수영을 연습하는 가장 좋은 시간은 물이 잔잔하고 수영 강사가 있을 때입니다. 파도가 거세게 치는 바다에 처음 뛰어드는 것은 수영을 연습하기에 적합한 첫 번째 시기가 아닙니다.

- **의미 부여**(Meaning): 이것은 당신이 처한 상황에 대해 의미를 부여하는 훈련입니다. 많은 문제에 직면한 후, 삶이 살아갈 가치가 없다고 느끼면서 포기하고 싶어질 때 우리는 특히 어려울 수 있습니다. 당신이 경험하고 있는 것에 대해 의미를 부여함으로써 당신은 자신의 고통의 목적을 찾을 수 있습니다. 당신이 종교가 있는 사람이라면 당신은 영적 지도

자를 찾아가 이에 대한 도움을 청할 수 있습니다. 만일 당신이 어떤 그룹에서 좋아하게 된 누군가를 만나게 된다면 당신의 고통이 의미 있다고 해석하게 될 것입니다. 왜냐하면 그것이 없었다면 당신은 그 사람을 만나지 못했을 것이기 때문입니다. 여기에서의 아이디어는 있는 그대로의 긍정적인 이유를 생각하는 것입니다.

>> **기도하기**(Prayer): 모두가 종교나 믿음이 있는 것이 아니지만, 만약 당신이 그렇다면, 기도는 위기 상황에서 정말 도움이 됩니다. "참호 속에는 무신론자가 없다."라는 전쟁 시기의 유명한 격언이 있습니다. 위기 상황에서 사람들의 믿음은 강해집니다. 믿음이 있다면 기도는 위기를 헤쳐 나가는 당신을 바라보는 훌륭한 방법이 될 수 있습니다.

>> **이완**(Relaxation): 우리가 위기에 있을 때 우리는 자주 긴장하고 근육들이 경직됩니다. 당신은 이러한 상황 속에서 편히 쉴 수 없습니다. 누군가 "그냥 쉬세요."라고 할 때 그렇게 할 수 있다면 좋을 것입니다. 첫 번째 단계는 당신의 근육들을 긴장시키는 것입니다. 이것은 직관에 반하는 것처럼 들릴 수도 있겠지만, 과도하게 긴장함을 통해서 당신의 근육들이 이완할 수 있는 것은 분명합니다. 긴장했다가 풀어 주고, 긴장했다가 풀어 주세요. 이것은 심지어 공개적인 장소에서도 가능합니다. 예를 들어, 당신이 다리 근육을 긴장시켰다가 풀었다가 할 때 그 누가 그것을 눈치챌까요?

>> **한 번에 하나**(One thing in the moment): '한 번에 하나'는 마음챙김과 유사합니다. 이것은 당신이 지금 이 순간, 현재 하고 있는 하나에만 주의를 기울임으로써 괴로움을 견디는 연습입니다. 한 번에 하나만 하는 것은 하나에만 주의를 기울이게 함으로써 괴로운 상황에서 진정할 수 있는 시간을 주기에 도움이 됩니다. 그러나 결국 괴로워하는 일을 다시 마주해야 한다는 점에서 회피는 아닙니다. 이것을 연습할 수 있는 또 다른 방법은 우리가 과거 사건들을 생각하느라 너무 많은 시간을 할애할 때, 우리의 고통이 심해진다는 것을 고려하는 것입니다. 현재에 머물면서 우리는 과거의 사건들은 현재 일어나는 것이 아니고, 그것들은 단순히 현재에 떠오른 과거 기억일 뿐이라는 것을 인식합니다. 우리가 현재에 머무를 수 있을 때, 우리의 마음도 과거로부터 벗어나고 고통도 줄어듭니다.

>> **휴가**(Vacation): 필요할 때마다 휴가를 갈 수 있다면 좋겠지만 그런 경우는 거의 없습니다. 여기에서 연습할 것은 당신의 걱정거리들로부터의 짧은 휴식을 의미합니다. 아마도 당신은 30분 정도 공원을 산책할 수 있고, 사무실 문을 닫고 바닥에 누워 눈을 감을 수 있습니다. 아니면 팝콘을 먹으며 TV에서 하는 영화를 볼 수 있습니다. 때때로 필요한 모든 것은 지금 하고 있는 모든 것을 그만두고, 단지 5분 동안 휴식을 하는 것입니다.

주의

만약 당신이 작은 휴가를 간다면, 당신을 해칠 만한 것은 아무것도 하지 마세요. 예를 들어, 당신이 어떠한 일을 특정 시간까지 끝내야 한다면, 이것을 기억하세요. 당신은 그 후에 휴가를 갈 수 있습니다. 당신의 일이 끝내지 않고 휴가를 가서 해고당하는 것은 장기 목표에 관심이 없다는 것입니다.

>> **격려**(Encouragement): 격려는 당신 스스로에게 "나는 할 수 있다. 나는 이것을 극복할 것이다. 나는 기술이 더 향상될 것이다. 나는 실패자가 아니다."와 같은 말들을 스스로에게 해 주는 것입니다. 위기의 한가운데에서 이것을 하기란 어려울 수 있기 때문에 이것을 할 때에는 세상의 모든 믿음을 가지고 그것을 말해야 합니다. 다른 말로 하면, 미온적인 태도로 하지 말라는 것입니다. "아마도 나는 이 순간을 극복할 수 있을지도 몰라."와 같은 식으로 이야기하는 것은 좋지 않은 예시입니다. 당신이 무언가 힘든 일을 할 때 계속해서 스스로를 격려하세요. 산꼭대기에 올라갈 때 얼마나 그것이 힘든지에 대해 불평하지 말고, 당신 스스로를 격려하세요. "너는 할 수 있어. 너는 정상에 갈 거야." 물론, 당신은 현실적이어야 합니다. 옆에서 달리는 엘리트 마라톤 선수가 "계속 해, 할 수 있어, 너는 나처럼 빨리 뛸 수 있어."라고 말하는 것을 본다면 그것은 어리석고 좌절스러운 일이 될 것입니다.

기억하세요

이러한 훈련들은 당신에게 도움이 될 것입니다. 그리고 스스로에게 격려를 하는 사람들은 실제로 그들이 집중해서 해내고자 하는 일에 대한 성과가 증가했다는 연구 결과도 있습니다.

장단점 리스트 만들기

기술은 현 상황에서 특정 행동에 대한 장점과 단점을 평가하는 것입니다. 이러한 접근 방식은 특정 행동을 하는 이점과, 해당 행동의 단점을 구체적으로 고려한다는 것입니다. 그리고 그 행동을 하지 않았을 때의 이점과 단점도 고려합니다.

기억하세요

여기 세 단계가 있습니다.

1. 당신이 고려하고 있는 행동이나 행동 방침을 분명히 말하세요.

   당신은 단순히 그것을 써 볼 수 있습니다.

2. 장단점의 리스트를 만드세요.

네 가지 부분, 즉 그 행동을 했을 때의 이점, 그 행동을 하지 않았을 때의 이점, 그 행동을 했을 때의 단점, 그 행동을 하지 않았을 때의 단점이 있습니다.

3. 무엇이 당신에게 중요한지 결정하세요.
리스트에서 당신의 장기 목표와 일치하는 내용들에 동그라미표를 하세요. 그것들이 당신에게 무엇이 가장 좋은 행동일지 알려 줄 것입니다.

스스로 위기 관리하기

어떤 사람들은 어려운 상황 때문에 크게 고통받는 것처럼 보이지만, 어떤 사람들은 고통받지 않을 뿐만 아니라 이를 견디고 더욱 강해지기까지 합니다. DBT에서 사람들은 상담사에게 전화를 걸어 도움을 요청하는 경우가 자주 있습니다. 상담사는 다양한 위기 생존 기술(이 장의 앞부분에 나와 있는)을 제안합니다. 그럼에도 불구하고 왜 어떤 사람들은 고통받고, 어떤 사람들은 그렇지 않을까요? 삶의 도전들에 패배감을 느끼기 쉽지만 상담사가 가르치고 코칭한 기술들을 완전히 습득하고 나면 스스로 위기를 관리할 수 있습니다.

예를 들어, 당신이 일자리를 구하고 있고 서류 전형에서 탈락했다고 해 봅시다. 다른 일자리에 지원하거나 계속해서 도전해 볼 수도 있습니다. 포기하는 사람들의 경우, 그 이유는 그 일이 일어났기 때문이라기보다는 스스로에 대한 생각 때문일 때가 더 많습니다. 그러니까, "일자리를 구하지 못했네. 실망이야."라고 말하기보다는 "난 아무도 원하지 않는 쓸모없는 인간이야. 다른 일자리를 구해 봤자 소용없어. 내가 패배자라는 걸 다들 알아볼 거야."라고 말하는 것입니다.

힘든 상황을 다루기 위해서는 우선 그 상황을 있는 그대로 받아들여야 합니다. 다음 절에서는 수용의 과정과 유용한 TIP을 소개합니다.

나의 상황 수용하기

첫 번째 방식은 지원한 일자리를 얻지 못했다고 사실 그대로 말하는 것입니다. 전혀 다른 방식은 당신이 누구도 고용하지 않을 패배자라고 결론을 내리는 것입니다. 이러한 생각과 결론, 추측은 자기 파괴적입니다. 하지만 힘든 현실을 어떻게 받아들일 수 있을까요? 리네한 박사에 따르면, 수용은 온전히 받아들임, 마음 돌리기, 그리고 기꺼이 하기의 세 가지 요소를 포함합니다.

온전히 받아들임

기억하세요

온전히 받아들임(radical acceptance)과 관련하여 꼭 알아야 할 사실이 있습니다. 온전히 받아들임은 '지금 이 순간'에 대한 수용입니다. 내일이나 어제를 받아들이는 것이 아닙니다. 지금의 순간만 수용하면 됩니다. 말로는 쉽지만 생각보다 어려운 일입니다.

지금 이 순간의 온전히 받아들임이란 무엇인가요? 수용할 수 없을 것 같은, 아주 심각한 일을 상상해 봅시다. 심각한 건강 문제나 끔찍한 트라우마, 사랑하는 사람을 잃는 것 등을 상상할 수 있습니다. 이런 일을 어떻게 다룰 수 있을까요? 먼저, 자신의 선택지를 고려해 볼 수 있습니다. 오랜 시간을 비참해하면서 고통스러운 사건을 곱씹을 수도 있습니다. 또 다른 선택지는 이것이 현실임을 받아들이는 것입니다. 현실을 받아들이지 않으면 결코 현실을 변화시킬 수 없습니다.

당신이 어린 시절에 큰 상처를 받았다고 해 봅시다. 그 일이 있었다는 것을 부정한다고 해서 없었던 일이 되지 않습니다. 그 일이 고통스러웠다는 건 부정할 수 없지만 이를 계속해서 생각하는 것이 나에게 도움이 될지를 생각해 보아야 합니다. 그렇다고 그 일에 대해 기뻐하거나 없었던 일로 해야 한다는 것은 아니고, 현재 순간에 일어나지 않은 무언가로 인해 비참해야 한다는 것도 아닙니다. 온전히 받아들임은 상황에 대한 철저하고 완전한 수용을 의미합니다. 나의 몸과 마음, 영혼을 상황을 받아들이는 데 쏟아붓는 일입니다. 이는 현실을 부정하거나 거부하거나 고군분투하지 않는 것입니다.

무언가를 받아들인다고 말하는 것은 쉽습니다. 하지만 실천하는 것은 훨씬 어렵습니다. 비교적 사소한 문제로 예를 들어봅시다. 당신은 교통 체증이 심해 회의에 늦을 것 같아 화가 났습니다. 차들을 향해 소리를 지르기 시작하고, 혈압이 오르기 시작합니다(참고로 우리가 "차가 밀려서."라고 말하지만 "내 차가 밀려서."라고는 말하지 않는다는 사실은 흥미롭습니다. 사실은 내 차 또한 교통 체증에 기여하고 있습니다!). 그러다가 화를 내 봤자 교통 체증을 바꿀 수 없다는 사실을 떠올리고, 온전히 받아들임을 연습해 보기로 합니다. 숨을 몇 번 들이쉬고 그저 받아들입니다. 시간이 조금 지나면 다시 화가 나기 시작하고, 이 사이클이 반복되기 시작합니다. 온전히 받아들임은 지금 이 순간에 대한 수용입니다. 이 순간이야말로 당신이 받아들일 수 있는 유일한 순간입니다! 내일은 받아들일 수 없습니다. 아직 오지 않았기 때문입니다.

TIP

온전히 받아들임을 연습하는 사람들은 평안함을 느낍니다. 그렇다고 해서 일어난 일을 좋아한다는 뜻은 아닙니다. 그저 일어난 일은 일어난 일이며, 일어난 일을 반추하면서 지금 이 순간을 보내는 대신 다른 일에 집중할 수 있다는 것을 알 뿐입니다. 만약 당신이 어떤 과거 상황으로 인해 고통받고 있다면(예: "열심히 노력했던 일자리를 얻지 못했다.") 이 활동을 시도해 보세요.

- 눈을 감고 앉아 일자리에 대한 소식을 듣기 직전의 기억을 더듬어 봅니다. 머릿속에 그 순간을 떠올립니다.
- 당신이 일자리에 대한 소식을 들었고, 일자리를 얻지 못했다는 것을 받아들였다고 상상해 봅니다. 그런 순간을 경험한 적이 있나요? 아마 처음일 것입니다!
- 당신이 그 일자리를 얻었다는 소식을 들었다고 상상해 봅니다. 행복하고 평안할 것입니다.

요점은 바로 당신이 일자리를 얻었든 그렇지 못했든 중심성(centeredness)과 평화를 느낄 수 있다는 사실입니다. 중요한 건 일자리가 아닙니다. 받아들였느냐입니다. 일자리만을 생각한다면 일어날 수도 있었던 모든 것을 포기하게 됩니다. 우리는 우리가 원하는 것을 얻으면 행복할 것이라고 생각하지만 일어나지 않은 일은 겪을 수 없기 때문에 알 수도 없습니다. (다음 페이지의 '실패 후에 다시 일어서기'를 통해 실패들을 받아들이고 성공을 찾은 사람의 예시를 볼 수 있습니다.)

받아들였을 때 느낄 수 있는 감정 중 하나는 슬픔입니다. 하지만 받아들였기 때문에 슬픔을 느낀 사람들은 커다란 짐을 덜어 놓은 듯한 기분을 느낍니다. 그것이 바로 즉시 받아들임으로부터 오는 자유입니다.

신체적인 고통은 어떻게 받아들일 수 있을까요? 물론 누구나 달갑지 않아 하지만 고통 또한 다른 경험과 똑같습니다. 두 사람이 나란히 앉아 있는데 한 사람은 두통이 있지만 이를 받아들이지 않고, 다른 사람은 지금 이 순간 두통이 느껴진다는 사실을 받아들인다고 상상해 봅시다. 어떤 사람이 더 편안할까요? 둘 중 누가 되는 것이 나을까요? 내가 두통을 느낀다는 것이 불공평하고, 그래서는 안 되고, 항상 나만 두통을 느낀다고 생각하는 것은 그저 고통을 증가시킬 뿐입니다. 이제 두 사람 모두 두통을 느끼지 않게 되었다고 상상해 봅시다. 두 사람 모두 통증이 있었지만 한 사람은 고통으로 이어지는 수많은 요소를 더했습니다. 리네한 박사는 고통과 괴로움은 통증에 받아들이지 않음을 더한 결과라고 설명합니다. 즉시 받아들임은 받아들이지 않음을 제거하고, 통증 그 자체만 남깁니다.

실패 후 다시 일어서기

에이브러햄 링컨 대통령의 삶에 대한 이야기가 있는데, 이 이야기는 그의 많은 실패를 강조합니다. 다음과 같은 식입니다.

- 1831년, 그는 직장을 잃었다. (실패)
- 1832년, 그는 일리노이 주의회 출마에서 패배했다. (실패)
- 1833년, 그는 사업에 실패했다. (실패)
- 1834년, 그는 일리노이 주의회 의원으로 선출되었다. (성공)
- 1835년, 그의 연인 앤 러트리지가 죽었다.
- 1838년, 그는 일리노이 주 하원의장 선거에서 패배했다. (실패)
- 1843년, 그는 미국 의회 출마에서 패배했다. (실패)
- 1846년, 그는 미국 의회에 선출되었다. (성공)
- 1848년, 그는 재선에 낙선했다. (실패)
- 1849년, 그는 지방직 자리에 거절당했다. (실패)
- 1854년, 그는 미국 상원의원 선거에서 패배했다. (실패)
- 1856년, 그는 부통령 후보 출마에서 패배했다. (실패)
- 1858년, 그는 미국 상원의원 선거에서 또다시 패배했다. (실패)
- 1860년, 그는 대통령으로 선출되었다. (성공)

물론 이 목록은 주로 그의 실패에 초점을 맞추고 있습니다. 그리고 확실히 그는 많은 성공을 거두었습니다. 하지만 이 이야기의 요점은 그가 실패할 때마다 일어섰다는 것입니다. 만약 그가 그의 실패 중 일부에서 성공했다면 어땠을까요? 아마도 그는 행복했을 것이고, 그가 대통령이 되는 일은 결코 일어나지 않았을 것입니다.

인생의 좌절이 당신의 삶을 정의하는 것은 아닙니다. 좌절은 여행의 순간입니다.

마음 돌리기

만약 당신이 항상 온전히 받아들일 수 있다면 멋지겠지만, 그건 때때로 무언가를 영원히 해야하는 것처럼 느껴지기 때문에 실행하기 어려운 기술입니다. 온전한 받아들임은 한 번만 하는 것이 아닙니다. 그것은 당신이 계속, 계속, 계속해서 해야만 하는 일입니다. 당신이 교통 체증에 갇혀 있다면, "교통 체증 속에 갇혀 있다는 것을 인정해."라고 한 번 말하는 것이 모든 것을 괜찮아지게 하는 것은 아닙니다. 받아들임과 함께 오는 평화를 알아차리더라도 받아들임을 한 번 멈추면 다시 짜증이 찾아오는 걸 곧 알아차릴 것입니다.

그럼 어떻게 다시 받아들임으로 돌아갈 수 있을까요? 여기서 마음 돌리기라는 기술이 나옵니다. 마음을 다시 받아들임 쪽으로 되돌리는 것입니다. 그것은 마치 산꼭대기로 올라갔다가 한쪽은 산꼭대기로 이어지고 다른 한쪽은 내려가는 길인 등산로 분기점에 도달하고 싶어 하는 것과 같습니다. 이것은 선택지가 있을 때마다 산을 오르는 길로 방향을 틀기로 선택하는 것입니다.

산을 오르는 것은 피곤할 수 있지만 내려가는 것은 매우 쉽게 느낄 수 있습니다. 그러나 마음을 다시 받아들임으로 돌리지 않으면 목표에 도달하지 못하고 종종 상황의 현실을 받아들이기를 거부하면 낡은 행동과 함께 괴로움이 찾아옵니다. 하지만 받아들이는 것은 괴로움을 없애고 일반적인 고통을 경험하게 합니다. 일반적인 고통은 받아들이지 않음이 동반하는 고통보다 견디기 쉽습니다. 그래서 당신은 받아들이기 시작하고 그 다음에는 다시 받아들이지 않음으로 돌아옵니다. 무엇을 해야 할까요? 마음을 받아들임으로 다시 돌리고, 다시 돌리고, 또 다시 돌리세요.

기억하세요

하지만 어떻게 마음을 돌릴까요?

1. 자신이 그 상황을 받아들이지 않고 있다는 것을 알아차리세요.

자신이 받아들임의 상태에 있지 않다는 단서는 화가 나거나, 판단적이거나, 상황이 올바로 되어 있지 않다고 생각하거나, 반복적이고 비효율적인 자기연민에 빠져 있는 것입니다.

2. 받아들일 것이라고 스스로에게 다짐하세요.

이 약속은 온전한 받아들임과는 다릅니다. 이것은 단지 스스로의 마음을 전념으로 돌리겠다는 약속을 하는 것입니다. 당신이 전념하고 있지 않다는 것을 알아차리고, "나는 내 마음을 다시 전념으로 돌리기로 약속한다."라고 말하세요. 자, 다시 해 봅니다. 받아들이지 않음의 상태가 될 때마다 가능한 한 많이 해 보세요.

차가 막히는 상황으로 돌아가 봅시다. 중요한 회의에 늦을 텐데 차가 거의 움직이지 않습니다. 당신은 많은 비수용적인 생각들을 하고 있다는 것을 알아차리기 시작합니다. '이건 끔찍해.' '이 사람들 왜 이래?' '이건 안 끝나겠다.' '이러다 직장에서 잘리겠어.'

당신은 이 모든 생각을 알아차리고, 마음을 돌리는 연습을 하는 것을 기억해 냅니다. 당신이 하고 있는 생각 중 일부를 대체할 수 있을까요? 예를 들어, 스스로에게 "이건 어려운 상황이지만, 큰 틀에서 봤을 때 이건 재앙 수준은 아니야."라고 말할지도 모릅니다. 또한 다음과 같이 말할 수도 있습니다. "내가 처한 상황이 마음에 들지 않아. 짜증 나는 상황이야." 또한 다음과 같이 말할지도 모릅니다. "모든 것에는 이유가 있잖아. 차들이 느리게 움직이는 데는 이유가 있어. 다른 운전자들이 나를 괴롭히려고 일부러 이러는 건 아니야." 당신은 스스로가 차분해지고 있다는 것을 알아차리지만, 곧 다시 짜증 난다는 것을 알아차립니다. 당신은 이 연습을 그냥 다시금 반복합니다.

핵심 아이디어는 받아들이지 않는 것에서 온전한 받아들임으로 나아가려 할 때 첫 번째 단계가 마음을 돌리는 일이라는 것입니다. 하지만 당신이 마음을 돌리고 싶지 않다면 어떻게 할까요? 여기서 나오는 것이 받아들임의 세 번째 요소인 기꺼이 하기의 실천입니다.

기꺼이 하기

그렇다면, 기꺼이 하기(willingness)란 것은 무엇일까요? 이는 의도적으로 부딪히지 않고, 대상을 있는 그대로 허용하며, 세상 그리고 발생하는 모든 일에 참여하기를 수긍하는 실천입니다. 여기에서 기꺼이 하기의 핵심은 곧 태도입니다.

자신이 속한 그룹에서 다른 두 사람과 함께 산을 오르는 것을 상상해 봅시다. 둘은 서로 잘 맞지 않습니다. 첫 번째 사람은 내내 불평하기 바쁩니다. 두 번째 사람은 산행이 어렵다는 것을 기꺼이 받아들입니다. 첫 번째 사람은 하도 짜증이 나서 길이 조금 덜 가파르면 좋겠다고 궁시렁대고, 산을 그만 오르겠다고 하며, 등산이 지긋지긋하다고 말합니다. 이 사람의 태도가 산의 가파른 정도를 바꾸나요? 이는 결코 아닙니다. 산행은 삶과 마찬가지로 더 쉬운 부분과 힘든 부분이 있기 마련입니다. 우리는 얼마든지 불평할 수 있겠지만, 이러한 단계는 계속해서 찾아올 것입니다.

만일 등산을 계속해야 한다면 어떤 선택을 할 수 있을까요? 혼자서 산을 내려갈 수도 있고, 아니면 그냥 거기 서서 불평만 할 수도 있습니다. 혹은 산을 오를 수도 있습니다. 여기서 기꺼이 한다는 것은 한 발 더 산으로 오르는 것입니다.

이제 산을 오르는 데 어려움을 겪는 게 자신이 아니라 함께하는 동료이고, 자신은 실제 산행을 꽤 잘하는 편이라고 상상해 봅시다. 그러면서 "나는 이 산을 좋아하지 않아. 너무 가파르다고. 나는 산을 오르지 않을 거야."라고 말하는 그 동료를 떠올려 봅시다. 어떤가요? 그 사람과 함께 다시 산에 가고 싶은가요? 아마 아닐 것입니다. 정상에 오르는 사람은 주어진 조건에 상관없이 필요한 일을 해내는 사람이며, 그것이 곧 기꺼이 하기입니다. 그 반대로 하는 것(필요한 것을 거부하는 것)은 아집(willfulness)입니다. 당면한 조건을 마주하고 필요한 일에 온전히 참여하는 것이 바로 '기꺼이 하기'인 것입니다.

일부 사람이 염려하길, 무언가를 기꺼이 받아들인다는 것은 곧 자신이 그것에 동의하거나, 굴복하거나, 다른 사람이 이기는 것 중 하나라고 생각합니다. 허나 기꺼이 받아들인다는 것은 결코 이들 중 하나가 아닙니다. 수용이란 "나는 모든 것을 있는 그대로 받아들이고, 어쨌든 삶에 직접 참여할 것이라는 것을 기꺼이 받아들인다."라고 말하는 기술입니다.

아집은 기꺼이 하기의 반대입니다. 이는 자신이 삶의 모든 부분의 일부라는 것을 잊는 것이고, 삶에 참여하기를 거부하는 것입니다. 아집은 유아의 미운 두 살 시기와 같이, 어떤 상황이든 모든 것에 짜증을 내고 "아니요."라고 말하는 것입니다. 아집은 감정적으로 민감한 사람들만의 전유물은 아닙니다. 우리 각자는 아집을 경험하고 해 본 적이 있기 마련입니다. 아집을 다루는 방법은, 그것이 나타났을 때 아집이라는 것을 알아차리고 '아집'이라고 명명하는 것입니다. 즉, 아집이 나타났다는 것을 받아들이고, 자신의 마음을 기꺼이 하기로 돌려야 합니다.

TIP

많은 사람은 마음을 돌리고 싶어도 그렇게 하는 데 어려움을 겪습니다. 한 가지 요령은 자발적인 자세를 사용하는 것입니다. 예를 들어, 주먹을 쥐는 대신 앉아서 손을 벌린 다음 손바닥을 위로 하여 무릎 위에 올려놓을 수 있습니다. 심지어 자신의 마음이 그렇지 않을 때도 마음으로 기꺼이 원하고 있다고 말할 수도 있습니다.

만약 그것이 효과가 없다면, 다음으로 스스로에게 묻는 방법이 있습니다. "위협이 뭘까? 내가 뭘 두려워하는 거지? 왜 나는 내가 해야 할 일을 하기를 꺼리지?" 대개 꿈쩍도 하지 않는 '아집'은 위협이나, 위험할 것이라는 인식, 그리고 어쩌면 우리가 무언가를 잃을 수도 있다는 인식과 관련이 있습니다. 실제로 위험한 위협이 있다면, 아집을 부릴 수 있다는 것도 이해할 만하며, 그런 상황에서는 위협을 다루는 것이 과제가 될 수도 있습니다. 기꺼이 하기란 곧 위협이 주는 두려움 앞에서 다르게 행동한다는 점에서 아집과 반대되는 행동이라 할 수 있습니다.

빠른 TIPP 기술

일부 사람이 고통을 다룰 때 겪는 불만 중 하나는, DBT의 많은 기술이 자기 파괴적인 행동보다 빠르게 작동하지 않는다는 것입니다. 그리고 그건 맞는 말이기도 합니다. 안타깝게도, 보다 자기 파괴적인 행동 중 일부가 지속되는 이유는 그것들의 신속한 작동 기전 탓입니다.

TIP

TIPP 기술은 신체의 생리적 반응을 이용하는 DBT의 방법으로, 화학적 변화를 통해 관심의 초점을 변화시킴으로써 생각을 바꾸는 것입니다. 위기(공황)를 자주 겪는 새로운 내담자가 DBT 치료 과정에서 극심한 정서적 고통을 겪을 때, TIPP 기술은 신속히 그 강도를 경감시키는 최선의 선택지 중 하나입니다. 작동 방식은 다음과 같습니다.

- **온도**: 큰 그릇에 차가운 물을 채우세요. 이때 물을 더 차갑게 만들기 위해 얼음을 넣습니다. 숨을 크게 들이마시고 그릇에 얼굴을 담그고, 30초 동안 그대로 있습니다. 필요하다면, 두세 번 더 반복합니다. 이것은 정서의 강도를 빠르게 낮춰 줍니다.
- **격렬한 운동**: 숨을 헐떡이게 할 수 있는 운동을 합니다. 더 이상 단거리 질주를 할 수 없을 때까지 트랙을 내달리고, 더 이상 무언가를 잡을 수 없을 때까지 플랭크를 하며, 더 이상 들어 올릴 수 없을 때까지 역기를 들어 봅니다. 이 작업은 할 수 있는 만큼 빠르게 수행합니다.
- **호흡 조절**: 천천히 호흡합니다. 코로 천천히 숨을 들이쉬어 4~5초를 세고, 그러고 나서 입술을 오므리고 7~8초를 세어 더 천천히 숨을 내쉽니다. 원한다면 숨을 들이마실 때,

"나는 진정하기 위해 숨을 들이마신다."라고 말하고, 숨을 내쉬면서 "나는 진정하기 위해 숨을 내쉰다."라고 말합니다. 약 2분 동안 이런 식의 호흡을 해 봅니다.

>> **근육 이완법**: 이것을 하는 가장 효과적인 방법은 호흡을 조절하고, 그리고 숨을 들이마시는 동안, 자신의 몸의 모든 근육을 긴장시키는 것입니다. 어떤 느낌인지 알아봅시다. 그러고 나서 몇 초 동안 숨을 참고, 내쉬면서, 근육의 모든 긴장을 풀어 봅니다. 그것이 어떤 느낌인지 주목하세요. 만약 원한다면 호흡을 팔, 다리, 복부의 긴장과 함께하는 다른 근육과의 세트로 연결함으로써 이것을 점진적 근육 이완법(progressive muscle relaxation)으로 만들 수도 있습니다.

대안적 반항 기술

대안적 반항(alternative rebellion) 기술은 리네한 박사가 특정 행동의 큰 매력 중 하나로서 위험한 일의 수행이 흥분을 유발한다는 것을 알아차리면서 개발되었습니다. 약물 복용이나 잠재적으로 위험한 성적 접촉에 관여하고 빠르게 운전하는 것은 종종 사람들로 하여금 스릴을 느끼게 하는데, 이것은 비록 일시적이지만 그들이 살아 있다고 느끼게 만들기 충분합니다. 비록 많은 사람에게 그러한 행동의 이유나 기능은 서두르기 위한 것이 아니지만 일부 사람에게는 그럴 수 있으며, 규칙과 고정관념에 맞서는 반항아가 되는 것은 중독적일 수 있습니다.

이러한 사람들에게 대안적 반항 기술은 원래의 행동보다 위험을 덜 수반하는 대안적인 반항을 찾는 데 의도적으로 초점을 맞춥니다. 예를 들어, 우리는 문신을 하거나, 머리를 다르게 염색하고, 중요한 인터뷰에 평상복을 입고, 피어싱을 하며, 지워지는 페인트로 그래피티 러브 메시지를 그리기로 결정할 수 있습니다. 대안적 반항이 취하는 정확한 형태는 그 사람이 대체하려는 행동에 달려 있습니다. 기본적인 아이디어는 어떤 행동이 사회에 반항하고 문제를 제기하기 위해 나타난다면 보다 덜 자기 파괴적인 반항 방식이 있다는 것입니다. 예를 들어, 일을 할 때 넥타이를 매야 한다고 해 봅시다. 나는 넥타이 매는 것을 싫어하는데, 상사가 넥타이 착용 거부를 이유로 내게 해고하겠다고 으름장을 놓습니다. 이때 나는 직장에서 터무니없는 넥타이를 착용하거나 정치적 메시지가 담긴 넥타이를 맬 수도 있습니다. 이런 식으로 우리는 주어진 정책의 의도를 따르면서도 자신의 본성 내에서 반항을 표현할 수 있습니다.

제12장

대인관계 효과성 향상시키기

이 장에서

- 걸림돌을 인지합니다.
- 자신이 원하는 것을 요구합니다.
- 수용 · 인정에 대한 기본 사항을 익힙니다.
- 자신의 관계를 유지합니다.
- 자기 스스로를 최우선으로 생각합니다.

DBT의 네 가지 모듈 중 마지막은 대인관계 효과성입니다. 정서를 조절하기 위해 고군분투하는 사람들은 흔히 관계에서의 어려움도 가지고 있습니다. 어떤 사람들은 관계를 발전시키는 것이 어려울 수 있고, 또 어떤 사람들은 중요한 관계를 유지하는 것이 어려울 수도 있습니다. 대인관계 효과성 모듈에서는 관계에 도움이 될 DBT의 세 가지 기술을 배웁니다. 원하는 것을 요청하는 데 도움이 되는 'DEAR MAN' 기술, 관계를 관리하는 데 도움이 되는 'GIVE' 기술, 자존심을 지키고 상대방을 존중하는 방식으로 거절하는 데 도움이 되는 'FAST' 기술입니다(DBT의 앞선 3개의 모듈에 대한 자세한 내용은 제9장부터 제11장 참조).

시작하기 전: 걸림돌 알아차리기

기억하세요

정서와 씨름하지 않아도 대인관계는 어렵습니다. 많은 것이 효과적인 수행에 방해가 될 수 있습니다. 관계는 복잡하고, 상대방과 마찬가지로 자신도 각각의 상호작용에서 약점을 지니기 때문에 어떤 종류의 걸림돌이 나타날 수 있는지 염두에 두는 것이 도움이 됩니다. DBT를 만든 마샤 리네한 박사는 대인관계의 효과성을 방해하는 것들의 목록을 생각해 냈습니다. 이러한 요소들이 모든 사람에게 방해가 된다는 점에 유의해야 합니다. 이를 염두에 두는 것은 자신의 무엇이 잘못되었는지 혹은 무엇이 잘 되었는지 되돌아볼 때 도움이 될 수 있습니다.

- **자신에게 필요한 기술을 가지고 있지 않습니다.** DBT를 경험하는 많은 사람은 구체적인 분야의 기술을 놓치고 있습니다. 감정 조절의 어려움은 우리가 연습해야 할 특정 부류의 기술이 필요한 관계의 어려움으로 종종 이어질 수 있습니다. DBT는 이러한 기술을 다룹니다.
- **자신이 무엇을 원하는지 모릅니다.** 자신이 무엇을 원하는지 모를 때 효과적으로 수행하기는 어렵습니다. 이는 제안의 비합리성 때문이 아니라 자신이 목표나 원하는 결과에 대해 확실하지 않기 때문에, 자신에게 제안된 모든 것을 거부하는 것처럼 보이게 할 수도 있습니다. 이 상황은 정서가 관여됐을 때, 순간의 느낌에 너무 강하게 이끌려 문제 해결이 어려울 때 흔히 발생합니다(자세한 내용은 제3장 참조). 이러한 상호작용은 상대방에게는 비효율적이라는 느낌과 좌절감을 주고, 자신 또한 수용・인정받지 못하고 도움이 되지 않는다고 느끼게 만들 것입니다.
- **정서가 방해가 되고 있습니다.** 정서는 대인관계 비효과성의 가장 크고 흔한 원인 중 하나입니다. 우리는 모두 '내가 그런 말 또는 행동을 했다는 것을 믿을 수 없어.'라고 생각하는 순간이 있습니다. 이는 자신이 느끼는 감정에 이끌려 생각을 멈추지 않았기 때문입니다. 자신이 관계를 손상시키기고 그 후에 수습하고, 방해가 되는 정서에 책임을 지고, 사과해야 하는 순간입니다. 우리는 종종 우리가 함께 작업하는 사람들이 친구들과 사랑하는 사람들로부터 "지나치다."라고 하는 말을 듣곤 합니다. 이는 격렬하고 통제되지 않은 정서가 관계에 미칠 수 있는 대가입니다.
- **단기적인 목표를 위해 장기적인 목표를 잊거나 희생시킵니다.** 우리는 강한 정서에 압도될 때, 장기적인 목표를 놓치기 쉽고, 대신에 당장 하고 싶은 것을 우선시하기 쉽습니다. 예를 들어, 자신이 힘든 시간을 보낼 때, 친구들과의 약속을 취소하고, 집에 있는 것이 더 낫거나 밖에 나가는 것이 벅차다는 이유로 숨어들 수 있습니다. 하지만 시간이 지나면서 소외감을 느낄 수 있고, 친구들은 그런 자신에게 신뢰할 수 없다고 느껴 초대를 중단할 수도

있습니다. 이는 자신이 중요한 관계를 유지한다는 장기적인 목표보다, 현재의 정서 때문에 다루기 어려운 불안한 상황을 피하고자 단기적인 목표를 우선순위에 둔 것입니다.

- **다른 사람들이 방해가 될 때가 있습니다.** 자신은 효과적으로 시작했는데 이후 자신보다 더 강력한 사람을 마주할 때가 있습니다. 이는 상사, 교사, 코치, 감독, 경찰관 또는 다른 사람일 수 있습니다. 그들의 힘이 내 자신이 바라는 것을 방해하고 있음을 알게 되면 효과적이지 않게 될 때가 있습니다.
- **자신의 생각과 믿음이 방해하고 있습니다.** 자신의 생각은 행동에 중요한 영향을 미치며, 어떤 생각들은 관계를 방해하기도 합니다. 예를 들어, 자격이 있는지 없는지에 대한 생각, 사람들이 어떻게 느끼는지 안다고 믿고 자신만이 옳다고 주장하는 것, 자신이 다른 사람들에게 자신을 나쁜 사람이라고 확신시키는 자기혐오적인 생각은 관계에서 실제로 방해가 될 수 있습니다. 시간이 지남에 따라, 이러한 생각에서 비롯된 행동들은 관계를 유지하는 것을 어렵게 만들 수 있습니다.

기억하세요

이 목록이 자신에게 어떻게 적용되는지 생각해 봅시다. 이러한 걸림돌을 인식하는 것은 다르게 행동하기 위한 첫 번째 단계입니다. 그것들을 다르게 하는 것은 자신이 원하는, 의미가 있는 관계를 만들고 유지하는 데 도움이 될 것입니다. 이 목록을 자신을 꾸짖는 것이 아니라 염두에 두어야 하는 도구로 활용해야 합니다.

DEAR MAN 기술 익히기

DEAR MAN 기술은 우리가 흔히 '객관적 효과성'이라고 부르는 것, 즉 자신이 원하는 것을 효과적으로 요청하는 데 활용하는 기술입니다. 이것은 설명(Describe), 표현(Express), 주장(Assert), 강화(Reinforce), 마음챙김(Mindful), 자신감 드러내기(Appear confident), 협상(Negotiate)을 나타냅니다.

자신이 관계에서 얼마나 많은 크고 작은 것을 요구하는지 생각해 봅시다. 만일 요청하는 것을 피하고 있음을 알아차렸다면, 이 기술은 당신을 위한 것입니다. 자신이 필요한 것을 요청하는 것에 자신감을 가지는 방법을 알 필요가 있습니다. 몇몇 요소는 쉽지만,

요청하기 어려운 요소들이 있음을 이제는 알게 될 것입니다. 이는 당신이 무엇을 요구하는지뿐만 아니라 누구에게 요구하는지와도 관련이 있습니다. 우리는 사랑하는 사람들로부터 그 사람이 '요청하는 것'이 일반적으로 합리적이라는 말을 자주 듣지만, 그들이 '요청하는 방식'은 때로 문제가 있어 그들의 요구를 받아들이는 데 방해가 됩니다. 정서적 관여는 우리의 요청을 효과적인 것에서 부담스럽거나 위협적인 것으로도 바꿀 수 있고, 한편으로는 다른 사람들이 우리의 마음을 읽을 수 있다는 기대와 함께 간접적인 양상으로 바꿀 수도 있습니다. 방금 검토한 걸림돌에 대해 생각해 보면, 거의 모든 걸림돌이 우리가 원하는 것을 효과적으로 요청하는 데 방해가 될 수 있습니다. 다음 부분에서 DEAR MAN 기술에 대해 실질적으로 알아봅시다.

TIP

DEAR MAN이라는 초성을 딴 단어가 다소 길다는 것을 알 수 있습니다. 여기에는 이유가 있습니다. 이 기술을 처음 배우고 연습할 때 이 초성 단어를 스크립트 또는 가이드로 사용합니다. 이 기술을 사용하여 무언가를 요청하기 전에 DEAR MAN을 적어 봅시다. 이는 자신의 요청을 정리하는 것뿐만 아니라 속도를 늦추는 데에도 도움이 됩니다. 속도를 늦추는 것은 자신이 무엇을 요청하는지, 어떻게 요청하고 싶은지를 정확하게 밝히는 데 도움이 될 것입니다. DEAR MAN의 길이는 정서적인 요청에 대한 훌륭한 장벽이자 자신이 원하는 것에 집중할 수 있는 방법이기도 합니다. DEAR MAN을 연습하고 보다 능숙해질수록 스크립트를 사용할 필요가 없을 것입니다. 이상적으로, 대체로 그러하듯 이 기술 또한 무언가를 요청하는 방법으로 체화될 것입니다.

기억하세요

언뜻 보기에, DEAR MAN은 다소 벅차 보일 수도 있습니다. 한 번에 한 걸음씩 내딛는 게 좋습니다. 때로는 가장 효과적인 DEAR MAN조차도 거절될 수 있다는 것을 주의해야 합니다. DEAR MAN 접근을 취한다고 해서 자신이 요청한 것을 반드시 얻을 수는 없지만, 요청을 거절당했을 때 자신은 효과적인 방법으로 요청했고, 조절된 방식으로 머무를 수 있으며, 상대방과의 관계를 손상시키지 않고 자존심을 지킬 수 있다는 것을 알 수 있습니다.

설명

상황에 따른 사실들을 설명(Describe)하면서 DEAR MAN 기술을 적용합니다. 이는 시작하기에 다소 낯선 방식일 수 있습니다. 많은 사람은 그들이 어떻게 느끼는지에서 출발하기 때문입니다. DEAR MAN은 상황에 따라 공유된 사실로부터 시작합니다. 당신은 당신과 다른 사람이 동의하는 몇 가지 사실에 대해 생각하고 싶어 합니다. 이것은 상대방을 함께 생각할 수 있는 자리로 불러들여 초기 방어 방식이나 상황에 대해 논쟁할 기회를 줄이는 효과적인 방법으로 입증되었습니다. 너무 많은 사실이 필요한 것은 아닙니다. 가장 관련성이 높은 몇 가지 사실만이 필요합니다.

예를 들어, 다음과 같이 상황을 설명할 수 있습니다.

설명 4주 후면 앤디의 생일인데, 앤디가 이를 기념하고자 저와 그의 친구 네 명에게 주말 동안 스키를 타러 가자며 초대했어요. 저는 6개월 동안 앤디를 보지 못했어요. 아시다시피 우리는 다섯 살 때부터 알고 지냈는데도요.

표현

자신이 그 상황의 사실을 묘사한 후에는, 자신이 어떻게 느끼는지를 표현(Express)합니다. 자신이 어떻게 느끼는지에 집중하고, 다른 이들이 어떻게 느낄 것 같은지 말하지 않도록 주의합니다. 다시 말하지만, 그 상황에 대한 자신의 감정에 너무 빠져들지 않아야 합니다. 다음 예와 같이 명확하고 간결하게 할 수 있습니다.

표현 앤디를 만나고 내 남성 친구들과 함께하는 시간을 정말 기대하고 있어요. 그가 지난 한 해 동안 너무 힘이 되어 주었고 항상 제 생일을 크게 축하해 줬기 때문에 그와 함께 축하하는 것을 놓친다면 정말 슬플 것 같아요.

주장

TIP

DEAR MAN 기술 중 주장(Assert) 부분은 자신이 질문하는 부분입니다. 효과적으로 기술을 활용하려면, 자신이 무엇을 요구하는지 분명히 해야 합니다. 가장 효과적인 주장은 "예/아니요 질문"입니다. 이런 식으로, 다른 사람은 우리가 무엇을 요구하는지 알고 어떤 면에서는 우리에게 대답하도록 강요당합니다. 덜 직접적이거나 애매한 요청은 우유부단하거나 명확하지 않은 답변으로 이어질 수 있습니다. 우리의 목표는 명확한 답을 얻는 것이며, 이를 위한 가장 좋은 방법은 다음과 같은 명확하고 직접적인 질문을 하는 것입니다.

주장 주말 간 휴가를 떠날 수 있도록 당신의 지지를 구할 수 있을까요?

강화

강화(Reinforce)는 DEAR MAN의 가장 중요한 부분 중 하나이며, 확실히 속도를 낮추고 자신의 요청에 대한 효율을 높이는 방법입니다. 간단히 말해서, 강화는 상대방이 자신의 요청에 동의할 수 있도록 그 안에 무엇이 있는지에 초점을 맞춥니다. 이것은 우리가 목표에 대해 생각할 필요가 있다는 것을 의미하지만, 다른 사람과 그들에게 중요한 것이 무엇인지에 대해서도 생각할 필요가 있다는 것을 보여 줍니다. 왜 그들이 당신의 요구에 승낙해야 하나요?

강화란 행동을 지속시키는 것임을 알 수 있습니다(자세한 내용은 제13장 참조). 강화는 우리가 얻거나 구원을 제공하기 위해 적대적인 것을 제거하는 것일 수 있습니다. 어린아이들에게 강화는 종종 물건이지만 나이가 들수록 강화는 더 복잡하고 추상적이며 신뢰, 자유, 우정, 독립과 같은 것들을 포함합니다.

주의

흔하고 쉬운 실수는 "만약 당신이 좋다고 말한다면, 그것은 나를 행복하게 할 것입니다."와 같은 표현입니다. 그것은 다른 사람에게 중요할 수 있지만, 그것은 실제로 다른 사람보다 자신에 대한 것이기 때문에 약한 수준의 강화이기 때문입니다. 다음 강화의 예를 생각해 보세요.

강화 제가 떠나는 것은 당신에게 힘든 일이면서도, 이것이 우리 둘 모두에게 매우 중요한, 우리 관계에 대한 신뢰를 계속 쌓을 수 있는 멋진 기회가 될 것이라는 점도 알고 있어요.

마음챙김

DEAR MAN 기술의 특징적인 지점이 바로 마음챙김(Mindful) 단계에서 시작됩니다. 누군가에게 무언가를 요구할 때, 그것은 쉽게 빗나가기 마련입니다. 우리 스스로 주의가 산만해지거나, 요청을 피하기 위해 상대방이 의도적으로 또는 의도하지 않게 우리를 산만하게 만들 수도 있습니다. DEAR MAN 기술을 활용하는 동안 단 한 가지에 유념하고(자세한 내용은 제9장 참조) 집중하는 게 중요합니다. 우리의 대본은 이 과정에서 도움이 될 것입니다.

TIP

다른 주제나 과거, 미래에 대해 이야기함으로써 산만해져선 안 됩니다. 만약 자신이 코스를 벗어나 질문에서 벗어나고 있는 것을 알아차렸다면, 자신의 요청으로 자연스럽게 돌아가야 합니다. DBT에서는 이 과정을 고장난 레코드(broken record)라고 부릅니다. 이는 잔소리가 아니라, 지신의 요청을 반복하는 것입니다. 주의가 산만해져도 괜찮지만, 마음챙김 기술을 사용하여 코스를 벗어났다는 것을 깨닫고 질문으로 돌아가 봅시다.

다음은 동료에게 요청하는 과정에서 마음챙김의 예를 보여 줍니다.

마음챙김 예전에, 그리고 다른 관계에서 이런 순간이 당신에게 매우 힘겨웠다는 것을 들었었죠. 그런데 동시에 말이에요, 저는 지금 이번 주말에 있을 생일에 대해 묻는 거고, 우리의 관계와 그 목표에 대해 집중하고 있어요.

자신감 드러내기

TIP

우리가 DEAR MAN 기술을 어떻게 전달하느냐에 따라 큰 차이가 만들어집니다. 만약 직접적으로 무언가를 요구하는 것이 자신에게 새로운 기술이거나 불안하다면, 자신감 드러내기(Appear confident)에 집중할 필요가 있습니다. 자신감이 없을 때 자신감 있게 보이는 것은 실제로 자신을 더 자신감 있게 만들 수 있습니다. 우리가 자신감 있게 질문할 때 자세나 어깨를 뒤로 하고 똑바로 앉아 눈을 마주치는 것, 목소리를 크게 말하고 속삭이지 않는 것, 그리고 자신감 있는 어조를 사용하는 것과 같은 것들에 대해 생각할 필요가 있습니다. 이 모든 것들이 DEAR MAN 기술을 강화하는 데 도움이 될 것입니다.

협상

DEAR MAN의 마지막 부분은 협상(Negotiate)입니다. 우리는 사람들이 "아니요."라는 말을 듣는 게 견디기 어렵다는 말을 자주 듣습니다. 그리고 그런 말을 들을 때 잘 조절되지 않고 종종 문제 있는 방식으로 대화를 마무리하는 것을 보게 됩니다. 협상을 통해 대화에 들어가기 전에 '아니요'라는 말을 듣는 상황에 미리 대처할 수 있습니다. 우리는 거절당하는 것이 어떤 기분일지 상상할 수 있고, 두 번째 요청을 제안함으로써 협상하는 방법뿐만 아니라 조절된 상태를 유지하기 위해 어떤 기술을 사용할지도 고려할 수 있습니다. 많은 경우, 처음에는 부정적 답변이 돌아올 수 있지만 우리가 대화를 계속하고 그것들을 생각할 수 있는 한 다른 선택지들 또한 기다리고 있습니다.

TIP

모든 DEAR MAN 활용에 있어 적어도 한 번은 협상을 해야 합니다. 가장 좋은 경우는 그것을 사용할 필요가 없는 것이고, 다른 경우 협상이 필요하다면, 협상은 우리가 대화에 머무를 수 있도록 도울 것이며, 자신의 자존심이나 관계에 해가 되는 방식으로 대화 상황을 떠나지 않게 할 것입니다.

협상 단계의 예는 다음과 같습니다.

협상 3일은 너무 길어서 아직은 제 휴가를 지지해 줄 수 없다는 거네요? 아직 한 달 정도 남았는데, 연습 차원에서 제가 한 친구와 1박으로 어딘가를 한번 다녀와 보고 우리가 괜찮다는 걸 확인해 보는 건 어때요?

타당화 기술 연습하기

겉으로 보기에 타당화는 그리 어렵지 않아 보이며, 소중한 사람들과 함께하기 위한 좋은 연습처럼 보입니다. 다른 사람의 감정에서 지혜나 합당한 것을 찾아내 알려 주는 것은 기분 좋은 일입니다. 어떤 사람들은 타당화 기술을 더 쉽게 연습할 수 있는 반면, 어떤 사람들에게는 이를 연습하기가 훨씬 더 어렵습니다. 이는 종종 자신의 민감성 수준과 어렸을 때 얼마나 많은 타당화를 받았는지와 관련이 있습니다. 이것은 또한 당신의 마음 상태와도 관련이 있습니다. 감정이 강해져 있거나 이에 휩싸여 있을 때는 다른 사람을 타당화하기가 매우 어려울 수 있습니다. 그 이유 중 하나는, 어떤 것에 대해 강한 감정을 느낄수록 다른 사람의 생각과 감정보다 자신의 생각과 감정에 더 집중하는 경향 때문입니다. 타당화는 우리 모두에게 중요하지만, 특히 정서적으로 민감한 사람들에게 더 중요합니다.

주의

제2장에서 알 수 있듯이, DBT를 받는 대부분의 사람은 비타당화하는(invalidating) 환경을 많이 경험해 왔습니다. 즉, 부모, 형제자매, 교사, 코치, 상사, 동료와 같은 사람들이 그들의 정서적 민감성을 인정하지 않은 채 오히려 정반대로 행동하는 것을 경험해 온 것입니다. 대부분의 비타당화는 선의에서 비롯된 것이며, 우리 모두 비타당화될 수 있다는 점을 기억하는 것이 중요합니다. 예를 들어, 누군가의 기분을 나아지게 하기 위해 "그냥 넘어가."라고 말하거나, "그 정도로 나쁘진 않았어."라고 짚어 주거나, "크게 문제 삼지 마."라고 말할 수 있습니다. 이러한 짧은 문장은 종종 도움을 주고자 하는 의도에도 불구하고 매우 비타당적입니다. 정서적으로 민감한 사람은 '그냥 넘어갈 수 있는 기술'을 가지고 있지 않은 경우가 많으며, 그 대신 자신의 감정에 문제가 있다거나 그 누구도 자신의 고통이나 속상함을 이해하지 못한다는 메시지를 듣게 됩니다. 만성적인 비타당화는 사람들을 DBT로 이끄는 증상과 감정 조절의 결함으로 이어지게 만드는 경험 중 하나입니다.

다른 사람으로부터의 타당화는 비타당화로 인한 과거의 상처를 치유하는 데에 도움이 되며, 자신의 감정을 이해하기 어려울 때 이에 대한 합당한 이유를 배우는 데에도 도움이 될 수 있습니다. 타당화는 관계 유지에 있어 매우 중요하며, 당신은 관계에 어려움을 겪고 있기에 DBT를 받으러 왔을 수도 있습니다. 또한 타당화 기술은 경계성 성격장애(BPD)를 가진 사람들의 가족이나 연인과 같은 가까운 사람들(loved ones)에게도 강조됩니다. 사랑하는 사람들로부터 타당화받는 것이 여러 면에서 DBT의 궁극적 목표인 자기 수용·인정을 가르치는 데에 도움이 되기 때문입니다. 자신을 타당화할 수 있게 되면, 주변 세계로부터 주어지는 비타당화를 더 능숙하게 탐구할 수 있게 됩니다.

다음 절에서는 다양한 타당화 방법, 상대와 의견이 다를 때 타당화하는 법, 타당화를 통한 문제 해결의 효과 등에 대해 다루고자 합니다.

기억하세요

타당화를 하는 것이 처음이고 이에 익숙하지 않다면, 연습이 필요합니다. 다른 모든 기술과 마찬가지로 타당화를 더 잘하는 유일한 방법은 곧 연습이며, 당신이 틀릴 수도 있다는 것을 인식하는 것입니다. 이는 때때로 암기처럼 느껴지거나 틀에 박힌 것처럼(canned) 보일 수도 있고, 심지어 상담사처럼 말하는 것 같다거나 이상하게 말한다는 식으로 비난받을 수도 있습니다. 그러나 시간을 들여 주변 사람들과 함께 이 개념을 연습하다 보면, 자신의 목소리를 되찾을 수 있을 것입니다. 또한 스스로를 통제할 수 있을 때는 타당화가 보다 잘 이루어지지만, 감정이 격해지거나 특정 사람들과 함께 있을 때는 이 기술을 사용하기가 더 어렵다는 것을 깨달을 수도 있습니다. 그렇다면 되도록 그 사람들과 함께 연습해 보세요!

다양한 수용·인정 방법 발견하기

타당화에 대한 가장 흔한 질문 중 하나는, "그럼 뭐라고 말해야 하나요?"입니다. 우리는 당신이 자신만의 언어를 찾길 바라기에 대본을 제공하지는 않습니다. 대신 타당화할 수 있는 몇 가지 다양한 방법을 나누고자 하며, 이 장의 뒷부분에서 자세히 설명할 GIVE 기술을 사용할 때 이를 적용할 수도 있습니다.

기억하세요

타당화는 상대에게 그들이 어떻게 느끼는지 감정을 말하는 것이 아니라, 상대의 경험을 이해하고 있는지 잠정적으로 확인하는 것입니다. 우리 모두는 자신의 감정에 대한 전문가입니다. 누군가에게 타당화를 제공했는데도 우리가 틀렸거나 제대로 이해하지 못했다고 답한다면, 우리가 비록 다 이해했다고 생각했더라도 뭔가 놓친 것이 있으리라는 것을 인정하고 다시 시도해야 합니다. 다음의 몇 가지 유용한 단서를 통해 타당화가 제대로 이루어졌는지, 또는 놓친 부분이 있는지 파악할 수 있습니다.

- 사람들이 타당화받았다고 느낄 때 한 가지 지표는 상호작용의 감정적 강도와 속도가 느려진다는 것입니다. 두 번째 지표는 자신의 감정이나 특정 방식으로 감정을 느끼게 하는 상황에 대해 더 많이 공유하기 시작한다는 것입니다.
- 타당화가 제대로 이루어지지 않으면 상대는 대개 다음의 두 가지 방법 중 하나로 이를 알려 줄 것입니다. 때때로 큰 소리를 내며 당신이 이해하지 못하고 있다고 말하거나 입을 꾹 다물고 철수하며 대화를 끝내고자 할 것입니다. 상대의 반응에 주의를 기울이는 것이 이를 알아차리는 데에 도움이 됩니다.

기억하세요

리네한 박사는 타당화를 위한 여섯 가지 수준 또는 방법을 제시합니다. 이는 계층 구조가 아니라 타당화를 제공하기 위해 할 수 있는 다양한 방법에 지나지 않습니다.

- **주의 기울이기**: 상대에게 온전히 주의를 기울이고(휴대전화를 내려놓거나 TV를 끄는 등), 눈을 마주치고, 상대가 말할 때 고개를 끄덕이며, (심문하는 방식이 아닌) 명확한 질문을 던지는 것은 타당화를 위한 방법 중 하나입니다. 이렇게 함으로써 상대의 경험에 관심이 있다는 것을 알릴 수 있습니다.
- **반영하기**: 반영은 상대의 말을 잘 듣고 있다는 것을 알리는 것이며, 상대의 말을 잘 이해했는지 또는 제대로 기억하고 있는지 확인하기 위해 사용됩니다. 상대가 소리를 지르면 "화가 났군요."라고 말하는 것에서 벗어나고 싶어 하기 때문에 약간의 연습이 필요할 수 있습니다. 이러한 말은 타당화라기보다 섣불리 어르고 달래는 것처럼(patronizing) 들릴 수 있기 때문입니다. 그것보다는, "정말 슬퍼보입니다."라고 말하는 것이 더 효과적일 수 있는

데, 상대의 말을 듣고 있다는 것을 알려 줌과 동시에 상대가 느끼고 있을 법한 감정을 다시 상대방에게 반영하는 것이 좋습니다.

- **마음 읽어 주기**: 이러한 형태의 타당화를 '고위험, 고보상(high risk, high return)'이라고 부릅니다. 상대의 마음을 잘 읽어 주면 기분이 좋아지겠지만, 잘 읽어 주지 못할 때를 대비해 뒷주머니에 부드러운 사과(gentle apology)를 넣어 두어야 합니다. 마음을 읽어 주는 것은 상대가 말하지 않아도 상대의 기분을 알아차리고 있다는 것을 알리는 것입니다. 비언어적 단서에 주의를 기울임으로써 이를 실천할 수 있습니다. 예를 들어, 룸메이트가 땅만 쳐다보며 들어와 가방을 바닥에 떨어트린 채로 아무 말도 하지 않고 있다면, "힘든 하루였어?"와 같은 말을 건넬 수 있습니다. 말하지 않아도 상대가 자신의 기분을 알아챘다는 것은 정말로 멋진 일입니다. 만약 틀렸다면 이를 인정하고, 몇 가지 질문을 던짐으로써 상대에게 무슨 일이 일어나고 있는지 더 잘 이해할 수 있습니다.
- **이해하기**: 여기서 말하는 이해는, 상대의 과거력이나 상대가 누구인지에 비추어 상대의 감정이나 입장이 어떻게 이해할 수 있는지 파악하는 것입니다. 이는 자신이나 다른 사람의 경험을 이해하는 데에 매우 유용한 타당화 유형에 해당합니다.

  예 "예전에 정말 안 좋은 경험을 했기에 데이트하기 불안해하는 것이 이해돼."

  주의 이러한 유형의 타당화와 '이해'라는 단어에 대한 중요한 유의점 중 하나는, 가급적 '이해'라는 단어의 사용을 삼가는 것이 좋다는 점입니다. 정서적으로 예민하거나 완전히 똑같은 경험을 하지 않는 한, 우리는 다른 사람의 경험을 진정으로 이해할 수 없습니다. 어떤 사람에게는 괜찮을 수 있지만, 다른 사람에게는 매우 문제가 될 수 있기에, '이해'라는 단어의 사용을 주의해야 합니다. 그것이 문제가 되면, 선의에 의한 타당화 또한 무의미해지게 됩니다.
- **타당함 인정하기**: 이것 또한 상대방이 그들의 감정을 이해하는 데 어려움을 겪을 때 매우 도움이 되는 타당화 유형입니다. 타당함을 인정함으로써 당신은 그 사람에게 그들의 경험이 전형적이고 다른 사람들에 의해 공유된다는 것을 알게 하고, 만약 당신에게 그런 일이 일어난다면 당신도 같은 생각을 가질 수도 있다는 것을 알게 하는 것입니다.

  예 "특히 첫 번째 취업 면접은 스트레스를 받기 때문에, 첫 번째 면접 전에 불안해하는 것은 당연한 일입니다." 모든 사람이 그렇게 느낀다고 말하는 것은 아니지만, 그것은 그 사람에게 그들의 감정과 상황이 공통적이고 다른 사람들과 공유된다는 것을 알려 주는 것입니다.

> **동등함, 진정한 진정성 보여 주기:** 이 마지막 타당화 예시는 단어 사용에 훨씬 덜 의존합니다. 자신답게 행동하고 다른 사람의 경험을 진정으로 인정하세요. 이것은 누군가의 슬픔을 인식하고 그들에게 휴지 한 상자를 건네주는 것처럼 보일 수 있고, 그들이 슬플 때 그들과 함께 눈물을 흘리거나 그들의 흥분에 기뻐하는 것처럼 보일 수 있습니다. 당신은 어떤 식으로든 그들의 경험을 가로채는 것이 아니라 그들이 어떻게 느끼고 있는지에 대해 그럴 수 있다고 인정하기 위해 당신의 경험을 이용한다는 것을 명심하세요.

당신이 동의하지 않을 때 타당화하기

타당화의 가장 어려운 사례 중 하나는 상대방의 말에 동의하지 않을 때입니다. 이럴 때 능숙하게 대처하기 위한 핵심은 타당화는 사실이 아니라 감정에 관한 것임을 기억하는 것입니다. 당신의 임무는 당신 자신의 감정을 알아차리고 조절하는 것이며, 당신이 동의하지 않는 것보다는 다른 사람의 감정에 대해 더 많이 생각하는 것입니다. 이런 방식으로 생각하면 더 쉬울 수 있습니다. 즉, 당신은 그들의 입장에 강하게 동의하지 않으면서도(strongly disagree) 그들이 이것에 대해 어떻게 그렇게 강하게 느낄 수 있는지를 이해할 수 있습니다.

예를 들어, "내가 당신을 배제했다고 느꼈다면, 당신이 상처와 분노를 느꼈을 것 같네요."라고 말할 수 있습니다. 여기서 자세히 살펴보면, 당신은 변증법적인 사고가 작동하는 것을 알 수 있습니다. 당신은 당신이 그들을 배제하지 않았다고 느끼는 당신의 입장과 그들이 배제되었다고 느끼는 그들의 관점을 견지해야 합니다. 당신이 누군가와 의견이 다를 때 누군를 타당화할 수 있는 것은 강력한 관계 도구입니다! 의견 차이로 양극화되기 쉬운데, 타당화는 관계를 손상시키지 않고 의견 차이를 용인하는 데 도움이 되는 도구 중 하나입니다.

문제 해결 및 타당화

문제 해결과 타당화는 정서적 민감성에 관련하여 흥미로운 조합입니다. 많은 사람에게 문제 해결은 곧 타당화입니다. 당신은 자신의 문제를 인식하고 해결합니다. 하지만 정서적으로 민감한 사람들에게는 그런 방식이 통하지 않습니다. 타당화 전 문제 해결은

DBT에 온 사람들의 가족이나 연인 등 가까운 사람들(loved ones)에게 가장 큰 함정 중 하나입니다. 그들에게, 종종 문제 해결보다 수용 · 인정이 우선되어야 합니다. 사람들이 즉시 문제 해결을 제안하면 마치 문제가 얼마나 쉽게 해결될 수 있는지를 말하는 것처럼 느껴져 그들의 고통을 완전히 오해하게 된다는 이야기를 여러 번 들었습니다. 의도하지 않았더라도 이런 현상이 나타납니다.

TIP

만약 당신이 숙련된 문제 해결사라면 먼저 타당화를 제공하도록 두뇌를 재구성하는 것이 쉽지 않다는 것을 알게 될 것입니다. 사실, 우리는 종종 한 걸음 더 나아가 사람들로 하여금 그들의 가족과 연인 등 가까운 사람들에게 수용 · 인정을 요청하도록 합니다. 그러고 나서 그들의 아이디어, 생각, 의견 또는 해결책을 원하는지 물어봅니다. 민감한 사람이 다시 조절되면 스스로 문제를 해결할 수 있고, 수용 · 인정을 받는 것이 그 과정에 도움이 될 수 있는 경우가 많습니다.

GIVE 기술로 커뮤니케이션하기

기억하세요

또 다른 대인관계 효과성 도구로는 관계 효과성 기술인 GIVE 기술이 있습니다. 이 두문자어(GIVE)의 주요 기술은 이전 절에서 다루었던 수용 · 인정입니다. 당신의 GIVE 기술인 온화함(Gentle), 관심(Interested), 수용 · 인정(Validate) 및 편안한 태도(Easy manner)를 사용하면 상황에 따라서 상대방에게 그들의 감정이 중요하고 그 감정이 합리적이라는 것을 알릴 수 있습니다. GIVE 기술은 인간관계를 관리하는 데 도움이 되는 기술로 생각할 수 있습니다.

>> **온화함(G)**: 이 기술은 생각보다 쉽게 들리지만 온화함을 필요로 합니다. 당신은 공격이나 위협을 자제하기 위해 최선을 다해야 합니다. 친절하고, 배려하며 상대방이 어떻게 느낄지 궁금해하세요. 비판적이거나 흑백논리로 판단하지 마세요. 눈을 잘 맞추고 편안한 자세를 취하세요.

- **관심(I)**: 상대방과 그들에게 무슨 일이 일어나고 있는지에 대한 관심을 보이세요. 개방형 질문을 하세요. 그들에 대해 또는 그들에게 중요한 것이 무엇인지 알아보기 위해 마음을 여세요. 동의하지 않더라도 그들의 관점에 귀를 기울이고 그들이 말하는 것에서 가치를 발견할 준비를 하세요. 끼어들지 말고 듣는 사람의 역할을 하세요.
- **수용 · 인정(V)**: 말이나 행동으로 타당화할 수 있음을 명심하세요. 그들이 어떻게 느끼는지 알아차리고 당신이 맞는지 확인하세요. 그들의 관점에서 상황을 바라보세요. 수용 · 인정에 대해서는 이 장의 앞부분에서 자세히 다루었습니다.
- **편안한 태도(E)**: 미소 짓고, 마음을 약간 가볍게 하고, 상호작용에 긴장을 가져오는 것을 피하세요. 유머가 타당하고 말이 된다면 가벼운 유머를 사용하세요. 변증법적이어야 합니다. 상호작용에 대한 여러 측면 또는 관점을 보세요.

TIP

GIVE 기술은 타당화 연습에 스타일 또는 전달 포인트를 추가하는 것으로 생각할 수 있습니다. 때때로 당신은 타당화에만 집중하고 어떤 때에는 당신의 GIVE 기술을 다른 대인관계 효과성 기술 중 하나와 결합하게 될 것입니다. 당신이 약간의 GIVE 기술을 추가한다면 당신의 DEAR MAN이 얼마나 더 효과적일 수 있는지 알 수 있습니다. 특히 상대방이 그렇게 하기가 매우 어려울 것 같은 누군가에게 협상하거나 요청해야 하는 경우에 그렇습니다.

FAST 기술을 통해 진실성 지키기

마지막 대인관계 효과성 기술은 FAST 기술로서, 공정하기(Fair), 지나치게 사과하지 않기[(No) Apologies], 가치관 지키기(Stick to your values), 진실되기(Truthful)를 의미합니다. 이 기술은 자기 존중을 유지하도록 도와주는 기술로 여겨집니다. 이 기술은 어떤 상호작용에서든 자신의 행동에 대해 자부심과 진실성을 느끼며, 상대방을 대하는 방식과 자신의 의견이나 입장을 효과적으로 전달하는 방법에 대한 자신의 가치관을 유지했다고 느끼도록 돕습니다. 이것은 효과적으로 거절하기 또는 개인적 한계를 설정하는 기술입니다.

주의

어떤 사람들은 다른 사람들보다 자기 존중을 하지 못해 힘들어합니다. 어떤 사람들은 자신과 자신의 필요를 주장하는 데 어려움을 겪는 반면, 어떤 사람들은 자신을 주장할 때 협박이나 지나치게 공격적인 태도에 의존할 수 있습니다. FAST 기술의 효과성은 감정과 관계에 의해 좌우된다는 것을 알게 될 것입니다. 어떤 관계에서 당신이 적절하게 조절을 하고 있다면, 당신은 효과적으로 이 기술을 사용할 수 있겠지만, 특정 관계에서 조절을 잘 못하고 있다면 효과적으로 한계를 설정하거나, 거절하거나, 자신의 입장으로 고수하는 것이 더 어렵게 됩니다. FAST 기술은 당신이 자기 존중 기술을 효과적으로 숙달하는 데 도움을 줄 것입니다.

기억하세요

다음은 FAST 기술의 구성 요소입니다.

공정하기(F): 당신은 공정한 태도로 시작해야 합니다. 한 걸음 뒤로 물러나 상황과 당신의 입장, 그리고 상대방의 상황과 입장에 대해 바라보세요. 현명한 마음, 즉 자신의 감정과 상황에 대해 알고 있는 것을 염두에 둘 수 있는 균형잡힌 마음(제3장 참조)으로 이동하세요. 그러면 당신은 다른 사람뿐만 아니라 스스로에게도 공정해 질 수 있을 것입니다. 전체적인 상황과 다양한 관점을 살펴보세요.

지나치게 사과하지 않기(A): 사과는 당신이 당신의 가치와 상반되거나 어떤 사람에게 해가 되는 어떤 것을 했을 때 하는 것이라는 것을 유념하세요. 당신이 그런 행동을 했다면 한 번 사과를 하고, 다음에는 다르게 행동할 것에 대해 약속을 하는 것입니다. 과도한 사과는 자기 존중을 깎아 내리는 것입니다. 어떤 것을 부탁한 것에 대해, 누군가에게 거절을 한 것에 대해, 잘 지내기 위해서 사과하지 마세요. 무엇인가를 잘못했다거나 수치스럽게 바라보는 대신, 자기의 의견을 자신있게 표현하며 주장하세요. 사과를 해야 할 때에만 사과를 하세요.

가치관 지키기(S): 당신에게 중요한 것을 경시하지 마세요. 당신의 가치와 윤리에 주의를 기울이고 그것들을 고수하세요. 종종 상호작용을 하기 전에 잠시 멈추고 자신에게 중요한 것이 무엇인지를 확인하는 것을 의미합니다.

진실되기(T): 대다수의 의견이나 다른 사람들 뒤에 숨지 마세요. "모든 사람은 이렇게 행동해." 또는 "이렇게 하는 것이 적절한 거야."와 같은 표현을 조심하세요. 당신의 한계는 자신이 정하는 것입니다. 그러므로 자신의 한계에 대해 핑계를 대거나 과장하거나 경시하지 말고, 스스로를 인정하세요.

GIVE와 FAST 기술 통합하기

우리는 FAST 기술을 활용하기 위한 가장 효과적인 방법은 GIVE 기술과 통합하는 것이라는 것을 알게 되었습니다. 대부분의 사람은 상대방이 내 기분이 어떨지 생각하는 시간을 가졌다고 느껴질 때, 어떤 일에 대한 제한이나 거절이 잘 들린다는 데 동의할 것입니다. GIVE 기술(온화함, 관심, 수용 · 인정, 편안한 태도)은 FAST 기술을 시작하기에 완벽한 방법입니다.

다음은 우리가 GIVE FAST 콤보라고 부르는 것의 몇 가지 예시입니다. 당신은 GIVE 기술을 사용하고, 이어서 같이 FAST 기술(공정하기, 지나치게 사과하지 않기, 가치관 지키기, 진실되기)을 사용할 수 있습니다.

- 당신은 친구들과 이번 주말 파티에 참석하지 못할 것에 대해 많이 걱정하는 것처럼 보여요. 당신은 귀가 시간을 두 시간 지나 집에 도착했고, 그래서 우리의 합의 사항은 다음 주 주말까지 집에 머무는 것입니다.
- 당신은 매우 화가 난 것처럼 들리네요. 동시에 만약 당신이 나에게 계속 소리를 지르고 나를 괴롭힌다면 전화를 끊을 거예요.
- 오늘 밤 당신의 친구들과 함께 밖에 나가는 것을 많이 원하고 있는 것을 알고 있어요. 그리고 당신은 나와 함께 저녁 시간을 보내는 것을 같이 계획했었어요.

기억하세요

GIVE 기술과 타당화 이후에 FAST 기술을 사용한다는 것을 예시를 통해 알게 되었을 것입니다. 두 기술 중간에 변증법적 균형을 만들기 위해 '그리고' 또는 '동시에'를 넣을 수 있습니다. 그 두 기술이 상반되는 입장으로 보일 수 있지만, 동일한 가치가 부여되어 있습니다. 이것은 변증법적으로 사고하는 방법의 한 예입니다(제2장 참조).

모든 기술 통합하기

대인관계 효과성 기술은 실행하는 데 가장 어려운 DBT 기술 중 하나입니다. 매일의 대인관계 상호작용에서 많은 변수가 존재하는데, 당신의 정서, 다른 사람들의 정서, 당신과 다른 사람들의 목표(원하는 것), 대인관계 기술의 수준에 따라 영향을 받습니다.

각각의 기술들은 주어진 상호작용에서 다른 우선순위를 다루고 있습니다. 세 가지 우선순위는 객관성(DEAR MAN), 관계성(GIVE), 자기존중(FAST)이라는 세 가지 기술로 나타납니다. 많은 경우에 이 세가지 우선순위는 당신이 자각하지 못한 채로 나타납니다. 예를 들어, 때때로 가장 중요한 것은 당신이 원하는 것을 얻는 것이지만 어떨 때는 관계를 지지하고 상호 합의에 도달하는 것이 더 중요하기 때문에 당신은 다른 사람과 조율을 할 수도 있습니다. 또 다른 경우, 당신이 원하는 것을 얻지 못하더라도 가장 중요한 우선순위는 자기를 주장하고 다른 사람에게 효과적으로 자기를 전달하는 것입니다.

기억하세요

대인관계에서 효과성을 높이는 가장 좋은 방법은 연습을 하는 것입니다. 먼저, 당신은 DEAR MAN 기술을 위한 대화문이 필요할 것입니다. 그리고 거울 앞에서 연습하는 시간을 갖는 것입니다. 가끔은 매우 성공적인 수행을 보일 수 있지만, 여러 다른 시도는 덜 성공적일 수 있습니다. 지속적으로 연습을 한다면, 이러한 기술들이 더 나은 관계를 갖는 데 도움을 줄 것입니다. 그리고 사람들과 상호작용하는 방식에 대해서도 더 좋은 감정을 느낄 수 있을 것입니다. 또한 당신의 욕구를 충족하고 당신이 어떤 감정을 느끼는지 나눈 것에 대해 더 효과적이라고 느끼게 될 것입니다.

제13장

중용 지키기

이 장에서

- 균형을 잡아 봅니다.
- 협력과 타협을 합니다.

DBT를 개발할 당시, 마샤 리네한 박사는 원래 성인 치료를 염두에 두고 있었습니다. 이후 DBT 치료의 다양성이 드러나면서 청소년과 가족들에게 적용되기 시작했습니다. DBT로부터 청소년 전문가 알렉 밀러(Alec Miller), 질 라투스(Jill Rathus)는 박사는 중용 기술을 개발했습니다. 이 DBT 기술은 십 대와 그들의 부모를 염두에 두고 개발되었으며, 이는 그들 사이 의사소통에 도움이 됩니다.

중용을 지키다(walking the middle path)라는 것은 '둘 중 하나'의 입장을 적극적이고 협력적인 '둘 다'의 입장으로 대체하는 것을 의미합니다. 이는 많은 사람이 종종 흑백논리, 즉 전부 아니면 아무것도 아니라는(all or nothing) 입장으로 결정을 내린다는 관찰에서 비롯한 기술입니다. 이 기술의 실천의 핵심은 자녀와 부모가 수용·인정, 행동주의, 변증법의 개념을 이해하는 것입니다. 이 장에서는 중용 지키기 기술에 대한 개요를 제공하고자 합니다.

균형 잡기

심리적 균형을 유지하기 위해서는 자신의 본성(nature)과 목표의 다양한 측면을 고려할 필요가 있습니다. 예를 들어, 당신의 감정이 말해 주는 것과 당신의 이성과 논리가 말해 주는 것, 당신이 원하는 것과 당신이 필요로 하는 것, 그리고 다른 사람이 당신에게 요구하는 것과 균형을 맞출 필요가 있습니다. DBT의 세 가지 요소인 타당화, 행동주의, 변증법은 균형이 어떻게 고려되고 발견되는지를 포함하고 정의합니다.

수용 · 인정

수용 · 인정은 다른 사람에게 그 사람의 경험과 생물학적 · 유전적 기질 등을 고려할 때 그들의 감정, 생각, 행동이 이치에 맞고 이해할 수 있다는 것을 전달하는 행위입니다. 수용 · 인정은 중요한 관계에서 서로 대화를 하며 서로 수용하는 데 필수적인 부분입니다. 그것은 다른 사람의 행동이 유발된 이유를 알게 해 주며, 그들의 정서적 도전과 감정 조절 곤란이 특정 상황에서 더 효과적으로 행동하는 것을 어렵게 하거나 심지어 불가능하게 만든다는 것을 알게 해 줍니다.

기억하세요

수용 · 인정에는 몇 가지 필수적인 특징이 있습니다.

- 감정, 생각, 행동을 포함한 타인의 반응이 특정한 상황에서 이해되고 이해될 수 있다는 것을 다른 사람에게 전달합니다.
- 사람의 현실에 대한 비판단적 관찰을 통해서 이뤄지는 인정(acknowledgment)이 있습니다. 예를 들어, "나는 방금 일어난 일로부터 네가 얼마나 슬퍼하는지 알 수 있어."라고 말하는 것입니다.
- 수용(acceptance)이 있습니다. "나는 네가 화가 났다는 것을 안다(바로 그거야. 너는 다른 말을 할 필요가 없어)."

비슷한 개념으로 자기 수용 · 인정이 있습니다. 생애 초기에 특정한 감정을 가지고 있는 것이 약하거나 그들이 느끼고 있는 것처럼 느껴져서는 안 된다는 말을 들은 경험이 있는 많은 사람은 그들이 실제 느끼는 것을 느껴져서는 안 된다고 믿게 됩니다. 하지만 그들이 그렇게 느끼기 때문에, 결국 지속적인 수치심과 자기혐오를 경험할 수 있습니다.

기억하세요

중용 기술을 사용하면 부모가 자녀를 타당화하고, 자녀가 부모를 수용·인정하고, 부모와 자녀가 자신을 타당화하는 방법을 배울 수 있습니다.

행동주의

DBT 중용 기술은 긍정적 혹은 원하는 행동을 증가시키거나 부정적 혹은 원하지 않는 행동을 감소시키기 위해 노력하는 경우 행동을 변화시키는 효과적인 방법을 가르쳐 줍니다.

기억하세요

첫 번째 과제는 주위 사람이나 사랑하는 사람이 변화를 보고 싶은 행동이 구체적으로 무엇인지 묻는 것입니다. 이것은 구체적일수록 좋습니다. 예를 들어, "나는 내 자녀가 인생에서 성공하기를 바란다."라고 말하는 것은 타당한 소망이지만 그것이 정확히 무엇을 의미하는지, 그것이 일어나기 위해 필요한 단계가 무엇인지 명료하게 드러내지 않습니다. 반면, "아이가 매일 밤 숙제를 했으면 좋겠다."라고 말하는 것은 좀 더 명확하게 표현된 요청입니다.

DBT는 변화에 초점을 맞추기 위해 행동주의(behaviorism)에서 비롯한 다음과 같은 원리를 사용합니다. 가장 중요한 개념은 행동 변화를 목표로 하는 강화(주된 수단)와 처벌(최후의 수단)입니다.

강화

강화(reinforcers)는 특정 상황에서 행동이 증가되도록 하는 결과(행동, 감정, 생각을 포함한 경험)를 뜻합니다. 강화에는 두 가지 유형이 있습니다.

>> **정적 강화**(positive reinforcers)는 원하는 결과를 추가하여 행동을 증가시키는 것입니다. 만약 누군가가 숙제를 한다고 칭찬하는 것이 숙제 활동을 증가시킨다면, 칭찬은 긍정적인 강화물입니다. 하지만 만약 어떤 사람이 칭찬에 신경 쓰지 않는다면, 그 사람을 칭찬하는 것이 그들의 숙제를 하는 행동을 증가시킬 것 같지는 않습니다. 강화되는 것은 제공자가 아니라 제공을 받는 사람의 경험에 있다는 것을 아는 것이 중요합니다. 어떤 아이나 사람은 칭찬이 힘이 된다고 생각할 수도 있고, 다른 아이는 그렇지 않을 수도 있습니다. 어떤 경우에는, 아이가 칭찬이 벌을 주는 것이라고 생각할 수도 있습니다(다음 절 참조).

>> **부적 강화**(negative reinforcers)는 원하는 행동의 증가를 얻기 위해 사람에게 혐오스러운 결과를 감산하거나 제거하는 것입니다. 예를 들어, 차에 올라타서 짜증나는 안전벨트 착용 경고음을 듣고 안전벨트를 매면 짜증나는 소음이 없어졌기 때문에 부적으로 강화된 것입니다. 부적 강화는 고통의 완화를 제공합니다. 또 다른 예는 두통을 없애기 위해 아스피린을 복용할 때 두통이 없어지면 나중에 아스피린을 복용할 가능성이 높아질 것입니다. 두통이 없어졌기 때문에 아스피린을 복용하는 것이 부적으로 강화되었다는 것입니다.

또 다른 행동 원리는 소거(extinction)이며, 행동주의에서 강화가 더 이상 주어지지 않기 때문에 행동 가능성이 감소하는 것으로 정의됩니다. 그래서 아이가 가게에 갈 때마다 사탕을 받고 울면 울음이 강화되었기 때문에 아이는 우는 법을 배운 것입니다. 만약 부모가 우는 행동에 보상을 주지 않음으로써 그 행동을 소거시킨다면 결국 우는 행동은 사라질 것입니다. 하지만 그 아이는 경험적으로 우는 것에 대한 보상을 받았기 때문에 소거의 첫 단계에서는 그것이 소멸되기 전에 우는 행동의 증가가 있을 것 같습니다. 이것은 행동주의에서 고전적인 것으로, 행동 폭발(behavioral burst)로 알려져 있습니다.

주의

만약 부모가 행동을 소거시키기로 결정하고 아이에게 사탕을 준다면 그들은 미래에 행동을 소거시키기 위해 훨씬 더 힘든 일을 하게 될 것입니다. 왜냐하면 아이는 이제 그들이 해야 할 일은 더 열심히 울기만 하면 되고 결국 부모는 항복할 것이라는 것을 배웠기 때문입니다. 대부분의 행동은 습관적이기 때문에 아이가 강화를 통해 행동이 만들어졌음에도 불구하고 아이는 이런 일이 일어났다는 것을 인식하지 못하고 조작하려는 의도로 행동하지 않고 오히려 단순히 그들의 행동이 과거에 효과가 있었기 때문에 행동합니다.

또 다른 주요 행동주의 개념은 행동 조성(shaping)입니다. 이것은 원하는 행동에 취해진 작은 단계들을 강화하는 것을 말합니다. 그래서 만약 자녀가 여태까지 통금시간을 3시간이나 어기고 지금은 시간에 맞추기 위해 매우 열심히 노력하고 있다면, 부모는 자녀가 통금시간에 맞춰 가는 방향으로 가고 있고 3시간 늦는 것보다 훨씬 낫기 때문에, 만약 자녀가 20분만 늦는다면 부분적인 인정이나 보상을 해 줄 수 있습니다.

처벌

처벌(punishment)은 강화와 비교하여 행동의 빈도 및 강도의 감소(decease)로 이어지는 바람직하지 않은 행동에 결과를 적용합니다. DBT에서는 두 가지 유형의 처벌을 고려합니다.

- **효과적인 처벌**: 양육에서 처벌은 자연스러운 결과로 이어지지 않는 행동을 감소시키는 방법을 포함할 수 있습니다. 예를 들어, 통행금지 시간 이후에 집에 돌아온다고 해서 일주일 동안 차를 사용하지 못하게 하는 것이나, 디저트를 못 먹게 하는 것이나, 동생을 때렸다고 해서 좋아하는 TV 프로그램을 못 보게 하는 것 등이 있습니다. 하지만 처벌은 자연스러운 결과일 수 있습니다. 예를 들어, 한 사람이 진정으로 성적에 신경을 쓴다면 공부를 하지 않은 후에 시험에 실패하는 것은 자연스러운 결과일 것입니다.
- **비효과적인 처벌**: 이는 구체적이지 않거나, 시간 제한이 없거나, 적합하지 않은 행동을 줄이기 위해 사용되는 징벌적 조치(punitive actions)입니다. 하지만 이러한 처벌은 행동에 비례하지 않기 때문에 어떤 것을 가르치는 대신에 처벌을 적용하는 사람에 대한 분노로 이어지는 경우가 많으므로 장기적인 이익이 없거나 행동 변화로 이어질 가능성이 낮은 결과입니다. 따라서 청소년이 통금시간을 어기고 나서 부모가 3개월 동안 외출금지 조치를 내린 후 사사건건 아이가 얼마나 무책임한지를 지적한다면 이것은 비효율적인 처벌의 예가 될 것입니다. 비효율적인 처벌은 그들이 한 일이 잘못되었거나 다음번에 다르게 해야 할 일을 가르치지 않으며, 대신 분노와 씁쓸함을 느끼게 합니다.

주의

변증법

기억하세요

제2장에서 설명한 것처럼, 변증법이라는 단어는 두 개의 상반되는 의미가 동시에 사실일 수도 있다는 개념을 뜻합니다. DBT에서는 항상 상황을 생각하는 한 가지 이상의 방법이 있으며, 모든 사람은 특별하고 다른 것을 제공합니다. 살 만한 가치가 있는 삶은 긍정적인 측면과 부정적인 측면(행복, 슬픔, 분노) 모두가 있으며, 이 두 측면은 모두 필요하고 가치가 있습니다. 때로는 변화가 필요하다고 인식하면서 우리 자신과 우리의 행동을 받아들이기가 어렵습니다. 변증법에서는 만족스러운 삶을 확립하는 데 필요한 수용과 변화 사이의 균형을 허용합니다.

민감한 자녀를 기르는 부모에게 '중용을 지키기 기술'을 사용하는 것은 아이들을 효과적으로 양육하는 데 중요합니다. 부모들은 DBT 개발자들이 말하는 육아의 변증법적 딜레마에 직면하기 때문입니다. DBT는 다음과 같은 세 가지 극단에 초점을 맞춥니다.

- **너무 엄격하거나 너무 느슨함(방목)**: 가정의 기대와 생활 규칙에 관하여 부모들은 그들의 양육 방식이 한편으로는 자녀들에게 너무 엄격한지 아니면 다른 한편으로는 너무 느슨한지를 알아차릴 필요가 있습니다. 부모가 강한 감정으로 자녀를 대하면 변증법적 딜레마의 한 극단에서 다른 극단으로까지 넘어갈 수 있습니다. 그러면 양육이 혼란스럽고 어려워질 것입니다. DBT는 부모들에게 명확한 규칙을 가지고 일관되게 시행해야 한다고 하지만, 동시에 상황이 변화함에 따라 특정한 문제들에 대해 기꺼이 협상해야 한다고 합니다. 예를 들어, 만약 자녀가 규칙을 일관적으로 따르기 시작하거나, 더 반항적으로 되거나, 새로운 친구 무리를 사귀거나, 또는 한 물건을 사용하지 않기로 약속을 고수하는 것을 예로 들 수 있습니다. 그리고 DBT에서는 부모들에게 결과를 남용하지 말라고 합니다.
- **문제 행동을 경시하거나 나이에 맞는 전형적인 행동으로 봄**: 부모들이 두 극단 사이에서 균형을 찾아야 하는 또 다른 지점, 한편으로 "그건 그냥 십 대들이 하는 정상적인 행동이야."와 같은 말을 하면서 문제 있는 행동을 무시하지 않고, 다른 한편으로는 자녀들이 어린 시절의 전형적인 행동을 너무 많이 하지 않도록 해야 한다는 것입니다. 부모 입장에서는 자녀의 행동이 언제부터 우려되는 행동으로 선을 넘었는지 인식하고, 자녀가 도움을 받을

수 있도록 하는 동시에 어떤 행동이 전형적이고 발달상 적절한지 아는 것이 중요합니다.

- **의존성을 강화하거나 독립성을 강요**: 마지막으로, 부모들은 의존성을 강화하는 것을 예방하고 싶어 하는데, 이는 부모가 의식적 또는 무의식적으로 자녀들이 필요로 할 때마다 부모에게 의존하도록 만든다는 것을 의미합니다. 그러면 문제는 자녀가 인생에서 다양한 도전을 대처하는 법을 배우지 못한다는 것입니다. 다른 한편으로, 부모들은 자녀가 스스로의 인생에 책임을 다할 준비가 되기 전에 독립을 강요하는 것을 하지 않도록 조심해야 합니다.

협력과 타협으로 포용하기

협력은 균형 잡힌 교류와 각 개인의 관점을 통합해서 관계의 근본적인 본질을 강화한다는 점에서 변증법적 통합과 일치합니다. 그러나 타협은 관계의 맥락에서 변증법적 기회를 제공하는 양날의 검입니다. 타협은 협상에 참여한 각각의 사람들이 원하는 것 중 일부를 얻는다는 것을 의미한다면, 좋은 일이 될 수 있습니다. 반면, 타협의 정의에는 거래에서 적어도 한 사람, 또는 두 사람 모두가 무언가를 포기하고 있으며, 이러한 상황에서 타협은 두 사람 모두에게 씁쓸한 감정을 남길 수 있다는 것을 내포합니다. 그런데도 타협과 협력 모두 관계 구축에 있어 제 역할을 합니다.

각각의 상황에는 하나 이상의 관점이 있다

제3장에서 설명한 것처럼, 어떠한 상황에는 하나 이상의 관점이 있습니다. 예를 들어, 순수하게 물리적인 관점에서 보면 코끼리는 뒤에서 볼 때, 앞에서 볼 때, 옆에서 볼 때 다르게 보입니다. 감정적인 관점과 인지적인 관점이 더해지면 더 복잡해집니다. 만약 어떤 사람이 개에 물린 적이 있다면 같은 개를 보더라도 개에 물린 적이 없는 사람의 경험과 다를 것입니다.

이러한 사고 방식을 따라가다 보면 상반되는 것처럼 보이는 두 가지가 모두 사실일 수 있습니다. DBT 관점에서 이것은 자해 행동과 관련이 있습니다. 예를 들어, 부모가 자녀를 보는 관점에서 부모는 당연히 자해 행동이 문제가 된다고 간주합니다. 아이가 자해하는 입장에서 보면 자해 행동은 해결책입니다. 아이에게는 감정의 강도를 다른 방식으로 다룰 능력이 없다는 것이 문제입니다. 따라서 자해는 문제인 동시에 해결책입니다. 이러한 상반된 관점은 사실이며 공존합니다.

이것은 자신과 의견이 다른 사람도 여전히 올바른 의견을 가질 수 있다고 이해하는 자연스러운 결론으로 이어집니다. DBT는 타인의 경험과 관점, 생물학을 고려할 때 타인의 행동과 생각이 타인 자신의 관점에서는 타당하다고 인식합니다. 서로 다른 관점을 다루는 DBT 방식은 모순된 입장에 직면한 사람이 스스로 "내가 무엇을 놓치고 있는가?" 또는 "상대방의 입장에서 진실의 핵심은 무엇인가?"라고 질문하는 것입니다. 이러한 방식은 사람들이 극단적인 말투를 버리도록 격려하여 "당신은 항상 늦게 집에 와요." 또는 "당신은 절대 나를 돕지 않아요."와 같은 말에 '가끔'과 같은 단어를 포함한 진술을 해서 그 진술을 하는 사람에 미치는 영향을 강조합니다. 사람들이 그들의 행동 방식으로 행동하는 이유에 대해 확신하기보다는 호기심을 가지면서 대화를 진전시킵니다. "저 아이가 왜 저러는 거냐."라고 하기보다는 "저 아이에게 무슨 일이 있었길래 저렇게 행동하는 것인지 궁금하다."라고 진심 어린 호기심으로 생각합니다.

TIP

DBT에서 내담자와 상담사가 여러 관점에서 인식하는 연습을 하기도 합니다. 감정이나 불안 수준의 갑작스러운 변화를 알아차렸을 때, 또는 효율적이지 않은 일을 하고 싶다는 충동을 알아차렸을 때, 일어날 만한 일에 대해 대안적인 설명을 서너 가지 생각해 낼 수 있습니다.

이 세상에서 확신할 수 있는 것은 '모든 것은 변한다는 것이다'

불변하는 것은 없습니다. 모든 것이 항상 움직이고 있습니다. 이러한 변화 중 일부는 바다의 파도처럼 실시간으로 볼 수 있습니다. 어떤 것은 음료에서 녹는 얼음 조각처럼 약간 느린 속도로, 어떤 것은 인간의 몸이 성장하는 것처럼 훨씬 더 느리게, 그리고 어떤 것은 심지어 산과 협곡의 형성과 같이 수백만 년에 걸쳐 변화가 발생하기도 합니다. 그렇지만 이 모든 변화 속에서 파도, 얼음, 인간, 산속 분자와 원자들은 진동하고, 전자들은 '윙윙' 소리를 내며 회전하고 있습니다. 가만히 있는 것은 아무것도 없습니다. 심리학에서는 모든 것이 '괜찮다'는 느낌이 들 때마다 무슨 일이 일어나 괜찮지 않게 되고, 이와 비숫하게는 일이 잘 풀리지 않을 때 일이 잘 풀리고 삶이 쉬워지는 일이 발생합니다.

DBT의 관점에 따르면 많은 내담자, 가족 및 상담사는 아무것도 변하지 않는 것처럼 느낍니다. 그러나 무언가가 변하지 않을리는 없다는 것을 인식한다면 치료 작업을 계속하고 나아갈 수 있습니다. 많은 내담자와 그 가족들은 익숙하지 않은 것들을 다루기 위해 고군분투하기 때문에 변화를 받아들이기가 특히 어려울 수 있습니다. 특히 상황이 어떻게 될지, 또는 일을 할 때 다른 방식으로 해야 할지, 혹은 다른 삶의 방식이 필요한지 불확실할 때조차 더욱 변화를 받아들이기 어려울 수 있습니다. 여기서 핵심은 그 일이 일어나기를 원하든 원하지 않든 변화는 일어날 것입니다. 그래서 더 효과적인 선택을 하도록 적극적으로 참여하고 기술을 연습하는 과정을 견뎌 내서 더 건강한 미래를 가져올지의 여부는, 한 사람이 외부의 힘에 전적으로 의존해서 결정을 내리지 않고 자기 삶을 더 통제해서 끌어나가는지 여부에 달려 있습니다.

TIP

DBT에서 내담자와 상담사가 이것을 연습하는 방법은 과거에 절대 변하지 않을 것이라고 상상했던 것을 매번 회상하는 것입니다. 그러면 그들은 실제로 상황이 얼마나 많이 바뀌었는지 알아차릴 수 있습니다. 이러한 맥락에서 그들은 답답한 순간들을 이겨 낼 뿐만 아니라 어쩌면 성공하는 것도 가능합니다.

변화는 상호작용이다

우주에서 일어나는 모든 일은 다른 것에 영향을 미칩니다. 양자 수준에서 전자의 스핀은 쌍둥이 전자에 영향을 미칩니다. 훨씬 더 큰 규모를 살펴본다면, 달은 조수에 영향을 미치고 태양 빛은 식물의 성장에 영향을 미칩니다. 사람들이 서로에게 하는 말은 그들 각자에게 영향을 미칩니다. DBT에서는 사람들이 다른 사람과 환경에 미치는 영향에 주의를 기울이라고 합니다.

이러한 인식의 또 다른 측면은 일어난 일에 대해 다른 사람을 비난하는 것을 그만두고 오히려 자신의 행동과 다른 사람의 행동이 어떻게 과거 상호작용에서 발생했는지 고려하는 것입니다. 그러므로 DBT를 연습하는 사람들은 일이 발생했을 때 비난에 머물러 있기보다 과거의 일을 고려할 때 그들이 행동했던 이유가 타당하다는 것을 인지합니다.

TIP

내담자와 상담사가 연습하는 한 가지 방법은 하루 동안 발생한 어떤 상호작용을 검토한 다음, 그 상호작용에서 발생한 일에 다른 사람들과 환경이 어떻게 영향을 미쳤을지 고려하고, 자신이 다른 사람들에게 어떤 방식으로 영향을 미쳤는지를 질문하는 것입니다. 이때 생각할 수 있는 또 다른 방법은 상담사와 내담자가 다른 사람들과 환경 사이에 상호작용이 발생하지 않았다면 같은 방식으로 행동했을지에 대해 성찰해 보는 것입니다.

제 4 부 DBT 치료 기법

Dialectical Behavior Therapy

제14장 … 치료의 기반 살펴보기

제15장 … 변증법 수용하기

제16장 … 환경 구조화

제17장 … 상담사 자문팀

제18장 … 경험 따라가 보기

제19장 … 동기 부여하기 및 유지하기

제4부에서는

- 개인 치료의 이점에 대해 살펴봅니다.
- 집단 치료의 장점들을 살펴봅니다.
- 치료 시간 외에 일어난 문제들에 대해 코칭 기술을 활용하여 어떻게 도움을 요청할지에 대해 알아봅니다.
- 당신의 상담사 또한 자문팀을 통해 다른 DBT 상담사들과 연결되어 어려운 임상적 문제들에 대한 컨설팅과 도움을 받고 있다는 사실을 알게 됩니다.
- 그 밖의 DBT의 몇몇 중요한 개념과 기술(변증법적 딜레마와 전략, 환경 구조화, 습관을 따라가 보기, 동기를 부여하고 유지하기)에 대해 검토합니다.

제14장

치료의 기반 살펴보기

이 장에서

- 개인 치료를 구조화합니다.
- 집단 치료에 대해 이야기합니다.
- 전화 코칭을 효과적으로 사용하는 방법을 알아봅니다.

DBT의 구성 요소를 이해하는 것이 효과적인 치료의 첫 번째 단계입니다. 포괄적인 DBT 치료는 개인 DBT 치료, DBT 기술 집단, 전화 코칭, 그리고 개인상담사를 위한 자문팀이라는 네 가지 요소를 가집니다. 청소년 DBT에서 기술 집단은 보통 청소년 자녀와 그의 부모가 함께 참여하며, 이는 다중 가족 기술 집단이라고 불립니다. 만약에 그것이 어렵다면, 청소년은 기술 집단에 참여하고, 부모는 부모를 위한 기술 훈련을 별도로 받습니다.

이번 장에서는 DBT 개인 치료, DBT 기술 훈련, 그리고 전화 코칭을 다룰 것이며, 제17장에서는 DBT 자문팀에 대해 논의할 것입니다.

기억하세요

DBT 치료를 시작하는 것은 큰 결심입니다. 당신은 매주 기술 집단에 참여할 뿐 아니라 주 1~2회 개인 치료에 참여해야 합니다. 대부분의 DBT 상담사와 집단 리더는 출석에 대한 엄격한 규칙을 가지고 있고, 이는 치료 시작할 때 검토될 것입니다. 이것은 주로 계약의 형태로 제공됩니다. 여러 번의 무단 결석은 허용되지 않습니다.

일대일 개인 치료

DBT에 의뢰된 사람은 첫 번째 단계로 개인상담사를 찾습니다. 당신이 어디에 사는지에 따라 이것은 도전적인 일이 될 수 있습니다. 전 세계에 DBT 상담사가 있지만, DBT 상담사가 많이 있는 도시가 있는 반면, 수백 킬로미터를 가도 DBT 상담사가 없는 지역도 있습니다. DBT 상담사가 많이 모여 있는 지역이 있는 이유 중 하나는 전문적으로 훈련된 DBT 상담사들이 팀으로 활동하기 때문입니다. 제17장에서 자문팀에 대해 좀 더 알아볼 수 있습니다. 당신의 상담사가 속해 있는 자문팀의 구성원인 상담사들을 결코 만날 수는 없지만, 그들 역시 상담사를 지원함으로써 치료의 일부라는 것을 아는 것이 중요합니다. DBT는 내담자 그룹을 치료하는 상담사 팀으로 이루어져 있습니다. 원격 의료(telehealth) 사용이 증가함에 따라, 몇몇 DBT 상담사는 온라인을 통해 그들의 팀을 만나기 때문에 물리적으로는 혼자 일할 수 있게 되었지만, 이는 일반적이진 않습니다.

다음의 내용들이 당신이 상담사를 찾고, 목표를 설정하고, 개별 치료를 최대한 활용하는 데 도움이 될 것입니다.

기억하세요

DBT는 매우 특화된 치료법으로 강도 높은 훈련이 요구됩니다. 소수의 상담사만이 DBT를 위한 교육에 참여하고자 합니다. 이는 자살 행동의 위험이 높은 내담자와 함께 작업하는 엄중한 치료법이기 때문입니다. 또한 DBT는 개별 상담사가 기술 코칭을 위해 많은 시간을 내야 합니다. 우리의 바람은 DBT가 좀 더 대중적인 치료법이 되어서, 다양한 증상을 치료하는 데 수정 · 적용되고, 접근하기가 좀 더 용이해지는 것입니다. 많은 사람이 자신이 DBT를 한다고 말하지만, DBT를 한다고 말하는 상담사와 당신이 찾고 있는 증거 기반 DBT 형식을 연습하는 상담사를 구별하는 방법을 아는 것이 중요합니다. DBT가 점점 유명해지면서, 당신은 "간결한 방식의 DBT를 합니다."라고 하는 상담사를 많이 만날 수 있습니다. 일반적으로, 이것은 그들이 DBT의 전체 중 일부 영역에 대해서는 훈련을 받았다는 것을 의미합니다.

개인상담사 찾기

DBT 상담사를 찾을 때, 당신은 상담사들이 DBT의 모든 요소를 제공하는지에 대해 알기 원합니다. 2014년을 기준으로 2개의 집단에서 DBT 자격을 인증하고 있기에 상담사에게 DBT 자격이 있는지 묻는 것이 이 질문에 답하는 한 가지 방법입니다. 인증에는 상당한 기간과 비용이 발생하고, 이 과정을 다 마치는 사람은 많지 않습니다. 많은 우수한 DBT 상담사가 이러한 인증 과정에 참여하지 않기도 합니다.

기억하세요

당신은 DBT 자격을 인증받은 상담사를 필요로 하지 않습니다. 그러나 당신의 상담사가 충분히 훈련을 받았고, DBT 모델에 충실한지에 대해서는 살펴볼 필요가 있습니다. 다음의 네 가지 질문이 DBT의 모든 구성 요소에 대해 훈련되어 있는 상담사를 찾는 데 가이드가 되어 줄 것입니다.

- **개인 DBT를 제공합니까?** 당신이 이 질문을 할 때, 당신은 또한 그들이 Behavioral Tech에서 기초적인 훈련을 받았는지 집중적으로 훈련을 받았는지를 물어볼 수 있습니다. Behavioral Tech는 Linehan Training Institute의 자회사이며(마샤 리네한 박사는 DBT의 설립자입니다; 제1장 참조), DBT를 위한 표준화된 교육입니다. '집중적으로 훈련된' 것이 더 좋게 들릴지 모르지만, 유일한 차이점은 집중적으로 훈련된 상담사들이 팀을 꾸리는 방법을 배우기 위해 자문팀과 함께 간 것이며, 기초적인 훈련을 받은 상담사들은 혼자 갔지만 이미 팀을 만들어 참여했다는 점입니다. Behavioral Tech는 웹 사이트에 교육을 완료한 DBT 상담사의 목록을 제공하며, https://behavioraltech.org/resources/find-a-sessor/에서 확인할 수 있습니다. 안타깝게도 이 목록은 소수의 DBT 상담사만 수록되어 있지만, 치료를 받기에 좋은 시작이 될 수 있습니다.
- **DBT 기술 집단 또는 기술 교육을 제공합니까?** 기술 집단은 개인상담사에 의해 운영되거나 심지어 그들의 실습에 있을 필요가 없습니다. 하지만 개인 치료를 시작하거나 그 직후에 빈자리가 있는 집단이나 개인 기술 트레이너를 찾는 데 도움을 줄 수 있어야 합니다(집단상담에 대한 자세한 내용은 이 장의 뒷부분 참조).
- **상담 시간 외 기술 교육 및 중간 회기 연락을 제공합니까?** 이는 내담자가 자신의 기술을 사용할 수 있도록 즉각적인 지원을 제공하는 DBT의 중요한 구성 요소입니다(이 장의 뒷

부분에서 기술 교육에 대해 자세히 설명합니다). 이것은 상담사들이 하기 가장 어려운 치료의 구성 요소 중 하나인데, 퇴근 후, 주말, 공휴일에 내담자들을 위해 대기하고 있다는 것을 의미하기 때문입니다.

>> **자문팀에 계십니까?** 자문팀은 상담사를 지원하고 상담에 대한 충실함을 보장하며, 내담자와 함께 일할 때 도움이 되고 효과적으로 유지될 수 있도록 내담자의 소진을 모니터링하고 해결하는 데 도움이 되기 때문에 이 치료의 마지막 중요한 구성 요소입니다(자문팀에 대한 자세한 내용은 제17장 참조).

기억하세요

개인상담사는 이 네 가지 질문에 "예."라고 대답해야 합니다. "예."라고 대답하는 것은 그들이 증거에 근거한 치료를 실천한다는 것을 의미합니다. 치료는 네 가지 구성 요소를 모두 포함해야 하기에 한 가지 질문에라도 대답이 "아니요."라면 당신은 DBT에 참여하지 않는 것입니다.

도달 가능한 목표 설정하기

행동을 바꾸는 것은 쉬운 일이 아니며 꽤 복잡할 수 있습니다. 사람들을 DBT로 데려오는 많은 행동은 단순히 다른 사람들에 의해 문제가 있다고 정의되지만, 거의 항상 놓치는 변증법이 있습니다. 변증법적으로, 우리는 이러한 행동들 중 많은 것이 문제이자 해결책이라는 것을 의미합니다. 그중 하나는 감정 조절에 어려움을 겪는 행동입니다. 예를 들어, 침대에 누워 있는 것은 문제가 되는 결과를 낳는 동시에 해결책을 제공할 수도 있습니다. 즉, 당신은 결국 직업을 잃거나 학교에서 나쁜 성적을 받을 수도 있지만 지금 이 순간 침대에 누워 있는 것은 참을 수 없는 불안을 관리하는 데 도움이 될 수도 있습니다.

기억하세요

당신의 행동을 바꾸는 가장 효과적인 방법 중 하나는 그 변화를 어떤 장기적인 목표와 연결시키는 것입니다. 이것은 당신이 기술을 사용해 뭔가 다른 것을 하기로 결정하거나, 여자 친구나 남자 친구, 친구 또는 부모에게 익숙하지만 문제가 되는 행동에 굴복하려는 순간에 당신에게 도움이 될 것입니다. 이것은 문제가 되는 행동입니다. 그 사람이나 관계에 대한 감정은 바뀔 수 있고, 그것과 함께 동기가 바뀔 수 있기 때문에 변화하고 싶다고 말하는 내담자들을 자주 보게 됩니다. 그런 일이 일어나면, 갑자기 그 행동을 바꾸는 것은 더 이상 중요하지 않은 것처럼 보입니다. 변화는 당신 스스로를 위해 일어나야 합니다. 따라서 당신이 행동을 바꿀 생각을 할 때 속도를 늦추고, 그것을 당신에게 중요한 어떤 목표와 연결시키기 위해 처음에 상담사와 함께 일하세요.

개인 치료 최대한 활용하기

TIP

다른 치료법과 마찬가지로, DBT는 까다로운 치료법입니다. 대부분의 일과 마찬가지로, 치료에 투입하는 시간, 노력, 헌신의 양은 치료의 효과에 큰 영향을 미칩니다. 다음은 개인상담을 최대한 활용할 수 있는 몇 가지 방법입니다.

- **약속을 정하고 출석하기**: 치료가 효과적이려면 꾸준히 출석해야 합니다. 당연하게 들릴지 모르지만 개인 치료는 힘든 일이 될 것입니다. 고통스러운 감정, 해결해야 할 문제, 사용해야 할 새로운 기술에 직면하게 될 것입니다. 또한 당신을 돕고 그 과정을 함께 걸어가겠다는 의지가 있는 사람과 함께하게 될 것입니다. DBT에 오는 많은 사람이 기분에 의존하는 행동으로 어려움을 겪습니다. 기분이 어떠하든 치료에 참석해야 합니다!
- **다이어리 카드 꾸준히 작성하기**: 초기 회기에서 당신과 상담사는 다이어리 카드를 작성하게 됩니다. 이것은 당신의 행동, 충동, 감정, 기술 사용을 추적하는 데 도움이 되는 DBT 시스템입니다. 일반적으로 매일 밤에 하루를 되돌아보며 다이어리 카드를 작성해야 합니다. 이것은 개인 치료를 위한 가장 중요한 도구 중 하나입니다.
- **의제 가져오기**: DBT 개인 치료는 매우 활동적인 과정입니다. 상담을 최대한 활용하려면 의제를 가져오세요. 일부 의제는 다이어리 카드에서 자연스럽게 흘러나올 것입니다. 치료에서 다루고 싶은 의제를 기억하는 데 도움이 되도록 다이어리 카드에 메모를 작성하세요. 당신을 위한 시간에 상담사에게 모든 것을 맡기고 질문하지는 마세요.
- **기술 코칭 요청하기**: 기술 코칭은 치료 시간 외에 이루어지지만, 기술을 더 잘 사용하고 싶은 상황에서 효과적으로 도움을 요청하는 방법을 배우기 때문에 기술의 일반화와 상담사와의 관계 모두에 매우 중요합니다. 이 장의 뒷부분에서 기술 코칭에 대해 더 자세히 설명

할 예정입니다.

» **기술 그룹 숙제하기**: 매주 기술 그룹 숙제를 완료하면 매주 배우는 DBT 기술과 개념을 배우고 연습하는 데 도움이 됩니다. 더 많은 기술을 배우면서 당신과 상담사는 기술을 생활에 통합할 수 있는 구체적인 방법을 연구하고, 기술 사용을 어렵게 만드는 장벽이 무엇인지 살펴볼 것입니다. 상담사가 새로운 기술을 가르치고 복습하는 데 너무 많은 시간을 할애해야 한다면, 당신은 삶에서 일어나는 구체적인 문제에 대해 도움을 받을 기회를 놓치게 될 것입니다(그룹 치료는 다음 절에서 다룰 예정입니다).

모두 함께: 집단 치료

DBT 집단 치료는 매우 구체적입니다. DBT 집단은 기술 집단입니다. 이 집단의 목표는 DBT 모듈을 통해 기술을 가르치는 것입니다. 그룹에서 기술을 배우는 것은 당신과 당신의 개인상담사가 기술을 당신의 목표와 삶에 일반화할 수 있는 방법을 알 수 있게 해 줍니다. 많은 집단과 달리, DBT 기술 집단은 당신의 삶에서 일어나는 일들을 처리하거나 심지어 당신이 주제를 의제에 올리도록 하는 데 초점을 맞추지 않습니다. 대신 DBT의 중요한 기술을 가르치는 데 완전히 초점을 맞춥니다. 각 집단 회기가 끝나면 기술 워크북에 있는 과제를 할당받습니다.

다음 절에서는 집단 가입하기, 집단 내 전략 공유하기 및 집단 시간 활용에 대해 설명합니다.

집단에 가입하기

일단 당신이 (이 장의 앞부분에서 설명한) 개인상담사를 찾는다면, 그들은 당신을 집단으로 안내할 수 있을 것입니다. 대규모 상담센터에서 상담사와 함께 상담하는 경우 상담센터에서 DBT 집단을 제공할 수도 있습니다. 그렇지 않은 경우, DBT 상담사들은 팀에서 일하기 때문에, 당신의 상담사는 당신의 지역에 있는 집단에 당신을 소개할 것입니다.

대부분의 DBT 집단은 집단원들이 DBT 개인상담사와 함께 상담받을 것을 요구합니다. 이러한 이유로, 그것은 당신이 집단에 가입하기 위해 전화를 걸었을 때 그들이 당신에게 하는 첫 번째 질문 중 하나일 수도 있습니다. 집단은 일반적으로 연령별(청소년 집단, 젊은 성인 집단, 성인 집단, 다가족 집단)로 나뉩니다. DBT 상담사가 적은 지역에서는 성인 및 청소년 집단만 발견하게 될 수도 있습니다. 일부 집단은 언제든지 가입할 수 있는 반면, 어떤 집단은 기술 모듈이 시작될 때와 같이 특정한 가입 시기가 있습니다.

TIP

DBT 기술 집단은 상당한 시간을 필요로 합니다. 6개월에서 1년 정도가 일반적입니다. 어떤 사람들은 모듈을 반복하는 것이 그들의 기술을 통합하는 데 도움이 된다는 것을 알기 때문에 집단에 더 오래 머무르기를 선택할 것입니다.

전략 공유하기

기억하세요

집단 안에서 하는 대부분의 공유는 숙제 검토, 숙제에 대한 집단원들의 피드백, 또는 기술에 대한 질문과 관련이 있습니다. 일반적으로 많은 집단원이 자해나 자살 행동에 대해 다루고 있지만, 자기 파괴적인 행동의 세부 사항은 집단 내외에서 집단원들 사이에 공유되지 않습니다. 많은 집단이 집단원들에게 특정한 자기 파괴적 행동을 '목표 행동(target behaviors)'이라고 언급할 것을 요청하지만, 이것은 집단마다 다릅니다.

많은 집단은 또한 로맨틱한 관계에 대한 규칙을 가지고 있는데, 집단원들이 함께 집단을 이루는 동안 서로에 대해 이러한 종류의 관계를 자제하도록 요청합니다. 만약 연애 관계가 발전한다면 집단원들은 가능한 한 다른 집단에 참석하도록 요청받습니다.

집단으로부터 얻어 가기

TIP

다음은 집단에서 가장 많은 것을 얻어 갈 수 있는 몇 가지 방법입니다.

- **집단에 나타나기**: 집에서 직접 기술 매뉴얼을 읽고 기술을 익힐 수 있는 것처럼 느낄 수도 있지만, 책에 담기지 않은 뉘앙스는 물론 집단 치료 환경에서만 발생하는 동료 집단원들의 중요한 기여가 많습니다. 당신의 집단 리더는 기술을 가르치고, 당신이 어떻게 그리고 어떤 맥락에서 그것을 사용할 수 있는지, 그리고 무엇이 방해가 될 수 있는지에 대해 이야기할 것입니다.
- **숙제를 하고 그것을 나눌 준비를 하기**: 매주 숙제를 완성하는 것은 집단을 위해서도 필요하지만, 더 중요한 것은 숙제가 당신이 일상생활에서 기술에 대해 생각하고 연습하는 것을 도울 것이라는 점입니다. 집단에 적극적으로 참여하고, 피드백을 주고, 질문에 답하세요.
- **온전히 참여하기**: '온전히 참여하는' 마음챙김 기술을 사용하세요. 멀티태스킹하지 말고 집단에 참여하세요. 집단에서 당신의 시간을 최대한 활용하세요.

시간에 관계없이 연결되기: 전화 코칭

전화 코칭은 DBT의 가장 독특한 부분 중 하나입니다. 전화 코칭은 회기 사이의 연락을 치료의 필수적인 부분으로 사용할 수 있는 유일한 방법입니다.

기억하세요

다음 절에서 알 수 있듯이, 당신은 도움 요청하기, 수용 · 인정 요청하기, 관계 복구하기 및 좋은 소식 공유하기와 같은 네 가지를 위해 기술 코칭을 사용할 수 있습니다. 기술 코칭은 전화로 하는 상담이 아니라는 것을 이해하는 것이 중요합니다. 코칭은 7~12분 정도 지속되어야 합니다. 상담사에게 전화를 걸 때, 당신이 무엇을 요구하는지 명확하게 하기 위해 최선을 다할 필요가 있습니다. 도움을 요청하는 경우, 전화 코칭의 목표는 도움이 필요하고 막히는 순간에 기술을 연습하여 어려운 상황에서 다르게 하는 방법을 배울 수 있도록 돕는 것입니다. 전화 코칭의 아이디어는 일단 그 상황에서 도움을 받으면 다음에 그곳에 있는 자신을 발견할 때 어떤 기술을 시도해야 할지에 대한 생각을 갖게 되리라는 것입니다. 만약 당신이 강렬한 감정과 자기 파괴적인 행동을 다루는 방법을 바꾸려고 한다면 상담사에게 도움을 요청하기 위해 다음 상담 회기까지 기다리는 것은 효과적이지 않습니다. 왜냐하면 당신은 바로 그 순간에 뭔가 다른 것을 할 기회를 놓치기 때문입니다. 즉각적인 코칭은 새로운 기술을 배우고 연습하는 더 효과적인 방법입니다.

시작하기 전에: 경계 설정하기

코칭과 관련된 매우 구체적인 경계에 대해 상담사와 상세히 논의할 것입니다. 상담사가 대기하는 시간대에는 일부 차이가 있을 텐데, 예를 들면 하루 24시간, 일주일 내내부터 매일 오전 8시부터 오후 9시 같은 일정까지 다양할 수 있습니다. 시간대가 좀 더 제한될 경우, 상담사는 당신이 도움이 필요할 때 도움에 접근할 수 있는 대안에 관한 지침을 줄 것입니다.

코칭을 위해 통화 가능한 시간에 대해 상담사와 대화하는 것 이외에도 예상되는 지점을 살펴볼 필요가 있습니다. 중요한 지점 중 하나는 바로 코칭을 위해 문자를 보낼 수 있는지 여부입니다. 상담사들은 이 지점에 대해 복잡한 감정을 느끼기에, 이를 명확히 해 두는 게 중요합니다. 새로운 내담자를 만날 때 우리는 내담자들을 우리가 만날 수 있는 시간은 물론 우리가 가진 요구에 맞추도록 합니다. 예를 들어, 우리는 내담자가 코칭을 요청하기 전에 내담자들이 스스로 적어도 한 가지 기술을 시도해 보도록 요구하고 있습니다. 흔히 이러한 기술들은 상담 회기에서 이미 다룬 기술 계획들에 있는 것들입니다.

우리는 또한 내담자들이 일단 전화를 걸어 오면 우리가 전화를 다시 할 때까지 최선을 다해 문제가 되는 행동을 자제하도록 내담자에게 지시합니다. 우리가 전화나 문자에 답할 것이기 때문에 이는 보다 도전적인 협약의 하나일 수 있습니다. 그러나 상담사가 다시 연락하는 데는 시간이 소요될 것입니다. 따라서 상담사의 연락을 기다리는 동안 당신이 할 수 있는 것에 대한 계획이 필요합니다. 일반적으로, 기다리는 동안 (제11장에서 다룬) 고통 감내의 위기 생존 기술이 유용하다는 것을 알 수 있습니다.

상담사가 전화로 응답해 올 때, 상담사는 간략한 상황 설명과 도움이 필요한 지점에 대해 질문할 것입니다. 당신이 시도해 본 기술들이 무엇인지 묻고, 시도해 볼 일련의 기술들을 제안할 것입니다. 당신이 제안된 기술들에 순순히 응하며 상담사가 제안한 모든 것에 대해 "싫어요."라고 말하지 않는 것은 우리가 요구하는 또 다른 협약입니다. 비록 그게 힘들지라도 열린 마음으로 응해야 합니다. 만일 하나 또는 그 이상의 기술이 주어진 상황이나 접근해 온 대상에 효과적이지 않을 것 같다면, 기술 코치와 적극적으로 협조해서 도움이 될 것 같은 계획을 세워야 합니다.

상담사가 과거에 효과적이었던 것을 묻는 건 흔한 일입니다. 가끔 당신의 감정이 잘 조절되지 않을 때 어떤 기술이 효과적이었는지 떠올리는 것은 어렵습니다. 때때로 당신의 상담사가 묻는 것에 주의를 기울여보면 감정을 조절하고, 마음이 가라앉으며, 보다 명료하게 사고하고, 과거에 어떤 기술들이 효과가 있었는지 떠올리는 데 도움이 됩니다. 이는 지극히 흔한 현상으로, 공동조절(co-regulation)이라 불립니다. 일단 당신이 일련의 기술들을 받아들이기로 하면, 당신과 상담사는 기술 계획들을 따르는 데 방해되는 장벽들을 처리하고 통화를 종료할 것입니다. 짧은 코칭 회기 내에서도 수많은 집중 작업이 이뤄질 수 있습니다.

기억하세요

당신의 상담사에게 전화하기 전, 요청하고자 하는 바를 명료하게 정리할 시간을 가져봅시다. 이는 당신의 코칭 전화를 보다 효과적으로 만들어 줄 것입니다. 이 장의 나머지 부분은 코칭을 활용할 수 있는 네 가지 방식을 논의합니다. 즉, 도움 요청하기, 수용 · 인정 요청하기, 관계 복구하기, 좋은 소식 공유하기입니다.

도움 요청하기

도움 요청하기는 기술 코칭의 가장 일반적인 쓰임새입니다. 상담사로서 우리는 당신이 요청하는 것에 대해 몇 가지 이유로 복잡한 심정일 수 있다는 점을 알고 있습니다. 어떤 것도 도움이 될 수 없으리라는 생각, 당신이 도움받을 가치가 없다는 생각, 당신이 필요한 도움이 뭔지 모른다는 생각, 당신이 도움을 청하는 데 미숙하며 요청할 방법도 모른다는 생각, 또는 당신의 상담사를 업무 외적으로 방해하고 성가시게 만들고 싶지 않다는 생각은 코칭을 요청하는 데 있어 마주하게 되는 몇몇 흔한 장벽입니다. 만일 당신이 이 장벽 중 하나에 있는 자신을 보더라도, 당신은 혼자가 아닙니다. 우리는 당신이 기술들을 활용하고 이러한 장벽들을 부술 수 있도록 상담사와 함께 작업하길 요구할 것입니다.

TIP

코칭 전화를 연습 삼아 시작해 보는 게 도움이 될 수 있습니다. 근무시간 이후 상담사에게 방해가 된다고 생각될 때 전화하면서, 상담사가 가능하면 응답할 것이고, 만일 바쁘면 나중에 다시 전화를 줄 것이라 믿어 보는 건 훌륭한 첫걸음이 됩니다. 이는 반대 행동의 감정 조절 기술을 사용하는 것입니다(제10장 참조). 놀랄지도 모르겠으나, 상담사를 성가시게 하거나 '너무 징징대는(too needy)' 것에 대해 우려하는 건 지극히 평범한 것이면서, 동시에 많은 사람이 극복해 내는 것이기도 합니다.

코칭을 요청하기 전, 잠시 짬을 내어 당신이 도움이 필요한 지점에 대해 생각해 보세요. 문제가 무엇인지 알고 있나요? 특정 행동에 대한 충동을 다룰 도움이 필요한가요? 과업을 완수할 도움이 필요한가요? 관계와 관련된 도움이 필요한가요? 침대에서 벗어날 수 있는 도움이 필요한가요? 궁지에 몰렸을 때 코칭은 궁지를 벗어나는 데 실제로 도움이 될 수 있습니다. 때때로 도움이 필요한 지점은 그다지 명료하지가 않기에 심지어는 문제를 규정하거나 뭐가 잘못된 것인지 알아차리는 데에도 곤란을 겪어 전화할 수 있습니다. 그리고 그 부분에 대해서도 도움을 청할 수 있습니다. 또 어떤 때에는 무엇이 문제이고 그에 맞는 해결책인지도 알 수 있는데, 당신은 그 해결책을 행동으로 옮기는 데 있어서 도움이 필요할 수도 있습니다.

기억하세요

만약 당신이 도움을 요청하고자 고군분투하는 누군가라면 기술 코칭은 처음엔 도전일 것입니다. 그러나 만일 당신이 기술을 숙달할 수만 있다면 이는 삶에 있어 커다란 변화를 낳을 것입니다. 도움 요청하기는 DBT에서 우리가 가르칠 수 있는 가장 중요한 기술 중 하나입니다.

수용 · 인정(타당화) 요청하기

수용 · 인정은 당신 스스로의 또는 누군가의 정서적 경험에서 진실 혹은 가치를 발견하는 것입니다. DBT를 찾는 대다수 사람은 현저히 수용 · 인정받지 않은 경험들을 겪고 그들 스스로라도 타당화하고자 부단히 애씁니다. 궁극적으로 우리는 당신이 스스로를 수용 · 인정할 수 있기를 바라긴 하나, 만일 부단히 애쓰는 중이라면 상담사에게 수용 ·

인정을 요구해 보는 것이 스스로를 수용 · 인정하거나 삶에서 내가 믿는 이들로부터 수용 · 인정을 구하는 법을 능숙하게 해내면서 지지도 얻어 내는 큰 도움이 되는 방법일 수 있습니다.

기억하세요

우리가 수용 · 인정받을 때, 누군가 우리의 정서적 경험을 이해하고 그것이 수용 · 인정받았을 때, 우리는 보다 정돈된 상태라고 느낍니다. 그리고 그게 이뤄질 때 우리의 사고는 보다 명확해집니다. 정서적 강렬함이 사그라들면서, 당신은 다음에 취할 행동과 당신이 활용하고 싶을 만한 기술을 생각해 낼 수 있다는 걸 알아차릴 것입니다. 만일 당신이 삶에서 수용하고 인정해 주지 않는 이들로 둘러싸여 있다면, 수용과 인정 코칭을 요청하는 것이 당신에게 정말 필요한 도움을 제공할 수 있을 것입니다.

관계 복구하기

경계성 성격장애(BPD)에 해당하는 사람들, 그리고 DBT를 찾는 이들은 관계에 있어서 빈번히 애를 씁니다. 이는 그들이 기술 면에서 부족하기 때문인데(이것이 바로 DBT에서 대인관계 효과성 모듈이 있는 이유입니다; 제12장 참조), 때로는 그들의 정서적 반응과 기분에 따른 행동들이 중요한 관계에 해를 끼치기 때문입니다. 당신이 DBT 상담사와 함께 진행하는 작업은 고될 것입니다. 그러나 결과적으로 당신은 상담사와 굳건한 관계를 발전시킬 수도 있습니다.

주의

이 점을 고려하면 관계가 틀어질 때 이는 상당히 고통스러울 수 있습니다. 당신은 상담사에게 화가 나고 좌절감을 느낄 것입니다. 당신은 제대로 이해받지 못한다고 느끼거나 심지어 상담사로 인해 상처받는다고 느낄 수도 있는데, 그로 인해 당신이 후회할 행동이나 말을 내뱉을 수도 있습니다. 그래서 많은 사람이 그 고통 속에 주저앉고, 분노하고, 상처받고, 죄책감을 느끼며, 부끄러워하기도 합니다. 이러한 감정들을 붙들고 있는 것은 효과적이지도 않을뿐더러 상당한 고통에 이르게 합니다. 이 지점이 바로 당신을 DBT로 이끈 것들 가운데 하나일지도 모릅니다.

목표는 당신의 상담사와 가능한 한 신속히 관계에서 발생한 문제를 해결할 수 있고, 복구할 수 있으며, 다음 회기까지 기다리지 않을 수 있는 것입니다. 직접적으로 관계에서의 불화를 다루는 데는 많은 기술이 필요하나, 당신의 상담사에게 복구를 위한 코칭 건으로 전화할 수 있게 되는 것은 당신이 인생에서 다른 중요한 이들과의 사이에서 경험할 크고 작은 많은 불화들에 있어 좋은 연습이 됩니다.

좋은 소식 공유하기

기억하세요

당신이 기술 코칭, 또는 이 경우 더 정확히는, 회기 사이에 이뤄지는 연락을 활용할 수 있는 마지막 방법은 바로 좋은 소식을 나누는 것입니다. 때때로 상담사와 당신의 좋은 소식이나 성과를 실시간으로 나눌 수 있게 되는 것은 멋진 일입니다. DBT에서 우리는 상담사와의 관계가 두 사람 사이의 진정한 관계, 즉 항상 문제만 다루는 게 아니라 성공이나 성취 및 그냥 일상의 좋은 소식에 대해서도 이야기 나누는 다차원적인 관계라고 믿습니다. 상담사에게 있어 이러한 것들은 환영할 만한 멋진 전화 또는 문자입니다.

제15장

변증법 수용하기

이 장에서

- 변증법의 시작을 이해합니다.
- 변증법적으로 생각하는 법을 발견합니다.
- 전형적인 변증법 딜레마를 확인합니다.
- 양육의 변증법을 탐구합니다.
- 치료에서 변증법적 전략을 발견합니다.

제1장과 제2장을 읽었다면 알겠지만, DBT의 D는 변증법(dialectic)을 의미합니다. 사실 변증법이라는 개념은 이 치료법을 정의하는 개념이며 그것을 독특하게 만듭니다. 변증법 이론은 19세기 이전으로 거슬러 올라가 DBT 자체보다 훨씬 오래된 이론입니다. 『옥스퍼드 영어 사전(Oxford English Dictionary)』에 따르면, 변증법은 "의견의 진실을 조사하거나 토론하는 기술 그리고 형이상학적(metaphysical) 모순과 그 해결책에 대한 탐구"라고 정의합니다. 당신은 무엇을 알아차렸나요? 변증법은 동시에 존재하는 두 가지 상반된 진리에 관한 것입니다. DBT에는 많은 변증법이 있지만, 변증법의 기본은 수용과 변화입니다.

이 장에서는 DBT에서 변증법의 세 가지 영역을 논의합니다. 즉, 치료의 변증법 딜레마, 양육의 변증법 딜레마, 상담사가 사용하는 몇 가지의 변증법 개입이 해당됩니다. 하지만 먼저 변증법이 어떻게 DBT의 일부가 되었는지 설명하고 변증법 사고의 기본을 분석할 것입니다.

시작: 변증법과의 우연한 만남

마샤 리네한 박사는 DBT를 개발하던 중 변증법이라는 개념을 우연히 발견했습니다. 마샤 리네한 박사는 자살 및 파괴적 행동으로 어려움을 겪는 경계성 성격장애(BPD)를 가진 여성들을 위한 치료법을 찾기로 결심했습니다.

리네한 박사가 DBT를 표준 치료법으로 확립한 지 수년이 지난 후, 우리는 그녀 역시 젊은 여성으로서 이러한 증상으로 어려움을 겪고 있다는 사실을 알게 되었습니다. 열렬한 연구자이자 증거 기반 치료법에 대한 신념을 갖고 있던 리네한 박사는 당시 치료가 불가능하다고 여겨졌던 사람들을 위한 효과적인 치료법을 찾기 위해 노력했습니다.

처음엔 인지행동치료(CBT)를 시도했지만 그녀가 돕고자 했던 여성들은 오히려 더 자살 충동을 느꼈습니다. 그들은 그녀가 자신들에게 변화를 요구하고 그들의 고통을 이해하지 못한다고 느꼈습니다. 그래서 리네한 박사는 변화에 중점을 둔 CBT와는 정반대로 수용에 초점을 맞춘 마음챙김 기반 치료를 시도했습니다. 그녀가 무엇을 발견했을까요? 그녀의 연구에 참여한 여성들은 다시 악화되어 자살 충동과 좌절감이 더 많이 보고되었으며, 그녀의 치료는 본질적으로 그들이 자신의 불행과 고통을 받아들이도록 요구할 뿐 변화를 돕지 못했습니다.

여기서 변증법이 등장합니다. 리네한 박사는 매우 상반되는 두 가지 개념인 수용(마음챙김)과 변화(CBT)의 원리를, 궁극적으로 변화를 지원하는 메커니즘으로 사용하는 치료법을 만들 수 있다는 것을 깨달았습니다. 그녀는 때로는 변화를 촉구하고 때로는 수용에 집중함으로써 누군가의 변화를 도울 수 있다고 믿었습니다.

기억하세요

다른 유형의 치료를 사용했을 때 때때로 '정답'을 찾으려는 방식에 갇히기도 하는데, DBT 상담사는 변증법을 사용하면 이로부터 벗어날 수 있습니다. 예를 들어, 내담자는 자해를 포기하고 싶지만 그러고 싶지 않을 수도 있고, 죽고 싶지만 죽고 싶지 않을 수도 있습니다. 어느 쪽을 원하는지 판단하는 데 얽매이지 않고, 실제로는 둘 다이며 기분과 상황에 따라 왔다 갔다 할 수 있는 것으로 볼 수 있습니다. 이는 내담자가 이러한 행동에서 벗어날 수 있도록 돕지 않는다는 뜻이 아니라 그들이 이러한 강력한 행동을 포기할 때, 사람들이 복잡한 마음을 가지고 있다는 것으로 이해할 수 있다는 의미입니다. 사람들은 그것에 대해 때로는 더 헌신적일 수도 있고, 때로는 그렇지 않을 수도 있습니다. 우리는 이러한 행동이 어떻게 그들의 삶에 문제를 일으키는지 살펴보고 감정을 조절할 수 있는 즉각적인 해결책을 제시해야 합니다. DBT는 변화에 초점을 맞추고, 문제 해결(행동 변화)과 감정 조절 기술, 수용 기술 및 검증과 마음챙김에 초점을 맞춘 개입의 변증법적 균형입니다. 이는 특히 정서적으로 민감한 사람들의 문제 행동이나 부적응 행동을 변화시키는 데 매우 효과적인 방법으로 입증되었습니다.

변증법적으로 생각하기

기억하세요

DBT에서는 항상 무언가를 바라보는 또 다른 방법이 있으며, 항상 또 다른 진실이나 우리가 놓치고 있는 것이 있습니다. 변증법적으로 생각할 때 진실의 반대편을 거짓이 아니라 또 다른 진실이라고 생각할 수 있습니다. 이 치료에서는 절대적인 것에 갇히지 않고 교착 상태에 있거나 양극화된 자신을 발견하면 통합하도록 하며, 두 입장이 어떻게 함께 존재할 수 있는지 스스로에게 묻는 등과 같은 노력을 하게 됩니다. 변증법은 타협하는 것이 아니라, 필요할 때 서로 다른 입장을 살펴보고 종합하는 것입니다. 문제를 해결할 수 있는 방법은 여러 가지가 있을 수 있습니다. 때로는 한 가지 방법에만 집착하여 훨씬 더 효과적으로 바라보는 방법이나 행동을 놓칠 수 있습니다.

변증법 사고의 기술은 강력한 기술입니다. 변증법적으로 생각할 수 있을 때 눈앞에 있는 여러 상반된 입장을 볼 수 있으며, 이러한 여러 입장을 인정하고 조정하는 입장에 도달할 수 있습니다. 변증법적으로 생각할 수 있으면 인간관계에서 더 효과적이고 보다 총체적인 문제 해결자가 될 수 있습니다. 또한 변증법적 생각하기는 흑백논리의 문제점에 대항할 수 있으며 감정이 격앙된 상황에서 침착함을 유지할 수 있는 훌륭한 방법입니다.

어떤 사람들의 마음은 다른 사람들보다 더 변증법적으로 작동합니다. 일반적으로 강한 감정은 생각의 폭을 좁히고 당신을 절대적인 것과 확실한 것 쪽으로 끌어당기는 경향이 있습니다. 만약 당신이 흑백논리로 어려움을 겪는다면 조절장애가 있을 때 그것이 최고조에 달한다는 것을 알 수 있을 것입니다. 감정이 격한 시기에는 특히나 새로운 정보를 받아들이기 어렵기 때문에 다른 입장을 고려하기 어렵습니다. 변증법적 생각하기는 정반대입니다.

기억하세요

모든 DBT 기술처럼 변증법적 생각하기는 연습이 필요한 기술입니다. 통제할 수 있는 상황에서 변증법적 생각하기를 더 많이 연습할수록 감정이 강렬할 때 변증법적으로 생각하기가 더 쉬울 것입니다. 변증법적 생각하기를 연습할 수 있는 몇 가지 방법이 다음에 있습니다.

- 무언가에 대해 절대적으로 확신을 느낄 때 관찰하세요. 당신은 다른 관점으로부터의 무언가 중요한 정보를 놓치고 있을 가능성이 있습니다. 당신의 마음과 신체 안에서 확실하게 느껴지는 것에 주의를 기울이세요. 마음 열기를 연습할 수 있도록 그것을 관찰하세요.
- 적어도 두 가지 다른 관점(당신이 동의하지 않거나, 당신의 것만큼 가치 있게 여기지 않는 것)을 찾기 위해 도전하고, 그것들이 어떻게 이치에 맞고 가치 있을 수 있는지 당신 스스로에게 질문하세요.
- 다른 사람이 생각하는 것에 대해 가정하는 것을 염두에 두세요. 그들의 관점을 더 잘 이해하기 위해 그들에게 질문하세요.
- '너 중심' 문장을 너무 많이 쓰는 것을 주의하고 '나 중심' 문장을 써 보세요. 사람들에게 그들이 한 일이나 그들이 어떻게 느끼는지 말하는 것을 피하고 그 대신에 그들에게 무슨 일이 일어나고 있는지에 대해 어떻게 느끼는지 말해 보세요. 이것은 상대방의 관점에 대해 더 궁금해할 수 있게 해 줍니다.
- 극단적으로 생각하지 마세요. '항상'이나 '절대로'와 같은 단어 사용을 피하세요. 대신, '가끔' '자주' '드물게'와 같은 단어를 사용하세요.
- '그러나'를 '그리고' 또는 '동시에'로 대체해 보세요. 이렇게 하는 것은 당신이 두 단어에 동일한 가중치를 부여하도록 해 줄 것입니다. 예를 들어, "자해가 당신을 돕는다는 것은 나에게 일리가 있습니다. 그리고 그것은 또한 당신이 인생에서 하고 싶은 많은 것을 하지 못하게 하는 것도 사실입니다."

기억하세요

변증법적 생각하기는 당신이 현명한 결정을 내릴 수 있도록 당신의 마음을 열고 다양한 관점을 종합하도록 도와줍니다. 변증법적 생각하기는 또한 어려운 상황에서 침착하고 효과적으로 지낼 수 있는 강력한 방법입니다.

치료에서 다루어지는 주요 변증법 딜레마들 살펴보기

DBT에는 많은 변증법 딜레마가 있습니다. 사실, 우리 모두는 삶에서 종종 도전적인 변증법적 상황에 직면합니다. 그러나 DBT에서 내담자에게 강조하는 세 가지 딜레마가 있으며, 각각 반대 극단에 의해 정의됩니다. 다음 절에서는 DBT에 오는 사람들이 갇혀 있는 것처럼 보이는 가장 일반적인 행동 패턴을 다룹니다. 딜레마는 때때로 하나의 극단적인 상황에 머물지만 더 일반적으로는 앞뒤로 흔들리며 극단적인 상황에 처한다는 것입니다.

개인 DBT 치료의 목표 중 하나(제14장에서 논의함)는 두 극단 사이의 동요를 줄이고 더 많은 균형을 찾기 위해 노력하는 것이며, 이는 자신 스스로와 자신의 문제 행동에 대한 인식과 이해를 촉진하는 데 도움이 됩니다. DBT 기술을 배우고 사용하는 것은 이 과정에서 매우 중요합니다. 이 절에서는 이 세 가지 딜레마를 더 자세히 살펴보고, 이 장의 후반부에서는 DBT에 참여하는 청소년 부모들을 위한 일반적인 변증법적 딜레마를 검토할 것입니다. 이러한 딜레마들은 당신의 행동 패턴과, 효과적이기에는 너무 극단적인 생각을 한 발 물러서서 인식하도록 도와주는 훌륭한 도구입니다.

기억하세요

다음 딜레마는 당신과 당신의 DBT 상담사가 당신의 행동과 경험을 더 잘 이해하는 데 도움이 될 것입니다. 비록 당신이 이 모든 딜레마에 관련되어 있지는 않지만, 당신의 경험이 그것 중 많은 것에 사로잡혀 있다는 것을 알게 될 가능성이 매우 높습니다. BPD와 당신을 DBT에 이르게 하는 증상들은 혼란스러울 수 있고 반대처럼 느껴질 수 있습니다. 개인 DBT 상담사의 도움을 받아 DBT 기술은 덜 감정적으로 반응적이고 덜 극단적인 삶을 사는 방법을 배우는 데 도움이 되도록 설계되었습니다.

정서적 취약성 대 자기부정

정서적 취약성은 감정적인 상황에 대한 극도의 민감성으로, 당신의 반응이 겉보기에 작은 상황이나 사건에도 강하게 나타나는 것입니다. 감정적으로 취약한 사람들은 종종 그들의 감정적 경험을 숨기는 데 어려움을 겪으며, 주변 사람들을 놀라게 하거나 그들의 반응의 크기로 인해 혼란스럽게 만들 수 있습니다.

변증법적 극단의 반대쪽 끝에는 자기부정적 태도가 있습니다. 우리가 이 책을 통해 논의하듯이(특히 제23장에서), 자기부정적 태도는 자신의 감정 경험을 경시하고, 자신이 느끼는 방식대로 해서는 안 된다고 스스로에게 말하고, 자신의 감정에 대해 스스로를 판단하거나, 감정을 거부하는 것을 포함합니다. 당신은 이러한 특성들의 조합이 극도로 고통스러울 수 있다는 것을 알 수 있습니다. 자신의 경험을 신뢰할 수 없기 때문에 이 변증법으로 어려움을 겪는 사람들은 종종 자신이 어떻게 느껴야 하는지에 대해 다른 사람들에게 기대고, 자신의 문제에 대한 해결책을 지나치게 단순화하며, 자신의 목표가 달성되지 않을 때 큰 수치심과 자기혐오를 느낍니다.

수동공격성 대 피상적 유능함

수동공격성은 문제 해결을 위한 무력한 접근법입니다. 당신은 주변 사람들이 당신을 위해 문제를 해결하고 처리하는 결과를 초래하는 방식으로 환경과 상호작용할 수 있습니다. 이것은 명백할 수도 있지만, 더 일반적으로는 사람들이 당신을 위해 문제에 신경 쓰거나 해결할 필요를 느끼는 오래된 행동 패턴입니다.

반대쪽 극단에는 피상적 유능함이 있습니다. 이것은 당신이 모든 문제를 기술과 역량으로 처리할 수 있는 것처럼 보이는 능력입니다. DBT 치료를 위해 오는 많은 사람이 삶의 많은 문제를 능숙하게 탐구할 수 있지만, 이것은 일관적이지 않습니다. 욕구 및 욕구를 파악하는 것에 어려움이 있을 수도 있고, 완벽주의, 원치 않는 요구를 거절하는 데 어려움이 있을 수도 있으며, 도움을 요청하는 것에 어려움이 있을 수도 있습니다. 많은 사람의 경우 능력은 그들의 기분과 상황에 따라 달라지는데, 두 가지 모두 자주 변동될 수 있습니다. 다른 사람들에게는 이러한 역량들이 상당한 기술적 결함이 있는 분야입니다. 이러한 역량은 일관성이 없을 수 있기 때문에 모든 사람에게 혼란을 줄 수 있습니다. 이 변증법은 때때로 사람들로 하여금 문제를 해결하기에 무력하고, 그들이 일을 할 수 있다는 자신감이 부족하게 만들 수 있으며, 동시에 그들이 필요할 때 도움을 요청할 수 없거나, 그들이 스스로 실패하도록 내버려두고 있다고 믿게 할 수 있습니다.

끊임없는 위기 대 억눌린 슬픔

끊임없는 위기는 자해, 자살 시도, 알코올 및 약물 사용, 과도한 지출, 난폭한 운전 또는 위험한 성관계와 같은 반복적이고 충동적이며 자기 파괴적인 행동으로 구성됩니다. 이것은 전형적으로 당신이 어떤 고통스러운 일이 다시 일어나기 이전의 감정의 기저로 돌아갈 수 없고, 당신은 감정에 의해 지배되는 삶을 살게 됩니다.

억눌린 슬픔은 고통스러운 감정을 극도로 회피하는 것입니다. 그러나 끊임없는 위기의 감정 중심적인 생활방식은 종종 당신이 필사적으로 피하려고 하는 고통스러운 감정으로 이어집니다.

양육의 변증법 딜레마: 중용 지키기

알렉 밀러 박사와 질 라수스 박사는 청소년을 위한 DBT를 수정하면서 청소년과 부모 사이의 일반적인 변증법 딜레마를 해결하기 위해 중용 지키기 기술(제13장 참조)을 개발했습니다. 이 기술 역시 다음 장에서 확인할 수 있듯이 세 가지 변증법 딜레마로 구성되어 있습니다.

기억하세요

목표는 부모와 청소년이 매우 어려운 시기에 부모와 청소년이 어려운 상황에서 의사소통을 개선하고 관계를 발전시킬 수 있도록 돕는 것입니다. 이러한 변증법은 행동을 더 잘 이해하기 위한 도구로 사용됩니다. 이런 식으로 생각하면 부모와 자녀가 변증법 딜레마에서 너무 극단적인 입장에 서거나 서로 양극화되는 것을 방지할 수 있습니다.

문제 행동 가볍게 여기기 대 전형적인 행동 지나치게 확대해석하기

이것은 세 가지 중용 변증법 중 첫 번째 변증법이며, 보기보다 복잡할 수 있습니다. 부모는 청소년의 정상적인 행동이 발생했을 때 이를 지나치게 확대해석하거나 병리화하지 않는 것과, 행동과 감정이 도를 넘어 더 이상 일반적이지 않아 청소년과 그들의 기능에 심각한 문제를 야기하는 경우를 이해하는 것 사이에서 균형을 찾아야 합니다.

청소년기에는 독립, 약물 및 알코올 노출, 성, 학업 성취 및 실패, 취업, 범죄 및 폭력 문제와 씨름하면서 발달상의 많은 어려움이 발생합니다. 이러한 어려움에는 강한 감정과 반응이 수반되며, 호르몬의 급증과 연령에 따른 두뇌 발달과 관련된 일반적인 충동성 및 위험 감수성으로 인해 더욱 복잡해집니다. 청소년의 정상적인 행동과 병적인 행동을 구분하려고 할 때 청소년의 어려움을 이끌어 내어 학업, 사회 및 가족 기능에 방해가 되는 방식을 고려한다면 도움이 될 수 있습니다.

이러한 변증법은 청소년의 병적인 행동이 청소년의 정상적 행동과 짝을 이룰 때 더욱 복잡해집니다. 예를 들어, 청소년이 화가 나서 방으로 올라가 문을 쾅 닫는 바람에 몇 시간 동안 부모가 자녀를 보지 못하는 경우가 있습니다. 이는 불쾌한 행동이지만 반항적인 청소년에게 흔히 나타나는 행동입니다. 하지만 화가 났을 때 방에서 나오지 않고 위층으로 올라가 버리는 행동이 자해 또는 자살 행동과 결합되어 있다면 이를 해결하기가 더 어려워집니다. 부모와 청소년이 딜레마를 다루는 것이 익숙해지면, 부모는 자녀가 화를 내고 예전 행동으로 돌아가는 것에 대한 높은 두려움에도 불구하고 이러한 상황에서 자녀를 신뢰할 수 있도록 가족으로서 이 문제를 해결합니다.

의존성 길러 주기 대 독립성 강요하기

다음 딜레마는 부모로서 자녀에게 필요한 기술을 배울 기회를 주지 않고 너무 많이 도와주어 의존성을 길러 주는 것, 반대로 필요한 기술을 익히기 전에 자녀에게 더 독립적으로 행동하도록 강요하는 것 사이에서 균형을 찾는 것입니다. 자녀는 부모에게 매우 의존적이며 부모가 많은 문제를 해결해 줍니다. 그러나 자녀가 성장함에 따라 부모는 자녀에게 독립적으로 문제를 해결하는 기술을 가르쳐야 합니다. 이 전환 과정은 보통 부모가 자녀의 일을 함께 해 주다가 자녀가 스스로 하게 되는 과정을 거칩니다.

장애가 있는 자녀의 경우 그의 일을 해 주고 무의식적으로 의존성을 키우는 습관에 빠지기 쉽습니다. 의도는 좋지만 자녀가 스스로 일을 해 갈 수 있는 기회를 빼앗는 결과를 초래합니다. 예를 들어, 주의력결핍 과잉행동 장애(ADHD)를 가진 자녀가 학교 과제와 가방을 정리하고, 방을 청소하고, 복용할 약을 기억하는 데 어려움을 겪는다고 가정해 봅시다. 이 조직화 능력의 결손은 자녀와 부모 모두에게 많은 불안과 갈등을 초래합니다. 자녀는 조직화 기술이 부족하므로 부모가 이러한 일을 대신 처리하여 자녀를 돕고, 그 결과 모두가 덜 불안해집니다. 갈등이 있긴 하지만, 일을 처리했다는 안도감이 매우 강화되므로 부모의 행동은 계속됩니다. 그런데 자녀가 나이를 먹고 대학에 진학할 시기에 다다를 때 필요한 조직화 능력과 학습전략이 부족하게 될 수 있습니다. 부모들은 과도한 부담으로 인해 지치고, 자녀를 위해 너무 많은 일을 대신 해 준 탓에 이제는 자녀가 18세가 되면 "이제 네가 이런 일을 할 줄 알아야 해."라는 쪽으로 갑자기 입장을 바꾸고 더 이상 자녀의 일을 해 주지 않게 됩니다. 결국 자녀는 스스로 이러한 일을 할 수 있는 준비와 능력이 없으므로 심각한 문제가 초래됩니다.

TIP

친구들이 자유롭게 행동하기 때문에 장애가 있는 자녀들도 부모에게 독립을 인정해 달라고 강하게 요청할 수 있습니다. 이런 상황에서 변증법적인 중용(균형)을 찾는 것은 쉽지 않습니다. 부모는 청소년이 된 자녀를 위하여 어떤 일을 해 줄 때, 그 일을 하는 과정에서 나중에 자녀의 독립에 도움이 될 기술을 가르칠 기회가 있는지를 점검하여 보는 것이 도움이 됩니다.

엄격함 대 방임

세 가지 변증법의 마지막은 엄격함과 방임 사이의 균형을 찾기 위해 노력하는 것입니다. 이 변증법의 극에 대한 또 다른 이름은 권위적 통제와 지나친 관대함입니다. 두려움은 부모를 이 두 가지 극단 중 하나로 몰아가기 쉽습니다.

십 대들이 위험하거나 생명에 지장을 주는 행동을 할 때 부모의 두려움이 그들을 너무 엄격하고, 단속하고, 통제할 수 없는 상황을 통제하려고 노력하는 쪽으로 몰고 가기 쉽습니다. 극단적으로, 그들은 청소년이 잃을 것이 아무것도 남지 않을 때까지 중요한 모든 물건을 빼앗거나 과도한 시간 동안 지속되는 처벌과 같은 감정적인 결과에 봉착할 수 있습니다. 부모는 이 방법이 효과가 없을 때 의도적으로 다른 극으로 넘어가 손을 놓고 너무 풀어 줄 수 있는데, 이것 또한 효과적이지 않습니다. 또한 부모가 너무 느슨한 태도로 양육할 경우 제약이나 상황이 자녀를 불안정하게 만들고 파괴적이거나 위험하거나 관계를 끝내는 행동을 유발할까 봐 두려워할 수도 있습니다.

상황에 따라 덜 혹은 더 엄격하거나 풀어 줄 필요가 있다는 것을 찾는 것은 부모의 어려운 과제입니다. 이 변증법에서 균형을 찾는 가장 좋은 방법은 그들의 지혜로운 마음(내면의 지혜의 장소)을 찾고, 두려움에 지나치게 사로잡히지 않는 것입니다. 이것은 부모를 비효율적인 극단으로 쉽게 내몰 수 있습니다.

상담사의 변증법 개입 이해하기

당신의 DBT 상담사는 당신과 상호작용하고 당신을 돕기 위해 일하는 과정에서 변증법적 균형이나 통합을 찾기 위해 노력할 것입니다. DBT 상담사는 많은 변증법 전략을 사용합니다. 만약 당신이 DBT에 처음이고 다른 종류의 치료를 해 본 적 있다면 이것이 다른 경험이라는 것을 알게 될 것입니다. 이해하는 데 도움이 될 수 있는 몇 가지 전략은 의사소통입니다. 다음 절에서는 상담사가 당신의 회기 동안에 당신과 의사소통하는 고유한 방법과 도움이 필요한 문제에 어떻게 접근하는지 이해하는 데 도움이 되는 세 가지 다른 변증법에 대해 설명합니다. 이 장의 나머지 부분의 도움을 받아 변증법을 이해한 후에는 상담사의 스타일이 변증법적으로 매우 균형 잡혀 있음을 알게 될 것입니다.

일침 놓기 대 상보성

일침 놓기(irreverence)와 상보성(reciprocity)은 변증법적으로 균형 잡힌 의사소통의 유형입니다. 상보적인 의사소통은 내담자의 관심사를 최우선으로 하면서 내담자와 상담사 간의 관계를 증진시킵니다. 이러한 유형의 의사소통은 상담사와 내담자의 일반적인 권력 차이를 피하고 상담사가 생각과 감정을 가진 전문가와 진정한 사람으로서 관계를 맺는 균형을 제공하며, 상담사가 내담자의 치료 과정과 목표를 지원하기 위한 사려 깊은 자기 개방을 허용합니다. DBT는 상담사와 내담자 사이의 훨씬 더 평등한 관계를 지지합니다.

이와 정반대는 일침 놓기 의사소통 방식으로, 상담사가 의사소통할 때 더 엉뚱하거나 부드럽게 쿡 찌르는 방식으로 반응하는 것입니다. 이런 종류의 의사소통의 기능은 내담자가 갇혀 있을 때 생각, 느낌, 행동을 바꾸는 것을 도울 수 있습니다. 종종 예상치 못한 것은 누군가가 사물을 보는 방식을 바꾸는 데 도움이 됩니다. 일침 놓기는 놀리거나 가볍게 만드는 것이 아니라, 다른 선택지나 관점을 보는 것을 돕고 때로는 촉진하는 방법입니다. 일침 놓기를 효과적으로 쓰려면 타이밍을 고려해야 합니다. 상담사가 효과적이지 않은 방식으로 일침 놓기를 사용할 경우, 자신의 잘못을 빠르게 인정하고 사과해야 합니다.

환경적 개입 대 내담자에 대한 자문

변증법적 관계는 DBT의 사례 관리 부분뿐만 아니라 내담자가 그들의 삶에서 사람들과 상호작용하는 것을 다루는 데 사용됩니다. DBT 내담자가 친구, 직장 및 학교에서 여러 일을 관리하는 것처럼, 상담하는 동안 여러 정보 제공자(providers)를 두는 것은 드문 일이 아닙니다. 상담사는 다른 정보 제공자가 내담자에 대한 정보를 요구하거나 질문할 때, 내담자가 한 상담사에게 다른 정보 제공자와 소통하도록 요청할 때, 또는 내담자가 상담사에게 문제를 해결해 줄 것을 요청할 때 이 변증법에 따라 작업합니다. DBT의 주요 목표 중 하나는 내담자들이 그들의 삶에서 더 효과적으로 기술을 배우고 연습할 수 있도록 돕는 것입니다.

상담사가 기술 사용과 일반화를 지원하기 위해 노력하는 변증법적 균형은 가능한 한 환경을 적게 변화시켜 개입하는 것이지만, 물론 균형이 있어야 합니다. DBT의 일반적인 원칙은 상담사가 내담자의 환경을 변화시키는 방식으로 개입하려면 내담자의 단기적 이득이 내담자의 장기적 학습 손실의 가치가 있는지 여부를 결정해야 한다는 것입니다.

예를 들어, 상담사가 내담자를 대신하여 다른 상담사와 대화하는 것이 단기적인 이점이 충분히 있나요? 내담자가 그 상담사와의 관계를 심화시키고 직접적인 의사소통 및 자기 옹호 기술을 강화하는 방식으로 그 상담사와 직접적으로 의사소통하는 방법을 배우는 것을 잃는 것이 충분히 가치가 있나요? 만약 상담사가 환경적인 개입이 가치가 없다고 판단한다면 그들은 내담자에게 더 일반적인 상담사의 입장을 취합니다. 상담사로서 이러한 어려운 상황을 헤쳐 나갈 수 있는 기술을 사용하여 내담자를 지원합니다. 결과적으로 내담자는 실제 상황에 기술을 적용하면서 숙련된 감각을 얻습니다. 상담사는 내담자가 상황을 관리할 수 있는 기술을 가지고 있고 상담 외부에서 일반화하는 연습이 필요하다고 판단될 때 자문가(consultant)의 입장을 취합니다.

문제 해결 대 수용 · 인정

기억하세요

이 변증법 관계는 DBT의 상징입니다. DBT의 근본적인 변증법은 수용 · 인정과 변화라는 것을 명심해야 합니다. 상담사는 문제 해결 능력과 CBT의 마음챙김 및 수용 · 인정(타당화) 능력의 균형을 지속적으로 맞추고 있습니다. 모든 회기에서 이러한 현상이 발생합니다. 당신의 상담사는 당신이 문제 해결 작업을 할 때 몇 가지, 예를 들면 행동 분석, 행동사슬 분석, 잃어버린 고리 분석, 해결책 분석(제18장 참조)의 문제 해결 기술, 문제에 대한 접근법, 기술 교육 및 사전 계획을 사용할 것입니다. 주의를 기울인다면 상담사가 문제 해결에 들어가기 전에 자주 수용 · 인정을 하고 있으며 당신이 문제 해결 작업에 뛰어들 때 앞뒤로 바뀔 수도 있습니다. DBT는 변화에 기반한 치료이며, 수용 · 인정과 받아들임을 통해 변화를 지지하고 발전시킬 수 있습니다.

제16장

환경 구조화

이 장에서

- 두 가지 다른 환경을 소개합니다.
- 문제를 다루는 방법을 발견합니다.
- 시작하기 전에 기본 틀을 구성합니다.
- 개인 회기를 구조화합니다.
- 다른 맥락과 상황에서 구조화를 바라봅니다.

다른 효과적인 치료법과 마찬가지로, DBT의 중요한 기능은 환경을 적극적으로 구조화하는 것입니다. 이는 내담자의 목표를 향해 가장 효과적으로 개선할 수 있는 방식으로 환경을 구조화하는 것을 의미합니다. 이를 위하여 효과적인 행동은 강화하고 문제 행동을 소거하는 환경적 요인에 세심한 주의를 기울여야 합니다.

이 장에서는 환경적 어려움을 관리하기 위한 아이디어를 제공합니다. 그런 다음 전통적인 대화 치료법과는 달리 교육 및 임상 순간 치료에 초점을 맞춘 개인 회기와 DBT 회기 구조가 있음을 알 수 있습니다. 우리는 또한 문제가 발생했을 때 문제를 해결하는 방법이 다섯 가지이지만, 어떤 방법이 효과적이고 어떤 방법이 효과적이지 않은지 확인합니다.

서로 다른 두 환경 구조화하기

내담자 환경이 계속해서 문제 행동을 강화하고 임상적으로 개선하는 것을

기억하세요

막는다면 효과적인 치료를 기대하기 어렵습니다. 치료가 완수되려면 임상적으로 개선될 수 있도록 강력하게 강화하는 환경을 포함해야 도움이 됩니다. 상담사가 내담자가 나아지는 것을 촉진하고 문제 재발로 이어지지 않는 치료환경을 만드는 데 주의를 기울여야 합니다.

이를 수행하는 한 가지 방법은 특히 아동·청소년 치료(제13장 참조)에서 가족 상담을 활용하고, 다른 상담사와의 사례 상담 회의(내담자가 항상 참석하는)를 활용하는 것입니다. 내담자의 생활에 있어 특정 실행 계획을 돕기 위한 기타 서비스에는 가족에게 심리교육을 제공하고 학생이 학교에 계속 다닐 수 있도록 학교와 상담하는 것이 포함됩니다. 이러한 서비스를 추가하면 내담자와 그 가족이 유리한 결과를 얻을 가능성이 가장 높은 환경을 구성하는 데 도움이 될 수 있습니다.

환경을 구조화하는 것에는 내담자가 자신의 환경을 수정하도록 돕는 방법이 포함될 수 있습니다. 예를 들어, 어떤 사람이 특정 사교계에 있거나 도시의 특정 지역에 있을 때 마약을 사용하는 경향이 있거나 직장에서 특히 힘든 하루를 보냈을 때 자해할 가능성이 더 높다고 가정해 보세요. 첫 번째 예에서 그 사람은 사회 집단과의 접촉을 제한하는 방식으로 자신의 삶을 구성할 것이고, 두 번째 예에서는 직장에서 어려움을 겪는 날 파트너나 가족으로부터 도움을 끌어낼 수도 있습니다. 그런 다음 그 사람이 재발하거나 자해를 하는 경우 스스로 이해해야 하며, 예를 들어 지나치게 위로하거나 지지함으로써 실수나 자해를 강화하지 않도록 주의하도록 중요한 다른 사람들에게 가르쳐야 합니다.

이는 모순처럼 보일 수 있으며, DBT는 이러한 모순으로 가득 차 있습니다. 어떻게 가족 구성원이 어떤 상황에서는 도움이 되고 다른 상황에서는 지지하지 않을 수 있을까요? 요점은 사람이 어려움을 겪고 어려운 순간을 극복하기 위해 숙련된 수단을 사용할 때 가족 구성원이 도움과 지원을 해 주기를 원하고, 그 사람이 이러한 문제를 해결하기 위해 해로운 행동을 사용했을 때는 그렇지 않기를 원한다는 것입니다. 이는 DBT 기술 기반 문제 해결을 강화하겠다는 구상입니다.

기억하세요

이상적으로, 상담사는 내담자가 환경을 구조화하도록 돕습니다. 그러나 특히 치료 초기에 상담사는 구조화에 보다 적극적인 역할을 할 수 있습니다. DBT에서 요구하는 변화는 내담자 스스로 수용하기에는 너무 어려울 수 있으므로 상담사가 내담자를 도와주어야 하기 때문입니다. 예를 들어, 내담자가 수용 · 인정에 대해 방금 알게 되었고(제12장 참조), 배우자나 가족 구성원에게 더욱 수용 · 인정해 주기를 바랍니다. 그리하여 내담자는 가족에게 수용 · 인정을 설명하려고 노력하지만 이는 그들에게 무시되거나 거부될 수 있습니다. 상담사는 치료의 과정에서 수용 · 인정의 중요성을 강조하기 위해 가족 구성원이 참여하는 집단 회기를 진행할 수 있습니다.

문제를 해결하는 다섯 가지 방법

기억하세요

모든 종류의 환경적 개입은 다른 상황에 적용될 수 있지만, 환경적 개입만이 삶의 문제에 대한 유일한 해결책은 아닙니다. DBT는 문제가 발생했을 때 문제를 해결하는 다섯 가지의 다른 방법이 있다고 가르칩니다. 외로움을 느끼는 것이 문제라고 합시다. 그럼 이 문제에 대해 무엇을 할 수 있을까요? 문제가 무엇이든 상관없이 이 경우 외로움을 해결할 수 있는 다섯 가지 해결책이 있습니다. SCREW라는 두문자어를 기억해 보세요.

>> **해결하기**(Solve): 이상적으로, 문제를 다루는 가장 좋은 방법은 문제를 해결하는 것입니다. 당신이 해결할 수 있다면 그렇게 하세요. 항상 쉽거나 가능하진 않을 것입니다. 외로움의 예를 들면, 당신은 새로운 사람들을 만나고 우정을 쌓는 것으로 당신의 상황을 바꾸어 문제를 해결할 수 있습니다. 예를 들어, 사회단체나 자원봉사 단체에 가입하거나, 동료들 또는 이웃들과 대화를 시작할 수 있습니다. 또한 소셜 미디어에서 옛 친구들을 찾아봄으로써 그들과 다시 연결하려고 시도할 수도 있습니다.

>> **관계 변경하기**(Change): 문제를 해결하는 것이 항상 가능한 것은 아닙니다. 또 다른 건전한 대안은 문제에 대한 당신의 관계를 바꾸려고 노력하는 것입니다. 예를 들어, 당신은 외롭다는 것이 매력적이지 않거나 사랑스럽지 않다는 것을 의미하지 않는다는 점을 인식할 수 있습니다. 혼자 있어도 하고 싶은 일을 함으로써 혼자만의 시간에서 즐거움을 발견할 수 있는 방법을 찾을 수 있습니다. 예를 들어, 당신은 다른 사람들이 시간이 안 돼도 영화를 보러 가거나, 새로운 식당을 가 보거나, 새로운 등산로를 찾고 싶을 수도 있습니다. 당

신의 관계를 혼자 할 수 있다는 관점으로 바꿀 수 있는 또 다른 방법은 혼자 있는 것이 얼마나 멋질 수 있는지 보는 것입니다. 예를 들어, 당신은 혼자 있는 것이 더 자립적이거나 자신감을 갖는 방법을 배우는 데 도움이 될 거라고 인식할 수 있습니다.

- **온전히 수용하기**(Radically accept): 당신은 온전한 수용을 실천할 수 있고(제11장 참조), 지금 이 순간에 당신은 외롭고, 이런 일이 일어날 때가 있다는 것을 받아들일 수 있습니다. 당신은 이 현실과 싸울 필요도 없고, 그것을 해결하려고 노력할 필요도 없습니다. 당신은 지금 이 순간을 있는 그대로 받아들이고 있습니다.
- **불행 즐기기**(Entertain misery): 당신은 비참한 상태를 유지하는 선택을 할 수 있습니다. 이것은 어떠한 기술도 필요로 하지 않으며, 일반적으로 침대에 앉아서 당신이 얼마나 외로운지에 대해 생각하는 것 외에는 아무것도 하지 않는 것을 포함합니다.
- **악화하기**(Worsen): 그러면 당연히 상황을 더 악화시킬 수 있습니다. 휴대전화에 있는 모든 연락처를 삭제하거나, 친구에게 만족스럽지 않다고 소리를 지르거나, 모든 전화를 피하고 방에서 격리된 채 시간을 보낼 수 있습니다.

DBT 상담사는 앞의 세 가지 방식을 도울 수 있지만, 후자의 두 가지에는 따로 도움이 필요 없을 것입니다.

기본 틀 구축하기

많은 치료법은 각 회기에서 무엇을 할 것인지에 대해 명시하지 않습니다. 치료에서 어떤 일이 일어날지 모르는 상태에서 치료에 대한 정보에 입각한 결정을 내리는 것은 어렵기 때문에, 상담사와의 초기 논의는 당신이 잘 갖추어진 소비자가 될 수 있는 기회입니다. 다음 절에서는 일반적인 DBT 치료의 기본 틀을 소개합니다.

기억하세요

DBT 프로그램을 찾는 중이라면, DBT의 모든 구성 요소가 포함되어 있는지 확인하세요(제14장에서 설명). 많은 치료 단체와 정신건강 클리닉이 DBT를 제공하지만, 개인 치료는 제공하지 않고 집단 치료만 제공한다고 말합니다. 다른 사람들은 개인 치료를 받지만, 한 달에 두 번만 제공하거나 전화 기술 코칭을 제공하지 않습니다. 전체 기본 틀은 명확해야 합니다.

전념하기

DBT에서 치료를 위한 전념은 핵심 개념이며, 이 전념은 종종 상담사의 목표이자 치료 전반에 걸쳐 강화됩니다. 치료에 대한 전념은 치료를 시작하기 전과 치료를 시작한 후에 일관되게 보장되어야 합니다.

치료를 시작하는 단계에서, 상담사는 내담자가 전념을 갖게 할 뿐만 아니라 내담자가 모든 치료적 요인들을 사용할 가능성을 높이기 위해 특정 전념 전략을 사용합니다. 이러한 전략은 때때로 조작적이고 그렇기에 효과적인 조절 형태인 동시에, 우리 대부분이 사회적 상호작용에서 기대하는 협상 과정과 같은 문화적 맥락에 기반을 두고 있습니다. 전형적으로 우리가 바라는 전념을 직접적으로 요구하면, 내담자는 부담스러워 전념에 동의하지 않을 것이고, 심지어 노골적으로 거절할 수도 있습니다.

기억하세요

DBT에서 사용되는 전념하기 전략은 다음과 같습니다.

- **장단점**: DBT 상담사는 상담을 시작하기 전의 잠재적인 내담자에게 DBT 치료를 받을 때의 장점과 받지 않았을 때 장점을 각각 설명해 봅니다.
- **문간에 발 들여놓기, 머리부터 밀어넣기**: '문간에 발 들여놓기'는 처음에는 쉬운 것을 요청하고("4주 동안 자해하지 않을 것을 약속할 수 있나요?"), 그다음에 더 어려운 것을 요청하는("6개월 정도, 6개월 동안 약속할 수 있나요?") 접근법입니다. 이것은 작은 질문에 동의한 사람들이 후속 질문에 더 동의할 가능성이 높다는 발견에 기초합니다. '머리부터 밀어넣기'는 상담사가 현실적으로 상상할 수 있는 것보다 훨씬 더 큰 책임을 내담자에게 요청하는 것으로 시작한 다음에는 더 작은 것으로 '타협'합니다. 이 전략의 요점은 한 가지에 대해 아니라고 말하는 사람들이 종종 다른 요청에 대해 그 요청이 합리적이라면 그렇다고 대답할 의무를 더 많이 느낀다는 것입니다.
- **현재 전념을 과거 전념과 연결하기**: 만약 이전에 변화에 대한 열망을 표현했던 사람이 지금 흔들리거나 의심을 표현한다면 상담사는 내담자가 처음부터 끝까지 그 일에 전념해 왔던 시간을 다시 살펴보고 현재의 전념을 그것과 연결시킬 수 있습니다.

- **치어리딩**: 여기서 상담사는 사람들이 인생에서 만들고자 하는 긍정적인 변화를 위한 격려의 말과 지원을 제공합니다.
- **실행 가능하거나 바람직한 대안이 없을 때에도 선택할 수 있는 자유**: 사회심리학에 따르면, 사람들은 자신이 자유롭게 선택할 수 있다고 믿거나, 혹은 자신의 목표와 일치하거나 목표 달성에 도움이 되는 다른 대안이 없다고 믿을 때 변화에 대한 결심을 할 가능성이 더 높습니다. 이 두 가지 조건을 결합함으로써 DBT 상담사는 개인의 선택의 자유와 함께 실행 가능한 대안이 없음을 강조합니다. 이 또한 변증법적 관점을 기반으로 합니다. 이렇게 모순적으로 보이는 관점이 어떻게 가능할까요? 그것은 항상 다른 선택이 존재하기 때문입니다. 그 사람이 설정한 목표를 달성할 수 있는 대안이 없을 수도 있지만, 요구되는 일을 하고 싶지 않다면 다른 목표를 선택할 자유도 있습니다. 만약 내담자가 다른 목표를 선택하고 다른 행동을 한다면, 이는 그 자체로도 결과를 가져올 것이며, 또한 상담사는 이러한 사실을 강조를 할 것입니다.
- **적극적인 반론자**: 상담사가 내담자로부터 결심을 들었지만 그 결심에 의문을 제기하고 실제로 내담자의 이전 접근 방식엔 장점이 없는지 고려하는 기법입니다. 변증법의 반대편, 즉 내담자의 관점을 주장하거나 내담자가 내리는 결정을 더 충분히 검토하도록 하기 위해 내담자의 입장과 관련된 반론을 제기하는 것을 의미합니다. 또한 적극적인 반론자는 내담자가 결심하기 전에 사용할 수도 있습니다. 예를 들어, 내담자가 상담을 원한다고 말하지만 흔들리고 있을 때 상담사가 상담이 의미가 없을 수도 있다는 입장을 취함으로써 내담자가 선택을 하게 하는 전략으로 사용할 수 있습니다. 상담이 필요하지 않을 수도 있다고 제안함으로써 일반적으로 도움을 받지 않았을 때의 결과에 집중하도록 유도할 수 있습니다.

계획에 충실하기

상담사가 내담자로부터 결심을 이끌어 냈다면 달성 가능한 상담 목표를 설정하는 것이 중요합니다. 상담사/내담자 팀은 상담에 완전히 참여하고 목표를 달성하는 데 방해가 되는 장애물을 고려하고 예상합니다. 여기에서 중요한 것은 내담자가 상담을 통해 달성하고자 하는 것이 무엇인지 파악하고, 내담자가 삶에서 직면하고 있는 어려움을 극복할 수 있다면 어떤 삶이 될지 상상해 보는 것입니다. 상담사는 내담자에게 목표를 달성하기 위해 구체적인 기술을 어떻게 사용할 수 있는지 보여 줍니다.

기억하세요

목표와 계획이 정해졌다면 다음 단계는 계획을 시작하고 실천하는 것입니다. 그 단계는 다음과 같습니다.

1. 목표를 달성하는 자신의 모습 상상하기: 장기적인 목표는 특히 새로운 행동 방식을 사용해야 하는 경우, 부담스럽고 너무 멀게 느껴질 수 있습니다. 한 가지 알아야 할 것은 당신은 현재 자신이 살아가고 있는 방식에 대해 자각하고 있다는 것입니다. 다르게 살게 된다면 삶이 바뀔 것입니다. 동기가 저하될 때마다 더 유능한 자신의 모습을 마음속에 그려 보세요.
2. 책임 있는 절차 설계하기: 무엇이 당신을 계속 움직이게 하나요? 책임감을 갖도록 도와줄 친구나 친척, 영적 지도자나 교사가 있나요? 상담 초기 몇 주 동안 상담사와 정기적으로 확인을 해야 할 필요가 있나요? 일반적으로 대부분의 사람은 인생에서 중요한 다른 사람에게 책임감을 느끼고 있다면 자신의 목표를 달성해야 할 책임감을 더 느끼게 됩니다.
3. 목표를 작은 단계로 나누기: 달성하고자 하는 목표가 무엇이든 그 사이에는 작은 단계가 있습니다. 한 번에 목표를 달성하거나 포기해야 한다고 고집하기보다는 작은 단계로 나누어 생각하세요. 예를 들어, 마라톤을 하고 싶다면 한 번도 달려 본 적이 없는 상태에서 42km를 달리는 것은 벅찬 일이며 포기하기가 쉽습니다. 마라톤을 바로 도전해서 포기하기보다는 1km, 2km, 3km 등 더 작고 관리하기 쉬운 목표를 설정하여 천천히 전체 거리를 늘려가는 것이 좋습니다. 이렇게 하면 목표를 달성할 가능성이 훨씬 더 높아집니다.
4. 쉬는 날 허락하기: 쉽게 이해되지 않을 수 있지만, 새로운 행동을 실천하는 데 하루 정도는 쉬어도 괜찮습니다. 변화를 한다는 것은 힘든 일입니다. 여기서 중요한 것은 하루를 쉰다는 사실, 최종 목표에 전념하고 있다는 사실, 하루를 쉬는 것이지 이전의 부적응 행동으로 돌아가는 날이 아니라는 사실을 인식하는 것입니다.
5. 생각을 멈추고 '그냥 해 보기': 때때로 우리는 너무 많은 생각을 하고, 그 생각이 과제를 완수하는 데 방해가 될 때가 있습니다. 앉아서 목표를 인생의 의무로 여기기보다는 목표를 달성하기 위한 단계를 생활방식의 필수적인 부분으로 간주하고 선택사항이 아님을 명심하세요. 새로운 일이라도 매일 더 많이 할수록 더 빨리 습관이 될 수 있습니다.

6. 뒤를 돌아보기: 가파른 산을 오르고 있다면 정상에 오르는 것이 불가능한 일처럼 느껴질 수 있습니다. 노력의 부족하다고 느껴져서 사기가 떨어지기 쉽습니다. 낙담하거나 패배감을 느낄 때마다 잠시 시간을 내어 자신이 얼마나 멀리 왔는지 되돌아보세요. 일기를 쓰면서 자신의 여정을 돌아본 다음 과거의 자신의 모습을 다시 돌아보는 것도 도움이 됩니다. 처음 시작했을 때와 달라진 자신의 모습을 발견할 수 있다면 감사한 마음이 들 것입니다.
7. 어려움을 예상해서 미리 준비하기: 연구에 따르면, 우리의 뇌는 조급해지거나 자제력을 잃고 충동적으로 변할 수 있다고 합니다. 예상 가능한 잠재적인 장애물을 미리 예측하고 제거하는 것이 중요합니다. 미래의 내가 옳은 일을 할 것이라고 믿기보다는 잠재적인 장애물을 미리 대비하여 관리하기 쉽게 만들고, 동기가 높을 때 계획을 세우면 동기가 저하되었을 때 급하게 계획을 세우지 않아도 됩니다.
8. 할 수 있다는 믿음 갖기: 달성할 수 없는 목표라면 상담사와 함께 목표를 세우지 않았을 것입니다. 자제력이 고갈될 수 있지만, 목표를 달성할 수 있다고 믿는 것만으로도 그것을 달성할 능력을 얻을 수 있습니다.

개인 회기 구조화하기

개인 회기는 특정 목표를 향해 노력하는 시간입니다. 모든 참여자에게 기술을 가르치는 기술 집단(제14장 참조)과 달리, 개인 회기에서는 목표 행동 및 삶의 열망과 관련된 기술만 검토하고 숙고하며 적용합니다. 다음 절에서는 일반적인 회기에 대해 같이 살펴보고자 합니다.

다이어리 카드 검토하기

매 상담 회기 시작 시, 상담사는 내담자의 다이어리 카드(제18장 참조)를 검토합니다. 본래 다이어리 카드는 DBT에 특화된 도구로서 시작되었지만, 현재는 DBT 이외에도 다양한 치료법에서 다이어리 카드를 사용하고 있습니다. 이는 내담자의 목표, 내담자가 목표를 향해 나아가는 과정, 다양한 상황에 직면했을 때 내담자가 활용한 기술에 대해 기록하는 표 형식의 문서입니다. 내담자는 다이어리 카드에 매일 기록해야 하며, 내담자와 상담사가 집중하기로 한 특정 목표에 맞춰 항목이 조정됩니다.

기억하세요

상담사는 매 상담 회기를 시작할 때마다 내담자의 다이어리 카드를 주의 깊게 검토해야 하며, 자살이나 자해의 위험, 약물 오용 같은 우려되는 상황이 있을 시 이에 대해 논의해야 합니다. 이것들은 소위 생명을 위협하거나 삶의 질을 위협하는 행동으로, 상담 중 다른 문제들을 다루기 전에 선행하여 해결되어야 합니다.

목표 우선순위에 집중하기

기억하세요

DBT 내담자들은 대개 여러 문제를 갖고 있기 때문에 상담사는 우선순위를 정하여 어떤 순서로 문제들을 다룰지 정해야 합니다. 치료 목표의 우선순위 목록은 다음과 같습니다.

- **생명을 위협하는 행동**: 어떤 이를 죽음으로 이끌 수 있는 행동이며, 이에는 자살 행동/생각, 비자살적 자해 등의 모든 형태가 포함됩니다. 여기엔 다른 사람들에게 폭력적인 모습을 보이거나, 반대로 본인이 폭력을 당하는 피해자가 되는 것도 포함됩니다. 폭력적인 사람들은 종종 그들이 원하는 것을 얻기 위해 폭력을 사용합니다. 다른 파괴적인 행동들과 마찬가지로, 폭력은 즉각적으로는 효과가 있을 수 있지만, 결국 가해자를 고립시키고 사람들로부터 불신을 키웁니다. 비슷한 맥락으로, 폭력의 피해자가 된 경우에 피해자는 삶을 끝내고 싶은 기분이 들며, 인생을 포기하는 지경에 이를 수 있습니다.
- **치료에 방해되는 행동**: 내담자가 치료에 완전하게 참여하지 않을 경우, 내담자는 나아질 수 없습니다. 그렇기 때문에 효과적인 치료를 방해하는 행동이 그 다음으로 해결해야 하는 목표가 됩니다. 이러한 행동은 비단 내담자에게서만 발견되는 것이 아니며, 상담사에게도 발견될 수 있습니다. 이러한 행동에는 상담 회기에 지각하는 것, 상담 회기 예약을 취소하는 것, 치료 목표에 도달하기 위한 과정에 비협조적인 태도, 숙제 거부, 다이어리 카드 작성 거부, 행동사슬 분석 거부 등이 포함됩니다.
- **삶의 질에 영향을 미치는 행동**: 이 단계에서 상담사와 내담자는 대인관계 문제, 약물 오용

및 기타 정신건강 문제 등 내담자가 적정한 삶의 질을 유지하는 데 방해가 되는 행동을 검토합니다.

» **기술 습득**: 이 단계에서는 내담자가 목표를 달성하기 위해 내담자의 부적응적 행동을 대체할 수 있는 새로운 숙련되고 효과적인 적응 행동을 습득하는 것의 필요성에 초점을 맞춥니다.

최상위 목표에 대한 행동사슬 분석 수행하기

행동사슬 분석(제18장에서 설명)의 핵심은 내담자의 행동을 분석함으로써 행동의 원인과 그 행동을 유지하는 것이 무엇인지 알아내는 것입니다. 이는 행동 교정을 위해 매우 중요한 단계입니다. 모든 행동은 일련의 연결된 순간과 그 순간의 구성 요소로 이해할 수 있습니다. 이 순간들은 하나씩 차례로 이어지는 시간적 사슬로 연결되어 있습니다. 행동사슬의 한 연결 고리는 그 다음 연결 고리로 이어집니다. 반복되는 행동은 숙련된 습관과도 같지만 언뜻 그 순간에 막 일어난 사건처럼 보일 수 있으며, 이 행동을 세부적으로 분해하기 어렵다고 판단될 수도 있습니다. 상담사는 이 일련의 행동사슬을 내담자에게 안내하고, 궁극적으로 내담자가 스스로 하는 질문을 통하여 평생 풀리지 않을 것 같은 이 연결 고리를 풀어낼 수 있게 해야 합니다.

기억하세요

행동사슬 분석의 목적은 무엇이 문제인지, 무엇이 문제를 유발했는지, 문제가 어떤 기능을 하고 있는지, 다른 행동으로 문제 행동을 대처하는 데 방해하고 있는 요소가 무엇인지, 그리고 문제 행동이 초래할 결과가 무엇인지를 정확하게 알아내는 것입니다. 정확한 행동사슬 분석을 수행하려면 시간과 노력이 필요하지만, 특정 문제 행동을 유발하는 사건을 이해하기 위한 필수적인 정보와 단서를 제공한다는 점에서 가치가 있습니다. 문제 행동에 대하여 완전히 이해하고 평가하지 못하여 종종 문제 해결을 하지 못하고 실패하는 경우도 있습니다. 문제 행동이 자주 발생하는 경우 반복적인 행동사슬 분석을 수행함으로써 상담사는 문제를 명확히 찾아내고, 이 문제들이 어떻게 연결 되어있는지에 대해 내담자가 이해할 수 있도록 도와야 합니다.

행동사슬들을 파악하는 것은 문제 행동을 멈추거나 고칠 수 있는 해결책을 찾는 첫 단계입니다. 행동사슬 중 끊어 낼 수 있는 부분을 찾아내어, 행동사슬을 끊어 내야 합니다. 예를 들어, 밤 10시가 넘어 매번 술 세 잔을 마시는 사람이 있는데, 술을 마신 이후 항상 가까운 사람과 싸우게 된다면 밤 9시 전까지만 술을 마시게 해 볼 수 있습니다. 이러한 시간적 제한으로 그가 술을 한두 잔 정도만 마시거나, 아예 술을 마시지 않게끔 만들 수 있을 것입니다.

TIP 다음은 전체적인 행동사슬 분석의 예시입니다.

1. 내가 분석하고자 하는 문제 행동이 정확히 무엇인가요?
   술을 너무 많이 마셔서 배우자와 항상 싸우게 된다.
2. 이를 유발하는 사건은 무엇이었나요?
   배우자에게 특별한 저녁 식사를 만들어 줄 계획이었는데 배우자가 제시간에 퇴근하지 못했다. 그는 집에 늦게 도착했으며, 회식 장소에서 내가 싫어하는 그의 동료와 대화를 나누었다고 했다.
3. 당신이 취약한 상태에 놓이게 한 상황과 요소들에 관해 서술하세요.
   나는 배우자와의 저녁 식사를 고대해 왔다. 나는 나의 큰 조력자인 엄마에게 그날 저녁 식사로 무엇을 만들지 알려 주고 싶었다. 그러나 엄마에게 전화를 걸었을 때 엄마는 친구와 영화 보러 가는 중이어서 바쁘다고 했고, 나는 기분이 언짢았다.
4. 사건의 행동사슬(실제 일어났었던 특정 행동과 상황)을 나열하세요.
   - 나는 기분이 언짢았고, 배우자에게 전화를 걸어 흐느끼기 시작했다. 나는 그에게 화가 나 있었다.
   - 엄마에게 전화를 걸었는데, 엄마는 영화를 보러 나간다고 했다.
   - '정말 견딜 수가 없어. 나는 그 누구에게도 중요한 사람이 아니야. 아무도 날 사랑하지 않아.'라고 생각했다.
   - 배우자와 엄마하고 통화한 후 절망적인 감정을 느꼈다.
   - '내 삶은 가치 없어. 날 위해 내 곁을 지켜 줄 사람은 없을 거야.'라고 생각했다.
   - SNS를 보니 모두 곁에 누군가가 있는 것 같았다.
   - 나는 불안해졌고, '이렇게 살 순 없어.'라고 생각했다.

- 기분이 나아지기 위해 보드카를 한 잔만 마시려고 했으나, 결국 한 병을 모두 마셔 버리고 말았다.
- 나는 깨어 있기 위해 엄청 노력을 했다. 배우자가 집에 왔을 때 그에게 소리를 질렀다.

5. 그 결과로 정확히 무엇이 일어났나요?

- 단기: 9개월 만에 혼자 자게 되었다.
- 장기: 나의 배우자가 나와 함께 있는 것이 옳은 선택인지에 대해서 의문을 가지기 시작했다.

그리고 나 스스로에게는?

- 단기: 내가 통제를 잃은 것이 부끄러웠다.
- 장기: 나는 혼자라는 사실을 직면해야 한다.

6. 나의 문제 행동이 가져온 피해는 무엇인가요?

나는 통제를 잃었고 그것은 나를 다치게 했고, 관계에 대한 신뢰를 깨뜨렸다.

7. 비효율적 행동을 대체할 새롭고 효과적인 행동의 리스트를 만드세요.

- 배우자와 GIVE 기술 활용하기(제12장 참조)
- 나의 배우자가 나를 거부할 것이라는 생각에 대해 사실 확인하기
- 상담사에게 전화해서 무슨 일이 벌어지고 있는지 설명하고 도움을 요청하기
- 고통 감내 기술을 활용하고(제11장 참조) 영화를 보거나 친구에게 전화를 걸거나 산책하기
- 자비 명상 연습하기(제9장 참조)
- 싱크대에 보드카를 버려서 그것이 위험요인이 되지 않도록 하기

8. 예방 계획을 세우세요.

- 미래의 나의 취약성을 줄이는 방법: 다음에 내 배우자가 회식에 가야할 때 대처 계획을 세운다.
- 촉발 사건이 다시 발생하지 않도록 예방하는 방법: 미래에 어떤 일이 일어나는 것을 막을 수는 없으므로 혼자 남겨지는 것에 대해 미리 대처하고 자신을 관리하는 방법에 대한 다양한 계획을 세우는 연습을 한다.

9. 다른 사람들에게 가해진 피해에 대해 다소 과할 정도로 바로잡을 과잉 교정 계획을 세우세요.

과잉 교정에 초점을 맞추는 것은 사과하는 것보다 더욱 더 상황을 원래 상태 혹은

그 이상의 더 나은 상태로 복원하기 위해 노력하는 것입니다. 배우자에게 사과하고 그 행동이 나의 가치와 일치하지 않는다는 점을 다시금 이야기하세요. 그리고 다음에는 다른 결과를 만들기 위해 노력하세요. 또한 이 주제에 대해 상담을 계속하여 나의 정서적인 촉발 요인에 대해 보다 효과적으로 준비하고 이해할 수 있도록 노력하세요.

해결책 분석과 함께 엮기

상담사와 내담자가 행동사슬 분석을 완료하면, DBT 상담사들은 해결책 분석(제18장 참조)을 진행하여 행동사슬에서 구현할 수 있는 가장 효과적인 기술이나 해결책을 확인하고 적용합니다. DBT에서의 목표는 부적응적인 행동을 멈추는 것뿐만 아니라, 그 행동의 원인이 되는 문제를 해결하고, 해당 문제로 고통받는 사람의 고통을 덜어 주는 것입니다.

기억하세요

상담사들은 해결책 분석을 세 가지로 나눕니다. 즉, 다양한 해결책을 만드는 것, 이를 평가하는 것, 그리고 이를 실행하는 것입니다.

1. 내담자와 상담사는 행동사슬에서 특정한 행동사슬을 선택한 다음 실행 가능한 다양한 해결책을 도출합니다. 이상적으로, 가능한 한 많은 해결책이 만들어지고 이것들이 즉각적으로 버려지지 않습니다.
2. 해결책들은 그것이 얼마나 현실적인지, 실행에 있어 어떤 장벽이 있는지에 기반하여 실행 가능성의 측면에서 평가됩니다.
3. 해결책을 실행합니다.

해결책 분석을 위한 행동사슬을 만들 때 다음의 사항들을 고려할 수 있습니다.

- 행동사슬이 목표한 행동을 얼마나 강하게 통제하는가?
- 다양한 행동사슬 분석에서 해당 행동사슬이 얼마나 자주 등장하는가?
- 행동사슬은 바꾸거나 수정하기 쉬운가?

- 내담자의 목표와 행동사슬이 얼마나 가까운가?
- 내담자가 행동사슬에 대해 얼마나 (변화하고자 하는) 의지가 있는가?

이러한 질문들이 검토되고 나면, 상담사와 내담자는 앞 단계를 반복하며 다음의 중요한 연결 고리로 이동합니다.

기억하세요

해결책 분석과 행동사슬 분석을 함께 엮는 것은 몇 가지 장점이 있습니다.

- 이것은 당신의 상담사가 당신의 문제적 행동의 원인을 분석하는 데만 시간을 쓸 가능성을 줄여 주고, 해결책 마련에 시간을 할애하지 못하도록 하는 것을 막습니다.
- 이러한 접근은 내담자가 문제가 되는 행동사슬을 파악하는 과정에서 더 자율적인 역할을 수행할 수 있도록 하기에 내담자에게 도움이 됩니다.
- 이러한 과정을 통해 문제 행동과 가능한 해결책 사이의 자동적 연결을 만들어 냅니다. 언제 해결책을 엮어 낼지 그 시점을 결정할 때, 상담사는 일반적으로 해당 연결 고리가 얼마나 잘 이해되었는지를 고려합니다.

내담자의 현재 상황에 맞춰 상담(치료)목표 우선순위 조정하기

기억하세요

생명을 위협하는 목표가 많아질수록, 치료의 초점은 더 하위 수준의 목표로 옮겨갑니다. 이는 해당 목표들이 중요하지 않다는 의미는 아니며, 실제로 종종 그 목표들은 더욱 중요할 수 있습니다. 예를 들어, 어떤 사람이 자신들의 관계를 어떻게 개선할지 고민하고 있다면 이는 분명 중요한 문제입니다. 하지만 만약 그들이 위험한 행동을 하며 생명의 위험에 처해 있다면 먼저 이 생명을 위협하는 행동을 해결하는 것이 우선입니다. 비록 내담자가 관계 문제가 더 근본적이라고 느낄 수 있지만, 생명의 안전이 가장 중요하다는 점을 우선시해야 합니다.

다른 맥락에 구조 배치하기

환경을 구성하는 데 중요한 한 가지 측면은 특정 환경에서 DBT 사용을 고려하는 것입니다. DBT는 자살 위기에 놓인 사람들을 위한 외래 환자 치료법으로 사용되도록 개발되었다는 것을 기억하세요. 하지만 당신이 다음 절에서 발견한 것처럼 치료의 힘을 고려할 때 그것이 다른 맥락과 특정 집단으로 이동했다는 것은 놀라운 일이 아닙니다.

교도소

대부분의 상황에서 교도소는 주로 처벌을 중심으로 한 모델을 따르며, 이는 DBT와는 근본적으로 다른 접근 방식입니다. 교도소 시스템이 비효율적이며 최근 몇 년 동안 전 세계의 형사 사법 시스템에서는 교도소 개혁이 크게 요구되어 왔습니다. 처벌 중심의 시스템이 범죄를 줄이거나 예방하는 데 실패했다는 분명한 증거가 있으며, 이러한 시스템은 재정적으로도 지속 가능하지 않고 재범율을 줄이는 데도 효과적이지 않습니다. 이런 문제의 한 가지 원인은 처벌에 대한 실증적인 대안이 부족했다는 것입니다. 이는 바로 DBT가 필요한 이유를 설명해 줍니다.

법의학 환경에서는 DBT를 수감자들이 겪는 다양한 문제를 효과적으로 해결할 수 있는 집중적이고 체계적으로 구성된 기술 중심의 인지행동 프로그램으로 인식하고 있습니다. 이러한 문제에는 감정 조절의 어려움, 약물 남용, 고통을 견디는 능력 부족, 그리고 대인관계 기능의 결핍 등이 포함됩니다. DBT는 치료가 어려운 사람들에게도 효과적이라는 점에서 교도소 환경에 이상적인 해결책입니다. 또한 성격장애와 약물사용장애는 재범과 크게 관련이 있기 때문에 이들 장애의 치료는 교도소에서 매우 중요합니다.

DBT에서 가르치는 기술은 범죄 활동에 있어 가장 중요한 위험 요소를 많이 다루고 있습니다. 대인관계 효과성 기술은 이미 범죄에 관여된 사람들과 관계를 발달시키는 데 있어 취약한 요소인 부적응적인 대인관계 방식을 다루도록 돕습니다. 감정 조절 기술은 사람들이 그들의 분노와 공격성을 조절하는 데 도움을 줄 수 있습니다.

분명히 표준 DBT의 일부 요소(예: 전화 기술 코칭)는 교도소 환경을 변환할 수 없기 때문에 구조가 변경되어야 했습니다. 한 가지 변화는 언어를 더 단순하게 만드는 것이었습니다. 예를 들어, 감정 조절장애보다는 '감정 조절의 어려움'을 사용하거나, 대인관계 효과성 대신 '관계 기술'을 사용합니다. 그러고 나서 수감자는 교소도 환경의 제한[숲속을 오래 산책하거나, 거품 목욕을 하거나, 원할 때 잠자리에 들거나, 또는 마음대로 감정을 빠르게 조절하기 위해 마음대로 얼음 다이빙을 할 수 없음(제21장 참조)] 때문에 구금 환경에 적용되는 활동을 사용합니다.

학교

상당수의 젊은이가 위험한 행동을 합니다. 여기에는 마리화나와 알코올 사용, 다수 혹은 잘 알지 못하는 성적 파트너와의 성적인 만남, 그리고 신체적인 폭력이 포함됩니다. 이러한 고위험 행동은 젊은이들의 주요 사망 원인과 관련이 있습니다. 이러한 행동에 참여하는 것과 관련된 두 가지 요인은 감정 조절장애와 충동성, 즉 DBT의 명확한 목표입니다.

학교의 특정한 스트레스 요인들도 있습니다. 매년 새로운 학년의 사회 구조에 다시 순응할 필요가 있습니다. 그러면 새로운 교실, 학습 자료, 그리고 교사들과 함께 새로운 학년으로 전환하는 것 자체가 스트레스 요인입니다.

학교에 대한 수정 사항은 특정 요구에 대한 치료를 구조화하는 방법을 제공합니다. 예를 들어, 학교를 위한 DBT의 적용 중 하나는 DBT STEPS-A(DBT Skills Training for Emotional Problem Solving for Adolescents)로 알려져 있습니다. 이는 제임스 마차(James Mazza) 박사와 동료들이 모든 청소년에게 효과적인 감정 조절, 의사결정, 그리고 문제해결 기술을 가르치기 위해 중학생과 고등학생을 대상으로 개정한 SEL(Social Emotional Learning, 사회정서학습) 교육과정입니다. 그리고 교육에서 훈육적인 대안 역할을 하는 각색된 DBT 기술 프로그램인 Teen Talk이 있습니다. 이는 학생들의 대처 능력, 특히 인식과 급진적 수용을 향상시키기 위해 고안된 4주간의 기술 교육과정입니다. 이 프로그램은 충동성, 감정적 반응성, 공격성과 같은 파괴적인 행동을 관리하는 데 집중합니다. DBT 기술 집단은 숙제를 검토하는 데 초점을 맞추는 반면, Teen Talk에서는 마음챙김 연습, 감정, 반응, 대인관계 효과성 기술, 사용, 고통 감내 및 감정 조절뿐만 아니라 학업에 대한 개별적인 모니터링과 병행됩니다. Teen Talk 수업은 우울증과 불안뿐만 아니라 사회적 고립, 공격성, 과잉 행동, 그리고 산만함을 줄이는 것을 목표로 합니다.

기술적 사항

많은 학생은 자신이 정신건강 치료가 필요한 사람으로 보이기를 원하지 않기 때문에 기술 훈련은 학생들에게 흥미롭게 보이게 하고자 이름이 바뀌었습니다. 예를 들어, '파도 타기' '영화관에서' '나를 괴롭혀 봐' 등과 같은 이름으로 바꾸어 학생들이 기술 훈련에 더 쉽게 접근하고 관심을 가질 수 있도록 했습니다. 학교에서 특징적인 또 다른 문제는 청소년 등교 거부입니다. 상당한 비율의 등교 거부 사례가 상당한 감정 조절 문제와 함께 존재하기 때문에 DBT가 유효합니다. 이러한 맥락에서 DBT는 이러한 등교 거부 사례를 감정 조절 문제의 결과로 개념화합니다. 표준 DBT와 다른 점은 청소년, 부모 및 기본 상담사 간에 웹 기반 코칭이 추가되었다는 것입니다. 이것은 학교에 등교하는 날 매일 아침에 이루어집니다.

이걸 포함해 학교 환경을 구조화하는 다른 방법들은 학생들의 기능 수준을 높이고 그들의 자존감과 사회적 관계성을 향상시키는 것으로 밝혀졌습니다.

병원

입원 환자의 입원 기간은 예측할 수 없기 때문에 입원 환자 설정을 위한 DBT를 구성하기 위해서는 3일에서 14일 사이의 지정된 시간 내에 작업해야 합니다. 이것을 구성하는 한 가지 방법은 치료일 동안 일반적으로 일주일에 최소 5일 동안 오전 9시부터 오후 5시까지 개별 치료, 기술 훈련 및 약물 관리를 제공하는 것입니다. 일반적으로 감정 조절 문제가 있는 환자가 선택됩니다. 그러나 모든 환자는 스트레스와 관련된 감정 취약성 요소에 초점을 맞춘 그룹에서 배움을 얻어 갈 수 있기 때문에 일반적으로 DBT가 제공되지 않는 환자도 참석할 수 있습니다. 또한 대다수의 치료자가 DBT 기술에 익숙해야 실시간 기술 코칭을 제공할 수 있습니다.

전체 치료일과 모든 그룹은 체류 기간이 짧을 가능성이 높다는 점을 고려할 때 DBT 교육 과정을 가능한 한 많이 다루는 데 전념하고 있습니다. 많은 환자가 전체를 다루는 것이 불가능하기 때문에 각 모듈 내의 모든 연습이나 기술을 종합적으로 검토하는 것이 아니라 소수만 선택하여 검토합니다. 또 다른 요소는 참석하는 모든 사람에게 생물사회 이론(제2장 참조)에 대한 이해뿐만 아니라 정신 교육, 특히 비타당화의 영향과 수용 · 인정의 효과를 제공해야 한다는 것입니다.

환자가 그룹과 치료법이 유용하거나 관심이 있다고 판단될 경우, 병원 사례 관리자는 환자가 퇴원 후 후속 조치를 취할 수 있도록 외부 DBT 상담사를 찾거나 최소한 지역 상담사의 이름을 제공할 수 있습니다.

발달장애인을 위한 상담

DBT의 혜택을 받을 수 있는 모든 사람에게 상담을 제공해야 한다는 원리에도 불구하고 지적장애 및 발달장애를 가진 사람들에게 상담을 제공하는 것은 어려울 수 있습니다. 예를 들어, 한 가지 문제는 상담에 중요한 인지적 요소가 포함되어 있다는 것입니다. 게다가, 표준 모델은 은유와 약자로 가득 차 있습니다. 변증법적 정반합과 완전한 수용과 같은 특정 개념은 또한 매우 추상적입니다. 마지막으로, 이러한 장애를 가진 일부 사람은 읽기 능력이 부족하거나 아예 없거나 기억력이 좋지 않아 상담사가 표준 DBT를 가르치고 이해시키기 어렵게 만듭니다.

DBT의 한 가지 적용은 줄리 브라운(Julie F. Brown) 박사에 의해 개발된 기술 체계로 알려져 있습니다. 그것은 다양한 연령과 능력을 가진 사람들이 감정을 관리하는 것을 돕기 위해 고안된 발달적으로 친화적인 감정 조절 기술 세트입니다.

기술적 사항

변증법과 관련하여 지적 장애를 가진 사람들을 위한 표준적인 교육 기법 중 하나는 옳고 그름이나 이것이나 저것과 같은 선택권이 있는 단답형 질문을 함으로써 단순하게 하는 것입니다. 이 가르침은 다양한 관점에 대한 탐구를 장려하지 않고 세상을 흑백으로 묘사하기 때문에 자연의 이중성 원칙에 위배되는 것처럼 보입니다. 하지만 이러한 형식은 효과적이고 내담자의 요구를 가장 잘 충족해야 한다는 원칙과 일치합니다.

많은 상담 전문가가 계속해서 상담 기술을 유지하고 발전시키기 위해 노력하고 있습니다. 하지만 모든 세부적인 차이점을 파악하고 따라가기는 쉽지 않습니다. 특히 인지적인 어려움을 겪고 있는 사람들에게 상담 기법을 적용하는 것은 더욱 어려울 수 있습니다. 복잡한 상담은 상담사가 이 방법을 장기간 사용하려는 강한 의지가 있을 때만 실시해야 합니다. 이는 발달장애가 있는 사람들을 돕는 팀이 이 방식에 전념하고 있다는 것을 의미합니다. 이런 경우에는 DBT를 적용하면, 치료 과정이 장기간에 걸쳐 이루어질 가능성이 높습니다. 그리고 이는 더 짧고 집중적인 회기를 여러 번 반복해야 할 필요가 있음을 의미합니다.

DBT 관행을 위반하는 또 다른 예로, 일부 발달장애인은 개인별 서비스 계획을 가지고 있는데, 이 계획들은 종종 제공자에 의한 일관된 치료와 지원이 필요한 목표를 포함하고 있습니다. 이는 내담자가 시스템과 협상하고, 자신의 환경에 맞는 기술을 스스로 일반화하여 자립할 수 있도록 하는 DBT의 접근 방식과 상충됩니다.

많은 장애인은 가족과 함께 살며, 감독을 받고, 때로는 사례 관리자의 도움 없이 독립적으로 생활합니다. 상담사는 이러한 사람들의 비DBT 팀과 협력하여, 커뮤니티 내에서 기술을 점진적으로 확장하는 것을 목표로 합니다. 이를 위해 상담사는 정신적 교육과 임상적 리더십을 통해 내담자와 팀의 동기를 강화하고, 팀 전체에 교육을 제공합니다. 특히 수용・인정에 관한 연습이 중요하며, 이 교육은 가족 구성원에게도 제공됩니다. 이 과정을 통해 직원과 가족은 필요에 따라 코칭 역할을 하게 됩니다.

또한 상담사는 DBT 치료과정을 설명하기 위해 DBT가 아닌 심리치료 서비스 제공기관과도 개입하고 협력해야 할 수도 있습니다. DBT 가정과 원칙을 준수하는, 인간 중심의 사용자 친화적인 환경을 만드는 것이 중요합니다. 마지막으로, 표준 DBT에서 일반적으로 제공되는 것보다 다양한 서비스와 더 자주 협력합니다.

제 17 장

상담사 자문팀

이 장에서

- 자문팀에 가입해 봅니다.
- 의제를 따르고 팀의 역할을 이해합니다.

DBT는 매우 효과적이나, 때때로 적극적으로 자살하려 하거나 자기 파괴적 사고 및 행동으로 고통받는 내담자를 마주하는 것은 상담사에게도 부담이 될 수 있습니다. 이 문제에 대처하고 치료 모델을 충실하게 적용하기 위해, DBT 상담사들은 하나의 자문(consultation)팀에 속할 필요가 있습니다. 팀에 속한 이들 또한 효과가 있는 치료(도구, 프로토콜, 원리)를 제공하는 데 동의합니다. 이는 그들이 DBT에서 벗어나거나 DBT의 일부만 사용하면서 정신분석 일부, 도식치료 일부 등은 사용하지 않는다는 것을 의미합니다. 그들은 오직 DBT만 수행하려 할 것입니다.

이 장에서 상담사들이 DBT의 원리와 프로토콜을 따르고 있음을 확실히 하기 위해 무엇을 하는지 알아볼 것입니다. 또한 상담사가 속한 자문팀이 서로 어려운 순간에 도우며, 상담 중 막히게 되는 순간 무엇을 할 수 있을지에 대해 새로운 아이디어와 선택지들을 주고 받는다는 점에서 상담에 필수적이라는 사실을 알게 될 것입니다.

자문팀에 가입하기

자문팀은 내담자에게 DBT 기법을 적용하는 상담사들로 구성되어 있습니다. DBT의 창시자인 마샤 리네한 박사는 이 자문팀을 "내담자 집단을 치유하는 상담사들의 집단"이라 일컬었습니다. 이상적으로 하나의 자문팀은 각기 다른 수련 출신이나 다른 역할과 전문학위를 지닌, 그러나 모두가 특정 내담자를 치료하는 과정에서 DBT 적용을 고수하는, 적게는 3명에서 많게는 8명의 사람을 포함합니다. 즉, 여기에는 사회복지사, 심리학자, 정신과 의사, 간호사, 인턴의, 그리고 정신건강을 책임지는 상담사들이 포함될 수 있습니다. 그러나 몇몇 상황, 특히 너무 많은 수련생이 있는 학문 기관이나 큰 상담센터의 팀들은 그 규모가 더 커질 수 있는데, 만일 한 팀에 12명 이상의 사람이 속해 있는 경우 모두의 요구를 충족하기 어려울 수 있습니다. 대다수 자문팀 회의는 1시간에서 1시간 반 정도 소요됩니다.

기억하세요

자문팀에 가입하기 전, 상담사는 자신이 충실히 따라야 할 바를 분명히 알고 있어야 합니다. 마치 내담자들이 DBT를 진지하게 따르는 것처럼 상담사는 자문팀을 따라야 합니다. 새로운 상담사들은 적극적인 DBT 활용을 고수하며 그 효과성을 높이고자 끊임없이 노력하고, 팀원들이 담당하는 모든 내담자에게 도움을 주려 할 것입니다. 이를 보다 직설적으로 말하면, 내담자가 자살했을 때 다른 팀원들에게 내담자의 자살을 겪은 적이 있냐고 묻는다면 모든 팀원이 "그렇다."라고 답해 줄 것입니다.

다음은 자문팀의 목적과 팀원들의 협약에 대해 논의할 것입니다.

상담사들을 위한 치료

DBT는 자해 내담자의 효과적 치료에 있어 내담자 행동 만큼이나 상담사의 치료 경험 및 행동에도 많은 초점을 두고 있습니다. 만성적인 자살 및 자해 행동을 보이는 내담자 행동에 개입하는 것은 매우 고된 일이기에 DBT 치유 모형 내 머무는 것이 때때로 까마득하게 느껴질 수 있습니다. 이 때문에 상담의 핵심 부분에는 상담사의 "치료"가 포함됩니다.

기억하세요

DBT 상담사를 위한 컨설테이션에는 세 가지의 주된 목적이 있습니다.

- 자문팀은 각 상담사들이 내담자와 치유적 관계를 유지할 수 있도록 돕습니다. 이 팀은 곧 상담사들이 경험할 수 있는 소진을 방지하고 용기를 북돋우며 지지하는 역할을 수행합니다.
- 팀은 변증법적 태도로 상담사와 내담자 간 상호작용에 균형을 제공합니다. 이 균형을 제공할 때, 팀원들은 상담사가 더 확고한 입지를 갖도록 상담사의 관점으로 다가갈 수도 있고, 내담자의 관점으로 옮겨 가며 균형을 유지하기 위해 상담사의 관점에서 멀어지려 할 수도 있습니다.
- 비DBT 기반 환경에서도 팀이 치료의 배경을 마련할 수 있습니다. 예를 들어, DBT 기법을 교육받은 상담사들이 DBT를 기반으로 하지 않는 정신과 병동에서 상담을 제공하게 되면, 이러한 상담사들을 팀에 포함시키는 것은 비DBT 환경에서도 DBT 치료 모델을 따르고 치료의 질을 유지하게 할 것입니다.

다음 절에서는 자문팀에 속한 상담사들에게 상담을 제공하는 법을 살펴볼 것입니다.

소진 다루기

주의

상담사가 소진되면 여러 부정적인 결과가 발생할 수 있습니다. 소진된 상담사는 자주 결근할 수 있으며, 이는 높은 이직률을 초래할 수 있습니다. 또한 상담사가 내담자에 대해 부정적인 태도를 갖게 되어 상담 효과가 저하될 수 있습니다. 소진은 상담사 자신에게도 해를 끼치며, 우울, 불안, 불면증, 물질 남용과 같은 문제를 야기하여 전반적인 웰빙을 악화시킬 수 있습니다.

일부 환경과 기관에서, DBT 상담사는 과다한 사례 수와 사례 검토에 할애할 시간의 부족과 같은 어려움에 직면합니다. 큰 규모의 DBT 팀에는 많은 상담사가 포함될 수 있지만, 이는 일부 상담사에게 사례를 충분히 검토할 기회가 부족하다는 것을 의미할 수 있으며, 복잡한 사례를 담당하는 상담사는 사례 검토에 많은 시간을 소비해야 할 수도 있습니다. 이러한 상황은 다른 팀원들의 소진을 초래할 수 있으므로 때때로 큰 팀을 두 개의 작은 팀으로 나누는 것이 좋을 수 있습니다.

DBT는 소진이 다음 세 가지 요소를 지닌다고 봅니다.

- 정서적으로 소진되었다는 느낌
- 내담자를 향한 열정 상실
- 효과적이지 않고 무능하다는 느낌

자문팀은 팀원들에게 공동체 의식과 공유된 목적 뿐만 아니라, 경청과 수용·인정하기, 격려, 유머 그리고 권위에 대한 도전을 허용하며 소진 방지를 돕습니다. 숙련된 팀들은 그들이 일관되게 변증법적이라는 데서 효과적인데, 그들은 서로를 철저히 진솔한 태도로 대하고, 문제를 직설적으로 제기하고 자신의 실수에 대해 정직하고, 기꺼이 고치려 할 것입니다. 그들은 팀이 방향에서 어긋날 때도 DBT 모형의 전략들을 작동시킴으로써 제 방향을 찾게 할 것입니다. 이처럼 팀이 상담사들 편이라는 점을 느끼는 것은 소진을 경감시키는 데 있어 핵심이라 할 수 있습니다.

상담사 역량 강화하기

이 책 전체에서 언급했듯이, 분노, 두려움, 수치심, 죄책감, 위협 또는 자살 시도, 자해 행동 등 감정 조절장애가 있는 내담자와 함께 일하는 것은 스트레스가 많은 일입니다. 이러한 상황에서 DBT를 계속할 동기를 유지하고 더 숙련된 상담사가 되기 위해서는 치료의 효과적인 적용에 필요한 인지적·정서적·행동적·언어적 접근법을 습득하고 통합하고 일반화해야 합니다. 이는 여러 면에서 상담사가 내담자에게 해야 할 일, 즉 내담자가 일상에서 효과적으로 기능하는 데 필요한 기술을 습득, 통합, 일반화할 수 있도록 가르쳐야 하는 것과 다르지 않습니다. 이러한 역량 강화는 팀 내에서, 개별 슈퍼비전을 통해, 사내 전담 직원 교육을 통해, 그리고 직원을 외부 DBT 교육 회기에 파견하는 방식으로 이루어질 수 있습니다.

TIP

다음은 상담사에게 도움이 될 수 있는 몇 가지 다른 전략들입니다.

- **회기 녹화하기**: 상담사는 내담자와의 개별 회기를 녹화하여 상담사의 슈퍼바이저 또는 다른 DBT 동료가 검토할 수 있도록 합니다. 이러한 맥락에서 동료와 슈퍼바이저는 상담사의 DBT 적용의 정확성과 DBT 치료 전략의 사용에 대한 피드백을 제공할 수 있습니다. 팀 회의 중에 회기 영상을 검토하는 것은 개별 치료의 DBT 충실도를 개선하는 가장 효과적인 방법 중 하나가 될 수 있습니다.
- **교육 참여하기**: DBT 적용에 대한 새로운 아이디어는 항상 개발되고 있으며, 교육 회기에 참석했던 구성원은 자신이 배운 새로운 아이디어를 팀과 공유하거나 DBT 기술을 적용하는 새로운 방법을 설명하기 위해 돌아올 수 있습니다. 이는 결과적으로 상담사의 역량을 높이고 비효과성을 줄일 수 있습니다.
- **충실하게 DBT 전 적용하기**: 행동사슬 분석, 잃어버린 고리 분석, 해결책 분석 등 내담자에게 사용하는 것과 동일한 DBT 기법을 서로 적용하는 것입니다(제18장 참조). 이 접근법에는 많은 이점이 있습니다. 그룹에서 기술 사용을 모델링할 수 있고, 기술 사용 역할극이 유익할 수 있으며, 내담자가 기술 사용 시 때때로 경험하는 어려움을 강조할 수 있습니다.

자문팀 합의서

상담사가 자문팀에 합류하려면 특정 계약에 동의해야 합니다. 예를 들어, 영국 운전자가 미국에서 운전하려면 우측통행으로 운전하는 데 동의해야 하며, 그렇지 않을 경우 심각한 결과를 초래할 수 있다는 점에 동의해야 합니다. 마찬가지로 자살 시도자를 위해 개발된 치료법을 준수하지 않으면 심각한 결과를 초래할 수 있습니다. 다음 절에서는 자문팀이 보다 효과적으로 기능하고 치료를 제공할 수 있도록 하는 계약에 대해 설명합니다.

변증법 철학의 수용

이 계약은 상담사가 DBT 제공에 동의할 때 취하는 입장에 관한 것입니다. 변증법 철학은 경험의 주관성을 인정하고 따라서 절대적인 진리는 존재하지 않는다는 철학입니다. 이는 모든 인간과 마찬가지로 상담사도 상충되는 의견에 사로잡힐 수 있기 때문에 중요합니다. 이 합의의 아이디어는 이런 일이 발생하면 각 의견에서 진실의 요소를 찾은 다음, 입장의 통합을 찾는 데 동의한다는 것입니다. 이를 위해 "우리가 놓치고 있는 것은 무엇인가요?" 또는 "상대방의 입장에 있는 진실은 무엇인가요?" 또는 "내가 무엇을 놓치고 있거나 고려하지 않고 있나요?" 등의 질문을 던집니다.

내담자와의 상담

이 계약을 통해, 상담사들은 팀의 주요 목표가 상담사로서 자신의 능력을 향상시키고 내담자의 주체성을 개발하도록 돕는 것이라는 데 동의합니다. 따라서 상담사들은 내담자와 다른 상담사 또는 내담자의 삶의 다른 사람들을 위한 중개자 역할보다는, 내담자와 상담사가 스스로 말할 수 있고 만약 그들이 그렇게 할 수 없다면 그들 스스로 옹호하는 방법을 가르치는 것이 자비로운 일이라는 믿음으로 서로 또는 내담자를 연약한 존재로 취급하지 않기로 동의합니다.

다양성과 변화

변화는 자연스러운 현상일 뿐만 아니라 삶에서 끊임없이 일어나기 때문에 상담사들은 다양성과 변화를 있는 그대로 받아들이는 데 동의합니다. 즉, 상담사는 특정 내담자의 행동에 대응하는 방법에 대해 서로의 입장에 동의할 필요가 없으며, 다른 모든 사람의 행동과 일치하도록 자신의 행동을 조정할 필요도 없습니다. 예를 들어, 한 상담사는 내담자가 원하는 행동을 강화하기로 결정한 반면, 다른 상담사는 원치 않는 행동을 무시하거나 벌을 주기로 결정할 수 있습니다. 이 규칙의 예외는 일반적으로 주거 및 병원 환경에서 발생하는 것으로, 내담자가 행동 계획에 따라 치료를 받고 있는 경우입니다. 행동이 소멸되는 경우 모든 상담사와 치료팀 구성원은 행동 계획을 준수합니다.

경계 세우기

이 계약에 따르면, 각 상담사가 그들 자신의 경계를 개별적으로 준수해야 합니다. 그리고 그렇게 함으로써 다른 구성원이 자신과 다른 경계를 가지고 있다고 판단하거나 비판하지 않기로 동의합니다. 예를 들어, 한 상담사는 청소년 내담자가 치료 회기 중에 욕을 해도 괜찮다고 말할 수 있지만, 다른 상담사는 이것이 자신의 개인적인 선을 넘는다고 말할 수 있습니다. 각 상담사는 자신의 경계를 설정할 책임이 있습니다. 하지만 그렇다고 해서 상담사가 전문 면허 위원회에서 정한 행동 윤리 강령을 위반할 수 있다는 의미는 아닙니다.

경계를 유연하게 세우기

여기서 상담사는 자신의 경계를 준수하지만 내담자의 합법적이고 정당한 요구를 충족하기 위해 경계를 늘려야 하는 상황이 있을 수 있다는 데 동의합니다. 예를 들어, 상담사가 전화로 기술 코칭을 할 때 10분만 통화할 수 있는 한계가 있는데, 그동안 코칭을 받기 위해 연락을 피하던 내담자가 괴로운 순간에 처음으로 연락을 해 온다면 상담사는 이 경우 내담자의 도움을 요청하는 행동을 강화하기 위해 10분의 한계를 넘어서는 결정을 내릴 수 있습니다.

현상학적 공감

기억하세요

이 합의를 통해 상담사들은 모든 것이 평등하고, 그들이 자신, 내담자, 팀 동료들의 행동에 대해 비판단적이고 공감적인 해석을 찾을 것이라는 데 동의합니다. 그들은 내담자들, 그들 자신, 그리고 동료 팀원들이 그들이 할 수 있는 최선을 다하고 있고 그들이 개선하기를 원한다고 가정하는 데 동의합니다. 그들은 내담자와 동료들의 눈을 통해 세상을 보려고 노력합니다. 그들은 사람들이 어떤 행동을 하는지 볼 때 그 사람이 누구인지, 그리고 그 사람이 그렇게 될 수밖에 없었던 환경과 상황을 함께 보려고 노력합니다. 그들은 모든 행동에는 원인이 있기 때문에 그들이 보여 주는 행동으로 사람을 판단하는 대신에 그 행동의 원인과 맥락을 고려합니다.

불완전성

마지막으로, 상담사들은 그들이 다른 모든 사람들처럼 실수하기 쉬운 인간이라는 것을 인식하기로 합니다. 자신들 또한 비난받고 있는 문제 행동의 적어도 일부를 행했을 가능성이 있다는 것을 인정합니다. 이 말에 동의함으로써 그들은 교묘하거나 능력이 있어 보이길 바라면서 방어적인 자세, 즉 냉담하게 보일 수 있는 자세를 피할 수 있습니다. 상담사들이 이러한 입장을 취할 때, 앞으로 상담사가 더 능숙해질 수 있도록 다른 집단원들은 상담사가 방어적일 때 지적할 수 있어야 합니다.

의제 지키기

자문팀의 핵심 기능은 상담사가 DBT 치료 기본 틀을 사용하도록 하며 치료하는 과정에서 발생하는 문제를 해결하는 것입니다. 이를 위해 집단원들은 DBT 준수 행동을 증가시키고 비DBT 접근 방식을 줄이고자 DBT 전략을 적용하는 데 서로 집중할 수 있도록 도와야 합니다. 이를 염두에 두고 집단 의제는 각 집단원이 효과적으로 치료하기 위해 필요한 사항에 초점을 맞춥니다.

다음은 집단 사례회의의 구조와 집단원이 수행하는 역할에 대해 설명합니다.

자문팀 구성하기

DBT 자문팀을 운영하는 방법은 여러 가지가 있으며, 각 집단은 필요에 따라 전체적인 구조를 수정할 수 있습니다. 일반적인 구조에는 명시적인 집단 리더가 포함됩니다. 이는 일반적으로 가장 경험이 많은 DBT 상담사로 인정받는 임상의입니다. 그런 다음 관찰자가 합의되고, 그 사람은 팀이 DBT 원칙에서 벗어날 때 알아차리는 역할을 합니다. 다음 절에서는 다른 역할과 업무를 구체적으로 다룹니다.

대부분의 집단은 일반적으로 마음챙김 연습으로 시작합니다. 이렇게 하면 집단원이 이전에 수행하던 작업에서 집단 작업으로 전환하는 데 도움이 됩니다. 마음챙김 연습은 집단원들이 연습에 완전히 참여하고 순간적인 일에만 집중할 수 있도록 합니다(제9장에서는 마음챙김에 대한 주제를 소개합니다).

다음은 실제 의제 설정입니다. 이는 집단원이 보이는 문제보다는 상담사가 효과적으로 치료를 수행하기 위해 필요한 것에 초점을 맞춘 DBT 목표 위계 구조에 따라 집단이 설정합니다. 우리 집단의 의제는 상담사들 또한 도움이 필요할 경우 도움을 요청할 수 있어야 한다는 것이었습니다. 우리는 대개 그들의 소진을 고려한 후, 다음 사항에 대한 도움이 필요한지를 고려하도록 했습니다.

- 그들이 처한 상황에 대한 타당화
- 직면한 문제를 정확히 정의할 수 없을 때, 문제를 정의하는 것
  - 또는 문제가 무엇인지 알고 있다면 다양한 해결책을 고려하는 것
  - 또는 해결책이 무엇인지 알고 있다면 해결책 적용에 대해 도움을 주는 것

이러한 질문은 집단의 형태 내에서 고려됩니다. 다음은 한 가지 형태의 예이지만 집단의 필요에 따라 형태를 변경할 수 있습니다.

- 상담사는 자신의 소진과 소진에 대한 도움이 필요한지 여부를 평가합니다.
- 상담사는 내담자가 자살 또는 기타 생명을 위협하는 행동을 보일 때 필요한 경우 도움을 요청합니다.
- 상담사들은 내담자가 나타나지 않을 때와 같은 저항뿐만 아니라 치료를 방해하는 자신의 행동에도 초점을 맞춥니다.
- 일부 집단은 좋은 소식과 성공적인 개입에 대한 보고서를 추가할 수도 있습니다.
- 최종 의제는 관리 업무 또는 향후 교육 회기 논의와 같은 기타 비즈니스 문제일 수 있습니다.

기억하세요

집단의 많은 상담사가 도움을 필요로 할 수 있기 때문에 한 상담사의 문제가 전체 회기를 지배하지 않는 것이 중요합니다. 개별 상담사들에게 필요한 시간을 추정하고 그 시간을 지킬 책임이 있습니다. 한 번의 토론으로 시간을 끄는 것은 다른 상담사들이 그들의 필요를 충족시키지 못한다는 것을 의미할 수 있습니다. 이것은 관찰자가 그들이 필요로 하는 세부 사항에 집중하지 않는 집단원들을 확인할 수 있는 순간입니다.

팀 역할 이해하기

팀은 매주 정기적으로(종종 매주) 모임을 가지며 효과적인 DBT를 제공하기 위해 서로를 돕습니다. 일부 팀은 규모가 매우 작아서 모든 역할을 수행하기 어려울 수 있습니다. 팀에서 가장 중요한 것은 정기적인 팀 회의를 진행하는 것입니다. 팀원 수가 충분하다면 다음과 같은 역할과 업무를 할 수 있습니다.

>> **팀 리더**: 팀원들이 전반적으로 어떻게 지내고 있는지 관리 및 감독하는 업무를 수행합니다.

- 이들은 가장 많이 교육을 받은 선임자입니다.
- 이들은 집단의 절차적 충실도(fidelity)를 보장하는 것에 중점을 둡니다.
- 이 역할은 교대로 돌아가지 않습니다.

>> **관리자**: 다음의 업무를 수행하고 마음챙김을 주도하는 사람입니다.

- 이들은 팀원들과 함께 의제를 만듭니다.
- 이들은 자문팀 동의서(앞서 언급한)를 적어도 하나 이상 점검합니다.
- 이들은 의제의 순서를 결정합니다.

>> **관찰자**: 회의의 진행 사항을 관찰하고 다음과 같은 상황이 발생하면 벨을 울려 주의를 집중시킵니다.

- 팀원들이 두 그룹으로 나뉘었거나 이 상황이 해결되지 않은 채로 있을 때
- 팀원들이 연약한 상태로 취급될 때
- 상담사가 판단적이게 되고 서로에게 혹은 내담자들에게 동정심 없이 대할 때
- 상담사가 방어적일 때
- 팀원들이 휴대전화를 확인하는 것과 같이 한 번에 두 가지 일을 하는 등 주의를 기울이지 않을 때
- 팀원들이 문제가 정확히 파악되기 전에 해결책을 제시하려 할 때
- 팀원들이 DBT 치료에서 이탈할 때

>> **서기**: 이 사람은 회의록을 작성합니다. 서기는 한 번에 두 가지 일을 해야 하는 어려움에 빠질 수 있습니다.

>> **타임 키퍼**: 어떤 팀에서는 팀 리더가 가끔씩 특정한 주제에 얽히면서 시간을 지키는 것을 잊어버립니다. 따라서 어떤 팀에는 전담 타임 키퍼가 존재합니다.

기억하세요

팀 리더와 관찰자가 그들의 업무에 집중을 하던 하지 않던, 전체 팀은 모든 구성원들이 팀의 요구과 관련한 적절한 것을 말하는 것에 충분히 참여시킬 책임이 있습니다. 또한 팀 구성원들은 관찰자가 미처 몰랐던 팀의 균열이나 판단적인 태도를 알아차릴 수도 있고 이러한 문제를 제기하는 것은 팀이 잘 기능하는지를 보여 줍니다.

제18장

경험 따라가 보기

이 장에서

- 다이어리 카드를 사용합니다.
- 당신의 행동을 알아보고 바꾸어 갑니다.

이 장에서는 목표를 향해 나아가는 여정에서 감정, 행동과 함께 매일 다이어리 카드에 경험을 따라가 보는 것의 이점을 발견할 수 있습니다. 따라가는 방법에 대해 알고 그렇게 함으로써 상담사가 당신의 그날그날의 관찰, 애씀(struggle), 성공은 무엇이었는지 알 수 있도록 도울 것입니다.

다이어리 카드 쓰기

기존의 주간 치료의 문제 중 하나는 치료 회기에 갔을 때 지난 주에 어떤 일이 있었는지에 대해 기억에 의존해야 한다는 것입니다. 기억은 잘 변하고(malleable), 다른 이야기들로 이어지기도 합니다. 사실이 아닌 내용을 사실이라 믿을 수 있고, 실제로 말하지 않은 내용을 들었다고 생각할 수 있으며, 당신이 들은 것은 말한 내용의 하나의 버전일 수 있습니다.

기억하세요

기억이 우리를 해치려 하지는 않습니다. 문제는 감정이 기억과 떼려야 뗄 수 없이 복잡하게 얽혀 있다는 것입니다. 우리의 뇌가 우리의 인지 혹은 상황을 평가하는 방법을 변화시키는 이유는 지금 이 순간은 과거의 기억과 그 기억과 연관된 감정의 렌즈를 통해 보이기 때문입니다. 한 마리의 개를 볼 때 개에게 물린 사람은 물리지 않았던 사람과는 다른 감정 경험을 하게 됩니다. 우리는 이러한 현상을 기분 일치(mood congruency)라고 부릅니다. 기분 일치 기억은 사건의 사실뿐만 아니라 기분의 기억 또한 저장합니다. 이것은 당신이 행복할 때 다른 행복한 기억을 떠올리고 우울할 때는 다른 우울한 사건을 기억하는 이유를 설명해 줍니다.

DBT는 다이어리 카드를 활용하여 기분 일치의 문제를 해결합니다. 다이어리 카드는 치료의 다양한 측면을 매일 따라가도록 돕습니다. 이것은 내담자와 상담사가 치료의 가장 중요한 측면으로 동의했던 기분, 욕구, 목표 증상을 따라갑니다. 이것은 또한 DBT 기술을 따라가 보는 방법입니다.

[그림 18-1]은 우리가 흔히 사용하는 다이어리 카드 종류의 예시를 보여 줍니다. 이것은 내담자가 필요한 치료에 초점을 맞춰 변경될 수 있습니다.

다음 절에서는 감정, 반응, 기술을 포함하여 다이어리 카드에 매일 무엇을 따라가는지 설명해 줍니다.

나의 감정 기록하기

한 사람이 다른 사람에게 묻는 가장 흔한 질문 중 하나는 "잘 지내시죠?"입니다. 여러분은 이 질문을 하루에도 여러 번 들을 것입니다. 우리 중 극소수만이 우리의 정확한 감정을 묘사하는 정확한 방법으로 답을 합니다. 대부분의 경우 우리는 그저 "좋아요."라고 말합니다.

감정에 집중하는 것은 세 가지 이유 때문에 어려울 수 있습니다.

- 당신은 당신이 실제로 무엇을 느끼고 있는지 모릅니다.
- 여러분이 여러분의 기분을 안다고 해도, 여러분의 감정에 집중하는 것은 고통스러울 수 있

DBT 다이어리 카드

이름: ____________　　　　날짜: ____________

목표 행동													감정						
날짜	자해		고립 충동	운동	약물 남용		식사		남자 친구에게 과도한 전화 걸기		잠든 시간	자기 판단	불안	즐거움	화	죄책감	부끄러움	슬픔	두려움
	충동	행동	0~5	0~5	충동	행동	균형?	행동	욕구	행동	시간		0~5	0~5	0~5	0~5	0~5	0~5	0~5

자살 생각 척도: 0=생각 없음, 1=잠깐 생각함, 2=더 강렬함, 3=매우 강렬함, 4=구체적인 계획 개발, 5=계획 실행

충동/감정 강도 척도: 0=눈에 띄지 않음, 1=거의 없음, 2=약간, 3=보통, 4=약간 강함, 5= 강함, 6=강력함, 7=강렬함, 8=매우 강렬함, 9=견딜 수 없는/지나치게 강력함

일주일 기록

	아젠다(agenda)
월	
화	
수	
목	
금	
토	
일	

[그림 18–1] 표준화된 다이어리 카드

출처: John Willy & Sons, Inc.

습니다.

>> 여러분은 특정한 방식으로 느끼고 싶지 않기 때문에 감정을 무감각하게 하거나 피하려고 합니다.

기억하세요

좋은 정신건강의 질적 특징 중 하나는 모든 감정을 알고 처리하는 능력입니다. 그래서 감정을 따라가는 것은 DBT 다이어리 카드의 구성 요소 중 하나입니다. 특정한 감정적 경험에 집중함으로써, 여러분은 자신이 무엇을 느끼고 있는지 정확하게 알 수 있는 기회를 얻을 뿐만 아니라, 무엇이 감정을 유발하는지, 그리고 여러분이 강하고 원하지 않는 감정에 대해 무엇을 할 수 있는지에 대해 더 나은 생각을 갖게 됩니다. 매일 감정을 기록하는 것은, 예를 들어 지난 수요일 기분이 어땠는지 결정하기 위해 기억에 의존할 필요가 없게 합니다.

하지만 감정을 따라가는 것이란 무엇이며 어떻게 작동할까요? 가장 기본적인 형태로, 여러분의 감정을 따라가는 것은 일정 기간 동안 여러분의 감정 상태를 측정하는 능력입니다. 표준화된 다이어리 카드는 일반적으로 개별 회기 사이의 시간을 포함하는 일주일 기간 동안 이 작업을 수행하며, 매일 다양한 감정의 경험을 설명하고 측정해야 합니다. 이렇게 함으로써 당신은 당신과 당신의 상담사가 분석할 수 있는 정보를 제공합니다. [그림 18-1]에서, 당신은 '감정'이라 적힌 열 하단에 기입하면 됩니다.

여러분의 감정의 흐름, 맥락, 조건, 그리고 취약성 요소를 주의 깊게 분석함으로써 여러분은 자신을 행복하게 하는 상황과 원치 않는 감정을 가져오거나 강화시키는 상황을 더 잘 이해할 수 있습니다. 특정 상황에서 여러분이 얼마나 감정적으로 불안정한지 그리고 이러한 감정들을 이끄는 요인들을 인식함으로써 여러분은 정신건강을 향상시키는 데 중요한 한 걸음을 내딛게 됩니다.

기억하세요

기분은 더 오래 지속되는 경향이 있는 반면, 감정은 하루의 과정에서 특정한 사건에 의해 촉발되는 경향이 있습니다. 예를 들어, 여러분은 기분이 좋을 수도 있지만, 여러분의 친구가 여러분이 초대받지 않은 파티에서 자신의 사진을 소셜 미디어에 올리면 화가 나거나 슬픈 감정을 불러일으킬 수도 있습니다. 감정을 따라갈 때 여러분은 하루 동안 특정 감정에 대한 경험을 평가하는 것입니다. 나의 행복은 어땠는가? 나의 슬픔은 어땠는가? 수치심이나 죄책감을 느꼈는가? 여러분의 감정을 매일 실시간으로 스냅숏을 찍음으로써 여러분은 자신의 감정적인 구성에 대한 더 큰 그림을 만들 수 있고, 따라서 여러분의 전반적인 정신건강을 악화시키거나 향상시키는 영향을 추가적으로 식별함으로써 여러분 자신에 대한 더 정확한 감각을 얻을 수 있습니다.

나의 반응 경험을 따라가기

강력한 감정은 강한 행동 반응이나 대응과 연관되는 경향이 있습니다. 어떤 사건이 발생할 때 주관적인 경험이 있고, 그 다음에 신체의 생리적인 반응, 그리고 마지막으로 행동적인 반응이 있습니다. 다음 절에서는 이러한 각 요소에 대해 설명합니다.

주관적인 경험

우리가 파란색에 대한 다른 사람의 인식이 정확히 무엇인지 알 수 없는 것과 마찬가지로, 우리는 다른 사람의 감정에 대한 주관적인 경험이 무엇인지 알 수 없습니다. 여러분 자신의 분노에 대한 경험은 가벼운 짜증에서부터 통제할 수 없는 분노에 이르기까지 다양할 수 있습니다.

기억하세요

또한 대부분의 사람에게 감정적인 경험은 단순히 하나의 감정을 느끼는 것보다 더 복잡할 수 있습니다. 우리는 순수한 슬픔, 죄책감, 기쁨 또는 분노와 같은 감정들을 서로 고립된 상태에서 경험하는 경향이 없습니다. 서로 다른 사건에 대한 감정의 혼합이 더 일반적입니다. 예를 들어, 여러분은 친구가 결혼하는 것에 행복할 수도 있지만, 예전만큼 친구를 보지 못할 것이라는 사실에 슬퍼할 수도 있습니다. 다른 친구는 그 친구가 파트너를 찾을 수 있었다는 것을 부러워할 수도 있습니다. 따라서 감정적인 경험은 다른 사람들이 여러분과 다른 감정을 가질 수 있고, 여러분의 경우처럼 하나 이상의 감정을 경험할 수 있다는 점에서 주관적입니다.

생리적 반응

대부분의 사람이 그렇듯, 여러분도 특정 상황에서 무의식적으로 몸이 반응하는 것을 느낀 적이 있을 것입니다. 예를 들면, 사랑하는 사람을 보면 심장이 두근거리고, 화가 나면 근육이 긴장하고, 높은 곳에서 아래를 내려다볼 때 어지러움을 느낄 수 있습니다. 심장이 두근거리고 손바닥에 땀이 나거나 입이 마르는 등 감정적 반응이 나타날 때 경험하는 생리적 반응은 몸의 신경계 네트워크의 일부인 교감신경계에 의해 조절됩니다. 교감신경계는 특정 상황에 대한 신체의 빠른 비자발적 반응을 관장하며, 정신이 더 각성되고 호흡과 심박을 빨라지게 만드는 호르몬에 의해 조절됩니다. 이는 고전적인 투쟁-도피 반응(fight-or-flight response)과 같이, 산소가 필요한 신체 부위에 더 많은 산소가 공급되도록 하기 위한 것입니다. 또한 이러한 호르몬은 필요할 때 여분의 에너지를 확보할 수 있게 하기 위해 신체에 포도당을 저장하도록 하는 신호를 보냅니다.

대부분의 사람은 이와 같은 반응이 너무 빨리 일어나기에 이것이 일어났다는 사실조차 인식하지 못합니다. 이것은 당연한 일입니다. 위험한 뱀을 마주친 사람은 뱀의 본성에 대해 생각할 시간을 갖기보다 몸이 빨리 반응하길 원할 것입니다.

교감신경계는 자율신경계로 알려진 더 큰 신경계의 일부로, 혈류나 소화와 같은 신체의 모든 비자발적 반응을 제어합니다. 하지만 잠재적으로 위험한 뱀을 보면 투쟁-도피 반응뿐만 아니라 감정적 반응도 촉발되기 마련입니다. 공포와 분노와 같은 감정은 편도체라고 하는 뇌 부위에서 나타나게 됩니다. 편도체는 분노와 공포에 의해 활성화되는 것 외에도 여러 가지 중요한 기능을 가지고 있습니다. 예를 들어, 배가 고프거나 목이 마를 때 편도체가 활성화되어 음식과 물을 섭취하는 데에 필요한 동기가 생기게 됩니다.

주의

신체의 생리적 반응에 대한 주요 관심사 중 하나는 만성 스트레스를 경험할 때 일어나는 일입니다. 만성 스트레스가 생기면 신체는 정상과 비정상을 구분하는 방법을 배우지 못해 스트레스가 가득한 생활방식이 새로운 표준으로 자리잡게 됩니다. 이렇게 되면 생명을 구할 수 있는(lifesaving) 잠재적 반응이 느려지고, 두통, 불면증, 과민성 체중 증가와 같은 증상이 나타날 수 있습니다.

행동 반응

상황에 대한 생리적 반응이 나타난다고 해서 특정 행동 반응을 막을 수 없는 것은 아닙니다. 그럼에도 행동 반응이 있다면 이것은 감정의 실제 표현으로 이해할 수 있습니다. 놀랐을 때 눈썹을 치켜뜨고, 즐거움이나 기쁨을 느낄 때 미소나 웃음을 짓고, 절망에 빠졌을 때 고통스러운 표정을 짓거나 한숨을 쉬는 것과 같은 일부 행동 반응은 비교적 간명합니다. 연구에 따르면 많은 표정은 보편적으로 나타나며, 예를 들어 이마에 주름이 잡히고 입이 살짝 내려가는 표정은 곧 슬픔을 나타내곤 합니다. 보다 복잡한 감정에는 다양한 행동 반응이 따를 수 있으며, 이는 양육 환경과 문화에 영향을 받습니다. 예를 들어, 사랑을 표현하는 방식은 사람마다, 또 문화마다 다를 수 있습니다.

행동 반응의 목적은 다양합니다. 그중 하나는 상대에게 자신의 감정을 알리는 중요한 수단이 된다는 것입니다. 하지만 이보다 더 중요한 목적이 있을 수 있는데, 그것은 바로 전반적인 웰빙과 관련이 있습니다. 연구에 따르면 행동 반응은 실제 웰빙에 필수적인 것으로 확인됐는데, 감정 반응을 억누를 경우 스트레스를 더 많이 받게 되기 때문에 신체에 악영향을 미친다는 이유에서 그렇습니다.

기억하세요

긍정적인 반응이든, 부정적인 반응이든, 상황에 대한 행동 반응을 정확하게 표현하는 것이 전반적 건강에 더 좋습니다. 따라서 이러한 반응을 억누르기보다 미소짓거나, 웃거나, 우는 것이 낫습니다. 하지만 이러한 행동 반응은 효과적인 방법으로 표현되어야 합니다. DBT는 내담자가 건강하지 않은 행동 반응을 인식하고 이를 보다 친사회적이고 장기적이며 목표 중심적인 효과적 형태의 표현으로 대체해 정신건강을 나아지게 할 수 있도록 돕습니다. 또한 자신의 행동 반응을 정확하고 효과적으로 표현할 수 있게 되면, 다른 사람의 행동과 태도를 더 정확하고 효과적으로 이해하게 될 수 있다는 점에서 또 다른 이점을 가집니다.

활용 기술 판별하기

집 수리 프로젝트가 있다고 상상해 보세요. 집 수리가 필요하다는 것은 알지만 정확히 어떤 수리가 필요한지 잘 모르는 상황에 어떤 도구를 가져가야 할까요? 프로젝트가 무엇빈칸에 당신이 어떻게 기술을 사용했는지 표기하세요.

1. 시간이 지난 후 깨달음: '기술을 쓰거나 코칭을 받았어야 했어.'
2. 기술을 사용해야 한다고 생각했으나 하지 않음
3. 효과적으로 기술을 사용했다는 것을 시간이 지난 후 알아차림
4. 마음챙김하며 기술을 쓰려 했으나 그다지 효과적이지 않았음
5. 마음챙김하며 효과적으로 기술을 사용함

	월	화	수	목	금	토	
마음챙김							**현명한 마음**: 사실에 접근함. 침착했고 중심을 잃지 않음. 균형 잡힌 감정과 합리적 마음
							관찰하기: 경험을 알아차림. 주의집중함. 무엇이 일어나고 있는지 경험함
							참여하기: 경험에 들어감. 현명한 마음으로부터 직관적으로 행동함. 해로운 것을 바꾸고 나 자신을 받아들이는 연습을 함
							비판단적 자세: 평가하되 판단하지 않음
							한 번에 하나만 마음챙김하기: 한 번에 하나만 함. 하나의 일에 집중함
							효과성: 효과가 있는 것에 집중함. 규칙으로부터 배우고 규칙에 따라 행동함. 능숙하게 행동함. 악의적으로 행동하지 않음
대인관계 효과성							**목표 효과성**: DEAR MAN(Describe, Express, Assert, Reinforce, Mindful, Appear confident, Negotiate)
							관계 효과성: GIVE(Gentle, Interested, Validation Easy manner)
							자기성찰 효과성: FAST(Fair, No Apologies, Stick to values, Be Truthful)
							미신과 신념에 대한 도전: 대인관계 효과성을 줄이는, 사실에 입각하지 않은 사고와 신념을 반박함
							요청의 강도: 무언가를 요청하거나 거절할 때 어떤 강도로 말할지 결정함
감정 조절							**일차감정 판별**: 일차감정 SUN WAVE를 판별하기 위한 모델을 활용함
							사실 확인: (사고, 가정, 해석, 신념 말고) 상황에 대한 사실을 판별함
							반대로 행동하기: 현재 감정적 충동과 반대로 행동해 감정을 바꿈
							단시간에 긍정 감정 쌓기: 지금 당장 할 수 있는 기분 좋은 일을 함
							장시간에 걸친 긍정 감정 쌓기: 도덕, 가치, 장기적 목표에 부합하는 선택을 함

							숙달하기: 잘하고 싶은 새로운 것을 시도함. 이것이 날마다 당신을 즐겁게 함. 그로 인해 매일같이 숙달하게 됨
							미리 대처하기: 상황이 생기기 전 어떻게 효과적으로 대처할 수 있을지 상상함
							PLEASE: 강한 감정에 대한 취약성을 줄임: treat Physical illness, Limit screen-time, balanced Eating, Avoid drugs, balance Sleep, Exercise
							감정적 고통을 놓아주기: 감정적 경험을 피하거나, 질척이거나, 반추하지 않고 있는 그대로 느낌
							극단적 감정 다루기: 위기 생존 기술, 현재 감정에 대한 마음챙김, 감정 조절 기술 등을 활용함
							감정 조절 문제 해결: 그 순간에 도움이 되지 않는 기술을 하지 않음
고통 감내							**TIPP**: Temperature, Intense exercise, Progressive muscle relaxation, Paced breathing
							분산하기: 현명한 마음 ACCEPTS(Activities, Contributing, Comparisons, Emotions, Pushing away, Thoughts, Sensations)
							자기 진정: 오감을 활용해 시야, 소리, 냄새, 맛, 촉각을 즐김. 감각을 진정시키는 데에 마음챙김함
							그 순간에 대한 IMPROVE(Imagery, Meaning, Prayer, Relaxation, One thing in the moment, Vacation, Encouragement)
							장점과 단점: 힘든 순간을 버티는 것의 장점과 단점을 고려하고, 참지 않는 것의 장점과 단점을 고려함
							미소 짓기: 부드럽게 미소지음. 경험에 대해 수용하고 기꺼이 받아들이고 열린 자세를 취함
							인식 활동: 고통을 감내하기 위해 스스로를 허락하는 데에 주의를 집중함
							기꺼이 받아들이기: 현실을 인식하고 있는 그대로 받아들임
							마음 바꾸기: 감정 마음이 현실을 부정하더라도 반복해서 다시 수용하길 선택함
							의지: 각 상황에서 필요한 것을 함
중용							나 자신을 타당화함
							다른 사람의 관점을 타당화함
							기술이 필요하다고 인식했으나 어떤 것이 필요한지 알지 못했고, 도움을 요청할 필요를 인식하지 못함

[그림 18-2] 세부 기술 목록

인지 정확히 알지 못하면 공구 상자 전체를 가져와야 합니다. 반면, 일부 마루판이 느슨해져 못을 다시 박아야 한다는 것을 알고 있다면 망치만 가져가면 됩니다.

마찬가지로, 감정, 반응, 고통, 인간관계를 관리할 수 있는 적절한 기술이 없다면 삶이 힘들어질 수 있습니다. DBT는 힘들거나 원치 않는 감정을 다루고, 관계에서 어려운 순간에 대처하고, 이러한 순간을 악화시키지 않은 채 견디고, 현실에 집중할 수 있는 기술을 가르칩니다.

[그림 18-2]에는 내담자로서 상담을 받도록 만든 여러 우려와 걱정을 다루는 데에 사용할 수 있는 활용 가능 기술 목록이 나와 있습니다. 예를 들어, 수요일에 약물을 사용하고 싶은 강한 충동이 들었다고 가정해 보세요. 당신은 다이어리 카드에 이를 기록했습니다([그림 18-2] 참조). 당신은 TIPP 기술의 일부인 격렬한 운동과 얼음 다이빙을 사용하기로 결정했습니다. 그 다음 다이어리 카드의 기술 절에 있는 고통 감내 항목에 이를 체크했습니다.

행동 분석하기

당신의 다이어리 카드([그림 18-1]과 같은)를 해당 회기에 가져오는 것은 당신의 개인적인 치료의 핵심 부분입니다. 치료사는 회기를 시작할 때 다이어리 카드를 검토한 다음, 행동과 관련된 경우 순간순간을 분석하여 함께 평가합니다. 그 이유는 여러분을 치료 과정에 이끈 문제들을 효과적으로 해결하기 위해서는 먼저 행동을 발생시킨 요인들을 이해하고, 행동의 결과를 인식한 뒤, 그다음에 새로운 기술과 행동들을 배우고 적용하여 하나의 오래된 행동이라도 방해를 받도록 해야 하기 때문입니다.

다음 절에서는 행동사슬 분석(chain analysis), 해결책 분석(solution analysis) 및 잃어버린 고리 분석(missing link analysis)으로 총 세 가지 유형의 행동 분석을 설명합니다.

행동사슬 분석

특정 행동을 이해하기 위해서는 문제에 대한 철저한 평가가 수행되어야 합니다. 분석을 통해 치료사와 환자는 환자의 연속된 행동 속에서 뭔가 다른 일을 할 수 있었을 때 또는 다른 더 효과적인 결과를 이끌어 낸 기술을 사용했을 때의 핵심 포인트를 확인합니다. DBT에서는 이 평가를 행동사슬 분석이라고 합니다.

다음에서는 행동사슬 분석을 사용하는 시기와 방법을 설명하고, 행동사슬 분석의 예를 제시합니다.

행동사슬 분석을 수행하는 시기 및 방법 이해

행동사슬 분석은 개별 DBT 회기에서 수행됩니다. 실제 행동사슬 분석은 일반적으로 종이나 화이트보드에 기록하는 시각적 형태로 수행됩니다. 이 DBT 회기는 사용자가 원하는 대상 동작과 해결해야 하는 대상 동작을 기반으로 구성됩니다.

기억하세요

DBT에는 개입의 위계가 있으며, 환자가 치료 장면에 가져오는 행동들은 다음의 위계를 따릅니다.

1. 자살 행동, 자해 행동 등 생명을 위협하는 행동의 감소
2. 치료법을 준수하지 않거나 회기에 나타나지 않는 등의 치료 방해 행동 감소
3. 기타 정신과 질환의 치료, 물질 오용, 불건전한 관계 등 삶의 질 향상 행동의 감소
4. 보다 적응적이고 효과적인 행동 기술(감정 조절, 대인관계 효과성, 고통 감내 및 마음챙김)의 사용 증가(제3부에서 설명한 바와 같이)

개인 치료 과정에서 앞서 기술한 행동에 관여하는 DBT 치료 초기 단계의 환자들에게 행동사슬 분석은 일반적인 부분입니다. 치료 초기에 환자는 행동사슬 분석의 중요성 인식과 사용에 초점을 맞춥니다. 다이어리 카드를 검토한 후 치료사는 다이어리 카드의 특정 동작(있는 경우)을 선택합니다. 이것은 환자가 치료 회기에 늦게 도착하거나 주말에 술에 취하는 자해 행동일 수 있습니다.

행동사슬 분석은 문제 행동에 대한 심층 분석 과정입니다. 목표는 함께 작업하는 동안, 행동에 영향을 준 요인을 의미하는 통제 변수로 알려진 요인을 포함하여 행동을 이끈 모든 요인을 이해하려는 시도를 한다는 것입니다. 어떤 사람들은 행동사슬 분석 자체를 처벌이라고 느끼며 차라리 다른 것에 대해 이야기하는 것이 낫다고 하겠지만, 치료사는 행동사슬 분석을 하게 함으로써 그들을 '처벌'하는 것입니다.

기억하세요

행동사슬 분석이 효과를 발휘하기 위해서는 다음과 같은 조건들이 필수적입니다.

- 행동사슬 분석은 치료사와 환자의 협력적인 연습입니다.
- 행동사슬 분석은 내부(생각과 감정)와 외부 단서, 촉발요인을 모두 포함하여 사건의 순서에 대한 완전한 그림을 제공합니다.
- 행동사슬 분석에서 도출된 모든 결론은 검증이 필요한 가설로 간주되며, 새로운 정보가 가설이 부정확하다는 것을 보여 주면 결론은 폐기됩니다. 이 점이 중요한 이유는 DBT 이론과 일관되게 치료사가 무슨 일이 일어났는지에 대해 옳다고 주장하는 것보다 가설을 검증하고 정확한 정보를 얻는 것이 더 중요하기 때문입니다.

행동사슬 분석은 반드시 문제가 있는 행동에만 사용되어야 할 필요는 없습니다. 환자들이 고통을 겪고 있는 중에 있어 그들의 삶에서 더 효과적이거나 더 많은 기쁨을 발견하는 순간을 찾기 위해 기술을 사용할 때, 이는 기술을 사용하도록 이끌고 기쁨을 원했던 그 조건과 행동이 반복될 수 있는 것인지 확인하기 위함입니다. 치료사와 환자가 해당 순간들을 주의 깊게 분석하는 것 또한 유용할 수 있습니다. 이것은 환자들이 잔인한 삶의 희생자라고 믿기보다는 효과적인 경험의 일부 요소들이 그들의 통제하에 있다는 것을 깨닫게 합니다.

TIP

앞서 우리는 행동사슬 분석이 서면 형태로 시각적으로 제시된다고 언급했습니다. 나중에 환자가 행동사슬 분석에 좀 더 전문가가 되면 스스로 할 수 있고, 치료사와 함께 구두로 제시할 수도 있지만, 처음에는 서면으로 행동사슬 분석을 하는 것이 중요합니다. 하나의 순간과 다음 순간을 연결하는 일련의 사건들에 대한 시각적 이미지를 갖는 것은 환자는 물론 치료사에게 모든 사건들이 연결되어 있고, 환자의 생각처럼 무작위로 일어나지 않는다는 사실을 상기시킵니다.

행동사슬 분석의 단계 살펴보기

매우 격렬한 감정, 특히 두려움을 줄이기 위해 알코올을 사용한 이력이 있는 23세 여성 해리엇(Harriett)은 토요일 밤에 기절할 정도로 술을 마셨다는 다이어리 카드를 들고 상담실에 나왔습니다. 그녀는 치료를 잘 받고 있었는데 술을 너무 많이 마셨다는 사실에 화가 나 있었습니다.

기억하세요

상담자와 함께 수행한 행동사슬 분석은 어떤 일이 발생하게 된 세부적인 일련의 사건으로, 다음 다섯 가지 요소를 포함합니다.

1. **문제 행동 파악하기:** 이 경우 해리엇의 문제 행동은 두려움에 대처하기 위해 기절할 정도로 술을 마셨던 것입니다.
2. **취약성 요인:** 이 요소는 개인, 환경 또는 촉발 사건과 같은 개인 내적 및 환경적 스트레스 요인의 부정적인 영향에 노출될 수 있는 생활 환경과 관련이 있습니다. 일반적인 취약성 요인으로는 직장에서의 갈등, 수면 부족, 식사 부족, 신체적 질병과 같은 현실의 상황으로 인한 스트레스가 있습니다. 해리엣의 경우 직장을 잃은 지 얼마 되지 않아 새 직장을 구하기 위해 면접을 보러 가던 중이었습니다. 다가오는 면접에 대한 불안감으로 인해 그녀는 잠을 제대로 자지 못했습니다. 이러한 취약성 요인으로 인해 그녀는 회복탄력성이 떨어지고 DBT 기술을 사용하려는 동기가 떨어졌습니다.
3. **촉발 사건:** 외부적(외부 환경에서 일어나는 사건) 또는 내부적(내담자의 마음이나 신체에서 일어나는 사건)으로 발생한 사건으로, 그 사건이 발생하지 않았다면 문제 행동이 발생하지 않았을 가능성이 있는 사건을 말합니다. 이러한 사건은 기억이나 플래시백의 형태로 나타날 수있습니다. 해리엇의 경우, 학대하던 전 남자 친구가 갑자기 전화를 걸어 화면에 그의 전화번호가 표시되자 당황하고 겁을 먹기 시작했습니다. 전 남자 친구가 전화를 걸지 않았다면 그녀는 치료를 잘 받고 있었기 때문에 술을 마시기 시작했을 가능성은 거의 없었습니다.
4. **연쇄 행동의 연결 고리:** 연결 고리는 자극 사건과 문제 행동 사이에 발생하는 순차적인 외부 및 내부 사건입니다. 여기에는 개인의 생각, 감정, 행동뿐만 아니라 환경적 요인과 다른 사람들의 행동이 포함됩니다. 예를 들어, 학대하는 전 남자 친구로부터 전화를 받고 술을 많이 마시기 시작한 해리엇은 다음과 같이 생각했습니다. '내가 전화를 받지 않으면 그가 화를 낼 거야.' 그녀는 전화를 받지 않고 음성 사서함

으로 전화를 돌렸습니다. 그러자 두려움이 커지면서 '내 기분은 좋아질 수 없을 거야.'라는 생각이 들었고, 실직이라는 취약성 요인으로 인해 더욱 악화되었습니다. 이로인해 그녀는 절망감을 느꼈고, 술을 한 잔만 마시면 기분이 나아질 것이라는 생각으로 이어졌습니다. 이로 인해 그녀는 수치심을 느끼고 상담자를 실망시켰다고 느낀 다음 상담자가 그녀와 함께 상담하는 걸 원하지 않을 것이라는 두려움으로 이어져 술을 더 많이 마시기 시작했습니다.

5. 결과: 결과는 문제 행동 이후에 발생하는 특정 사건, 생각 및 감정입니다. 행동사슬 분석의 이 과정에서 상담자는 해당 행동이 다시 발생할 수 있는 요인을 찾습니다. 긍정적인 결과와 부정적인 결과가 있을 수 있습니다. 음주를 통해 두려움이 사라져 해리엇에게 긍정적인 영향을 미친 반면에 해리엇은 자신이 너무 취했다는 사실에 부끄러움을 느꼈고, 다음 날 몸이 아팠으며, 자신의 삶을 통제할 수 없다고 느꼈는데, 이 모든 것이 부정적인 결과였습니다.

시간이 지남에 따라 이러한 행동사슬 분석을 수행함으로써 내담자는 우려되는 행동으로 이어질 수 있는 상황을 더 잘 파악하고 행동사슬의 훨씬 더 이른 순간에 개입하기 위해 무엇을 해야 하는지 학습할 수 있었습니다.

해결책 분석

DBT의 목표는 단순히 목표 행동을 멈추는 것이 아닙니다. 내담자는 고통을 멈추기 위해 이러한 행동을 사용하는 경우가 많기 때문에 상담자가 내담자에게 행동을 멈추게 하면 내담자는 고통에 시달리게 됩니다. 따라서 상담의 목표는 내담자가 행동의 원인이 되는 문제를 해결하도록 돕고 내담자의 고통도 덜어 주는 것입니다. 이를 위해서는 보다 전통적인 CBT 접근 방식을 사용하여 문제 해결 아이디어를 이끌어 내야 합니다. 이 과정을 해결책 분석(solution analysis)이라고 합니다.

기억하세요

해결책 분석에는 세 가지 구성 요소가 있습니다.

1. 해결책 도출
2. 해결책 평가

3. 해결책 실행

이 분석이 수행되는 방식은 내담자의 행동사슬 분석을 검토하고 행동들의 특정한 연결 고리를 선택하는 것입니다. 예를 들어, 앞 절에서 다룬 해리엇의 경우에서는 그녀가 전 남자 친구로부터 전화를 받았는데, 이는 내가 '전화를 받지 않으면 그가 화를 낼 거야.'라는 생각과 연결되어 있었습니다. 이것은 그녀가 전화를 받지 않는 것과 연결이 되어 있습니다.

행동사슬 분석에서 특정 연결 고리를 선택한 후 상담자와 내담자는 해당 연결 고리에 대한 해결책을 도출합니다. 해결책 평가를 하기 전에 가능한 한 많은 해결책을 도출하는 것이 이상적이지만, 해결책이 도출되는 즉시 평가하기로 결정할 수도 있습니다. 예를 들어, 해리엇은 다음 중 하나를 실행했을 수 있습니다(제3부의 기술 사용).

- 전화를 받고 다시는 전화하지 말라고 말했다.
- 대인관계 효과성 기술을 사용하여 그녀가 그에게서 듣고 싶지 않다는 것을 분명히 했다.
- 두려운 의사소통에 접근하여 두려움에 대한 반대 행동 기술을 사용했다.
- 고통 감내 기술을 사용했다.
- 그를 차단했다.
- 상담자에게 전화하여 조언을 구했다.
- 친구에게 전화를 걸어 와 달라고 요청했다.
- 진정에 도움이 되는 약을 복용했다.
- 상황이 무섭다는 것을 스스로 확인했다.
- 인지적 재평가를 사용하여 그녀가 실제로 그가 왜 전화했는지 또는 그가 화를 낼지 알지 못한다는 것을 자각했다.

이러한 각 옵션들을 고려할 때 목록에서 합의된 해결책들을 평가하여 얼마나 현실적인지 고려합니다. 그런 다음, 합리적이라고 판단되면 향후 유사한 사건이 발생할 경우 해결책을 실행하는 데 방해가 될 수 있는 문제를 해결합니다.

마지막 단계는 해결책을 실행하는 것입니다. 내담자가 동의한 경우라면 상대방을 차단하는 것과 같은 일부 해결책을 즉시 실행할 수 있습니다. 상담자에게 전화를 걸어서 도움을 요청하는 것과 같은 다른 해결책은 그러한 상황이 발생할 때까지 기다려야 합니다. 그럼에도 불구하고 내담자(이 경우 해리엇)는 나중에 비슷한 상황에서 도움을 요청하는 연습을 하는 방법으로 상담자에게 전화하여 경미한 문제에 대해 도움을 요청하는 연습을 할 수 있습니다.

잃어버린 고리 분석

기억하세요

잃어버린 고리(missing links) 분석은 내담자가 하려고 했던 행동을 하지 못했거나 기술을 활용하지 못했을 경우 해당 사례를 평가하거나 그 순간을 평가하는 것입니다. 또는 내담자가 하려던 행동을 했거나 기술을 활용했다면 이익이 되었을 상황인데도 그렇게 하지 못했을 경우 해당 사례를 평가하거나 그 순간을 평가하는 방법을 일컫습니다. 행동사슬 분석에서 문제의 행동을 분류하고 세심히 평가하는 것과 달리, 잃어버린 고리 분석은 나타났어야 하는데 나타나지 않은 혹은 사라진 효과적인 행동 또는 기술을 식별하곤 합니다.

앞 절에서 언급한 해리엇의 예시에서 전 남자친구가 다시 전화했는데 여자 친구는 또 다시 술에 취하는 행동을 보였습니다. 잃어버린 고리 분석은 해결책 분석에서 탐색하여 나타날 것이라고 예상한 행동이 나타나지 않은 이유를 평가할 수 있는 방법입니다. 해당 행동이 나타나지 않은 이유로는 여러 가지가 있습니다.

- 매우 강한 감정이 들어서 그렇게 하기로 한 것을 잊어버렸을 수 있다.
- 해야 하는 행동을 잠깐 동안 하기 싫었을 수 있다.
- 해야 하는 행동을 하려고 했지만 다른 요인으로 하지 못했을 수 있다.
- 심지어 그런 생각이 들지 않았을 수 있다.

잃어버린 고리 분석은 문제를 더욱 정확하게 정의하게 도와주는 유용한 방법입니다. 예를 들어, 많은 사람은 운동이 전반적으로 건강해질 수 있는 좋은 방법이라는 걸 알고 있지만 하지 않습니다. 만약 운동을 하려고 결심했지만 하지 않는다면 잃어버린 고리 분석을 하는 게 도움이 될 수 있습니다. 이 분석을 하면 기본적으로 문제로 여겼던 점이 실은 문제가 아니었다고 드러날 수도 있습니다. 일례로, 어떤 사람은 체육관에 등록하지 않은 게 문제라고 여길 수도 있습니다. 그래서 체육관에 등록했지만 여전히 가지 않습니다. 이 경우 잃어버린 고리 분석을 통해 근무 스케줄과 체육관 운영 시간이 겹친다는 사실을 깨달을 수 있습니다.

제19장

동기 부여하기 및 유지하기

이 장에서

- 치료 동기를 지닙니다.
- 동기를 부여해 봅니다.
- 동기를 유지해 봅니다.

동기(motivation)라는 단어는 정의하기 쉬운 개념일 수 있지만, 대부분의 사람이 실생활에서 규정하기 쉽지 않은 개념입니다. 동기란 본질적으로 어떠한 것을 하고 싶어하는 열망을 일컫습니다. 치료를 할 때 동기는 행동, 사고, 감정, 자기 인식 또는 관계의 역동성을 바꾸고 싶어 하는 열망입니다. 이번 장에서는 치료에서 동기를 얻고, 부여하고, 유지하는 방법들에 대해 살펴봅니다.

치료 동기 지니기

정말 원하는 것에 동기를 지속하기란 무척 쉽습니다. 한 부모가 비디오 게임에 중독된 열다섯 살 자녀에게 나가서 비디오 게임을 10시간 동안 하라고 했다고 해 봅시다. 그러면 아이는 그렇게 하려고 할 것입니다. 반면, 방을 치우고 숙제를 하고 쓰레기를 버리는 것은 하려고 하지 않을 것입니다.

동기의 다른 측면은 다음과 같습니다. 건강한 식단을 하는 것과 운동을 하는 것처럼 몸에 좋다는 사실은 알고 있는 것들이 있는데, 이러한 것들에 관해 동기부여가 예측할 수 없이 왔다가 사라집니다. 때로는 동기가 아예 나타나지 않기도 합니다. 저자 지그 지글러(Zig Ziglar)는 다음과 같이 비유를 섞어 동기를 지속하기 위해 연습이 필요하다고 강조합니다. "사람들은 보통 동기란 지속되지 않는다고 말하죠. 글쎄요. 목욕도 마찬가지죠. 그래서 매일 목욕 하라고 추천하는 것이고요." 동기는 DBT의 다른 기술처럼 연습이 가능합니다.

주의

동기가 부족할 경우 치료에 참여하지 않고, 단기 목표 및 장기 목표를 달성하지 않으려 하고, 이는 곧 절망과 체념으로 이어질 수 있습니다. 동기는 종종 기분에 좌우된다는 문제가 있습니다. 즉, 행복하고 낙관적일 때는 매우 고무되지만, 기분이 좋지 않을 때는 동기부여가 되지 않습니다.

그러나 우리 삶에 다시금 통제력을 얻기 위해서는 기분이 더 나아져서 동기부여가 될 때까지 기다리면 안 됩니다. 만성적으로 기분이 좋지 않은 사람은 오랜 시간이 걸릴 수 있기 때문입니다. 즉, 동기부여가 되길 기다리는 데 낭비되는 시간이 많다는 뜻입니다. 기다릴수록 더 많은 시간이 흐르고, 지금 하고 있는 일이 별 의미가 없다고 될 것입니다. 이는 곧 사기 저하로 이어지며, 다시 동기부여에 영향을 미칠 수 있습니다. 부정적인 악순환이 나타납니다.

다음 절에서는 DBT를 시작할 때, 변화를 일으키고 싶은 동기와 변화를 가져올 능력에 어떤 차이점이 있는지 이야기합니다. 또한 동기를 주는 과정의 한 부분으로 수용이 중요하다는 것에 관해 설명합니다.

동기와 능력 구별하기

많은 사람이 치료에 들어갈 때 처음에는 회의적인 반응을 보입니다. DBT를 받는 많은 사람은 다른 치료로 효과를 보지 못했던 경험이 있기 때문에 DBT가 도움이 될 것이라고 하면 의심스러운 눈초리를 보냅니다.

내담자들이 초기에 의심하는 반응을 보이면서 DBT가 효과적이지 않고 적응이 어려울 거라 생각하면서 행동하는 경우가 있습니다. 이때 상담사는 내담자에게 부족한 것이 능력인지, 동기인지 알아낼 방법을 강구해야만 합니다. 능력과 동기는 매우 다릅니다. 따라서 내담자는 동기가 부족하다는 비난을 받았는데, 사실은 다르게 행동할 기술 또는 능력이 부족했던 경우가 더러 있습니다.

기억하세요

대부분은 다른 사람을 관찰하고 그들이 했던 대로 하면서 사회적 능력과 조절하는 능력을 배웁니다. 시간이 지나면 이러한 방법은 효과적인 기능으로 이어집니다. 하지만 모두에게 관찰할 기회가 충분히 주어지는 것은 아니고, 또는 관찰한 행동이 혼란스러워 납득이 가지 않을 수도 있습니다. 능력이 없는 것은 동기가 없는 것과 매우 다릅니다. 사람들은 대부분 유아기 때부터 감정을 조절하는 법을 배웁니다. 주 양육자와 아이가 지속적으로 감정을 상호 교환하면서 감정 조절 훈련을 시작합니다. 어떤 부모들은 감정 조절 훈련을 잘해서 아이가 이것을 부모로부터 배웁니다. 반면, 어떤 부모들은 아이를 달래는 걸 극도로 어려워하는데, 이는 부모에게 개인적인 고난이 있거나 삶의 여건이 어려워서 또는 스스로 감정 조절이 안 되기 때문입니다. 특히 감정적으로 민감한 아이들이라면 아이의 이러한 신경생물학적 특징과 부모의 결점이 결합되어 아이가 부모로부터 배우기 어려울 수 있습니다.

어떤 부모가 치료를 받으러 왔는데 삶을 살아가는 여건이 좋지 않고 기분이 나아지지 않고 있다면 상담사는 다음 항목을 평가해야 합니다.

- >> 변할 수 있는 능력은 있지만 행동을 바꿀 동기부여가 되지 않았는지
- >> 변할 수 있는 능력은 있지만 무언가(예: 강한 감정이나 다른 사람과의 상황 또는 삶의 여건)가 더 효과적인 행동을 적용하는 걸 방해하고 있는지
- >> 능력이 없거나 삶을 더욱 순조롭게 만드는 다른 방법을 알지 못하는지

상담사가 능력과 동기를 대조적으로 평가하지 않을 경우, 내담자는 사실 변화를 만들 능력이 없는데 게으르거나 동기가 없다고 잘못 결론 내릴 수 있습니다.

수용으로 가기

DBT의 관점에서 볼 때 동기부여와 수용은 연결되어 있습니다. 문제가 있는 것을 받아들이지 않고는 변화할 수 없습니다. 만약 체중이 많이 나가거나, 체력이 좋지 않거나, 담배를 너무 많이 피운다면, 이러한 것들이 어느 정도 문제라는 것을 받아들여야 합니다. 자신의 삶에서 어떤 측면이 문제라고 인식하게 되면, 그리고 그것을 바꾸려고 한다면, 그 문제적인 행동이 없는 모습을 상상하는 것 자체가 동기부여가 됩니다.

그러나 문제는 무언가를 다르게 해 보고자 하더라도, 예를 들어 다이어트나 운동, 금연이 처음에는 열정적일 수 있지만 그것이 도움이 되는지 그 여부와는 상관없이 기존의 습관을 바꾸기가 어렵습니다. 초기에 에너지를 불태우고 건강에 초점을 둔 행동들을 열심히 하던 시기 이후에는 이전의 행동 패턴으로 돌아가기가 쉽습니다. 이것은 뇌의 정상적인 기능이기도 합니다. 만약 당신이 멕시코로 가족 휴가를 갔다면, 그리고 거기에서 스페인어를 써 보고자 마음먹었다면, 당신이 호텔 방으로 돌아왔을 때 영어로 말하는 것이 스페인어로 계속 말하는 것보다 훨씬 쉽습니다.

변화가 필요하다는 것을 받아들이는 것은 쉽지만, 당신의 동기와 의지를 통제할 수 있다고 하더라도 종종 간과하거나 잊는 사실은 우리의 주변 환경이 변화를 어렵게 만들 수 있다는 사실입니다. 당신이 변화를 만들려 할 때, 당신이 다르게 행동하면 무엇이 일어날까요? 예를 들어, 당신은 다이어트를 시도할 수 있습니다. 섭취하는 칼로리를 줄이고 건강하게 먹는 것이 장기적으로 좋다는 사실을 알고 있습니다. 하지만 당신이 시작하기로 마음 먹으면 당신이 좋아하는, 몰아서 볼 만한 TV 시리즈가 갑자기 무료로 스트리밍되고, 당신의 자녀가 당신이 제일 좋아하는 피자를 주문하는 상황이 발생합니다. 이럴 때 당신은 다이어트는 내일부터 하자고 마음먹기 쉽습니다. 수용은 때로는 수용이 어려울 수 있다는 사실 자체를 수용하는 것도 포함합니다.

동기를 유지하기 위해서는 변화를 시도하는 동안 나타나는 생각과 상황에 주의를 기울이는 것이 매우 중요합니다. 만약 다이어트를 하는 것이 당신이 좋아하는 TV 시리즈를 놓치고 아이들이 피자를 먹는 것을 쳐다보아야만 한다는 사실과 연결되어 있다면, 당신은 다이어트에 대한 동기를 잃기가 훨씬 쉽습니다. 한편, 보다 건강한 음식을 먹는 것에 대해 가족의 지지를 받고 그들이 당신을 지지하기 위해 행동을 바꿔 준다면 그래서 당신이 성공적인 한 주를 보내고 나서 일요일에 TV를 마음껏 즐기는 보상을 받을 수 있다면, 그것을 계속 지키려는 의지는 훨씬 강해질 것입니다.

어떤 행동과 긍정적인 또는 보상적인 경험이 함께한다면 그 행동을 반복할 확률이 높아집니다. 때로는 이러한 보상은 외부적인 것일 수도 있습니다. 예를 들어, 직장에서의 성과급이나 학교에서의 좋은 성적 등이 있을 수 있습니다. 그러나 동기를 유지하는 데 도움이 되는 자연적인(natural) 보상도 있습니다. 예를 들어, 당신은 다이어트를 지속하고 그 결과를 보면서 자부심을 느낄 수 있습니다.

기억하세요

변화를 위해서는 당신이 직면하고 있는 문제들을 있는 그대로 받아들여야 합니다. 그리고 변화를 시작하면서도 통제할 수 없는 것들이 있으며, 이러한 것들을 예상하고 그것이 발생할 때 대처할 수 있다는 것도 받아들여야 합니다. 마지막으로, 행동 변화와 보상을 연결하는 것이 동기를 유지하는 데 도움이 될 수 있다는 사실을 인식해야 합니다.

동기 높이기

동기 수준이 낮을 때 꽉 막힌 느낌과 무력함을 동기와 에너지로 변화시킬 수 있는 방법이 있습니다. 많은 사람에게 동기의 부족은 우리가 원하는 변화나 실제로 하려고 했던 변화 행동을 시작하지 않았기 때문에 나타납니다. 다음 절에서 이에 대한 CBT와 DBT의 팁을 제시합니다.

CBT의 아이디어

당신이 알고 있는 것처럼 DBT는 CBT의 한 형태이며, 두 가지 치료 형태에는 많은 기술이 공통적으로 사용됩니다. 다음 절에서는 치료에 대한 동기를 높이기 위해 사용할 수 있는 몇 가지 CBT 방법을 다룹니다.

인지 재구성

동기 부족의 사이클에 갇혀 있는 것은 절망적입니다. 인지 재구성은 도움이 되지 않고 반복되는 사고 패턴을 인식하고, 어려운 생각과 상황에 대해 새롭고 더 도움이 되는 사고방식을 배우고 적용하는 것입니다. 인지 재구성은 과거의 사고 사이클을 뒤집어 자신의 능력과 자아 감각을 높이기 위해 새로운 방식으로 생각할 수 있도록 도와줍니다.

예를 들어, 당신이 불안과 싸우고 있다면 당신이 잘 알지 못하는 사람들과 함께하는 사회적인 상황에서 당신이 파국화(catastrophizing)하는 패턴을 알아차릴 수 있습니다. 당신은 아마도 다음과 같은 패턴을 가지고 있을 수 있습니다. '나는 너무 이상한 사람이다. 모두가 그걸 알고 있고, 아무도 나랑 얘기하고 싶지 않아 할 것이다. 그래서 나는 아마도 계속 혼자일 것이다.' 인지 재구성의 주요한 요소 중 하나는 증거를 수집하고 사실을 확인하는 것입니다. 이를 위해 상담사와 함께 행동사슬 분석(제18장 참조)을 하거나 이러한 반응을 유발하는 상황에 대한 다이어리 카드를 작성할 수 있습니다. 그런 다음 이러한 데이터에 기반하여 각각의 내용들에 대해 도전할 수 있습니다.

당신이 어색한 사람이라고 생각한다면 이를 어떻게 이해하고, 어떤 측면에서 다르게 해 볼 수 있을까요? 또한 아무도 자신과 얘기하고 싶어 하지 않을 것이라고 한다면 이를 뒷받침하는 모든 사실을 나열할 수 있지만, 만약 누군가 실제로 당신과 이야기를 한다면 이 또한 사실로 인정해야 합니다. 당신의 주장을 뒷받침하는 사실들과, 그 주장이 왜곡되거나 잘못된 것을 보여 주는 사실들을 비교해 볼 수 있습니다.

행동사슬 분석

우리는 제18장에서 이 기술에 대해 자세히 살펴보았습니다. 행동사슬 분석은 당신과 당신의 상담사가 당신이 변화하고자 하는 행동에 기여하는 내부 · 외부 요인을 평가하기 위해 사용하는 도구입니다. 비효과적이거나 부적응인 행동의 원인과 영향을 제거하거나 줄여서 자기 스스로에 대해 더 나은 기분을 갖게 되면 이전에 어려웠던 변화를 실현하기 위해 상당한 동기부여를 받게 되고, 이것을 이룰 가능성이 크게 증가합니다.

강화체계 관리 절차

강화체계 관리는 장기적인 결과와 상관없이 즉시 강화되는 일을 하고 즉시 처벌되는 일은 피하는 경향이 있다는 원칙에서 작동합니다. 예를 들면, 이것은 중독에서 일어나는 일입니다. 사람들은 그들이 느끼는 즉각적인 보상 때문에 위험한 약을 사용하고, 그 약을 사용하는 것의 장기적인 결과를 고려하지 않습니다.

강화체계 관리는 내담자가 원하는 행동이 더 즉각적으로 강화되고 이로 인해 더 쉽게 수행되도록 행동의 결과 균형을 바꾸는 것을 도움으로써 동기를 부여하는 데 사용됩니다. 예를 들어, 만약 중독이 있는 사람이 마약을 사용하지 않을 대안을 원한다면 그 초점은 어떻게 더 강화되지 않는 것을 만드는가에 있습니다. 아마도 내담자가 유지하기를 원하는 중요한 관계가 있는 경우, 그 관계에 있는 사람은 내담자가 그것을 사용하지 않는다면 더 많은 시간을 보내는 것에 동의할 것입니다.

점진적 노출

자신이 해야 할 일을 하는 데 어려움을 겪는 많은 사람에게 회피는 익숙한 상황에서 다른 일을 해 보는 것을 방해합니다. 예를 들어, 그들은 직장 동료의 판단을 두려워하여 근무 교대 요청을 하지 않을 수 있습니다. 노출 치료는 이러한 유형의 회피가 우리를 오래된 패턴에 갇히게 한다는 이론에 따라 작동합니다. 그래서 당신이 피할 수 있는 상황에 자신을 노출시키면서 당신은 스스로 상상했던 것만큼 능력이 없지 않다는 것을 알게 되고, 반복적으로 노출됨으로써 당신의 불안감은 줄어들게 됩니다. 이러한 유형의 노출을 사용하면 이전에 피했던 것들을 직면하는 데 도움이 되고, 이전에 혐오스럽다고 생각했던 것들을 수행하려는 동기가 증가합니다.

마음챙김 연습

마음챙김은 DBT의 핵심 기술이며, 제9장에서 자세히 다루었습니다. 정신 활동을 단순히 뇌에서 일어나는 사건으로 인식함으로써 당신은 동기부여가 되지 않는다고 느끼더라도 능숙하게 행동에 참여할 수 있게 됩니다. '나는 동기부여가 되지 않는다.'라는 것은 단순한 생각이고, 당신이 따라야 하는 것은 '동기 부족'이 아니라는 것을 알아차릴 수 있습니다.

DBT 접근

기억하세요

DBT는 치료에 대한 전념을 목표로 함으로써 동기부여를 해결합니다. 전념은 관련이 있지만 동기와는 별개의 개념입니다. 우리가 치료에 대해 알고 있는 것 중 하나는 치료를 하기 위해 전념하는 사람들이 전념하지 않는

> 사람들보다 더 낫다는 것입니다. 이것은 신체적이든 심리적이든 모든 치료에 적용됩니다. 따라서 전념 전략을 수립하는 것이 중요합니다. 이는 내담자의 동기를 향상시키는 데 사용되는 도구이기 때문입니다. 그 전념은 그 사람이 일하고 싶어 하는 것들을 목표로 삼는 것뿐만 아니라 그 자체로 핵심적인 치료 과제이며 정기적으로 주의를 기울여야 하는 것입니다. 이것은 전념과 동기가 결코 정적이지 않기 때문입니다. 그것들은 많은 변수에 따라 증가하고 감소합니다. 연구에 따르면 어떤 일을 하기로 약속하거나 동의하는 것은 당신이 실제로 약속한 행동을 할 것이라는 강력한 예측 변수입니다.

DBT는 사회심리학 및 판매 기술을 포함한 다양한 분야에서 얻은 통찰력을 차용합니다. 다음은 상담사가 동기를 향상시키기 위해 내담자로부터 전념을 이끌어 내기 위해 사용하는 전략입니다.

- **장단점의 사용**: 상담사는 내담자로부터 상담을 할 때의 긍정적인 점과 부정적인 점, 그리고 치료를 하지 않을 때의 긍정적인 점과 부정적인 점을 이끌어 냄으로써 현상을 유지합니다.
- **문간에 발 들여놓기, 머리부터 밀어넣기 기술**: 이는 방문 판매원 접근 방식을 기반으로 합니다. 첫 번째 부분은 문간에 발 들여놓기(foot-in-the-door) 부분입니다. 여기서 상담사는 내담자에게 "앞으로 4주 동안 자해를 자제해 주실 수 있나요?" 등의 요청을 합니다. 초기 요청은 쉽고, 내담자가 동의하면 상담사가 더 요청합니다. 이것은 한 가지 일에 동의하는 사람들이 이후의 일에 동의할 가능성이 더 높다는 연구 결과에 기초하고 있습니다. 접근법의 두 번째 부분은 머리부터 밀어넣기(door-in-the-face) 기술입니다. 여기서 상담사는 그들이 정말로 원하거나 현실적으로 기대할 수 있는 것 이상을 요구합니다. 어떤 사람이 매일 자해를 해 왔다고 가정해 봅시다. 상담사는 "1년 동안 자해하지 않을 것을 약속할 수 있나요?"라고 물을지도 모릅니다. 많은 경우 내담자는 요청이 너무 극단적이라고 주저하고, 상담사는 그들이 무엇을 할 의향이 있는지 물어봅니다. 그러면 내담자가 '한 달'이라고 말하는 것을 가정해 봅시다. 그런 다음 상담사는 더 적은 횟수를 받아들입니다. 어떤 요청에 대해 "아니요."라고 답한 사람은 다음 요청이 더 합리적이라고 생각되면 "예."라고 답해야 한다는 의무감을 느끼는 경우가 많다는 것이 이 아이디어의 핵심입니다.

- **과거 전념의 성공을 떠올리기**: 이 아이디어는 내담자가 전념하는 것을 망설이고 있다면, 상담사는 내담자가 전념했던 시간을 꺼내는 것입니다. 이 의도는 내담자는 자신이 한 약속을 지킬 수 있었고, 그들이 하겠다고 말한 것을 지킬 수 있었다는 것을 강조하는 것입니다.
- **합리적인 대안이 없을 때 선택의 자유**: 여기서 상담사는 내담자가 치료를 하지 않기로 선택했을 때 무엇을 할 것인지를 되돌아보게 합니다. 때때로 내담자들은 법정에서 치료를 하도록 강요받거나, 가족들은 그들의 친척이 치료에 적극적으로 참여하지 않으면 함께 살 수 없다고 말합니다. 또는 청소년은 외래 치료를 선택하거나 장기 거주 치료 센터로 보내지는 것을 감수해야 하는 경우가 있습니다. 내담자에게는 대안이 있지만, 현재 제공되는 것보다 훨씬 나쁩니다.
- **악마의 옹호자**: 이 접근법을 통해 상담사는 내담자가 자신의 위치를 더 탐구할 수 있도록 의도적으로 내담자의 동의에 반대하거나 내담자의 위치에 관련된 반론을 만듭니다. 상담사는 다음과 같은 말을 할 수 있습니다. "당신이 치료에 동의한다는 것은 대단한 일이라고 생각합니다. 하지만 DBT가 당신에게 요청할 모든 새로운 행동을 하기는 어려울 것입니다. 아마도 그것은 너무 힘들 것이고 노력할 가치가 없습니다." 상담사는 내담자가 치료에 동의하는 방향으로 기울고 있다는 것을 상당히 확신한 후에만 이 기술을 사용해야 합니다.

동기 유지하기

기억하세요

내담자가 DBT를 따르도록 동기를 부여하는 것은 상담 중 모든 도전과 성공을 지속할 수 있게 해 줍니다. 이것은 각 회기 및 기술 집단 프로그램을 완수하면서 성취의 경험을 주고, 스스로의 노력을 통해 만든 변화를 다른 이들이 인식하게 함으로써 좋은 기분을 만끽하게 합니다. 동기를 유지하는 것은 다음과 같은 효과를 줍니다.

- **향상된 자신감을 경험할 수 있도록 도와주기**: 동기를 유지하는 내담자들은 자신에 대한 기대치를 점점 더 높게 설정하고 장기적인 목표에 집중할 수 있다는 것을 알고 있습니다.
- **목적의식을 부여하기**: 동기를 부여받을 때, 우리는 삶을 향상시키고 더 능숙해지려는 목적을 가집니다. 이 목적은 숙제, 행동사슬 분석, 기술 코칭과 같은 작업을 지속적으로 수행하

고 완료하도록 돕습니다.

- **문제가 발생할 때 문제를 해결할 수 있도록 돕기**: 우리는 동기를 유지함으로써 직장, 관계는 물론 개인적인 목표에서 발생하는 어려움들을 극복할 수 있습니다. 왜냐하면 이러한 좌절에도 불구하고 장기적인 목표와 목적에 집중할 수 있기 때문입니다.
- **계속해서 더 능숙해지도록 북돋우기**: 비록 우리의 DBT 수행에서의 첫 번째 목표는 자기 파괴적인 행동을 줄이는 것일 수도 있지만, 더 능숙해질수록 치료 목표는 바뀔 것입니다. 동기부여가 된 내담자들은 지속적으로 자신의 현재 상황을 재평가하고 상담사와 협력하여 다음 목표를 달성하기 위해 해야 할 일을 평가할 수 있습니다.

다음 절에서는 동기를 유지하고, 동기가 흔들릴 때 취할 수 있는 조치 관련 팁을 제공합니다.

목표에 집중하기

기억하세요

동기 유지에서의 핵심은 바로 목표에 집중하는 것입니다. 상담 중 동기를 유지하기 위한 몇 가지 아이디어가 있습니다.

1. 현명한 마음으로 목표를 추립니다(제9장 참조).

   목표를 결정하는 것은 높은 수준의 동기 달성 및 유지를 위해 중요한 첫 단계입니다. 처음 목표를 선택할 때는 무엇을 달성하고 싶은지를 고려하고 특정 목표(또는 목표들)를 달성하려는 이유를 명확히 하는 것이 중요합니다. 각각의 목표를 위해 노력하는 것의 장단점을 고려할 수 있습니다. 상담 초기에 이것을 하는 것은 전념할 가능성이 가장 높은 목표를 선택하는 데 도움이 될 것입니다.

2. 중간 목표를 설정합니다.

   더 작은 중간 목표를 설정하는 것은 특히 장기적인 목표가 너무 멀어 보일 때 동기부여를 유지하는 데 도움이 될 수 있습니다. 에베레스트 산을 오르는 것을 생각해 봅시다. 정상에 오르는 것은 불가능해 보일 수도 있으므로 올라가는 길에 다음 캠프 장소로 가는 것을 목표로 삼습니다.

3. 각각의 성공을 자신에게 상기시키세요.

만약 상담에서 동기를 유지하기 위해 애쓰고 있는 스스로를 발견한다면 스스로 혹은 상담사는 지금까지 해 왔던 모든 성과를 우리에게 상기시킬 수 있습니다. 그 과정에서 작은 목표에 도달한 것을 스스로 축하하는 것은 궁극적인, 장기적인 목표를 향해 계속해서 나아가도록 동기를 유지하는 데 도움이 될 수 있습니다.

4. 지지적인 사람들을 가까이하고 방해하는 사람들을 멀리하세요.

관계는 인간의 행복에서 필수적입니다. 진정성 있고 지지적인 관계는 어려운 시기에 우리를 응원하고 동기를 유지하는 것을 도울 수 있습니다. 동시에, 우리가 좋아하는 사람들이라도 그들과의 관계를 생각할 때 그 상호작용이 목표를 달성하는 데 방해가 된다는 것을 깨닫게 될 수도 있습니다. 예를 들어, 알코올을 남용하지 않기 위해 노력하고 있다고 해 봅시다. 치료를 받고 있다는 것을 아는 친구는 힘들어하는 모습에 우리를 파티에 초대합니다. "있잖아, 우리 진짜 끝내주게 놀 거야. 네가 가장 좋아하는 보드카 준비할게!" 우리의 친구는 우리가 재미있게 놀고 어려움에서 벗어나기를 원할 테지만 해결책으로 보드카를 제공하는 것은 알코올 오남용을 중단하려는 목표와 일치하지 않습니다. 친구들이 도움을 주려고 할 수도 있지만 장기적인 목표와 일치하지 않는 단기적인 해결책을 제공하고 있다는 것을 분명히 할 필요가 있습니다.

동기부여가 실패할 때

동기부여가 이뤄지지 않으면서 우리는 목표에 집중하지 못하고 부정적인 것에 집중하기 쉽습니다. 결국 더 큰 그림을 피하고 당장의 하루를 헤쳐 나가려고 하기에 스스로 자신감을 느끼지 못합니다. 이것은 우리의 자신감과 기분에 영향을 미칠 수 있습니다. 자신감에 영향이 갈 때 동기부여는 실패하기 시작할 수 있습니다. DBT에서 우리가 사용하는 은유 중 하나는 지옥에서 나오기 위해서는 사다리를 사용해야 하지만, 사다리에 도착했을 때 당신은 그것이 뜨겁다는 것을 알아차리고, 그것이 불가능한 일처럼 보일 수 있다는 것입니다. 힘든 일임에도 불구하고 치료를 추진하는 것이 유일한 방법입니다.

TIP

이런 일이 발생하기 시작한다면 고려할 수 있는 기술 중 하나는 숙련을 쌓는 것입니다. 이 기술에 대한 자세한 내용은 제10장을 참조하세요. 숙련을 쌓는 것은 자신감을 높이는 방법입니다. 새로운 것을 더 잘하게 되고 새로운 것을 배우는 것으로부터 자신감을 느끼기 때문에 무언가를 하는 기술은 우리가 성취감을 느끼게 할 것입니다.

기억하세요

다음은 의욕이 떨어지기 시작할 때를 위한 몇 가지 다른 아이디어입니다. 모든 DBT 기술과 마찬가지로 이러한 기술 중 상당수는 글로 쓰거나 말로 표현하는 게 실천하는 것보다 쉽습니다. 특히 기분이 좋지 않거나 절망적일 때 더욱 그렇습니다. 하지만 기분이 좋지 않을 때에도 계속 연습하면 궁극적으로 원하는 상황과 나쁜 상황을 처리할 수 있다는 사실을 배울 수 있습니다.

1. 장기 목표를 염두에 두세요.

동기를 잃으면 사람들은 목표의 초점을 잃기 때문에 포기하는 경향이 있습니다. 처음으로 5km 경주를 하기로 결심했다고 상상해 보세요. 조깅을 하고 있는데 4km 지점에 도달했을 때 더 이상 나아갈 수 없다는 느낌이 듭니다. 멈춰서 택시를 불러 집으로 돌아갈 수도 있고, 경주를 완주하겠다는 스스로의 결심을 되뇌어 볼 수도 있습니다. 지치면 힘들 수도 있지만 속도를 늦추고 걷기 시작하면 됩니다. 자신의 목표를 상기시키는 것은 동기 상실을 해결하는 한 가지 방법입니다.

2. 자신의 경험을 학습 기회로 활용하세요.

다른 모든 노력과 마찬가지로 치료에도 성공과 좌절이 따릅니다. 발전이 느린 시기가 오거나 실패라고 생각하는 사건이 벌어지면 직면하고 있는 도전과의 관계를 바꿀 수 있는 선택의 순간이 찾아옵니다. 그 순간은 새로운 것을 배울 수 있는 기회로 볼 수도 있고, 역경 탓에 우리를 굴복시킬 필요가 없다는 것을 알게 될 수도 있습니다. 그러한 순간을 극복함으로써 이전에 상상했던 것보다 더 많은 능력을 발휘할 수 있다는 점을 알게 될 것입니다. 좌절을 학습 기회로 보는 것은 계속해서 동기를 부여하는 데 도움이 될 수 있습니다.

3. 인내심을 갖는 연습을 하세요.

자신에게 친절하게 대하고 스스로 타당화하세요. 새로운 행동을 하는 데에는 시간이 걸리고, 새로운 기술을 배우고 이를 구현하는 데는 시행착오가 필요합니다. 속도를 늦추고, 인내심을 갖고, 자신에게 친절하게 대하면 현실적인 목표와 기대치를 설정할 수 있습니다. 참선과 관련해 다음과 같은 오래된 농담이 있습니다. "스승님, 깨달음에 이르기까지 얼마나 걸릴까요?" 제자가 물었습니다. 스승이 말했습니다. "5년?" "5년이요?" 제자가 물었습니다. "너무 길어요! 정말 정말 열심히 하면 어떨까요?" "10년." 스승이 말했습니다. 요점은 우리가 원하는 것을 서둘러 달성할 수는 없다는 것입니다. 우리가 할 수 있는 것보다 더 빨리 가려고 하면 실수를 저지르고 사기가 더욱 저하될 수 있습니다. 5km를 달리는 사람이 속도를 늦추고 끝까지 걸어가면 거기에 도달하겠지만, 훈련되지 않은 다리로 무리하게 달리려고 하면 다칠 위험이 있습니다. 현실적이고 달성이 가능한 목표를 설정하면 매번 성공할 것이 명확하기에 동기를 유지할 수 있습니다.

제 5 부 특정 상황을 위한 DBT 수행

Dialectical Behavior Therapy

제20장 … 기분장애 및 성격장애 정복하기
제21장 … 트라우마 다루기
제22장 … 중독 완화하기
제23장 … 문제 행위 대처하기

제5부에서는

- 경계성 성격장애로 동반되는 고통을 극복하고자 DBT를 수행하세요.
- 외상 후 스트레스 장애를 다루기 위한 노출 치료에 DBT를 통합하세요.
- 약물사용장애 및 섭식장애와 같은 상황에서 표준적인 치료가 효과적이지 않을 경우 DBT를 대체적 접근으로 고려하세요.
- 위험한 행동에 대처하고 DBT의 도움을 받아 더 건강해지세요.

제 20 장

기분장애 및 성격장애 정복하기

이 장에서

- 경계성 성격장애를 다룹니다.
- DBT로 우울증과 조증을 다룹니다.
- 불안을 이해하고 덜어 줍니다.

이 장에서는 DBT 기술이 경계성 성격장애의 특징정 증상을 다룰 수 있을 뿐만 아니라, 우울증이나 조증과 같은 기분 장애에도 유용하게 활용될 수 있음을 알게 될 것입니다. 또한 불안을 다루는 방식도 확인할 수 있습니다.

경계성 성격장애 다루기

DBT는 본래 마샤 리네한 박사가 고위기의 자살 · 자해 내담자를 다루기 위해 개발하였습니다. 개발 당시 리네한 박사는 특정 진단에 초점을 두지 않았으나, 시간이 지나며 자살 · 자해 증상으로 괴로워하던 많은 이가 BPD, 즉 경계성 성격장애를 겪고 있다는 점이 확인되었습니다.

기술적 사항

경계성 성격장애(BPD)는 흔한 정신건강 문제에 해당합니다. 연구에 따르면, 미국에서 BPD로 고통받는 이들은 600만 명에서 1,500만 명에 이를 것

> 으로 추산됩니다. 정신건강 전문가들에게 이 진단은 매우 잘 알려져 있으나, 일반적인 대중에게는 그렇지 못합니다. 그럼에도 불구하고 외래내담자 전문 진료소 기준 내담자의 약 20%가 BPD를 지니고 있고, 입원내담자 병동 기준으로는 거의 40%에 육박하는 내담자가 BPD를 앓고 있는 것으로 알려져 있습니다.

그렇다면 BPD란 정확히 무엇일까요? BPD를 설명하는 다양한 시각이 있습니다. 이어지는 부분에서 우리는『정신질환의 진단 및 통계 편람』(Diagnostic and Statistical Manual of Mental Disorders, 이하 DSM)을 접목하여 가장 널리 수행되는 DBT의 관점들과, 리네한 박사의 다섯 가지 조절장애 영역 및 이를 다루는 데 DBT를 사용할 수 있는 팁을 함께 살펴볼 것입니다.

BPD 진단을 위한 9개의 DSM 준거

미국과 세계 다른 나라의 정신건강 전문가들 내에서는, 많은 사람이 정신질환 진단에 있어 권위 있는 안내서라고 간주하는 핸드북이 있습니다. 이는 DSM으로, 모든 유형의 정신질환에 대한 기술, 증상, 진단을 위한 다른 준거들이 포함되어 있습니다. DSM은 BPD를 "대인관계, 자아상 및 감정의 전반적인 불안정한 패턴뿐만 아니라 성인 초기에 시작되고 다양한 맥락에서의 현저한 충동성으로 특징지어지며, 다음 준거 중 5개(또는 그 이상)로 나타납니다."라고 정의합니다.

다음에서는 DSM이 BPD 진단을 위해 사용하는 9개의 준거를 소개합니다.

실제 또는 상상 속 버림받는 것을 피하기 위한 광적인 노력

사람은 가까운 사람이 자신을 떠날 것이라는 강한 두려움을 가질 수 있으며, 이 두려움 때문에 필사적으로 행동하고, 버림받는 일이 일어나지 않도록 과도한 행동을 하기도 합니다. 버림받는 것에 대한 두려움은 저녁 식사를 하기로 했던 친구의 약속 취소나 상담사가 전화에 즉시 응답하지 않는 것 같은 사소해 보이는 거절 장면으로 촉발될 수 있습니다. 이것은 BPD로 고통받는 이들이 보살핌을 받지 못하고 있다거나 자신이 중요하지 않다는 느낌으로 이르게 할 수 있습니다. 이는 일부 사람으로 하여금 때때로 두려움을 분노로 표출하게 하기도 합니다. 다른 이들이 볼 때 이 분노는 저녁 식사의 취소, 상담사의 전화 미응답에 비례하는 수준으로 보이지 않을 수 있겠으나, 정작 그들이 경험하는 두려움은 참을 수 없는 수준의 고통일 수 있습니다. 사실이든 아니든 버림받았다고 느낄 때 '안심 추구 행동'에 의지할 수도 있는데, 이는 자신이 버려지지 않을 것이라는 확신을 얻기 위해 사용하는 행동입니다. 이러한 행동은 친구나 상담사에게 과도한 전화나 문자를 보내는 형태일 수 있고, 때때로 친구나 상담사는 당신의 이러한 행동이 질릴 수 있습니다. 모순적이게도, 이러한 행동은 궁극적으로 관계를 파탄으로 이르게 하고, 자신이 두려워하는 바로 그 버려짐으로 이어질 수 있습니다.

불안정하고 격렬한 대인관계

종종 버림받는 것에 대한 두려움으로 인해 BPD를 가진 일부 사람은 다른 사람에게 빠르고 강렬하게 애착을 갖는 경향이 있습니다. 누군가를 만나 갑자기 사랑에 빠지는 경험이나 이와 유사한 형태의 애착이 나타날 수 있습니다. 처음에 이것은 그 사람에 대한 이상화로 이어질 수 있습니다. 그러나 애착의 수준이 지속될 수 없기에 BPD 내담자는 실망감을 느낄 수 있으며, 이상화 감정은 평가 절하로 이어질 수 있습니다. 이런 일이 발생하면 BPD 내담자는 상대방에게 상처를 주는 방식으로 말하고 행동할 수 있습니다. 이로 인해 BPD 내담자는 자신이 한 말에 대해 부끄러워하고 후회한 다음, 방향을 바꾸어 다시 그 사람을 이상화하기 시작할 수 있습니다.

이상화와 평가 절하를 반복하는 당사자에게 이러한 경험은 혼란스럽고 예측할 수 없으며, 종종 너무 과하다고 느낄 수 있습니다. 상상할 수 있듯이, 이러한 종류의 관계는 폭풍우처럼 휘몰아치고 안정적이지 못합니다.

정체성 혼란

내가 누구인지, 내 가치관이 무엇인지, 앞으로 어떻게 살아갈 것인지 결정하는 것은 특히 감정 기복이 심한 경우 어려울 수 있습니다. 정체성 장애로 어려움을 겪는 사람들은 삶의 목표, 관심사, 정치적 · 종교적 견해, 연애 취향, 가치관이 비교적 빈번하고 갑작스럽고 예기치 않은 변화를 겪는 경우가 많습니다. 때때로 이들은 자신이 무엇을 믿고 어떻게 행동해야 하는지를 다른 사람에게서 찾기도 합니다. 이러한 갑작스러운 변화는 자아에 대한 혼란, 불규칙한 고용 이력, 친밀한 관계의 혼란으로 이어질 수 있으며, 다른 사람뿐만 아니라 자신도 예측할 수 없게 만들 수 있습니다.

위험한 충동성

주의

충동성은 많은 BPD 내담자가 DBT 치료를 받는 일반적인 이유입니다. 위험한 충동성은 행동의 결과를 평가하거나 고려하지 않고 빠르게 행동하는 것을 말합니다. BPD의 위험한 충동 행동에는 여러 가지 예가 있지만, 일반적으로 무질서한 식사, 잘 모르거나 우연히 알게 된 파트너와의 무방비한 성관계, 과소비, 난폭 운전 등이 지속적인 삶의 문제로 이어질 수 있습니다. 이러한 행동은 자살 행동과 같은 방식으로 위험하지는 않지만 매우 우려스러운 행동이며, 개인의 정신적·신체적 건강에 장기적인 영향을 미칠 수 있습니다.

반복되는 자살 행동 및 자해 행동

충동성과 마찬가지로 자해 행동 및 자살 행동은 DBT 치료를 원하는 일반적인 이유입니다. 자해와 같은 행동은 참을 수 없을 정도로 격렬한 감정을 진정시키는 데 효과가 있는 경우가 많으며, 매우 빠르게 효과가 나타나고 단기적으로 효과적이기 때문에 빈번하게 나타날 수 있습니다. 내담자들이 자해를 하는 또 다른 이유는 무감각해지는 느낌을 멈추기 위해서라고 말합니다. 자해하는 사람들은 자해가 당장은 도움이 된다고 말하지만, 자해의 해결책은 다른 사람들에게 문제로 여겨지는 경우가 많습니다. 이것은 또 다른 변증법입니다. 한 사람이 문제로 보는 것을 자해하는 사람은 자신이 느끼는 감정의 문제에 대한 해결책으로 봅니다. BPD를 가진 대부분의 사람은 궁극적으로 자해가 장기적인 해결책이 아니라는 것을 깨닫습니다.

정서적 불안정

많은 정신건강 전문가는 정서적 불안정성을 BPD의 핵심으로 간주합니다. 실제로 일부 국가에서는 BPD를 정서적으로 불안정한 인격 장애(Emotional Unstable Personality Disorder: EUPD)라고 부르기도 합니다. 감정의 기복과 조절의 어려움과 함께 기분의 불안정성은 BPD를 가진 사람들에게 결정적인 문제입니다.

기분 변화의 특징은 좌절감과 대인관계 갈등으로 인해 촉발되는 경우가 많으며, 몇 주 또는 몇 달은 아니지만 일반적으로 몇 분에서 몇 시간에서 하루 정도 지속됩니다. 우울증이나 조울증과 같은 기분 장애의 기분 변화와 다른 점은 감정의 강도와 통제할 수 없는 정도입니다. 또 다른 측면은 강력하고 비참한 감정이 나타날 때 BPD 내담자에게는 마치 항상 그렇게 느꼈던 것처럼 느껴질 수 있다는 것입니다.

만성적인 공허감

BPD를 가진 사람들은 종종 내면이 공허하다고 느낍니다. 이러한 경험은 종종 외로움으로 이어집니다. 사람들이 공허함과 단절감을 느낄 때, 이는 종종 삶이 무의미하다는 느낌으로 이어집니다. 이런 감정을 느낄 때 다른 사람과의 친밀감으로 공허감을 완화할 수 있다고 생각할 수 있습니다. 이는 분명 일리가 있지만 다른 사람이 제공하거나 감당할 수 있는 것보다 더 많은 친밀감에 대한 욕구를 느낄 수 있다는 문제도 발생합니다.

강렬하고 통제할 수 없는 분노의 표출

BPD에 대한 초기 연구자들은 종종 사소해 보이는 상황에 의해 유발되는 격렬하고 통제할 수 없는 분노를 나타내지 않는다면 BPD가 아닐 가능성이 높다고 생각했습니다. 오늘날에는 이 기준이 필수적인 기준은 아니지만, 많은 BPD 내담자가 극도로 화를 잘 내는 것을 보게 됩니다. 종종 분노는 슬픔에 대한 부차적인 감정으로, 다른 사람들이 자신에 대해 무신경해 보였거나 그랬기 때문에 슬프지만 슬픔을 느끼기보다는 상대방에 대해 분노합니다. 다른 사람들에게는 그러한 분노가 과도해 보일 수 있으며, 마치 BPD 내담자가 아무것도 아닌 일을 크게 벌이는 것처럼 보일 수 있습니다. BPD 내담자는 아무것도 아닌 일을 크게 벌인다는 말을 들으면 오해를 받는 느낌을 받고 더 화가 날 수 있습니다.

해리 및 편집증 증상

BPD 내담자가 트라우마를 경험한 적이 있는 경우, 그리고 많은 BPD 내담자가 그렇듯이 해리 증상과 편집증적 사고를 보일 수 있습니다. 스트레스를 많이 받는 사람들도 이러한 증상을 경험할 수 있습니다.

> ›› 해리 증상은 자신이 실재하지 않거나 세상이 실재하지 않는다고 느낄 때 경험하는 증상입니다. 일반적으로 이러한 증상은 스트레스가 심할 때 발생합니다.

>> 편집증은 다른 사람들이 의도적으로 자신을 해치거나 자신의 삶을 비참하게 만들려고 한다는 일시적인 믿음으로 나타날 수 있습니다.

리네한 박사의 조절장애 다섯 가지 영역

DSM과 다르게 BPD 증상을 어려움 또는 조절장애(dysregulation)의 다섯 가지 영역으로 재구성한 마샤 리네한 박사의 접근법입니다. 그녀의 접근법은 장애를 고려하는 더 실용적인 방법입니다. 이러한 방식으로 장애를 재구성할 때 DBT 접근 방식은 치료 계획에 쉽게 맞춰질 수 있습니다.

기억하세요

조절장애는 본질적으로 '관리의 어려움'을 의미합니다. DBT는 BPD에서 다음의 다섯 가지 조절장애 영역을 다루고 있습니다.

1. **감정 조절장애**는 감정을 효과적으로 관리하기 어려운 것이 특징입니다. 그것은 강하고 빠르게 변화하는 감정에 의해 이리저리 던져지거나 움직이는 경험입니다. 그에 따른 행동은 종종 기분에 따라 다르며, 그 사람의 장기적인 목표와 일치하지 않습니다.
2. **대인관계 조절장애**는 가까운 관계에서 혼란을 경험하는 것입니다. 종종 관계를 관리하고 유지하는 데 어려움이 있으며, 그들의 삶에서 중요한 사람들에게 버림받는 것에 대한 두려움이 동반됩니다.
3. **자기 조절장애**는 자기 자신을 전체적이고 통합된 사람으로 보지 않고, 대신 자신의 감각을 정의하기 위해 고군분투하는 것입니다. 핵심 가치, 정체성, 자아상, 목표, 이념의 불안정성이 특징입니다. 그것은 외로움, 지루함, 공허감으로 이어질 수 있습니다.
4. **행동 조절장애**는 강한 기분에 의해 유발되는 행동을 효과적으로 통제하지 못하는 것입니다. 그것은 감정을 조절하기 위해 자해, 자살, 위험한 성적 상황 노출, 약물과 알코올의 오용, 섭식장애, 난폭한 운전, 기타 잠재적으로 생명을 위협하는 행동들을 감정 조절에 사용하는 것이 특징입니다.
5. **인지 조절장애**는 사고에 문제가 발생하는 것입니다. 여기에는 흑백논리 혹은 이분법

적 사고와 같은 인지적 왜곡이나, 그들이나 그들 주변의 세계가 실재하지 않는 것 같은 인지적 경험이 포함됩니다. 그 사람은 또한 다른 사람들이 의도적으로 그들의 삶을 비참하게 만들려고 한다고 믿는 등의 피해망상 증상을 경험할 수 있습니다.

그렇다면 DBT는 BPD의 증상과 어려움을 어떻게 해결할 수 있을까요? 다음 절에서 확인해 봅시다.

감정 조절하기

감정 조절장애는 BPD의 장애 영역 중 하나이고, BPD의 특징이 감정 조절장애의 직접적인 결과(예: 극도의 분노)이거나 정서적인 강도를 감소시키는 기능을 한다는 것을 고려할 때, DBT는 BPD를 가진 사람들이 이러한 감정을 관리할 기술을 가지고 있지 않다는 생각에 기초합니다. 그 생각은 만약 어떤 사람이 그들의 감정을 조절할 수 있는 능력을 가지고 있다면, 그들은 그렇게 할 것이라는 것입니다.

기억하세요

BPD를 가진 사람들이 감정과 그 조절에 어려움을 겪는다는 것을 고려할 때, 감정 조절 기술을 가르치는 목표는 다음과 같습니다(제10장에서 다룸).

- BPD를 가진 사람들이 그들의 감정을 더 잘 이해할 수 있도록 도와주는 것입니다. DBT는 감정의 기능이 무엇인지, 그리고 건강한 정서적 삶의 기본 구성 요소가 무엇인지를 가르쳐 줌으로써 도울 수 있습니다.
- 감정의 강도를 감소시키는 요소뿐 아니라 감정을 강화하는 요인에 초점을 맞춤으로 격한 감정에 대한 BPD 내담자의 감정적 취약성을 감소시킵니다.
- 격렬한 감정의 수준, 지속 시간 및 영향을 줄이는 방법을 가르쳐 줌으로써 감정적 고통을 줄입니다.

관계 개선하기

대인관계 조절장애는 BPD의 또 다른 장애 영역입니다. BPD가 관계에 영향을 미치는 방식은 크게 두 가지입니다.

>> BPD를 가진 사람은 갑자기 애착을 갖게 되고, 강렬함으로 가득하며, 상대방에 대한 극단적인 이상화와 평가 절하로 특징지어지는 관계를 갖는 경향이 있습니다. 이러한 관계들이 처음에는 아주 좋게 느껴질 수 있기 때문에 BPD를 가진 사람은 다른 사람이 그들을 떠날까 봐 두려워합니다. 이러한 두려움은 때때로 정당화되기도 하지만 그렇지 않은 경우도 있습니다. 안타깝게도, BPD 내담자의 치료되지 않은, 때로는 파괴적인 행동은 그들의 친구들과 파트너들을 혼란스럽고 당황하게 만들며 관계를 유지하고 싶지 않게 만들 수 있습니다. 버려짐에 대한 두려움을 경험하게 되면 BPD 내담자들은 겁에 질릴 수 있고, 실제 또는 상상 속의 버려짐이 발생하는 것을 막기 위해 광적이고 집요하며 궁극적으로 비효율적인 행동을 보일 수 있습니다.

>> 또 다른 측면은 모든 감정, 자기 판단, 불안정한 자아 감각을 포함하는 감정 조절장애를 고려할 때, BPD를 가진 사람은 갈등을 효과적으로 해결하고, 자신을 옹호하고, 사소한 공감 실패를 용인하는 데에 많은 장벽을 가지고 있다는 것입니다. 이러한 증상이 해결되면 이러한 증상이 불러일으킬 수 있는 불안감에 시달리지 않게 됩니다.

기억하세요

BPD를 가진 사람들이 관계로 어려움을 겪는다는 점을 고려할 때, 대인관계 효과성 기술을 가르치는 목표(제12장에서 다룸)는 다음 세 가지 목표를 달성하는 것입니다.

>> **객관적 효과성**(objective effectiveness)은 자신의 정당한 권리일 때, 다른 사람이 자신을 위해 무언가를 해 주기를 원할 때, 또는 원하지 않거나 불합리한 요구를 거절하기 위해 원하는 것을 얻는 것에 초점을 맞춥니다. 대인관계 효과성 기술은 대인관계 갈등을 해결하거나 의견을 더 진지하게 받아들이기 위해 사용되기도 합니다.

>> **대인관계 효과성**(relation effectiveness)은 건강한 관계를 형성하고 유지하는 데 초점을 맞춥니다. 따라서 대인관계 효과성 기술은 BPD를 가진 사람들에게 사람들을 좋아하고 존중하는 것뿐만 아니라, 그들과 관계를 유지하는 방법을 가르칩니다. 이러한 기술들은 또한 BPD를 가진 사람의 즉각적인 목표와 장기적인 관계의 목표 사이의 균형을 맞추는 데 초점을 맞추고, BPD를 가진 사람에게 왜 그 관계가 지금 그들에게 중요하고 미래에도 중요한 이유를 상기시킵니다.

>> **자존감 효과성**(self-respect effectiveness)은 BPD를 가진 사람이 자신에 대해 좋게

> 느끼는 것에 초점을 맞춥니다. 이를 위해, 자신의 가치와 신념을 알고 존중하며, 그들이 도덕적이고 능력 있고 효과적이라고 느끼게 하는 방식으로 행동하도록 배웁니다.

자아상 재평가하기

자아의 불안정한 상태는 BPD의 또 다른 핵심 증상입니다. 이것은 스스로의 가치관을 명확하게 하지 못하는 것과 수년간 감정을 타당화 하지 못한 것과 관련이 있습니다. 해마다 당신이 생각하고, 느끼고 행동하는 것이 옳지 않다는 말을 듣는 것은 당신 자신과 가치관에 대해 매우 불확실한 느낌을 줄 수 있습니다. 제3부에 소개된 DBT의 기술은 BPD를 겪는 사람들이 스스로 다음과 같은 질문을 하는 것에 초점을 맞추고 있습니다.

> ›› 나의 가치관은 무엇인가?
> ›› 나의 행동은 가치관을 반영하는가?
> ›› 나의 목표는 무엇인가?
> ›› 내가 하고 있는 일이 목표 달성에 도움을 주고 있는가?
> ›› 내가 그것을 하게 된 이후에 기분이 좋은가, 혹은 좋지 않은가?
> ›› 직감은 나에게 무엇을 하라고 말하는가?

행동 조정하기

DBT 이론에 따르면, 감정 조절 능력의 부재가 BPD 내담자에게 야기하는 문제 중 하나는 적응적인 감정 조절 전략 대신 부적응적이고 위험한 행동이 나타날 수 있다는 것입니다. 만일 원하지 않은 감정이 충분히 강렬해지면, BPD 내담자들은 건강하고 적응적인 행동 대신 부적응적인 행동으로 전환되는 경향이 있습니다. 이러한 현상이 발생하는 이유는 자해와 같은 부적응적인 행동이 더 즉각적인 효과를 가져오고 적응적인 행동보다 더 편리하다는 것을 알기 때문입니다.

안타깝게도 부적응적인 행동들은 단기적으로는 원치 않는 기분 상태를 줄이는 데 효과적일 수 있으나 신뢰, 관계, 자존감 상실 혹은 입원과 같은 부정적인 결과를 가져오거나 장기적으로 효과적이지 않기 때문에 궁극적으로는 문제가 됩니다. 제3부에 있는 모든 DBT 기술은 행동 조절장애를 대상으로 합니다.

사고 길들이기

BPD를 지닌 사람들은 인지 조절장애를 가지는 경향이 있는데, 이는 사고의 오류와 부정확함을 말합니다. BPD를 지닌 사람, 특히 학대와 같은 트라우마를 경험한 사람들은 과잉 경계 또는 해리 현상으로 스트레스에 반응할 수 있습니다.

- **과잉 경계**: 과잉 경계(hyper-vigilance)는 극도의 경계 상태를 말하며, 개인의 삶의 질에 영향을 미칩니다. 이들은 실제든 상상이든 항상 숨겨져 있는 위험을 주시하고 있기 때문입니다. 여기에는 편집증의 경험이 포함될 수 있으며, BPD 내담자는 괴롭힘을 당하고, 타인을 신뢰하지 못하며, 또는 사람들이 의도적으로 못되게 굴거나 자신을 노리고 있다고 생각합니다.
- **해리**: 해리(dissocation)는 자신이 실재하지 않거나 주변 세상이 실재하지 않는다고 느끼는 것을 말합니다. 이들은 자신의 감정과 신체적 자아 사이의 단절을 경험할 수 있습니다.

기억하세요

DBT는 인지 조절장애를 다루기 위해 마음챙김 기법을 사용하고(제9장 참조), 사실을 점검하고, 안정화 기법을 사용합니다. 안정화 기법은 내담자가 회상, 원치 않는 기억, 부정적이고 저항감을 일으키고 단절된 감정으로부터 물러날 수 있도록 돕습니다. 이러한 기법의 목표는 과거에 일어난 일의 회상으로부터 내담자를 벗어나게 한 다음, 처음에 내담자가 경험하는 모든 것에서 주의를 돌림으로써 현재의 순간으로 초점을 바꾸도록 돕는 것입니다.

기분 관리하기

DBT는 경계성 성격장애의 치료를 넘어, 단독으로 또는 약물 치료의 보조제로 기분 장애 치료에도 사용되고 있습니다. 다음 절에서는 DBT가 우울증과 조증에 어떻게 사용되는지 설명합니다.

우울증 다루기

우울증은 슬픔, 이전에 즐겼던 행동에 대한 흥미 상실, 에너지 저하, 절망감, 집중력 저하, 때때로 자살과 같은 자기 파괴적인 사고를 동반하는 흔한 정신질환입니다. 우울증은 다양한 감정적이고 신체적인 문제로 이어지며 직장, 가정, 개인의 삶에서 기능하는 능력에도 영향을 줍니다.

우울증에 가장 도움이 되는 것으로 알려진 치료법은 항우울제와 인지행동치료(CBT)를 병행하는 것입니다 우울증에 어느 정도 효과가 있는 것으로 밝혀진 다른 유형의 치료법으로는 그룹 치료, 대인관계 심리 치료, 정신역동 심리 치료 등이 있습니다.

기억하세요

DBT 관점에서, 한 가지 보이는 것은 개인이 우울해지면 그들은 자신을 행복하게 만드는 것들을 포기하는 경향이 있고 우울하게 만드는 것은 지속하는 경향이 있다는 것입니다. 예를 들어, 정원 가꾸기와 산책하기, 책 읽기를 좋아하고, 샤워를 하지 않고 하루종일 침대에 누워 있고 운동하지 않는 것은 싫어하는 사람이 있다고 가정해 봅시다. 그 사람이 우울해지면 대부분의 경우 기쁨을 주던 일을 중단하고 행복하지 않은 일을 더 많이 하게 됩니다. DBT 관점에서 행복해지기 위해서 당신은 우울하지 않은 삶을 살아야 합니다. 자기 타당화와 행동 활성화가 핵심 기술입니다.

>> **자기 수용 · 인정**이란 "나는 지금 우울하기 때문에 에너지가 필요한 것들을 하는 것이 어려워. 동시에 침대에 누워 있고 운동을 하지 않고, 먹지도 않고, 샤워를 하지 않는 것은 나를 더 우울하게 만들어."라고 말하는 것입니다.

>> **행동 활성화**는 우울증 치료에 사용되는 가장 중요한 기술 중 하나입니다. 행동과 감정은 서로 강력하게 영향을 미치기 때문입니다. 우울증은 사람들에게 기쁨과 의미를 가져다줄 것들을 하지 못하게 하기 때문에 우울증은 더욱 악화됩니다. 행동 활성화를 위한 연습 방법이 다음에 제시되어 있습니다.

- 우울의 하향 나선형을 이해하기
- 일상 활동을 점검하기
- 목표와 가치관을 확인하기

- 즐거움과 숙달을 통해 동기부여와 에너지를 쌓아 어려운 순간들을 극복하는 것에 집중하기
- 의도적으로 매일의 활동을 계획하고 즐겁고 의미 있는 활동에 참여하기
- 활동성과 몰입에 방해가 될 수 있는 문제를 해결하기
- 인내심을 갖고 끈기 있게 노력하기. 상황이 즉시 바뀌지 않을 때의 좌절감을 인정하고 스스로에게 친절하게 대하기

TIP

행동 활성화를 사용하는 데 핵심은 기분을 개선하는 활동을 결정하고 그런 것들을 하는 데 주의를 집중시키는 것입니다. 특히 기분이 우울해지기 쉽고 상기시키는 것이 필요할 경우 이러한 활동 목록을 작성하고 지참하는 것이 좋습니다. 어떤 활동은 다른 활동보다 더 빨리 효과가 나타납니다. 각 활동이 당신에게 어떤 영향을 미치는지 아는 것이 중요합니다. 많은 사람이 기분을 좋게 하는 활동으로 운동, 명상, 취미, 친구들과의 시간, 자연 속 산책, 규칙적인 식사, 한동안 그들이 원했던 것(뜨개질, 악기, 새로운 언어) 숙달, 영적 수행, 자원봉사 등을 꼽습니다. 무엇이 당신에게 효과가 있는지 알아보세요. 그리고 적어 두세요. 기분이 우울할 때 그런 것들을 반복해서 하고, 만약 한 가지가 효과가 없다면 다른 것을 시도하세요. 일단 무언가를 하세요. 만약 아무것도 안 하는 것이 도움이 된다면, 당신은 우울을 느끼지 않았을 것입니다.

주의

우울증 개선의 또 다른 비결은 우울증을 악화시키는 것을 피하는 것입니다. 특정 약물과 알코올은 우울증을 더 악화시킬 수 있습니다. 어떤 음악은 사람들의 기분을 우울하게 만들고, 식사를 하지 않는 것은 우울증을 유발할 수 있으며, 샤워하지 않는 것은 사람들이 자신에 대해 더 나쁘게 느끼게 할 수 있습니다. 혼자 지내며 사람들과 단절된 채 지내는 것도 문제를 악화시킬 수 있습니다.

기억하세요

우울할 때는 더 우울하게 만드는 일을 줄이고 덜 우울하게 만드는 것을 더 많이 하세요. 이는 당연해 보이겠지만 우울할 때는 반드시 기억하세요. 어

렵기 때문에 이런 상황이 발생했을 때를 대비해 미리 대처하는 것이 중요합니다.

조증 다루기

우울증이 그 사람의 기분과 에너지가 낮은 정신건강 장애라면 조증은 그 반대입니다. 조증은 극도로 높은 에너지나 기분이 들뜬 상태이며, 양극성장애의 핵심적인 특징 중 하나입니다. 모든 사람의 기분과 에너지 수준은 하루에도 수시로 변하지만, 조증을 가진 사람들은 며칠, 몇 주, 심지어 몇 달 동안 계속해서 기분과 에너지가 상승할 뿐만 아니라 행동과 사고의 변화를 경험합니다.

조증과 관련된 조울증의 주요 치료법은 약물 치료입니다. 특히 기분 안정제로 알려진 약물 종류를 사용합니다. 치료 계획에 심리치료가 종종 추가되지만, 최근까지 DBT는 고려되지 않았습니다.

그럼에도 불구하고 DBT가 감정 조절에 매우 유용하기 때문에 그것은 조증을 가질 위험이 있는 사람들에게 사용될 수 있다는 증거가 많아지고 있습니다. 최근 연구들에 따르면 마음챙김(제9장 참조), 고통 감내(제11장 참조), 감정 조절(제10장 참조)의 기술이 조증과 우울증을 감소시킬 뿐만 아니라 생각하고 계획하는 능력인 실행 기능 능력의 향상까지 이어진다고 보고되었습니다.

적어도 이론적으로, 조증을 관리하는 데 있어 DBT 기술을 사용하는 데 기여할 수 있는 한 가지 요인은 우울증에 걸린 다음 일시적으로 조증을 느끼기 시작하는 사람들이 높은 기분과 에너지 수준을 즐기고, 그때 그들은 계속해서 높은 수준을 느끼기 위해 종종 약 복용을 중단한다는 것입니다. 이것은 종종 정신의학과 의사의 감독이나 동의 없이 이루어집니다. 이것은 단기적으로는 이해가 됩니다. 만약 당신이 우울한 채로 살았다면 좋은 기분을 느끼고 싶을 것입니다. 하지만 조증을 방치하면 인간관계와 업무에 장기적으로 영향을 미칠 수 있습니다.

기억하세요

DBT는 잘못된 수면 패턴과 식습관과 같은 조증의 원인이 되는 취약성 요소에 초점을 맞추고 내담자가 치료와 관련된 결정을 내릴 수 있도록 돕는 데 유용할 것입니다. 예를 들어, 약물 중단의 장단점과 약물 지속의 장단점을 비교할 수 있고, 정신의학과 의사와 직접 소통하는 것의 중요성도 검토할 수 있습니다. 내담자의 행동에 대한 행동사슬 분석(제18장 참조)에서 상담사는 의사의 감독 없이 약물을 중단했을 때 장단기적으로 어떤 결과가 초래되는지 살펴볼 수도 있습니다.

불안 완화하기

불안장애는 회피 행동에서 종종 발생하는, 과도한 두려움을 경험하는 상태입니다. 이러한 상태는 종종 특정 상황에 대한 반응으로 나타나는 경우가 많지만 실제 위험이 없는 경우에도 발생할 수 있습니다. 즉, 위협은 실제가 될 수도 있고 상상일 수도 있습니다. 다음 절에서는 불안의 요소, 증상, 그리고 화학적 원리에 대해 설명하고, 불안에 대처하는 팁을 제공할 것입니다. 또한 불안이 우리에게 어떻게 도움이 될 수 있는지에 대해서도 설명합니다.

불안의 요소 이해

과도한 불안의 영향을 완화하기 위해서는 불안이 어떻게 나타나는지 아는 것이 중요합니다. 불안에는 인지적, 생리적, 행동적의 세 가지 요소가 있습니다.

인지적 요소

불안의 인지적 요소는 주의력, 사건의 해석, 그리고 기억의 저장을 포함한 뇌 기능의 다양한 측면에서의 인지적 왜곡으로 나타납니다. 예를 들어, 불안감이 과도할 때 초점이 매우 좁아져 주의력에 영향을 미칠 수 있습니다. 이것은 어느 정도 일리가 있습니다. 만약 숲에서 곰에게 위협을 받고 있다면 휴대전화에 집중하거나 저녁으로 무엇을 먹을지 생각하지 않고 곰을 계속 주시하고 싶을 것입니다. 반면 숲에서 곰과 마주칠까 봐 걱정하고 있다면 곰이 있다는 증거가 없음에도 곰을 보게 될 가능성에 너무 많은 시간을 할애하느라 산행을 즐기지 못할 수 있습니다. 이것은 또한 꼬리를 무는 생각들(racing thoughts)로 나타날 수 있습니다.

사고나 인지는 실제 위협을 과대평가하는 것과 관련이 있으며, 대처 능력을 최소화하거나 과소평가하는 것과 짝을 이룹니다. 이러한 생각에는 다음이 포함될 수 있습니다.

'난 위험에 빠졌어.'

'굉장히 끔찍한 일이 곧 벌어질 거야.'

'난 앞으로 일어날 일을 감당할 수 없을 것 같아.'

생리적 요소

불안의 생리적(physiological) 요소는 그것이 신경계에 어떻게 나타나는지에 관한 것입니다. 그것은 신체 기능에 영향을 미쳐서 두근거림, 숨 가쁨, 메스꺼움, 다리 떨림과 같은 신체적 감각뿐 아니라 불면증, 악몽, 식욕 감퇴와 소화 곤란으로 이어질 수 있습니다.

신체적(physical) 감각은 위험이 실재하든 아니든 다음의 증상들을 포함합니다.

- **빠른 심장박동**: 이 감각의 이점은 싸움이나 도망의 상황에 대비해서 혈액을 당장 필요하지 않은 몸의 부분에서 필요한 부분인 근육으로 이동시킨다는 것입니다. 만일 당신이 신체 일부나 손가락에 따끔거리는 감각을 느낀다면 그것은 혈액이 피부와 주변부에서 대근육 쪽으로 다시 보내지고 있기 때문입니다.
- **더 빨라진 호흡 속도**: 당신은 더 많은 산소를 얻기 위해서 더 빠르게 숨을 쉬게 되고, 그러면 빠르게 움직이는 혈액은 산소를 필요로 하는 근육으로 그것을 옮깁니다. 하지만 그런 다음에 당신은 숨가쁨과 가슴통증, 숨막힘을 경험할 수도 있습니다.
- **긴장과 근육 떨림**: 과도하다면, 이것은 또한 근육 통증과 고통을 유발할 수 있습니다.
- **동공 확장**: 이것은 만약의 공격적 사건이나 탈출을 대비해 당신의 시야를 향상시킵니다.

행동적 요소

불안의 행동적 요소는 인식하거나 실재하는 공포와 위협을 막기 위해 개인이 취하는 행동으로 이루어져 있습니다. 불안과 관련된 전형적인 행동은 다리(bridge), 특정 사람, 특정 야외 장소, 공개 연설과 같은 것들을 회피를 포함합니다. 그것은 또한 많은 사람이 있는 상황에서 불안감을 줄이기 위해 알코올이나 처방된 약물과 같은 물질을 사용하는 것처럼 사회적 불안의 상황에서 발생할 수 있는 증상을 포함합니다.

행동의 예시는 다음과 같습니다.

- 특정 사람, 장소, 상황을 회피함
- 집을 떠나는 것을 거부함
- 신뢰하는 사람과 함께 해야만 장소 이동을 함
- 불안이 나타나기 몇 분 전에 떠날 계획을 세움
- 잠재적으로 불안 유발 상황을 마주하기 전에 무감각해지기 위해 (처방받든 아니든) 약물이나 알코올을 사용함
- 피젯 토이(손을 꼼지락거리면서 가지고 노는 장난감)를 가지고 놀거나 머리카락을 과도하게 꼬거나 나쁜 일이 일어나지 않게 하기 위해 강박적으로 나무를 두드리거나 다른 사람의 눈을 보지 않는 등의 안전 행동을 함

불안의 공통적 현상과 화학작용 점검하기

공통적으로 경험되는 불안 유형의 현상은 다음과 같은 것들을 포함합니다.

- **공황발작**: 전형적으로 단지 몇 분간 지속되고 빠른 심장박동, 땀 흘림, 몸의 떨림, 숨 가쁨, 흉통, 어지러움, 미치거나 죽을 것 같은 두려움과 같은 삽화로 특징지어집니다.
- **특정 공포증**: 높은 곳, 거미, 뱀, 또는 밀폐된 공간과 같은 특정 상황이나 물건에 대한 공포로 유발되는 불안발작입니다. 사회적 상황에서 지속적인 공포로 특징지어지는 사회공포증도 존재합니다.
- **범불안장애**: 불안의 광범위한 현상과 경험입니다. 이 장애로 진단되기 위해서는 과도한 불안이 6개월 이상 지속되어야 합니다. 불안장애로 고통받는 사람들은 불안이 삶의 다양한 측면에 영향을 미친다는 사실과 그들의 불안을 통제하기 어렵다는 사실을 인식합니다. 전형적인 증상은 안절부절못함, 수면 곤란, 피곤, 집중의 어려움, 짜증, 소화 곤란, 근육 긴장을 포함합니다. 이 모든 것은 개인의 일상적 삶의 의무에서 유의미한 손상을 유발할 수 있습니다.

따라서 불안을 경험할 때 당신의 신체에 정확히 어떤 일이 발생하는 것일까요? 당신이

지각된 위협을 마주했을 때(말하자면, 알 수 없는 이유로 당신의 상사를 만나야 했을 때) 뇌 깊은 곳의 일부 신경은 당신의 신체 전반에 알람을 보냅니다. 다양한 신호의 조합을 통해 신장 위에 위치한 부신은 가장 관련성이 높은 갑작스럽게 많은 양의 아드레날린과 코르티솔 호르몬을 방출합니다.

아드레날린은 심장박동을 증가시키고 혈압을 상승시키며 저장된 에너지를 방출하게 합니다. 스트레스 호르몬인 코르티솔은 혈당 수준을 증가시키고 두뇌의 글루코스 사용 능력을 강화합니다. 이것은 또한 세포가 손상되는 것을 막는 강력한 소염제이기도 합니다. 코르티솔은 또한 투쟁–도피 상황에 방해될 수 있는 불필요한 활동을 하지 않도록 신체를 정지시킵니다. 예를 들어, 투쟁–도피 반응에 필요하지 않은 소화기계를 늦춥니다.

주의

비록 코르티솔이 필수적인 화학물질임에도 불구하고 유용한 수준을 넘어서는 정도로 계속 생성된다면 부정적인 효과를 가져올 수 있습니다. 예를 들어, 그것은 지속적인 혈당 수준 증가, 체중 증가, 면역 체계 억제, 높은 혈압, 심장 문제, 기억 문제와 같은 것으로 이어질 수 있습니다.

과도한 불안을 누그러뜨리기

불안이 어떻게 작용하는지 이해하면, 그것을 경험했을 때 무엇을 할까요? 당신은 불안 유발 요인을 식별하고 해결할 수 있으며, 특정 DBT 기술을 적용할 수 있습니다.

트리거 식별 및 해결 단계

언제든 정확히 무엇이 당신의 불안을 초래했는지 알 수 있다면 멋진 일이겠지만, 종종 그렇지 않습니다. 일반적으로, 우리는 갑자기 우리가 불안해하고 그것이 어디서 왔는지 거의 모른다는 것을 알아차립니다. 트리거를 식별하지 않으면 트리거에 대해 아무것도 할 수 없습니다. 다음은 이를 위해 수행할 단계입니다.

1. 불안의 트리거를 파악하기

   "어떤 상황에서, 하루 중 몇 시에, 내가 누구랑 있을 때, 다소 덜 혹은 더 불안해할 것 같은가요?"라고 스스로에게 물어보세요. 패턴을 정할 수 있는지 확인하세요. 이는 직접 행동사슬 분석을 수행하는 것과 같습니다(제18장 참조). 만약 당신이 패턴을 본다면 비슷한 상황에 직면했을 때 다르게 할 수 있는 것들이 있는지 스스로 물어보세요.

2. 계속 불안하게 하거나 더 불안하게 하는 행동과는 다르게 행동하기
불안을 가진 사람들은 종종 안전 행동으로 알려진 것을 수행합니다. 이러한 행동들은 상황에 의해 야기된 불안감을 일시적으로 완화시켜 줌으로써 그 사람이 그 상황에서 더 편안함을 느끼게 합니다. 이러한 동작의 예는 다음과 같습니다.
   - 다른 사람의 눈에 띄지 않도록 눈을 마주치지 않음
   - 상황에 직면하기 전에 불안감을 덜 느끼기 위해 술을 마시거나 약물을 사용하는 것
   - 만약 당신이 무언가 나쁜 일이 일어날 것이라고 믿는다면 나무를 두드리는 것
   - 불안할 때 목이 빨개지는 경향이 있다면 목이 안 보이게 터틀넥이나 스카프를 착용하는 것

문제는 안전 행동이 불안의 지속으로 이어지고 불안감이 개선되도록 하지 않는다는 것입니다. 따라서 상황을 피하고 안전 행동을 사용하는 것이 장기간에 걸쳐 불안을 유지하게 한다면 불안에 직접 맞서는 법을 배우는 일이 처음에는 불편할 것이라는 점이 이치에 맞습니다.

당신을 불안하게 만드는 것들을 확인했고, 이제는 불안하게 만드는 것들에 점진적으로 대응할 계획을 세울 수 있습니다. 예를 들어, 만약 친구들과 대화하기 위해 전화하거나 영상통화하는 것을 피한다면 당신이 더 편안한 사람을 선택하고 그들에게 전화하는 것으로 시작하세요. 직접 통화하기에 가장 불안한 사람을 선택하지 마세요. 처음에는 불편함을 느낄 것입니다. 하지만 실제로 전화로 말하고 안전 행동을 사용하지 않는 상황에 놓일수록 당신이 불안을 잘 관리했다는 것을 더 빨리 알아차릴 것입니다.

만약 어떤 장소에 가는 것에 대한 두려움이 있다면 아마도 그것은 그 장소에서 나쁜 일이 일어났기 때문에 당신에게 원하지 않는 기억을 가져다줄 것이며, 당신은 그 장소에 가는 것을 피할 것입니다. 당신은 그 장소 근처에서 차를 운전하는 것으로 시작할 수 있고, 그 장소에서 차를 내려 걸어 다닐 수 있습니다. 물론, 우리는 그 장소가 자연적으로 위험하지 않다고 가정하고 있습니다. 만약 당신이 폭풍이 몰아치는 바다에서 바위 근처에서 수영하다가 바위에 부딪혀서 다쳤다면 과제는 폭풍이 몰아치는 바다의 날에 바위

로 돌아가서 다시 시도하는 것이 아닙니다. 하지만 만약 해변을 완전히 피한다면 당신은 해변으로 돌아가서 수영하기에 더 안전한 장소를 찾을 수 있습니다.

기억하세요

당신이 관여할 수 있는 모든 안전 행동을 인식하는 것이 중요합니다. 모두 나열하고 누락된 항목이 없는지 확인하세요. 그런 다음 불안감을 유발하는 상황에서는 가장 중요하지 않은 것부터 시작하세요.

불안할 때 사용할 수 있는 DBT 기술

비록 DBT가 불안 장애를 치료하기 위해 개발되지는 않았지만, 많은 기술이 당신이 불안을 느낄 때 유용할 수 있습니다. 게다가 BPD와 같은 조건을 가진 사람들도 불안감을 느끼기 쉬워서 DBT 기술에 익숙합니다. 다른 기술을 생각해 내는 대신 그들은 그들이 아는 기술을 사용할 수 있습니다. 다음 단계를 확인하세요.

1. 제11장에서 다루는 STOP 기술을 사용하세요.
2. 불안한 생각에 대처하기 위해, 상황의 사실을 확인하세요.
   - 내가 정확히 무엇에 반응하고 있는가?
   - 나의 두려움은 무엇인가?
   - 일어날 수 있는 최악의 일은 무엇인가? 제12장에서 다루는 협상 기술을 사용합니다.
   - 현재 반응이 위협에 비례하는가?
   - 상황이 발생하면 내가 대처할 수 있는 기술이 있는가?
   - 내가 고통을 받아야 할 때보다 먼저 고통을 받고 있는가?
   - 내가 정말 미래를 예측할 수 있는 능력이 있을까?
   - 사랑하는 사람이 내 상황에 처했다면 어떤 조언을 할까?
   - 친구나 동료에게 도움을 요청할 수 있는가?
   - 만약 내가 특정 방식으로 반응한다면 그 반응에 부정적인 결과가 있는가?
3. 신체적인 불안감에 대처하기 위해 다음과 같은 팁을 시도해 보세요.
   - 천천히 숨을 들이쉬고 천천히 숨을 내쉬면서 호흡 속도를 조절합니다.
   - 숨을 시각화하는 연습을 하세요. 숨을 들이쉬면서 자신이 평온한 모습을 상상하

고, 그러고 나서 숨을 내쉬면서 당신 자신이 강한 모습을 상상하세요.

- 여분의 에너지를 소모하기 위해 유산소 운동을 하세요. 산책, 하이킹, 조깅, 수영, 정원에서 일하거나 필요한 집안일을 하세요.

도움이 되는 신호로서의 불안 경험

불안은 걱정, 긴장 또는 불안감을 느끼는 것으로, 일반적으로 위협적인 일이 곧 일어날 것 같거나 중요한 일에 대한 결과가 불확실할 때 나타납니다. 불안에는 긍정적인 측면도 있습니다. 불안은 위험에 처해 있거나 위협을 받고 있다는 신호 또는 무언가에 대해 걱정하고 있다는 신호에 대한 신체의 반응 방식입니다. 어느 정도의 불안은 각성을 시켜 주의를 기울여 집중하는 데 도움이 될 수 있습니다. 예를 들어, 시험 직전에는 약간의 불안이 필요합니다. 너무 침착하게 해변에서 휴가를 보내는 것을 생각하면 오히려 방해가 될 수 있지만, 약간의 시험 불안은 긍정적인 효과를 가져와 시험에 집중할 수 있도록 도와줍니다. 다른 신호와 마찬가지로 시험 불안이 시험 외의 생활에까지 영향을 미치면 불안으로 인한 부작용이 발생할 수 있으므로 신호가 알려 주는 내용에 주의를 기울이는 것이 중요합니다. 신체가 실제 또는 상상의 위협에 불안하게 반응하면 뇌에서 아드레날린과 코르티솔이 분비됩니다. 두려움이나 불안이 과도하거나 실제 위협이 지속되는 시간보다 오래 지속될 때 코르티솔이 생성되면 기억력 감퇴가 발생할 수 있습니다.

기억하세요

약간의 불안은 유익할 수 있습니다. 집중하고 주의를 기울이고 사물을 더 잘 기억하는 데 도움이 될 수 있습니다. 기억해야 할 것을 감정적 이름표와 함께 저장하면 더 쉽게 기억할 수 있습니다. 하지만 불안이 너무 오래 지속되면 건강에 악영향을 미칠 수 있으므로 불안의 유익한 효과에는 한계가 있습니다.

제21장

트라우마 다루기

이 장에서

- DBT로 어떻게 트라우마를 치료하는지 이해합니다.
- 변증법적 지속 노출 치료(DBT PE)를 살펴봅니다.
- 대체 모델(DBT-PTSD)을 탐구합니다.
- 해리를 다루는 기술을 확인합니다.

DBT의 효과에도 불구하고 수년 동안 트라우마 경험이나 외상 후 스트레스 장애(이하 PTSD)로 찾아오는 사람들에 대한 치료 효과에서는 큰 차이가 있었습니다. 실제로 트라우마가 자기 파괴적 행동과 함께 발생할 때 트라우마를 치료하는 데 어려움을 겪었습니다.

트라우마를 경험한 내담자 중 일부가 자기 파괴적 행동과 자살 행동으로 어려움을 겪고 있다는 점이 딜레마였습니다. DBT는 자기 파괴적 행동과 자살 행동에 대해 상담할 수 있지만 내담자가 1년 동안 이러한 행동에서 벗어날 수 있을 때까지는 트라우마를 상담 목표로 삼지 않습니다. 트라우마를 전문으로 하는 상담사들은 심리치료가 오히려 생명을 위협하는 증상을 악화시킬 수 있다는 두려움 때문에 자기 파괴적 행동과 자살 행동으로 힘들어하는 사람들을 대상으로 상담하는 것을 꺼려 합니다. 하지만 자살 행동이나 자해와 같은 치료의 우선순위가 높은 목표가 1년 동안 없어야 한다는 요건은 거의 불가능에 가까웠는데, 이는 그 행동들이 흔하게 내담자들이 지속적인 트라우마 증상에 대처하는 방식이었기 때문입니다. 내담자들이 기술을 배우는 동안 필요한 상담을 기다리기에는 너무 오랜 시간이 걸렸습니다. 이것이 큰 문제였습니다. PTSD 내담자의 약 66%가 두 가지 이상의 정신질환을 앓고 있으며, 이 중 최대 30%는 자살을 시도하는 것으로 나타났습니다.

2005년, 마샤 리네한 박사(DBT의 개발자)와 긴밀히 협력한 멜라니 하네드(Melanie Harned) 박사는 'DBT 지속적 노출(DBT Prolonged Exposure, 이하 DBT PE)' 치료를 개발하기 시작했습니다. 그녀의 목표는 '고위험의 다중 문제'를 가지고 있으며 이미 DBT를 받고 있고 PTSD 또는 외상을 진단받은 (성인 및 청소년) 내담자를 치료하는 것이었습니다.

그녀는 골드 스탠다드(표준)인 근거기반의 두 치료방법(트라우마를 치료하기 위한 PE와 자기 파괴 행동 및 자살 행동을 치료하는 DBT)을 취했고, DBT PE를 만들기 위해 그것들을 통합했습니다. 그녀의 목표는 DBT 내담자가 트라우마 치료를 받기까지 기다려야 하는 시간을 줄이는 것이었습니다. 평균적으로 DBT PE는 DBT 상담 20주 후에 시작되며, 트라우마 치료에는 평균 13회의 회기가 소요됩니다. 여러 연구를 통해 이 치료의 효과가 입증되었으며, 이는 심리학 분야에서 획기적인 발전이었습니다. 얼마 지나지 않아 2013년 독일의 마틴 보후스(Martin Bohus) 박사도 트라우마 치료를 위해 DBT를 사용한 증거 기반 치료를 개발했습니다. 그의 치료 기법은 DBT-PTSD라고 불렸습니다.

이 절에서는 트라우마에 대한 DBT 상담에 대해 자세히 살펴보고자 합니다. 이 방법이 어떻게 작동하는지, 언제 이 상담을 받을 준비가 되었는지 알 수 있는 방법과 성공적인 상담을 위해 개발해야 하는 기술에 대해 논의하고자 합니다.

DBT PE의 기본 개념 이해하기

기억하세요

DBT와 마찬가지로 DBT PE도 치료를 위한 기초로서 단계별로 이루어져 있습니다. DBT PE는 세 단계로 구성됩니다.

>> **1단계**: 표준 DBT입니다. 매주 개별 DBT 상담과 주간 기술 집단에 참석하고, 상담사가 상담 팀에 참여하며, 근무 시간 외 기술 코칭을 받을 수 있습니다(제4장 참조). 이 단계의 목표는 생명을 위협하는 행동을 통제하고 DBT의 네 가지 기술인 마음챙김, 고통 감내, 감정 조절, 대인관계 효과성을 습득하도록 돕는 것입니다(제3장 참조). 트라우마에 대처하기 위해 자기 파괴적인 행동으로 돌아가지 않고 효과적으로 트라우마를 대처하는 데 필요한 기술을 배우게 됩니다.

>> **2단계**: 트라우마 상담이 시작됩니다. 8주 동안 생명을 위협하는 행동을 하지 않고 행동적으로 안정화가 달성되면 시작할 수 있습니다. DBT PE가 개발되기 전에는 생명을 위협하는 행동 없이 1년간의 대기 기간이 있었습니다. 2단계에서는 상담의 구조가 주당 60분 회기에서 주당 90~120분 회기로 변경됩니다. 이 단계에서도 표준 DBT 상담을 계속 받게 됩니다.

>> **3단계**: PE 작업을 완료한 후 시작됩니다. 이제 표준 DBT로 돌아가 생활에 영향을 미치는 나머지 문제들에 개입합니다. 이 기간 동안 직장이나 학교에서 사용할 수 있는 기술을 향상시키거나 삶의 관계를 개선하기 위해 노력할 수 있습니다.

다음 절에서는 PTSD의 회피라는 주요 문제를 중심으로 DBT PE가 회피를 치료하는 방법에 대해 설명합니다. 또한 DBT PE를 시도할 준비가 되었는지 판단하는 데 도움이 되는 팁도 제공합니다.

회피 유형 분석

불안으로 어려움을 겪는 많은 사람은 회피 행동을 합니다. 회피는 힘들거나 고통스러운 생각이나 감정에서 벗어나기 위해 취하는 생각을 포함한 모든 행동이 될 수 있습니다. 회피는 PTSD의 핵심 문제입니다. 실제로 회피 행동은 PTSD를 지속시키고 회복을 방해할 수 있는 PTSD 증상 중 하나입니다.

기억하세요 PTSD가 있을 때 일반적으로 두 가지 유형의 회피 행동을 할 수 있습니다.

>> 트라우마에 대해 생각하거나 트라우마에 대한 감정을 느끼는 것을 피합니다. 사람들은 트라우마에 대해 생각하지 않기 위해 다양한 전략을 사용합니다. 어떤 사람들은 그냥 무시하거나, 무감각해지거나, 기억이 떠오를 때 주의를 분산시킬 수 있지만, 더 일반적으로 사람들은 해리 증상(트라우마와 관련된 고통스러운 기억이나 감정에 대처하는 것을 피하기 위해 현재 순간으로부터 단절되는 것)과 자기 파괴적 또는 기타 문제 행동에 의존하여 주의를 돌리기도 합니다.

» 사람들은 트라우마를 상기시키는 것을 피하게 됩니다. 예를 들어, 특정 사람과의 만남이나 대화, 특정 장소 방문, 특정 활동, 특정 옷 입기 등을 중단할 수 있습니다.

주의

회피의 문제점은 단기적으로는 효과가 있다는 것입니다. 즉, 상황이나 사람을 피하거나 생각이나 감정을 밀어내어 고통을 줄이는 것입니다. 그러나 이 전략은 안타깝게도 장기적으로는 트라우마 증상을 악화시킬 수 있으므로 단순히 단기적인 해결책일 뿐입니다.

변증법적 지속 노출 치료의 작용 원리 살펴보기

지속 노출 치료(PE)는 회피 반응을 다룹니다. DBT PE로 회피하지 않는 방법을 배울 수 있고, 이를 통해 자기 파괴적 행동으로 되돌아가지 않으면서 상담사와 함께 트라우마를 효과적으로 다룰 수 있게 됩니다. 이러한 과정을 일컬어 노출법이라 합니다.

변증법적 지속 노출 치료에 쓰이는 노출법에는 심상적 노출법(imaginal exposure)과 실제적 노출법(vivo exposure)이라는 두 가지 유형이 있습니다.

» **심상적 노출법**에서는 상담사와 트라우마를 일으킨 사건을 공유하는 과정이 수반되어야 합니다. 상담사에게 어떤 일이 일어났는지 해당 사건에 대해 가능한 한 자세하게 설명해야 합니다. 처음에 모든 세부적인 사항을 기억하지 못할 수도 있지만, 대부분 심상적 노출법에 참여할수록 나중에는 더 많은 세부 사항을 기억할 수 있습니다. 노출법을 다루는 두 번째 회기에서는 노출법을 시행하는 중, 그리고 시행 이후 생각과 감정에 대해 상담사와 이야기합니다. 상담사는 당신에게 어떤 일이 일어났는지 떠올리는 과정을 도울 것이며, 이를 통해 트라우마 증상을 감소시킬 수 있고 어떤 일이 있었는지 새로운 관점으로 보는 데 도움이 될 것입니다. 심상적 노출법을 진행한다면, 상담사는 내담자가 가진 해당 트라우마의 다른 부분에 집중하는 데 도움을 줄 것이고, 트라우마로 발생한 생각과 감정을 능숙하게 살펴보는 데 도움을 줄 것입니다. 이러한 심상적 노출법은 기록될 것입니다. 따라서 상담사는 각 회기 외 시간에도 심상적 노출법을 계속 시행할 수 있도록 집에서 녹음본을 들어보도록 과제를 낼 것입니다.

» **실제적 노출법**은 트라우마, 또는 트라우마 때문에 위험하다고 느끼기 시작한 안전한 것들

> 을 상기시키기 때문에, 회피하기 시작한 '현실의 삶(real-life, 실제 삶)'의 문제를 해결하는 데 도움을 줄 수 있습니다. 예를 들어, 트라우마 일부가 엘리베이터와 관련이 있다고 해 봅시다. 그로 인해 모든 엘리베이터를 회피하기 시작할 것입니다. 트라우마의 결과로 엘리베이터를 위험하다고 느끼고 회피해야 하는 게 맞다고 생각한 것입니다. 하지만 일반적으로 엘리베이터는 안전한 공간이며, 특히 아파트에 살거나 빌딩 사무실에서 일하는 경우에는 무척이나 편리한 장치입니다. 이 경우 실제적 노출법으로 극도의 고통을 느끼지 않고 다시 엘리베이터를 탈 수 있는 방법을 배울 수 있습니다.

당신과 상담사는 '현실의 삶'에 관한 목록을 브레인스토밍해 볼 것입니다. 목록에는 장소 혹은 즐겼던 활동, 함께 시간을 보냈던 사람들, 심지어는 음식도 포함될 수 있습니다. 이러한 항목을 취합해서 체계(hierarchy, 우선순위 목록)라는 것을 만들고 각 항목에 해당하는 고통의 등급을 매깁니다. 상담사와 함께 어느 항목부터 치료를 시작할지 결정합니다. 치료 회기 외 시간에도 실제적 노출법을 적용해 봅니다.

치료를 하면서 두 가지 노출법이 회피 반응을 매우 효과적으로 줄일 수 있고, 따라서 트라우마 증상을 줄일 수 있다는 사실을 알게 될 것입니다. 각 노출법을 시행하기 전과 후에 노출법 기록지를 만들어 작성해 봅니다. 이 기록지로 특정 생각, 감정, 충동의 강도가 어느 정도인지 등급을 매길 수 있습니다. 이를 통해 각 노출법의 효과성뿐만 아니라 치료 전반에 걸친 노출법 과정 전체를 추적하는 데 도움이 될 것입니다. 트라우마를 가진 사람들이 자신이 살아 있다는 느낌을 받기 어려울 정도로 많은 것을 회피하는 것은 드문 일이 아닙니다. 노출법을 통해 사람들이 다시 의미 있고 즐겁게 살아가는 느낌을 가질 수 있습니다.

노출법 회기를 마쳤다면 상담사와 재발 방지 계획을 세우도록 합니다. 이 치료가 끝날 때 노출법에 있어서 전문가가 될 것입니다. 상담사와 함께 스스로 노출법을 계속 연습할 수 있는 방법을 생각해 봅니다. 그러면 노출법 생활양식이라 부르는 삶을 시작할 수 있습니다. 이러한 생활양식을 시작하면서 과거 회피 행동으로 돌아갈지도 모르는 두려움을 지속적으로 인지하고, 두려움에 방해받기보다는 현명한 생각으로 결정을 내릴 수 있습니다.

언제 시작할지를 알기

DBT PE에는 정말 많은 노력이 필요합니다. 당신이 시작할 준비만 되어 있다면 당신의 노력은 성과를 낼 것입니다. 이 치료를 시작할 시기를 알 수 있게 도와주는 기준이 있습니다. 하네드 박사에 따르면, DBT PE를 시작해야만 하는 기준에는 여섯 가지가 있습니다.

1. 지금 당장 자살할 위험이 없습니다.
2. 자살 시도를 많이 하지 않았거나 지난 두 달(8주) 동안 자살적 행위가 아닌 자해를 한 적이 없습니다.
3. 충분히 능숙해서 자살과 자해를 할 충동이 들 때 잘 관리할 수 있습니다.
4. 치료 방해 행동을 하지 않습니다(치료 방해 행동이란 치료를 비효율적으로 만드는 행동을 말합니다. 예를 들면, 치료 회기를 취소하거나, 제18장에 설명된 다이어리 카드를 다 작성하지 않거나, 과제를 하지 않거나, 이번 장 후반에서 다뤄질 분리 행동을 하거나, 중요한 주제에 관해 이야기하길 회피하거나, 회피 반응으로 "모르겠어요."와 같은 말을 하는 등의 행동입니다).
5. PTSD가 치료 목표의 최우선 순위를 차지합니다.
6. 회피 행동을 하지 않은 채로 격렬한 감정을 기꺼이 경험하려 합니다.

DBT PE를 하는 것은 쉬운 일은 아닙니다. 치료를 시작하기에 앞서, 상담사와 함께 이 기준을 살펴봅시다. 8주간 자살 시도와 자해 행위를 그만둬야 PTSD 치료를 시작할 수 있다는 판단을 받았다면 몇 주가 지난 다음에는 이러한 기준 전부를 마주할 자신감을 느끼게 될 것입니다.

DBT-PTSD: 대체 모델 탐구하기

마틴 박사는 아동기 성적 학대(CSA)로 인한 PTSD 치료에 특히 관심이 많습니다. 그는 독일에서 경계성 성격장애(PBD) 진단을 받거나, 혹은 복합 PTSD 진단을 받은 사람들을 위해 DBT-PTSD를 개발했습니다. 이 두 가지 치료 모델(DBT PE와 DBT-PTSD) 사이에는 차이가 있지만, 두 가지 모두 어린 시절의 성적 학대(CSA)의 증상을 치료한다는 점에서 유사점이 있을 수 있습니다. DBT-PTSD는 현재 유럽 기준, 외래 내담자에게 12주 또는 45회에 걸쳐 진행됩니다. 치료는 단계별로 나뉘며, 주제별로 7개의 연속적인 단계로 구분됩니다.

1. 트라우마가 포함된 전체 삶을 다룹니다.
2. 트라우마에 대한 교육을 제공하고 PTSD가 당신의 삶에서 어떻게 기능하는지 설명합니다.
3. 회피 행동을 발견하고 해리와 강렬한 감정에 대처하는 더 효과적인 기술들을 배웁니다.
4. 작업하고 싶은 첫 번째 트라우마를 확인합니다.
5. 상담사의 지도하에 트라우마와 관련된 노출법을 다룹니다.
6. 과거를 받아들이는 연습을 합니다.
7. PTSD 증상이 없는 새로운 삶을 위한 기술 사용을 계획합니다.

이 단계를 살펴보면 DBT PE와 중복되는 부분을 확인할 수 있습니다. DBT PE가 반복적이거나 장기적인 트라우마에 노출시킨 뒤 DBT를 활용하여 처리하고 인생에서 피하고 있는 것들에 대한 노출에 초점을 맞추고 있는 반면, DBT-PTSD는 트라우마 이야기에 자신을 노출시키면서 매우 고통스러운 감정에 더욱 집중하고, 트라우마 이야기를 통합하는 것을 돕습니다. 이 치료법은 무력감, 신체감각, 그리고 트라우마가 일어난 순간에 경험한 생각 등의 노출을 사용하지만 DBT PE만큼 장기간 또는 반복적인 노출에는 초점을 덜 두고 있습니다. DBT-PTSD는 DBT PE보다 '사고 체계'에 덜 의존합니다. 즉, 두 가지 모두 매우 효과적인 증거 기반 치료법으로, 사고와 트라우마에 대한 감정 모두에 도움이 됩니다.

기억하세요

많은 사람이 우리에게 "어떤 치료가 나에게 적합한지 어떻게 알 수 있을까요?"라고 묻습니다. 이것은 상담사와 논의하기 좋은 주제입니다. 이는 당신이 살고 있는 지역에 있는 상담사가 어떤 치료법을 쓰는지, 어떤 훈련을 받는지에 따라 결정될 수 있습니다. 현재 DBT PE가 미국에서 좀 더 일반적이지만, 이 두 모델 모두 교육을 받은 DBT 상담사도 있습니다.

해리의 딜레마 파헤치기

기억하세요

해리는 트라우마의 흔한 증상이며, DBT PE에서 효과적으로 다루는 것이기도 합니다. 해리는 당신 자신, 그리고 당신 주변의 세계와 단절되는 것입니다. 많은 사람이 현실과 단절되어 있다고 느끼고, 그래서 그들은 사물이 몽환적이거나 왜곡된 것처럼 보이는 지각의 변화를 경험할 수도 있습니다. 그들의 몸이나 감정으로부터 방향감각을 잃거나 단절감을 느낄 수도 있고, 시간의 흐름을 잃거나 주변 사람들에게 반응하지 않을 수도 있습니다. 해리는 무서울 수도 있고 얼마 동안 지속될 수도 있지만, 개입 없이도 저절로 끝날 것입니다. 그러나 그것은 당신의 삶에 방해가 될 것이고, 당신이 PE를 할 때에도 당신의 진전에 방해가 될 것입니다.

해리에 대한 좋은 소식 하나는 해리를 관리하는 기술을 배우고, 그것을 일찍 알아차린다면, 해리가 계속되는 것을 막을 수 있다는 것입니다. 당신과 상담사는 행동사슬 분석을 통해 해리에 대한 많은 정보를 얻을 수 있으며(제18장 참조), 이를 통해 초기 징후를 파악하거나 해리를 막기 위해 기술을 사용하라는 신호를 보낼 수 있는 위험 신호를 찾을 수 있습니다. 해리의 순간을 알아차리는 것은 매우 중요한 기술로 DBT PE를 시작하기 전에 배우고 연습해야 합니다.

TIP

해리를 관리하는 가장 일반적인 기법은 그라운딩 기술(grounding skill)입니다. 여기 당신이 해리에 빠졌다고 느낄 때 시도해 볼 수 있는 몇 가지 기술이 있습니다.

>> **오감을 이용하기**: 당신이 볼 수 있는 다섯 가지, 당신이 몸에서 느낄 수 있는 네 가지, 당신이 들을 수 있는 세 가지, 당신이 맡을 수 있는 두 가지, 당신이 맛볼 수 있는 한 가지를 말

해 보세요.

- **얼음 다이빙**: 그릇에 얼음과 물을 채우고, 얼굴을 그릇에 담가서 잠수 반사를 활성화합니다. TIPP라고 불리는 이러한 인내 기술에 대해 자세히 알고 싶다면 제11장을 참조하세요.
- **밸런스 보드 활용**: 밸런스 보드에서 해리가 일어나는 것은 물리적으로 불가능합니다. 이것은 가지고 다니기 편한 도구는 아니지만, 집에 가지고 있거나 상담사의 사무실에서 사용한다면 도움이 될 수도 있습니다.
- **물체 잡기**: 손에 닿아서 언제든 집중할 수 있는 물건을 내 근처나 가방 안에 보관해 둡니다. 어떤 사람들은 일회용 아이스팩으로 손에 차가운 느낌을 느낄 수 있도록 하는 것이 도움이 된다고 말합니다. 다른 사람들은 집중하기 위해 스트레스 볼이나 퍼티(putty, 딱딱하면서 늘어지고 끊어지지 않는 실리콘 등의 소재로 만든 장난감) 같은 것을 쓰기도 합니다.
- **바닥을 느끼기**: 바닥에 누워 보세요. 몸의 뒤쪽이 바닥을 누르는 것을 느껴 보세요. 때때로 당신의 팔과 다리를 바닥이나 카펫에 놓고 자신의 신체 형상을 그리는 것처럼 눌러 봅니다. 이것은 당신에게 집중할 수 있는 많은 감각 정보를 줍니다.
- **혀에 집중하기**: 당신의 혀에 집중해 보세요. 혀가 입이나 치아의 측면에 닿지 않고 혀가 입 안에 떠 있도록 해 보세요.

기억하세요

해리는 조절하기 어려울 수 있지만 기술과 연습을 통해 당신은 그것을 빠르게 알아차리고 당신의 감각을 그라운딩하도록 집중할 수 있습니다. 상담사와 협력하여 해리에 대해 더 많이 배우고 이를 다루는 방법을 안다면 해리를 덜 경험하고 효과적으로 트라우마 치료에 참여하게 될 것입니다.

제22장

중독 완화하기

이 장에서

- 도파민이 어떻게 작용하는지 이해합니다.
- 약물 의존증을 다룹니다.
- 섭식장애를 다룹니다.
- 신체이형장애를 다룹니다.
- 행동 중독을 살펴봅니다.

중독적인 행동을 시작하고 실제로 중독 행동을 한 많은 사람이 중독을 극복하는 것이 어려울 수 있다는 것을 발견합니다. 이 장에서 어떻게 뇌 화학이 중독성 있는 행동의 중심이 되고, 그 화학이 중독을 유지하는 데 어떤 역할을 하는지 설명합니다. 우리는 또한 이러한 행동과 관련 장애를 극복하는 방법에 대해 DBT의 몇 가지 아이디어를 검토할 것입니다.

도파민이란

도파민은 신경전달물질로 알려진 화학물질이며, 뉴런이라고 알려진 신경 세포들 사이에 신호를 전달하는 역할을 합니다. 도파민을 포함하는 뉴런이 활성화되면 도파민이 방출됩니다. 이런 일이 일어날 때 뇌에는 평상시보다 더 많은 도파민이 있는데, 이는 사람이 즐거움의 감정을 경험하게 합니다. 일반적으로 이것은 사람이 즐거운 일을 할 때 발생합니다. 도파민의 경험은 식사와 생식을 위한 성적 행동과 같은 생존 행동을 강화하기 때문에 여러 면에서 도파민은 생존을 위해 필수적입니다. 하지만 이것은 기분 좋은 화학물질이기 때문에, 중독의 핵심적인 역할을 합니다.

우리가 좋아하는 음식을 먹으려고 할 때나 우리가 관심 있는 사람이 데이트에 나타나기를 기다리고 있을 때 도파민은 우리의 뇌에 보상이 오고 있다는 신호를 보냅니다. 그러고 나서 우리가 실제로 좋아하는 음식을 먹거나 낭만적인 활동을 경험할 때 도파민은 지금 하고 있는 것이 보상적이라는 추가적인 화학적 메시지를 뇌에 보냅니다. 그러면 이 메시지가 연결되는 것을 **조건화**(conditioning)라고 부릅니다. 식사와 생식 활동이 기분 좋게 연결되어야 한다는 것은 이치에 맞습니다. 이러한 자극(음식과 성)과 보상 패턴은 우리 종(그리고 이 경우 모든 종)의 생존과 존속에 매우 중요합니다.

그러나 약물, 알코올, 도박, 음란물, 쇼핑 등의 사용도 도파민 방출로 이어질 수 있으며, 만약 사람이 이러한 것들 중 하나에 중독된다면 뇌의 도파민 수치는 정상 수준의 5배에서 10배까지 올라 뇌의 기분 중심 수준을 넘을 수 있습니다. 사람의 뇌는 도파민의 급증과 활동을 연관시키고, 그것을 반복하고 싶은 욕구를 만들어 냅니다. 만약 그 사람이 도파민 수준에 익숙해진다면 그들은 즐거움을 느끼기 위해 더 높은 수준의 약물이나 행동이 필요하게 됩니다.

주의

대부분의 중독성 약물은 도파민의 분비를 활성화합니다. 이런 일이 일어날 때 뇌에서는 도파민이 급증하게 됩니다. 뇌는 지속적으로 높은 수준의 도파민을 처리할 수 없기 때문에 도파민 수용체의 수준을 낮추기 시작하고, 그 결과 사람들은 더 이상 자신이 했던 것과 같은 즐거운 감정을 경험하지 못하게 됩니다. 이것이 사람들이 기분이 좋아지기 위해 점점 더 많은 양의 약이 필요한 이유입니다. 사용자는 어떤 대가를 치르더라도 즐거움을 얻으려고 노력하여 약물의 양과 사용 빈도를 증가시키고 약물 의존성을 강화합니다. 약물에 대한 내성의 증가와 중독의 증가는 생명을 위협할 수 있습니다. 하지만 시간이 지남에 따라 지속적인 약물 사용은 결국 뇌 경로와 뉴런에 영향을 미치고, 이것은 영구적인 뇌 손상을 일으킬 수 있습니다.

약물 의존증 다루기

DBT는 감정 조절이 어렵고 자기 파괴적이고 자살 위험이 있는 사람들을 위한 잘 확립된 치료법이지만, 그것은 기분장애와 성격장애의 치료법을 뛰어넘습니다. 자기 파괴적인 행동과 싸우는 많은 사람이 자신들의 상태를 복잡하게 만드는 약물사용장애(Substance Use Disorders, 이하 SUD)를 가지고 있습니다. DBT는 약물 오용을 다루는 사람들을 돕기 위해 발전해 왔습니다. 표준 DBT 또는 약물 남용에 대한 DBT라도 해도 중독을 주요 진단으로 하는 사람들의 치료법의 표준이 아닙니다. 그러나 이러한 두 가지 조건을 모두 가진 사람들이 감정 조절장애에 취약하고, 약물의 사용이 때때로 중독을 넘어서는 감정 조절에 영향을 준다는 관찰을 고려하면 이는 약물사용장애뿐만 아니라 경계성 성격장애(BPD)를 가진 사람들에게 특히 유용할 수 있습니다.

기억하세요

표준 DBT에서 가장 우선순위가 높은 목표 대상은 자살 행동과 자해 행동입니다. 약물에 의존하는 사람들에게, 특정 약물의 오용은 삶의 질을 떨어뜨리는 행동(qualityof-life-interfering behaviors)으로 알려진 행동 범주 내에서 가장 우선순위가 높은 DBT 대상입니다. 내담자를 위한 치료의 목표는 구체적으로 다음과 같습니다.

- 불법 약물, 알코올 및 복용이 처방대로 복용하지 않는 합법적으로 처방된 약물을 포함한 물질의 사용을 줄이기
- 자제하는 것과 관련된 신체적 불편함을 완화하기
- 약물 오용에 대한 충동, 갈망, 유혹을 줄이기
- 약물 사용을 상기시키는 상황을 피하기
- 마약상 및 마약 사용과 관련된 지인의 전화번호를 삭제하기
- 새로운 전화번호를 얻는 것을 고려해 보기
- 마약 용품을 버리기
- 자제의 목표를 포기하는 등 약물을 포기하는 데 방해가 되는 행동을 줄이기
- 지지해 주는 친구들의 커뮤니티, 자선 사회 및 직업 활동, 심지어 자제하도록 돕고 약물 남용 관련 행동을 처벌하는 환경을 찾는 것과 같은 건강한 강화를 증가시키기

다음 절에서는 약물사용장애 대(vs.) 약물유발장애, 약물사용장애를 가진 사람들을 위한 중요한 DBT 기술, 약물사용장애를 가진 사람들을 위한 DBT가 표준 DBT 및 다른 치료법과 어떻게 다른지, 그리고 약물사용장애를 가지고 있지만 정서적으로 장애가 없는 사람들과 DBT를 사용하기 위한 고려 사항에 대해 설명합니다.

약물사용장애와 약물로 유발된 장애의 구분

사람들이 약물을 남용하거나 중독되는 이유는 약물이 뇌의 보상 체계를 활성화시키기 때문입니다. 어떤 약들은 매우 강력한 방법으로 그렇게 하고, 그로 인해 중독이 일어난다. 당신의 인생에서 매우 행복한 순간을 상상해 보세요. 이제 당신이 원할 때마다 그 느낌을 가질 수 있고 더 강렬하게 경험할 수 있다고 상상해 보세요. 약물 사용으로 인해 생기는 보상적인 느낌은 매우 심오하고, 모든 것을 포괄하고, 너무나 강력해서 사람들은 약물을 얻고 복용하기 위해 다른 모든 정상적인 활동을 무시할 수 있습니다.

DSM-V 또는 DSM-5로 알려진『정신질환의 진단 및 통계 편람 5판』은 정신건강 전문가들이 중독을 포함하여 확인된 모든 정신질환의 진단 특징을 명명하고, 증상을 설명하고, 확장하는 데 사용하는 지침입니다. DSM-5는 열 가지 종류의 약물을 사용함으로써 발생하는 약물 오용 관련 장애를 언급합니다. 알코올, 카페인, 대마초, 환각제(LSD 및 환각버섯과 같은 약물), 흡입제, 오피오이드(헤로인 또는 펜타닐 등), 진정제, 최면제, 또는 항불안제(법적으로 처방된 약물 포함), 흥분제(코카인 및 기타 법적으로 처방된 자극제 등), 담배, 그리고 아직 정의되지 않은 약물들이 그것입니다.

기억하세요

비록 이 약물들이 각각 다르게 작용하기는 하지만, 보상 시스템의 활성화는 약물이 즐거움이나 행복감, 무감각 등 원하는 상태를 만들어 낸다는 점에서 비슷합니다. 모든 사람이 자동적으로 모든 약물에 중독되는 것은 아니며, 서로 다른 약물은 사람들에게 각각 다르게 영향을 미친다는 것을 주목하는 것도 중요합니다. 또한 모든 사람이 유전적으로나 환경적으로 약의 효과와 가용성에 취약한 것은 아닙니다. 게다가 어떤 사람들은 더 충동적이고 낮은 수준의 자기 통제력을 가지고 있는데, 이 특성들은 그들이 약물에 노출되면 중독이 되는 데 영향을 미칩니다.

약물과 관련된 장애에는 약물사용장애와 약물로 유발된 장애 두 가지 유형이 있습니다.

약물사용장애

약물사용장애란 약물을 복용한 결과 문제와 부정적인 결과를 경험했음에도 불구하고 지속적인 약물 사용으로 인한 증상의 패턴을 의미합니다.

약물사용장애를 진단하려면 다양한 기준이 필요합니다.

- 처방된 경우, 약을 의도된 것보다 더 많이 또는 더 오래 복용함
- 약물 사용을 줄이거나 중단하고 싶지만 그렇게 할 수 없음
- 약물을 취득하거나, 사용하거나, 약물 사용에서 회복하기 위해 많은 시간을 소비함
- 약물 사용에 대한 지속적인 갈망과 충동
- 약물 사용으로 인해 직장, 가정, 학교에서 기능을 발휘할 수 없음
- 중요한 관계에서 문제를 일으킬 때에도 약물을 지속적으로 사용함
- 약물 사용으로 인해 중요한 사회적, 가족, 업무 관련 활동 및 여가 활동 및 의무를 소홀히 함
- 자신을 위험에 빠뜨릴 때에도 계속해서 약물을 사용함
- 신체적 · 심리적 증상을 유발하거나 악화시키는 경우에도 지속적으로 약물을 사용함
- 원하는 효과를 얻기 위해 점점 더 많은 양의 약물을 사용해야 함(이것이 내성임)
- 금단 증상이 발생하고, 더 많은 약물을 섭취함으로써 완화됨

약물로 유발된 장애

약물로 유발된 장애는 약물을 사용하기 전에 정신건강에 문제가 없었던 사람들에게서 발생하는 정신적 문제입니다. 이것은 약물로 유발된 정신장애, 양극성장애, 우울장애, 불안장애, 강박장애, 수면장애, 성적 기능 장애, 인지장애 및 중독을 포함합니다.

중독의 범주에는 고유한 하위 범주가 있습니다. 중독의 종류에는 마리화나, 알코올, 코카인, 필로폰, 헤로인, 환각제 중독뿐만 아니라 약물 중독 섬망이 포함됩니다. 섬망은 정신적 혼란을 일으키는 뇌 기능의 갑작스러운 변화입니다.

약물사용장애에 대한 DBT 기술

내담자가 기본 DBT 기술을 배운 후(제3부 참조), 다음 절에서 확인할 수 있듯이 약물사용장애를 가진 사람들이 사용할 수 있는 일련의 DBT 기술이 있습니다.

깨끗한 마음

기억하세요

DBT는 현명한 마음이 감정 마음(우리의 생각과 행동이 감정에 의해 주도되는 곳)과 합리적인 마음(우리의 생각과 행동이 논리에 의해 주도되는 곳)의 결합이라는 아이디어를 사용합니다. 약물사용장애를 위한 DBT의 변형에서, 내담자들은 **중독자의 마음**이라는 정신적·행동적 상태에서 치료를 시작합니다. 이러한 마음의 상태에서, 그 사람의 생각, 감정 그리고 행동은 약물의 통제하에 있습니다. 일단 그 사람이 점점 더 긴 금욕 기간을 달성하면, 그들은 **깨끗한 마음**이라고 불리는 관점을 발달시킵니다. 이 상태에서 그들은 더 이상 약물을 사용하지 않으며, 또한 재발의 위험으로부터 면역이 있다고 믿습니다. 이 두 가지 정신 상태의 종합이 **깨끗한 마음**입니다. 이 상태에서 그 사람은 재발로 이어질 수 있는 취약성과 중독자 마음을 회복시킬 상황을 완전히 인식하면서 금욕의 이점을 경험합니다.

변증법적 절제

기억하세요

DBT의 근본적인 논리는 곧 변화와 균형을 맞춘 수용입니다. 상담사는 약물사용장애에 DBT를 접목할 때, 내담자가 다시 약물에 빠져드는 상황이 발생한다고 해도 내담자 혹은 상담이 원하는 결과에 **이를 수 있다는** 생각을 지니고 상담에 임합니다. 이와 동시에 상담사는 즉각적이고 영구적인 약물남용 중단을 촉구함으로써 **변화**를 촉진하기도 합니다. 이것이 바로 **변증법적 절제**(dialectical abstinence)의 관점입니다. 이 접근은 완전한 절제에 대한 끊임없는 강조와 비판단적인 문제 해결 반응 사이에 균형을 이루는 것입니다. 이때 상담에는 과량 복용 및 기타 약물 사용으로 인한 합병증(정맥 내 약물 사용자의 감염을 포함한 다른 주요한 건강 관련 영향)을 감소시키는 기술들이 반드시 포함되어야 합니다.

상담사의 임무는 DBT 첫 회기부터 내담자에게 절제할 수 있다는 기대를 전달하는 것입니다. 상담사들은 내담자가 즉시 약물 사용을 중단하는 데 전념하기를 강조하기도 합니다. 이때 내담자에게 평생 끊어 내기 위해 노력하길 기대한다면 이는 종종 불신감으로 이어지게 되는 만큼, 내담자가 달성 가능하다고 느끼는 기간(하루, 한 달, 혹은 단지 한 시간만이라도) 동안 절제하는 데 **애써 보도록** 제안하는 것이 필요합니다. 이 기간이 끝날 때쯤, 내담자는 다시 특정 간격 동안의 절제를 목표로 노력할 수 있습니다. 궁극적으로, 절제하려는 노력의 성공적인 에피소드들이 한데 모여 장기적이고 안정적인 절제를 달성하게 만듭니다. 이것은 "딱 오늘만(Just for Today)"이라는 12단계 슬로건과 비슷한데, 이는 하나의 절제 순간과 다음 순간을 조합하여 평생토록 이어지는 절제를 달성하려는 노력을 의미합니다.

절제를 목표로 하는 또 다른 전략으로는 감정 조절 기술 세트(제10장 참조) 중 하나인 **앞서 대처하기**(cope ahead) 계획이 있습니다. 여기에서 개인은 앞으로 몇 시간 또는 며칠이 지나 유발될 수 있는 상황을 마주할 때, 어떻게 계획하고 어떤 기술을 사용해야 하는지 배웁니다. 그래서 내담자는 절제를 위협할 상황에 처할 것을 대비해 사전 대책을 강구하여 반응을 준비하게 됩니다.

배수진 치기, 그리고 수용에 집중하기

기억하세요

앞서 대처하기 중 중요한 부분으로는 약물에 대한 접근이나 기억들을 제거하는 방식을 통해 남용에 대해 스스로 **배수진**(burning bridges)을 치는 것이 있습니다. 예를 들면, 전화번호를 새로 바꾸거나, 약물을 사용하는 친구들에게 약물을 끊었다고 알리거나, 약물을 판매하는 사람의 연락처를 지우거나, 약물 사용과 관련된 도구들을 버리는 방법들이 있습니다. 배수진 치기와 새로운 다리를 놓는 것은 곧 약물 사용을 유발하는 촉발 요인을 제거하는 특정한 전략들입니다. 이러한 촉발 요인은 사람, 장소, 때로는 특정한 물건이 될 수도 있습니다.

또한 예기치 않게 촉발 요인에 자극을 받는 경우, 그 자극에 대처하는 데 도움이 되는 전략들이 있습니다. 예를 들어, '**충동-서핑하기**(urge-surfing)'라고 불리는 기술은 약물 사용 충동을 파도로 상상하고, 그 파도가 약물 사용을 원하는 강렬한 욕구라는 이미지를 활용합니다. 그리고 그 충동을 파도가 사그라들 때까지 '서핑'을 하는 것입니다.

기억하세요

DBT는 약물 사용으로의 재발을 해결해야 하는 문제로 다루며, 내담자의 약물 사용 문제가 재발하더라도, 이를 내담자가 능력이 없거나 개입의 실패라는 증거로 보지 않고 계속 나아갈 기회로 바라봅니다. 내담자가 재발하면, 상담사는 실패한 내담자를 신속하게 도울 뿐만 아니라 내담자를 약물 사용으로 이끈 행동사슬 분석을 통해 왜 약물 사용으로 이어졌는지를 이해하는 데 도움을 줍니다(제18장 참조). 이를 통해 상담사는 내담자가 약물 사용을 피하는 데 사용할 수 있었던 기술과 앞으로 유사한 상황에 직면할 경우에 무엇을 할 수 있는지를 고려합니다.

매우 부정적인 감정들은 내담자로 하여금 다시 약물 사용 재발 문제로 이어지게 하기 때문에 상담사는 강렬한 부정적 감정의 위험도를 속히 낮추는 것을 목표로 하여 내담자가 재발로부터 빠르게 회복할 수 있도록 돕습니다. 상담사는 내담자가 희망을 포기하고 "뭐가 문제겠어? 어차피 망쳤으니까 약을 해도 될 거야."와 같은 발언을 최소화하기를 바랍니다.

절제를 유지하지 못한 것의 영향을 줄이는 방법에는 약물 사용 재발이 스스로 또는 다른 중요한 이들에게 끼친 해를 복구하는 것이 있습니다. 이는 프로그램의 일부로 보상을 제공하는 것에 주목한 '익명의 알코올 중독자들(Alcoholics Anonymous: AA)'과 같은 12단계 프로그램이 취하는 접근과 매우 유사합니다. 이 접근의 목적은 내담자가 그르친 부정적인 개인적·관계적 결과에 대한 인식을 높이고 정당한 죄책감의 경험을 포함한 감정을 피하지 않고 그 결과를 인식하는 것입니다. 다음 단계는 바로 상담사와 내담자가 결과를 확인하는 동시에 내담자가 원하지 않는 감정으로 인해 이 감정의 경험을 약물을 계속 사용하는 이유로 사용하지 않도록 확실히 하는 것입니다.

공동체 활용

공동체 활용은 비중독적 행동을 지원하고 강화하기 위해 사람들, 장소, 활동 및 상황을 적극적으로 찾는 과정입니다. 이는 내담자의 회복을 지원하는 친구나 가족들과 시간을 보내는 것, 약물 남용과 관련되지 않은 장소를 방문하는 것, 또는 강좌를 통해 음악을 배우거나 그림을 그리는 것과 같은 취미를 즐기거나, 축구나 요가와 같은 그룹 스포츠 또는 운동 강좌에 참여하는 것을 포함합니다.

대안적 저항

대안적 저항(alternate rebellion)은 내담자들이 자신이나 다른 사람들에게 파괴적이거나 잠재적으로 파괴적인 방식이 아닌 저항 방법을 찾는 데 도움이 됩니다. 더 파괴적인 저항에 대한 대안으로, 사회에 반항하지만, 약물 남용은 포함하지 않는 더 능숙하고 비파괴적인 방법을 사용하는 것입니다. 이 기술들은 자신의 정체성이 사회에 반항하는 데 어떤 식으로든 연결되어 있는 사람들에게 특히 도움이 됩니다.

TIP

대안적 저항의 예시로는 논란이 될 법한 문신을 받는 것, 다른 색으로 손톱을 칠하는 것, 아주 파격적인 의상을 입는 것, 전자음의 음악을 크게 듣는 것 등 많은 활동이 있습니다. 종종 내담자들 스스로가 좋은 아이디어를 내어놓을 수 있습니다.

적응적 부인

적응적 부인(adaptive denial)은 내담자가 비효과적인 행동을 하려는 도움이 되지 않거나 불필요한 충동, 자극을 느낄 때 사용하는 인지적 기술입니다. 그 요지는 실제 욕구가 약물을 남용하려는 것이라는 것을 부인하고, 그 욕구를 사람들과 가까워지려는 욕구, 감정을 회피하고 싶은 욕구, 또는 주의를 분산시키려는 욕구로 재구성하는 것입니다. 그러고 나면 문제가 부인될 때 그 다음 절차로 약물의 사용을 피하거나 지연하게 됩니다.

이 기술을 사용하는 또 다른 방법은 부인된 욕구를 보다 건강한 행동으로 대체하는 것인데, 예를 들어 "나는 럼과 콜라가 아니라 실은 그냥 콜라가 먹고 싶어."라고 말하는 것입니다.

SUD에 대한 DBT가 표준 DBT와 어떻게 다른지 살펴보기

SUD를 위한 DBT는 표준 DBT와 몇 가지 점에서 다릅니다. 예를 들어, 표준 DBT의 중요한 부분 중 하나는 내담자의 행동을 수정하기 위해 **강화 관계**를 사용하는 것입니다. 표준 DBT에서는 상담사와의 관계가 중요한 경우가 많기 때문에 상담사는 관계를 사용하여 행동 변화를 달성합니다. 예를 들어, BPD 내담자가 자해를 계속하는 경우, 상담사는 치료 휴지(therapy vacation)를 사용하여 치료를 일시적으로 중단할 수 있습니다. 이는 종종 자해를 줄이는 데 효과적입니다.

그러나 약물에 의존하고 오용하는 사람들은 종종 치료에 참여하기가 어렵습니다. 어떤 사람들은 상담사에게 쉽게 애착을 갖지만, 어떤 사람들은 일시적으로만 치료에 참여합니다. 이러한 경우 전화나 문자에 응답하지 않거나 치료에 전혀 나타나지 않는 등의 행동이 나타나며, 치료가 조기에 종료되는 경우가 많습니다. 내담자가 상담사에게 그다지 애착을 갖지 않는 경우, 상담사는 내담자가 치료를 다시 받도록 설득할 수 있는 영향력이 거의 없는 경우가 많습니다.

상담사가 치료 휴지를 실시하면 오히려 약물 사용을 강화할 수 있기 때문에 약물사용장애에 맞게 비상 관리 방식을 변경하고 적용해야 했습니다. 이는 내담자가 실패에 대한 죄책감을 느낄 수 있기 때문에 죄책감을 해결하기 위해 약물에 의존하거나 이제 책임질 필요가 없거나 잃을 것이 없다고 느끼기 때문입니다. 이러한 문제 때문에 약물을 오용하는 사람들에게 사용하기 위해 **애착 전략**이라는 새로운 전략이 특별히 개발되었습니다. 예를 들어, 내담자가 몇 번의 회기에 결석하면 상담사는 내담자가 보고 싶다는 격려의 문자를 보내는 것입니다.

기억하세요

상담사와의 관계가 중요하기 때문에 내담자와 상담사 간의 유대감을 높이기 위해 다른 애착 전략이 사용됩니다. 이것의 목표는 내담자의 참여를 다시 유도하고 내담자가 상담사와 연락이 끊기거나 치료를 완전히 중단할 때 흔히 발생하는 부정적인 결과를 예방하는 것입니다. 결과적으로 애착이 견고해지고 내담자가 심각한 재발 위험에서 벗어날 때까지 DBT 상담사는 표준 DBT나 다른 치료법보다 더 적극적으로 연락이 끊긴 내담자를 찾아 치료에 다시 참여시키려고 노력해야 합니다.

상담사는 첫 회기부터 내담자에게 치료가 어려울 수 있으며 내담자가 치료에 덜 참여하기 시작할 위험이 있다는 우려에 대해 안내합니다. 그런 일이 일어날 가능성에 대해 논의한 다음 그런 일이 일어날 경우에 대비한 계획을 세워야 합니다. 여기에는 내담자가 갑자기 치료를 중단할 경우를 대비하여 상담사에게 찾아봐야 할 장소와 연락해야 할 사람 목록을 제공하는 것도 포함됩니다. 또한 상담사는 내담자와 상담사가 치료에 다시 참여할 수 있도록 믿고 연락할 수 있는 지지적인 가족 및 친구의 연락처 정보를 얻습니다.

다른 전략으로는 상담사가 회기 사이, 특히 치료 첫 몇 달 동안 안부 전화, 이메일 또는 문자를 통해 내담자에게 정기적으로 연락하는 방법이 있습니다. 또한 커피숍, 공원 산책, 집 등 내담자가 기꺼이 치료를 받으려는 장소로 찾아가서 치료를 진행하는 방법도 있습니다. 상담사는 내담자가 치료에 계속 참여할 수 있도록 회기를 짧게 하거나 길게 하는 등 회기를 수정하는 아이디어를 도입할 수도 있습니다.

SUD에 대한 DBT가 다른 치료법과 어떻게 다른지 알기

DBT는 행동의 결과로서 처벌에 초점을 맞추지 않습니다. 예를 들어, DBT 상담사는 식욕억제제 처방을 고려할 수 있으며, 절제를 조건으로 개별 치료를 진행하지 않습니다. 내담자에 대한 가정 중 하나는 내담자가 약물의 현저한 감소 또는 절제라는 목표를 달성하기 위해 최선을 다하고 있으며 계속 노력해야 한다는 것이므로, 치료를 받는다는 이유만으로 내담자를 처벌하는 것은 DBT의 철학과 일치하지 않습니다.

따라서 많은 12단계 프로그램에서는 처방 여부에 관계없이 모든 항정신성 약물을 완전히 금단해야 하지만, DBT에서는 상담사가 개별 치료에서 각 내담자에게 필요한 금단 정도를 결정하고 세 가지 원칙에 따라 치료 계획을 수립합니다.

1. 일차 약물을 초점화합니다.
   일차 약물은 내담자의 오남용 병력과 그 사용의 결과에 따라 내담자에게 가장 심각한 문제를 일으키는 약물을 말합니다.
2. 일차 약물 사용을 유발하는 이차 약물을 초점화합니다.
   예를 들어, 마리화나를 사용하는 경우 헤로인(일차 약물) 사용량도 늘어날 수 있으므로 마리화나가 치료 목표가 될 수 있습니다.
3. '절제'라는 치료 목표가 현실적이고 달성 가능한지 확인합니다.
   이 세 번째 원칙과 관련하여, BPD와 같은 감정 조절 문제가 있는 약물사용장애 내담자는 종종 많은 어려운 문제를 겪습니다. 예를 들어, 약물 남용과 관련된 문제 외에도 자해 및 자살 행동, 관계적 지원 부족, 재정적 문제 등이 있을 수 있습니다. 현실적으로, 심각하게 손상된 내담자가 이들을 한 번에 목표로 삼고 변화시킬 수 있는 것은 한계가 있습니다.

DBT 관점에서 볼 때, 약물사용장애는 다음과 같은 경우를 제외하고는 과도한 사용이 있더라도 즉시 목표가 되지 않을 수 있습니다.

- 당사자가 약물 오남용을 중단하고 싶다고 명시적으로 밝힌 경우
- 해당 약물이 그 사람의 문제를 일으키는 일차 약물인 경우
- 해당 약물이 일차 약물의 사용과 확실하게 연관되어 있거나, 해당 약물이 더 높은 수준의 목표와 연관되어 있는 경우(예: 해당 약물을 사용할 때만 자살을 시도하는 경우)

감정 조절에는 문제가 없으나 SUD를 겪고 있는 이들을 위한 DBT 적용 고찰하기

기억하세요

SUD를 가진 사람들에게 감정 조절 문제가 없는 경우, DBT를 적용하는 것에 대해 충분한 연구 데이터가 없습니다. 하지만 SUD를 치료하기 위해 DBT를 고려하는 상담사들은 몇 가지 중요한 점을 염두에 두어야 합니다.

만약 BPD와 같은 증상이 공존하는 것이 아니라면, SUD치료에 가장 우선으로 적용해야 하는 치료법은 무엇일까요? 그것은 일차 치료[1]입니다. 모든 상황이 동일하다면 가능한 한 덜 복잡하고 덜 포괄적인 치료법을 사용해야 합니다. 물론 DBT에는 대부분의 사람에게 도움이 될 수 있는 다양한 기능이 있지만, 이러한 기능이 반드시 약물 남용 문제의 치료에 필수적인 것은 아닐 수 있습니다.

감정 조절의 어려움이 사람의 약물 오남용에 어느 정도 영향을 미치는지 고려하는 것

1) 역자 주: 어떤 질병이나 상태에 대해 가장 먼저 고려되거나 권장되는 치료 방법을 의미합니다. 이는 그 질병에 가장 효과적이라고 입증되었거나, 부작용이 가장 적은 치료 방법일 수 있습니다. 다른 치료 방법을 시도하기 전에 우선적으로 사용됩니다.

이 중요합니다. DBT는 감정을 지속적으로 조절하는 데 어려움을 겪는 사람들을 대상으로 개발되었기 때문에 감정을 조절하기 위해 약물을 사용하는 사람에게는 DBT가 적합할 수 있습니다.

섭식장애 극복하기

다른 정신건강 상태와 마찬가지로, DBT는 섭식장애 치료를 위해 적용되며 개별 치료와 기술 훈련 요소를 통합하여 사용합니다. DBT가 모든 섭식장애에 항상 도움이 되는 것은 아니지만, 그중에서 가장 도움이 되는 것은 폭식장애입니다. 다음 절에서는 폭식장애, 기타 섭식장애, 그리고 섭식장애 치료를 위한 DBT 모델을 다룹니다.

폭식장애

폭식장애(Binge Eating Disorder, 이하 BED)는 심각하며 생명을 위협할 수 있지만, 치료가 가능한 섭식장애입니다. 미국에서 가장 흔한 섭식장애로 다음과 같은 특징이 있습니다.

- **대량의 음식을 반복해서 섭취하는 삽화**: 이러한 폭식은 종종 빠르게 먹으며 물리적으로 불편함을 느낄 정도로 섭취합니다.
- **폭식 중에 통제를 잃은 느낌**: 이는 종종 폭식 이후의 수치와 죄책감의 감정과 동반됩니다.
- **전형적으로 폭식성 식사를 상쇄하기 위한 제거 행동과 같은 건강하지 않은 보상 행동을 피하는 것**: 제거 행동(purging)은 신경성 폭식증(bulimia)과 같은 다른 섭식장애에서 더 흔합니다.

BED에 사용되는 DBT 기술은 다음 절에서 소개되는 기술을 포함합니다.

마음챙김

제9장에서 설명한 것처럼, 마음챙김은 판단없이 현재 순간에 초점을 맞추며, 매순간이 불완전하고 불안정하게 변화함을 인정하는 기술입니다. 이 알아차림에는 개인의 몸

과 마음 안에서 일어나는 모든 일과 그 외부에서 일어나는 모든 일이 포함됩니다.

DBT 관점에서 보면, 폭식은 마음놓침(mindless) 행동으로 간주됩니다. 마음챙김은 정상적인 식사 중에 발생하는 부적응적인 폭식 중 뿐만 아니라 정상적인 음식 섭취 전, 중, 후에 발생하는 생각, 감정 및 신체 감각을 인식하는 능력을 증진하고 개선합니다.

TIP

당신을 도울 수 있는 실천 방법은 건포도 한 알(사과 조각, 초콜릿 조각 등 어떤 작은 음식 조각으로도 대체할 수 있음)을 마음챙김하며 먹는 것입니다.

1. 건포도 한 알을 부드럽게 입에 넣습니다.
   아직 씹지 마세요. 건포도 알을 적어도 10초 동안 입에 넣어 혀로 살펴보며 표면을 느끼고 그것이 입에 있는 느낌을 경험합니다(이 연습에 건포도가 효과적인 이유는 초콜릿과 같이 녹지 않고, 부드러운 포도와 달리 표면에 홈이 있기 때문입니다. 그러나 앞에서 언급했듯이 작은 과일 한 조각이라면 어떤 것이든 사용할 수 있습니다). 10초간 음식을 실제로 먹지 않고 있다는 사실에 주의를 기울입니다.
2. 준비가 되면 천천히 건포도 조각을 씹습니다.
   씹는 과정이 어디에서 일어나는지 인지합니다. 그런 다음 의도적으로 한두 번 씹을 때마다 무슨 일이 일어나는지 관찰합니다. 맛의 물결이 어떻게 오르고 내리는지 관찰합니다. 삼키지 않고 천천히 씹기를 계속하세요. 입안에서 시간이 지남에 따라 맛과 질감이 어떻게 변화하는지 천천히 씹는 것을 계속합니다.

기억하세요

이 연습은 이후 식사 시간에 어떤 음식으로든 사용될 수 있습니다. 이와 같이 방법적으로 마음챙김하면서 천천히 음식을 음미하는 것은 음식을 더 많이 즐기게 하며, 폭식의 특징 중 하나인 무의식적인 행동을 줄일 수 있습니다.

감정 조절

감정 조절 기술은 감정을 파악하고 명명하는 연습, 부정적인 감정을 줄이고 관리하는 연습, 극단적이고 부정적인 감정을 수용하고 관리하는 연습, 긍정적인 감정으로 이어지는 경험을 증가시키는 연습을 통해 과도한 감정을 조절하는 데 사용됩니다. 폭식은 종종 원치 않는 강렬한 감정을 다루기 위해 사용되는 방법이므로, 감정을 관리하는 것이 폭식 외의 다른 대처 방안을 찾는 데 도움을 줄 수 있습니다.

TIP

당신이 실천할 수 있는 방법 중 하나는 당신의 감정을 사랑하는 것입니다. 이는 감정 전체를 받아들이고 심지어 사랑함으로써 원하지 않는 감정 경험을 회피하는 것으로 인해 발생하는 고통을 줄일 수 있다는 원칙에 기반합니다. 현재 감정에 대한 마음챙김(제10장에서 다룸)을 사용해 감정에 대한 인식을 가져와 경험 전체를 수용하고 사랑하는 연습을 할 수 있습니다. 마음이 "이 감정은 싫어."라고 말하게 되면, 미워하고 피하는 것이 더 큰 고통으로 이어질 수 있다는 사실을 스스로 상기해야 합니다. 이 연습은 폭식 전에 하는 것이 가장 이상적이지만, 폭식 후 발생하는 감정에도 사용할 수 있습니다.

고통 감내

고통 감내 기술은 그 순간에 바꿀 수 없는 상황에 대처하는 연습입니다. 고통 감내 기술에는 부정적인 감정이나 위기 상황을 폭식과 같은 부적응적 방식으로 대응하지 않고 견디는 방법을 학습하는 연습이 포함됩니다.

TIP

고통 감내 기술 중 하나(제11장에서 많은 기술을 다룸)로 '살짝 미소 짓기(half-smile)'가 있습니다. 얼굴 근육은 뇌의 감정 영역과 연결되어 있으며, 뇌는 얼굴 근육에 미소를 짓게 하는 신호를 보냅니다. 표정의 변화는 감정의 변화로 이어집니다. 웃음은 이에 따르는 감정을 만들고, 찡그림은 이와 다른 감정을 유발합니다. 살짝 미소 짓는 연습은 생리적 변화를 일으키며, 더 큰 평온함을 느끼게 합니다. 이것은 긴장이 풀렸을 때 훨씬 더 쉽게 할 수 있지만, 긴장이 풀리지 않은 상태에서도 살짝 미소 지으면 고통 수준을 감소시키고 수용력을 높일 수 있습니다. 이렇게 하면 폭식 충동을 크게 줄일 수 있을 것입니다.

기타 섭식장애

일반적으로 다른 치료법이 더 효과적이라면 하나의 치료법을 고수할 필요는 없으며, 다른 복잡한 장애들과 마찬가지로 섭식장애에 대한 단일하고 믿을 만한 접근법은 없습니다(다른 복잡한 장애들과 마찬가지로, 섭식장애에 대해 모든 문제를 해결해 줄 수 있는 단 하나의 치료법은 없습니다). 섭식장애를 위해 DBT가 개발된 이유에는 여러 가지가 있습니다.

- 현재 사용되고 있는 섭식장애 치료 방법들은 섭식장애 환자의 절반만에게 효과가 있습니다. 만성 거식증의 경우 성공률이 훨씬 낮습니다.
- BPD와 자살 행동은 섭식장애 환자에게 흔하게 나타나는 증상입니다. 또한 자살은 신경성 식욕부진증으로 고통받는 사람들의 주요한 사망 원인에 해당합니다.
- 많은 섭식장애 환자는 감정 조절에 어려움을 겪으며, DBT 기술이 이에 매우 도움이 될 수 있습니다.

섭식장애, 특히 신경성 식욕부진증은 증상과 치료에 대한 양가감정의 정도가 다른 정신질환과 다릅니다. 전반적으로 DBT는 신경성 식욕부진증, 신경성 폭식증, 폭식장애 및 기타 섭식장애의 치료에도 긍정적인 결과를 보여 주었습니다.

신경성 식욕부진증에는 다음과 같은 특징이 있습니다.

- **무월경**: 최소 3번의 월경이 연속적으로 나타나지 않음
- **저체중**: 다이어트, 구토, 과도한 운동, 설사약, 이뇨제 또는 다이어트약의 오남용으로 인해 평균 체중의 85%에 불과한 체중

신경성 폭식증에는 다음과 같은 특징이 있습니다.

- **마른 몸에 대한 강박**: 건강한 체중임에도 불구하고 나타남
- **대량의 음식을 폭식한 후 비적응적 보상행동이 이어짐**: 다이어트, 구토, 과도한 운동, 설사약, 다이어트약 오남용

BED는 앞 절에서 다뤘으며, 비만인의 30% 이상에서 폭식증이 발생한다는 사실을 유의해야 합니다.

섭식장애에 대한 DBT 모델

DBT 모델은 섭식장애의 감정 조절 이론을 기반으로 합니다. 이 이론은 사람들이 섭식 행동을 통해 고통스러운 감정을 통제하려고 하며, 그 이유는 적응적인 다른 대처 방법이 부족하거나 없기 때문에 그런 행동에 의존하게 된다는 것을 설명합니다. 구토, 폭식, 단식과 같은 행동은 음식에 대해 생각하거나 음식을 볼 때, 또는 신체상이나 이상화된 신체에 의존하는 대인관계 상황을 떠올릴 때 유발되는 강한 감정으로부터 벗어나거나 회피하거나 차단하는 데에 사용된다는 것입니다. 폭식은 또한 때때로 사람의 마음속에 있는 부정적 생각보다 폭식에 집중하게 하는 방법으로 작용하기도 합니다. 결국 폭식은 부정적 감정에서 벗어나는 방법으로(부적응적이기는 하나) 효과적이기 때문에 보다 강화되어 특히 다른 기술을 가지고 있지 않은 사람에게 나타나는 행동이라고 해석할 수 있습니다.

폭식과 같은 무질서한 섭식행위로 인해 장기적으로 죄책감과 수치심이 따르는 경우가 많습니다. 죄책감이나 수치심을 건강하게 처리할 방법이 없다면, 사람들은 이러한 부정적인 감정을 해결하기 위해 그 원인이 된 무질서한 섭식 행위에 다시 의존하게 될 위험이 있습니다.

폭식행동의 기능과 유사하게, DBT는 거식증에서 경험하는 극심한 체중 감소를 건강한 감정 조절 기술이 없는 상태에서 강한 감정으로부터 벗어나기 위한 것이라 설명합니다.

감정과 섭식행동은 서로 얽혀 있기 때문에, DBT는 건강에 해로운 섭식행동을 직접적으로 목표로 삼은 다음, 섭식을 조절하려는 노력으로 인해 강한 감정이 발생하면 감정 조절과 고통 감내 기술을 기르는 데에 초점을 둡니다. 섭식장애 치료 관점에서의 감정 조절에는 감정 조절에 부정적인 영향을 미치는 취약성 요인에 초점을 맞추는 것뿐만 아니라 감정 조절 기술을 배우고 적용하는 데에 초점을 맞추는 것이 포함됩니다. 다음 절에서는 섭식장애 치료를 위한 DBT 모델에 대해 자세히 살펴봅니다.

치료 목표

기억하세요

BPD와 같은 증상에 대한 표준적인 DBT 치료와 마찬가지로, 섭식장애에 대한 DBT에서도 네 가지 중증도에 초점을 맞춘 네 가지 치료 단계가 있습니다. 각 단계 내에는 치료 목표의 위계가 있습니다.

- 1단계: 섭식장애와 BPD를 모두 가진 사람들의 행동 및 감정 조절 향상과 자살 및 자기 파괴적 행동 감소에 중점을 둡니다. 구체적으로, 섭식장애는 사람을 사망이나 자기 부상의 임박한 높은 위험에 이르게 하는 행동을 포함합니다. 예를 들어, 체중이 매우 낮은 거식증에 걸린 사람들에게 구토를 유발하는 약물인 설사약의 남용으로 인한 극심한 허기와 같은 것입니다. 이러한 행동들은 사람들을 심장마비나 장기부전의 위험에 빠뜨리기 때문입니다. 그런 다음 이 단계에서는 개인이 합의된 체중 범위 아래로 떨어질 때 혹은 치료 내에서 부적응적 행동에 대해 말하는 것을 거부하는 것과 같은 치료 방해 행동에 초점을 맞춥니다. 그런 다음 생명을 위협하지 않는 식습관에 대한 논의로 넘어갈 수 있습니다.
- 2단계: 표준 DBT와 동일하게 정서적 회피를 중점에 둡니다. PTSD와 그 정도 수준에 오르지 않는 다른 외상적 감정 경험과 같은 트라우마 관련 증상을 감소시키는 과정이 포함됩니다. 이 단계에서, 아동기의 정서적 경험을 논의할 수도 있습니다.
- 3단계: 무분별한 식사 감소, 갈망, 충동, 음식에 대한 선입견 인식, 체중 측정 등 삶의 질을 방해하는 섭식장애 행동을 대상으로 합니다.
- 4단계: 관계 발전, 경력 쌓기, 취미 및 기타 활동과 같은 다른 즐거움의 원천을 생성하는 것을 포함하여 개인의 삶에서 섭식장애와 부합하지 않는 측면에 더 초점을 맞춥니다.

변증법적 전략

DBT에서 사용되는 치료 철학은 극단적인 섭식 행동에서 벗어나 더 균형 잡힌 생각과 식습관으로 옮겨 가는 과정을 돕습니다. 약물 중독 치료에서 쓰이는 DBT의 변증법적 금욕 개념은 섭식장애 행동을 멈추려는 노력과 그러한 행동에 다시 빠질 수 있다는 가능성을 인정하고 그에 맞서는 방법 사이의 균형을 찾는 데 적용됩니다.

또 다른 초점 분야는 극단적이고 완벽주의적인 목표를 고수하는 것보다 더 온건한 성취를 인정하기 위해 그 사람과 협력하는 것입니다. 과식이 통제의 한 형태라는 환상에 도전하는 동시에 그들이 치료에서 겪는 변화가 그들이 실제로 변화시킬 수 있는 그들의 삶의 요소들에 대한 통제권을 가짐을 의미한다는 것을 인식하게 됩니다. 이 변증법적 관점은 치료에 대한 개인의 양가감정과 그들의 가족 또는 그 문제에 대해 상담사가 겪을 수 있는 좌절감에 초점을 맞춘다는 것이 중요합니다.

전략 변경

DBT 다이어리 카드(제18장 참조)는 섭식장애 행동에 초점을 맞추기 위해 수정되었으며, 폭식, 음식 제한, 음식 선점, 체중계의 부적응적 사용에 대한 충동을 추적하고 평가하여 체중을 확인할 수 있습니다. 만약 개인이 섭식행동을 호소한다면, 문제, 그 선행요인, 즉 그 행동이 일어나기 전에 일어난 생각과 감정, 그리고 그 행동의 결과에 대한 검토를 거쳐 행동의 행동사슬 분석(제18장 참조)이 완성됩니다. 행동사슬 분석은 또한 그 사람이 어떤 기술을 사용했는지, 그리고 그 상황이 다시 발생할 경우 어떤 기술을 사용할 계획인지를 살펴봅니다.

성공적인 섭식장애 치료의 가장 큰 장애물 중 하나는 양면성입니다. 예를 들어, 식사량을 제한하는 것을 멈추면 체중이 늘어날 수 있고, 부정적인 생각을 멈추려면 자신의 감정을 직면해야 할 수도 있습니다. 이러한 양면성을 해결하기 위해 DBT 약속 전략(commitment strategies, 몰입 전략)이 많은 관심을 받고 있습니다. 이는 치료 중에 식습관을 바꾸거나 유지하는 데 어려움을 겪는 사람들이 마주치는 현실적인 대안 부족과 건강에 미치는 영향을 고려하여 치료에 **집중할 수 있는 자유**를 부여합니다. 그들은 또한 그들의 식습관을 계속 유지하는 것의 장단점 목록을 만들 수 있습니다. 상담사는 **악마의 옹호자** 전략을 사용하여, 만약 그 사람의 목표가 살 만한 삶을 갖는 것이라면, 과연 폭식을 끊지 않는 이유가 무엇인지 도출합니다. 섭식장애에 대한 DBT의 추가적 전략 중 하나는 어떻게 문화, 소셜 미디어 및 영양 환경의 영향을 줄일 수 있는지 인식하는 것입니다.

노출 및 반응 방지법은 **반대 행동**을 채택하여 부적응적인 식사 행동을 극복하는 전략입니다. 이는 부정적인 행동이나 충동을 가로막기 위해 그와 반대되는 행동을 취함으로써 실현됩니다. 이 방법은 체중을 자주 측정하거나 반복적으로 신체 검사를 받고 싶은 충동과 같은 부적응적인 행동에도 적용될 수 있습니다. 또한 변화의 초점은 우발적 상황을 관리하는 방법에 놓일 수 있습니다. 예를 들어, 상담사는 체중 제한을 유지하려는 환자를 위해 외래 치료 회기를 일정하게 만들어 관리하는 방법을 활용할 수 있습니다. 마지막으로, 인지 수정 전략은 개인의 몸무게와 체형에 대한 신념과 염려를 재평가하고 완벽주의 개념을 다루기 위해 사용됩니다.

수용 전략

섭식장애에 대한 DBT의 변화 전략은 수용 기반 타당화 전략과 짝을 이룹니다. 타당화는 개인의 과거와 섭식장애를 고려할 때, 그들의 생각과 감정에 이해함으로써 발생하는 진정한 반응을 포함합니다.

주의

예를 들어, 내담자가 '살찐 느낌'이라고 말하지만 사실 정상 체중 범위에 있는 경우, 상담사는 내담자를 함부로 과체중으로 점철하지 않는 것이 중요합니다. 상담사는 뚱뚱하다는 생각을 경험하는 것이 단순한 생각이라는 것을 검증하고 지방은 느낌이나 감정이 아니라는 것을 지적할 수 있습니다. '살찐 느낌'은 자신이 뚱뚱하다는 생각을 갖게 할 수 있는 식사 후에 발생하는 습관적인 사고 패턴이며, 수년간의 사고를 통해 습관으로 확립된 생각일 뿐입니다. 상담사는 또한 개인의 몸무게를 고려할 때, 그 사람이 뚱뚱하다는 생각이 사실이라는 증거가 없다는 사실을 지적할 수 있습니다. 또한 그들은 포만감을 뚱뚱하다는 생각과 연결시킬지도 모릅니다. 타당화에 대한 자세한 내용은 제12장에서 확인할 수 있습니다.

신체 이형 장애 이해하기

신체 이형 장애(Body Dysmorphic Disorder, 이하 BDD)는 자신의 외모에서 흠을 발견하고 또는 여러 결점에 집착하는 정신건강 상태입니다. 이들은 종종 '고쳐야 할' 신체 부위에 대해 지나친 걱정과 집착을 보입니다.

BDD는 많은 사람이 가지고 있는 극단적인 형태의 고민입니다. 많은 사람이 날씬하고, 코가 더 작고, 치아가 더 하얗고, 피부가 더 밝거나 더 어둡고, 보조개가 더 많으면 더 예뻐 보일 것이라고 생각할 수 있습니다. BDD를 가진 사람들은 이러한 결점을 어떻게 보는지에 대한 집착이 일상적인 기능에 영향을 미칠 정도로 매우 중요하며, 대부분의 경우 고치고자 하는 신체 부위에 집중합니다. 대부분의 경우 이러한 결점은 다른 사람에게는 분명하게 드러나지 않습니다.

안타깝게도 외모를 중시하는 문화, 그리고 주름을 없애고, 체지방을 제거하고, 신체 부위의 모양을 바꾸어 준다는 제품이 TV와 소셜 미디어에 넘쳐나는 현실에서 BDD는 더 이상 쉽게 해결되지 않습니다. 설상가상으로 소셜 미디어에는 소위 인플루언서라고 불리는 사람들의 일명 셀카가 넘쳐나는데, 이러한 셀카는 사진 편집 소프트웨어를 통해 조작되는 경우가 많기 때문에 BDD로 고생하는 사람들은 자신에 대해 더욱 부정적인 생각을 하게 됩니다.

다음 절에서는 BDD를 해결하는 데 사용되는 DBT 전략과 특정 신체 이형 장애를 처리하는 팁에 대해 설명하고자 합니다.

인지된 결점 다루기

BDD를 가진 사람들은 결점들을 실제로 가지고 있으며 인지하고 있기 때문에 이러한 인식을 완전히 제거하기 어려운 경우가 많습니다. 또한 섭식장애(이 장의 앞부분에서 다룸), 강박장애, 불안, 우울증과 같은 다른 장애와 함께 발생하는 경우가 많기 때문에 BDD 자체를 없애기도 어렵습니다. 치료 접근 방식은 주로 DBT의 인지행동치료(CBT)적 요소에 중점을 둡니다.

인지적 전략

인지적 전략으로는 부적응적 사고를 식별한 다음, 나중에 이를 평가하고 내담자에게 대체 사고를 만들도록 요청하는 것이 있습니다. BDD는 BPD와 같은 질환에서 흔히 나타나는 사고 유형인 이분법적 사고 같은 일반적인 인지 오류를 보입니다. 예를 들어, 내담자는 '나는 코가 휘어서 너무 못생겼어.'라고 생각할 수 있습니다. 또 다른 유형의 인지 오류는 '남자 친구가 내가 코 성형수술을 받기를 바란다는 것을 알고 있다.'와 같은 독심술(mindreading)입니다.

이러한 인지 오류가 확인되면 내담자는 회기에서 외모에 기반한 생각을 점검한 다음 회기가 끝나고 과제의 일환으로 이러한 인지 또는 사고 오류를 알아차리도록 요청받습니다. 예를 들어, 회기 외 시간에 "동료가 내 코를 쳐다보며 얼마나 못생겼는지 생각하고 있다는 것을 알아요."라고 말한 다음 이것이 독심술이라는것을 알아차릴 수 있습니다.

그런 다음 상담사는 이러한 생각이 내담자의 마음속에 얼마나 자동으로 들어오는지 확인시켜 줍니다.

다음으로, 내담자가 이러한 유형의 인지 왜곡을 식별하는 데 더 능숙해지면 상담사는 내담자와 함께 사고를 평가하기 시작합니다. 여기에는 두 가지 접근 방식이 있습니다.

> ›› 부적응적인 사고가 타당하다는 것을 밝히기 위해 사실 확인이라는 DBT 기술을 사용합니다. "다른 사람들이 내 코를 판단하고 있다는 어떤 증거가 있나요?"
>
> ›› 그 생각을 갖는 것의 유용성을 조사합니다. "코를 곧게 펴면 행복해질 것이라고 생각하는 것이 나에게 유용한가요?"

다음으로, 내담자가 자신의 외모와 관련된 자동적인 생각과 신념을 알아채고 재구성하는 데 능숙해진 후에는 자신에 대한 다른 생각들을 탐구합니다. '나는 사랑받을 수 없는 사람이다.' '아무도 나와 함께 있기를 원하지 않을 것이다.' '나는 부적절한 인간이다.'와 같은 생각은 BDD와 BPD에 공통적으로 나타납니다. 이러한 핵심 신념을 해결하지 않으면 내담자의 BDD가 개선될 가능성은 거의 없습니다.

핵심 신념을 변화시키는 또 다른 방법은 미리 대처하는 계획을 세우는 것입니다(제10장 참조). 예를 들어, 앞의 예에서 내담자가 자신의 코가 삐뚤어져 있고 사람들이 항상 그것을 알아차리고 판단한다고 생각하는 경우, 상담사는 내담자에게 "사람들이 당신의 코가 삐뚤어진 것을 알아차린다면 어떤 의미가 있을까요?"라고 반복적으로 물어볼 수 있습니다. 목표는 내담자의 핵심 신념을 파악하는 것입니다. 아마도 내담자는 "그럼 아무도 나를 사랑하지 않을 거라는 걸 알아요."라고 대답할 것입니다. 이러한 부정적인 핵심 신념은 제7장에 설명된 기술, 즉 인지적 재평가와 같은 기술을 통해 해결할 수 있으며, 자존감과 자기애를 향상시킬 수 있는 자질에 집중하기 위해 자기연민에 힘쓰는 것도 도움이 됩니다.

지각 재교육

BDD를 가진 사람들은 종종 거울과 반사되는 면과 복잡한 관계를 맺습니다. 이 때문에 BDD를 가진 사람은 거울 앞에서 몇 시간 동안 몸치장을 하거나 피부를 뜯는 행동을 할 수도 있고, 반사되는 것을 볼 경우 반사되는 표면을 피하기 위해 많은 에너지를 사용할 수도 있습니다.

그들이 거울 앞에서 시간을 보낼 때 보통 그들이 집중하는 신체의 유일한 부분은 관심사입니다. 때때로 그들은 확대 거울을 사용하고 나서 거울에 매우 가까이 가서 특정 부분을 봅니다. 이것은 지각된 불완전함을 확대하는 불행한 결과를 초래하고 부적응적인 BDD의 믿음과 행동을 유지하게 합니다. 이런 일이 일어날 때 전형적으로 비판적이고 감정적으로 격양된 자기 비판이 뒤따릅니다. 예를 들면, '나는 지구상에서 가장 끔찍한 코를 가지고 있다.'라고 하는 것입니다.

지각 재교육은 더 건강하게 거울을 보는 행동에 관여하는 것을 배움으로써 인식을 바꾸는 것에 초점을 맞추고 있습니다. 예를 들어, 거울에 너무 가까이 가지 않고 관심 있는 영역에만 집중하지 않는 것이 아니라, 동시에 거울을 완전히 피하지 않는 것에도 집중합니다. 또한 상담사는 내담자가 거울에서 더 일반적인 거리를 두고 서서 머리부터 발끝까지 몸을 묘사하는 연습을 하도록 안내합니다. 그러고 나서 판단적인 자기 대화 대신 지각 재교육 동안 지각된 결함을 더 객관적인 용어로 묘사하는 것을 배웁니다. 만약 코에 혹이 있다면, "내 코에 작은 혹이 있다."라고 말할 수 있습니다. 재교육의 일부는 사람이 싫어하는 신체 부위를 확대하는 것과 같은 이전의 의식을 자제하도록 하기 위해 사전 대처 계획을 사용하는 것입니다.

TIP

지각 재교육은 BDD를 가진 사람들이 환경의 다른 것에 집중하도록 권장된다는 점에서 마음챙김의 측면을 포함합니다(제9장 참조). 예를 들어, 저녁 식사에서 자신의 신체 부분에 집중하기보다 식사의 맛 또는 저녁 식사 동반자와의 대화의 내용에 집중할 수 있습니다.

노출 및 반응 금지하기

BDD를 가진 사람들은 종종 사람들이 자신의 신체적 외모를 판단할 것이라고 믿는 쇼핑몰에 가지 않는 것처럼 회피 행동을 수행할 뿐만 아니라, 과도하게 거울을 확인하는 것 같은 고통을 영속화시키는 의식을 수행합니다. 노출은 특정한 의식적 행동에 대처하는 가장 좋은 방법입니다.

노출반응방지(Exposure Response Prevention, 이하 ERP) 치료는 사람이 평소에 가지고 있는 일반적인 반응이나 의식을 예방하기 위해 사용되며, 내담자가 불안을 느끼는 신체의 부분에 장시간 집중하도록 하는 것을 통해 이루어집니다. 시간이 지남에 따라 이것은 불안의 수준을 낮출 것입니다. ERP 과정을 거친 후 내담자는 결국 거의 불안을 겪지 않을 것이고, 궁극적으로 관리 가능할 것입니다. ERP를 시작하기 전에 상담사와 내담자는 내담자의 의식(rituals)을 확인합니다. 예를 들어, 거울에서 코를 과도하게 확인한 다음 이 의식이 실제로 증상의 지속으로 이어지는 방법을 검토합니다.

그런 다음 상담사와 내담자는 불안을 유발하고 내담자가 기피하는 상황의 체계를 개발합니다. 내담자가 지각된 결함을 드러내지 않기 위해 피할 수 있는 모든 의식과 상황을 파악하는 것이 중요합니다. 예를 들어, 어떤 사람들은 옷을 쇼핑하거나 거울로 가득 찬 탈의실에서 옷을 갈아입는 것을 피하거나, 특히 불이 켜져 있는 경우 친밀한 성적인 만남을 피할 수 있습니다. 체계는 출근과 같은 선택되지 않은 상황이 아니라 친구와 쇼핑몰에 가는 것과 같이 내담자가 많은 사람에게 노출되는 것을 증가시킬 수 있는 선택된 상황을 포함해야 합니다. 이러한 첫 번째 노출은 적당히 도전적이어야 합니다. 그렇게 함으로써 성공의 확률은 매우 높아집니다. 궁극적으로, 이러한 상황에 노출되는 것은 내담자가 코가 가장 삐뚤어졌다고 느낄 때 발생해야 합니다.

노출이 얼마나 불안을 유발하는지에 대한 타당화는 DBT와 일치합니다. 타당화 변화 전략과 균형을 이루어 내담자가 계속해서 의식을 수행하는 동안 노출을 장려하고 응원하는 동시에 내담자가 의식을 수행하는 것을 차단할 수 있도록 지원합니다. 의식을 줄이기 위해 내담자는 의식의 빈도와 의식이 발생하는 맥락을 관찰하도록 권장됩니다. 그런 다음 상담사는 먼저(예: 거울을 확인하기 5분 전에) 의식에 저항하는 연습을 하거나 (지각된 결함을 숨기는 후드티를 착용하지 않는 경우, 쇼핑몰에 갈 때 삐뚤어진 코에 대한) 의식을 줄이는 연습을 함으로써 의식을 제거하는 데 사용할 수 있는 내담자 전략을 가르칩니다.

그런 다음 내담자는 노출 연습 중에 의식 또는 반응 방지 전략을 사용하도록 권장됩니다. 노출 연습을 '실험'으로 설정하는 것이 도움이 될 수 있습니다. 예를 들어, "만일 내가 후드티를 입지 않으면, 쇼핑몰에서 누군가가 내 삐뚤어진 코를 비웃을 것이다."라고 설정하는 것입니다. ERP의 목표는 이러한 노출 동안 내담자가 고통 감내 기술(제11장 참조)을 연습하고, 그렇게 함으로써 내담자의 부정적인 신념을 평가할 수 있는 새로운 정보를 습득하는 것입니다.

특정 문제 다루기

모든 형태의 BDD가 동일한 것은 아니며, 일부 내담자에게만 영향을 미치는 특정 증상을 해결하기 위해 구체적인 치료 전략이 사용됩니다. 여기에는 피부 뜯기, 머리카락 뽑기, 근육 운동, 체형 변화, 체중 감소를 위한 수술, 보톡스 및 안면 성형 등의 미용 수술에 대한 욕구 등이 포함됩니다.

피부 뜯기 및 머리카락 뽑기

피부를 뜯거나(skin picking) 머리카락을 뽑는 증상(hair pulling)이 BDD와 관련이 있는 경우 **습관 반전법**(Habit Reversal Training, 이하 HRT)이라는 CBT 접근법이 유용할 수 있습니다. HRT는 원치 않는 반복적인 행동이나 습관을 가진 사람들에게 매우 효과적인 행동 중재입니다. HRT는 행동사슬 분석(제18장 참조)의 한 유형으로, 다섯 가지 구성 요소로 이루어져 있습니다.

1. **인식 훈련**(awareness training): 내담자는 더 나은 인식을 얻기 위해 변화시키고자 하는 행동에 주의를 집중합니다. 목표는 내담자가 행동이 곧 일어날 것이라는 가장 빠른 경고, 상황이 발생하는 장소, 그리고 실제 행동을 하게 된다면 어떤 일이 일어나는지 알아차리는 것입니다.
2. **경쟁 반응 훈련**(competing response training): 상담사는 내담자가 원치 않는 행동을 대체할 수 있는 다른 행동을 생각해 내고 새로운 행동을 연습하도록 돕습니다.
3. **동기 및 행동 강화**(motivation and compliance): 내담자는 해당 행동으로 인해 발생할 수 있는 모든 부정적인 결과의 목록을 작성합니다. 부모, 동료, 친구 등 내담자의 삶에서 중요한 사람들이 모든 성공에 대해 칭찬과 격려를 제공하는 것을 통해 도움을 받을 수 있습니다. 이러한 칭찬은 강화 효과가 있어 내담자가 원치 않는 행동을 하지 않도록 하는 데 도움이 될 것입니다.
4. **이완 훈련**(relaxation training): 이 전략은 스트레스를 받을 때 피부를 뜯거나 머리카락을 뽑는 등의 습관적인 행동이 증가한다는 연구 결과에 근거한 것으로, 규칙적인 호흡, 마음챙김, 점진적 근육 이완법과 같은 이완 기술을 사용하는 것이 도움이 될 수 있습니다.
5. **일반화 훈련**(generalization training): 새로운 기술을 다양한 상황에서 사용하여 새로

운 행동이 자동적으로 이루어지도록 연습하는 것입니다.

과도한 성형수술

BDD를 가진 일부 사람은 자신의 체형이나 체중에 대해 과도하게 걱정을 하는 경향이 있습니다. 한 가지 유형으로 **근육 이형성증**(Muscle Dysmorphia: MD)이 있는데, 이는 정상적인 체격 또는 객관적으로 근육질 체격임에도 불구하고 자신의 몸이 너무 작거나 근육이 충분하지 않다는 걱정에 사로잡혀 있는 경우입니다. 이러한 범주의 BDD를 가진 사람들은 종종 수술을 요청하여 결함을 교정하려고 합니다. 상담사는 이 장의 앞부분에서 언급한 인지 전략을 사용하여 수술의 이점에 대한 부적응적 신념을 해결하고, 변증법적 입장을 취하여 내담자가 판단하지 않고 성형수술을 받을 때의 장단점과 수술을 받지 않을 때의 장단점을 탐구하도록 도울 수 있습니다.

행동 중독에 대한 이해하기

사람들이 중독될 수 있는 것은 물질만이 아닙니다. 정의에 따르면 사람이 중독에 빠지는 것이 무엇이든지 이를 극복하는 것은 매우 어려울 수 있습니다. 중독되지 않은 사람들은 동기와 의지력만 있으면 충분하다고 생각할 수 있지만, 이는 중요한 특성임에도 불구하고 회복에 도달하는 데는 충분하지 않을 수 있기 때문에 혼란스러울 수 있습니다. 약물 이외에도 게임, 도박, 음란물 등과 같은 활동에 중독이 될 수 있습니다. 다음 절에서는 중독이 될 수 있는 활동들에 대해 DBT가 어떻게 도움이 될 수 있는지 설명합니다.

중독이 될 수 있는 활동

앞서 '약물사용장애에 대한 DBT 기술' 절에서 살펴본 기술은 이러한 일상생활 중독(lifestyle addictions)에 사용되는 것과 동일하지만 모든 중독에 효과가 있는 것은 아닙니다. 예를 들어, 데이트 웹사이트, 소셜 미디어, 음란물 중독의 경우 노트북, 태블릿, 스마트폰이 현대 생활에 필수품이 되어 피하기 어려워졌기 때문에 이를 끊기가 어려울 수 있습니다.

물질 중독과 마찬가지로 이러한 중독으로 간주되려면 일반적으로 해당 행동으로 인해 다음과 같은 증상이 나타나게 됩니다.

- 행동의 빈도, 강도, 지속 시간을 조절할 수 있는 능력에 장애가 있는 경우
- 다른 관심사보다 해당 행동에 우선순위를 두는 경우
- 부정적인 결과에도 불구하고 행동을 지속하거나 증가시키는 경우
- 대인관계 갈등이 증가하거나 사회적 철수(고립)가 증가하는 경우
- 직업적 또는 학업적 의무에 부정적인 영향을 미치는 경우
- 스스로 행동을 중단하는 데 어려움

다음 절에서는 다른 심리치료 기법(other forms of treatment)이 효과가 없는 경우 DBT의 목표가 될 수 있는 활동 또는 행동 유형에 대해 설명합니다.

게임 이용

DBT의 접근 방식은 어떤 상황이든 여러 관점에서 고려합니다. 비디오 게임은 종종 부모들에 의해 비난받는데, 부모들은 비디오 게임을 자녀가 '해야 할' 행동(과제, 친구들과의 시간 등)으로부터 주의를 딴 데로 돌린다고 생각하기 때문입니다. 연구에 따르면, 비디오 게임은 게임 이용자에게 중요한 혜택을 줍니다. 이는 증가된 공간 주의, 방해물들이 있는 환경에서 움직이는 물체를 추적하는 능력의 향상, 충동성 감소, 그리고 정신 유연성의 증가를 포함합니다. 그러나 비디오 게임에는 신기한 기능이 내재되어 있습니다. 신기함은 도파민을 유발합니다. 이는 우리가 이 장에서 이야기한 기분 좋은 화학물질입니다. 사실, 게임 중이나 성관계에 의해 유발되는 것처럼, 도파민의 수준은 두 배로 증가할 수 있습니다.

도파민 수준이 증가하기 때문에 비디오 게임이 중독성이 생길 수 있습니다. 중독된 사람이라면 그들이 아침에 일어나 게임을 하러 가는 이유가 되고, 밤에 잠들지 않는 이유가 될 수 있습니다. 다른 중독과 마찬가지로, 게임은 학업 요구 사항의 완수 및 사회적 고립과 실제로 존재하는 친구 및 가족 상호작용 관계에 방해가 될 수 있습니다.

게임에는 심리적인 문제뿐만 아니라 신체적인 증상도 종종 발생합니다. 예를 들어, 안구 건조증, 심각한 두통, 불면증, 요통, 그리고 식사를 거르거나 샤워를 하지 않는 것과

같은 빈약한 자기 관리 등이 있습니다. 그러고 나서 만약 게임을 그만두면 기분이 왔다 갔다 하고(mood swings), 짜증 또는 상당한 지루함을 경험할 수 있습니다. 왜냐하면 그들의 하루의 많은 부분을 차지하던 게임이 더 이상 존재하지 않기 때문입니다.

음란물

기억하세요

다른 모든 중독과 마찬가지로 도파민이 음란물 중독에 관여하더라도 음란물 중독은 **과정 중독**(process addiction)으로 분류됩니다. 약물 중독에서는 취하거나 취하게 되는 결과가 발생하지만, 과정 중독에서는 포르노 영화나 비디오 클립 전체를 보는 것과 같은 전 과정에 참여해야 하는 강박이 있습니다. 이러한 유형의 중독은 특히 사람의 정신건강에 미치는 영향과 관련하여 약물 및 알코올 오남용만큼 사람의 삶에 피해를 줄 수 있습니다.

음란물 중독은 온라인 음란물 사이트 이용, 텍스트 입력, 명시적인 사진 수신 및 발송, 웹캠 시청 등 다양한 형태를 취할 수 있습니다. 음란물 중독의 성적 특성 때문에 종종 성 중독과 융합됩니다. 예를 들어, 일부 사람은 음란물 사용과 독립적으로 일어날 수 있는 자위에 중독되어 있습니다. 음란물 중독은 반드시 실제적인 성적 행위를 포함하는 것은 아니며, 음란물 시청은 종종 다른 누구와도 독립적으로 이루어집니다. 따라서 자위가 일반적으로 음란물 시청을 동반하지만, 음란물에 중독된 사람이 반드시 자위에 중독된 것은 아닙니다.

문제는 음란물 시청과 관련된 즐거움과 도파민 방출이 연결될 때 발생합니다. 이런 일이 일어나면 친밀감과 성적 관계는 묘사되거나 상상된 장면의 환상에 부응하지 못합니다. 왜냐하면 뇌가 비현실적인 음란물 묘사의 극단과 환상에 의해 반응하도록 프로그램되어 있기 때문입니다. 친밀한 관계는 고통을 받고, 그 사람은 고립감과 수치심을 느끼기 시작할 수 있고, 그러고 나서 더 깊이 파고들어 더 많은 그래픽과 강렬한 음란물 경험을 요구할 수 있습니다. 웹캠 시청과 구독료를 지불하기 시작하는 일부 사람에게 이것은 그들이 많은 돈을 쓰게 할 수 있고, 이것은 그들의 재정에 큰 타격을 줄 수 있습니다.

강박적 성행동

강박적 성행동장애는 지속적이고 반복적인 성적 충동, 즉 성적인 행동을 하고 싶은 충동을 특징으로 하며, 이 충동은 저항할 수 없거나 통제할 수 없는 것으로 지속적이고 반복적인 것을 특징으로 합니다. 이러한 충동은 반복적인 성행동으로 이어지고, 이러한 행동들은 개인의 관리와 건강을 소홀히 할 정도로 사람의 삶에 모든 것을 소비하고 중심이 됩니다. 그러면 이러한 충동들은 반복적인 성행동으로 이어지고, 이러한 충동들은 개인적인 보살핌과 건강은 물론 중요한 관계를 소홀히 하며, 궁극적으로 성행동을 통제하거나 줄이려는 노력에서 실패하게 됩니다. 그들은 관계의 상실과 업무와 관련된 문제와 같은 부정적인 결과에도 불구하고 이러한 행동에 계속 반복적으로 참여합니다. 일반적으로 그들은 충동을 통제할 수 없고, 성행위 직전에 긴장이나 신체적 각성이 증가하며, 이후에 긴장이 완화됩니다.

도박

도박은 거의 모든 문화에서 공통적으로 발생하지만, 대부분의 사람은 도박과 관련된 문제를 일으키지 않습니다. 그럼에도 불구하고 특히 청소년들에게 병적 도박이 문제가 될 수 있습니다. 병적 도박은 관계, 취업, 교육 또는 직업 기회에 상당한 영향을 미치는 점진적이고 부적응적인 도박 행동 패턴을 특징으로 합니다. 불법 행위의 위촉으로 인해 법적인 결과까지 초래할 수 있습니다.

병적 도박 중독을 가진 극소수의 사람들만이 치료를 추구하고, 흥미롭게도 병적 도박 문제를 가진 사람들의 약 50%가 스스로 회복하는 것으로 보입니다. 이 절에서 설명하는 다른 형태의 중독과 마찬가지로 DBT는 문제를 해결하기 위해 CBT의 기술에 크게 의존합니다.

행동 중독에 DBT를 사용할 때

이러한 중독을 복잡하게 만드는 BPD와 같은 조건이 없다면, DBT 대신 덜 복잡한 형태의 증거 기반 치료법을 사용해야 합니다.

기억하세요

하지만 감정 조절의 어려움이 그 사람의 중독과 행동에 어느 정도의 역할을 하는지를 고려하는 것이 중요합니다. 상담사에게 한 가지 단서는 내담자가 한 가지 증상을 다른 증상으로 바꿀 때입니다. 예를 들어, 어떤 사람은 자해를 할 수 있지만 멈추려고 할 때 먹는 행동을 사용하고 약물을 사용할 수 있습니다. DBT는 감정 조절에 어려움을 겪는 사람들을 위해 특별히 개발되었기 때문에, DBT는 중독성 있는 행동을 감정 조절의 방법으로 사용하는 사람에게 적합할 수 있으며, 이러한 경우 약물사용장애에 사용되는 것과 동일한 형식과 프로토콜이 구현되어야 합니다(이 장의 앞부분에서 다룸).

제23장

문제 행위 대처하기

이 장에서

- 자기부정(무효화)을 이해합니다.
- 자기혐오에서 벗어나 자기애를 연습합니다.
- 홀로서기, 외로움, 공허함을 구분합니다.

DBT의 핵심 개념은 경계성 성격장애(BPD)와 같은 감정 조절장애의 핵심에 감정 조절장애가 있다는 것입니다. 하지만 사람이 감정을 조절하는 법을 배웠다고 해도 몇 가지 중요한 문제에 대처해야 합니다. 그 두 가지 문제는 자기부정과 자기혐오입니다.

이 장에서 자신에게 더 친절해질 수 있는 방법을 발견하고, 다른 사람들이 아니라고 했을 때도 자신의 경험이 유효했음을 인식하게 됩니다. 또한 치유에서 자기애와 자기 자비의 힘을 발견하고, 혼자 있고 허전함을 느끼는 것이 필연적인 것이 아니라 DBT 기술을 활용하여 변화시킬 수 있는 경험임을 알게 됩니다.

자기부정의 문제 해결

자기부정(self-invalidation, 무효화)은 자신의 감정과 경험을 거부하거나 부정하는 것입니다. 또한 감정을 가지고 있기까지 한 것에 대해 자신을 판단하거나 거부하는 것이기도 합니다. 예를 들어, 로맨틱한 파트너와 헤어지고 슬픔을 느끼고 울기 시작한다고 해 봅시다.

그러고 나서 당신은 스스로 이런 식으로 느끼는 것에 대해 바보 같고, 뭔가 문제가 있으며, '정상적인' 사람들은 이런 식으로 반응하지 않을 것이라고 스스로에게 말하기 시작합니다.

DBT 이론은 사람들이 부정하는 환경에서 자란 것으로부터 자신을 부정하는 것을 배운다고 말합니다. 부정하는 환경에서, 당신은 그 사람이 당신의 감정을 상하게 할 의도가 없더라도 당신의 표현 방식이 틀렸다, 당신이 많은 것들을 만들고 있다, 또는 당신이 느끼고 있는 것을 그냥 극복해야 한다는 말을 듣습니다.

부정이 어떤 형태를 취하든, 그러한 환경에서 자란 아이는 자신의 감정이 '잘못된' 것이고 심지어 부끄러워해야 할 것임을 알게 됩니다. 그 사람이 자라면서, 이것은 그들 자신의 경험과 감정을 불신하게 만들 수 있습니다.

다음 절에서는 언제, 어떻게 자기부정을 하는지, 왜 그렇게 하는지, 자기부정의 결과를 인식하고 그 결과에 대해 어떻게 해야 하는지를 인식함으로써 자기부정의 사이클에서 벗어날 수 있는 방법을 찾습니다.

자기부정 사이클에서 벗어나기

감정이 있을 때 자기부정의 사이클에서 어떻게 벗어날 수 있을까요? 마음챙김(제9장 참조)과 감정 조절(제10장 참조)의 DBT 기술은 자기부정을 다루는 데 중심이 됩니다. 당신은 당신의 감정을 알아차리고, 이해하고, 받아들이고, 조절하고, 심지어 사랑할 수 있는 능력을 향상시키는 것에서 시작합니다. 감정 조절 모듈을 사용하여 당신과 당신의 상담사는 당신의 감정을 이해하고, 경험하고, 그런 다음에 조절할 수 있는 기회 관계를 찾습니다.

당신이 경계성 성격장애(BPD)를 가지고 있고 감정적으로 강한 취약성을 가지고 있을 때 당신의 감정 체계를 관리하는 것은 강력한 엔진을 가진 경주용 차를 운전하려고 노력하는 것과 같습니다. 그런 강력한 차를 운전하기 위해서는 많은 기술과 훈련이 필요합니다. 그런 일은 밤새 일어나지 않으며, 때로는 상황을 통제할 수 없을 때도 있습니다. BPD가 없는 사람들은 일반적으로 중형 세단과 같은 감정적 요소를 작동시킵니다. 그들은 낮은 수준의 감정을 관리하는 것이 훨씬 쉬우며, 당신과 같은 감정 강도를 경험하지 못할 것이 거의 확실합니다. 강한 감정을 가지고 있지 않은 사람들은 감정적 고통에서 규제를 받는 느낌의 장소로 가기 위해 훨씬 적은 기술을 필요로 합니다. 일단 감정 조절의 실천에 숙련되면 한 걸음 물러선 다음 마음챙김의 관찰하기와 묘사하기 기술을 사용하여 마음속으로 알아차리고 조절의 경지에 도달할 수 있는 단계에 도달할 것입니다.

기억하세요

자기부정의 과정은 익숙한 길을 따라 여행하는 것입니다. 그것은 당신이 부정된 후에 자기부정되었기 때문에 당신이 익숙한 패턴입니다. 자기수용은 자기부정과 반대되는 행동의 한 형태로, 당신이 배워야 할 행동입니다. 하지만 새로운 것과 마찬가지로 시간이 걸립니다. 뇌는 반복을 통해 학습하기 때문에 자기부정을 반복할수록 자기부정을 더 잘하게 되고, 자기부정을 반복할수록 자기부정을 더 잘하게 된다는 것에 주목하세요.

수용받지 못하고 자기부정하는 사람들은 종종 치료 중에 개념적으로나 실제적으로 먼저 수용·인정을 경험할 것입니다. 상담사는 내담자에게 자신이 현재 느끼고 있는 감정을 어떻게 느끼는 것이 타당한지를 물어봄으로써 내담자가 스스로 인정할 수 있도록 가르칩니다. 모든 감정은 그 이전에 주어진 상황들에 의해 발생하기 때문에 그 감정은 타당합니다. 자기부정을 겪고 자란 사람들은 자신의 감정이 어리석다거나 약하다거나 일을 크게 만들고 있다고 말할 때가 많은데, 이는 자기부정하는 환경이 바로 이러한 생각을 그들에게 강화하는 경우가 많았기 때문입니다. "내 감정이 타당한가?"라는 질문을 스스로에게 던지면 그렇게 된다는 것을 알 수 있을 것입니다.

기억하세요

수용·인정은 감정을 덜어내는 것이 아닙니다. 감정이 강한 사람은 오히려 고통을 받습니다. 이미 고통을 받고 있는 상황에 자기부정은 고통을 가중시킵니다. 감정적 고통과 자기부정의 이중적 문제를 다룰 필요가 없으므로, 수용·인정은 자신에게 친절하고 정직한 행위입니다.

수치심에서 벗어나기

자기부정과 관련된 것은 자신을 향한 분노의 경험과 수치심의 감정인데, 이는 자기 부정에 선행하는 경우가 많습니다. 많은 사람에게 문제 해결을 가장 자주 방해하는 감정은 수치심입니다. 수치심과 함께 단순히 자신이 나쁘다는 느낌이 들고, 이러한 느낌과 함께 '너는 결함이 있고, 너는 가치가 없고, 너는 창피하다.'라는 고통스럽고 지속적인 반추를 경험하면서 감추고 싶은 욕구가 생기기 때문입니다.

그렇다면 어떤 사람이 고통을 받고 정서적 고통에서 벗어나고자 할 때 그들은 어떻게 이러한 기술을 개발하면서 동시에 자기 처벌과 판단적·부정적 자기 대화와 같이 고통을 가중시키는 행동을 할까요? 고통을 겪고 있는 사람들은 수치심을 유발하는 상황을 적극적으로 피하면서 동시에 수치심을 유발할 행동을 한다는 역설이 있습니다. 자기부정은 그들에게 그 수치심을 받을 자격이 있음을 말해 주고, 따라서 그들은 이 믿음이 진실이며 고통을 받을 자격이 있음을 검증하고자 합니다.

자기부정의 또 다른 요소는 이렇게 하는 사람들, 즉 자기혐오적인 사람들은 칭찬보다 부정적 피드백과 비판을 선호한다는 것입니다. 이러한 피드백은 그들의 부정적 자기관을 '확인'해 주기 때문입니다.

수치심의 맥락에서 자기 처벌로서 자해를 일삼는 사람들은 자해가 수치심을 줄이는 데 효과적이라고 말합니다. 그러나 그들은 자해가 효과적인 형태의 자기 처벌이라고 진술하기도 합니다. 그래서 그 사람은 자신이 나쁘다고 믿기 때문에 자해를 하고 이것이 효과적이라고 느끼지만, 또다시 이로 인한 수치심에서 벗어나려고 하고 다시 이를 위해 자해를 하게 됩니다. 나아가 치료의 맥락에서 자해하는 사람들은 상담사를 실망시켰다고 느끼기 때문에 수치심을 느끼는 경우가 많습니다.

이로 인해 상담사는 복잡한 과제를 안고 있습니다. 이들은 한편으로는 내담자가 수치심 유발 행동을 중단했다가 번복함으로써 수치심을 줄일 수 있도록 도와야 하고, 다른 한편으로는 내담자가 부적응적 행동을 함으로써 수치심의 경험을 직면할 수 있도록 도와주어야 보다 건강하고 장기적인 해결책을 개발할 수 있습니다.

수치심을 목표로 하는 가장 효과적인 방법은 반대 행동의 기술(제10장 참조)을 통한 것으로 노출을 통한 행동의 진화와 감정 처리의 활용에 대한 행동 원리를 바탕으로 합니다. 노출을 경험하기 위해서는 먼저 수치심의 구체적인 영역을 확인하는 것이 첫 번째 단계입니다. 많은 사람에게 이것은 전형적으로 성적 행동, 성적 생각, 신체상, 끌림이나 사랑의 감정 등입니다. 다음으로 이것이 생각인지 상황인지 유발하거나 촉발하는 사건을 확인하는 것입니다.

기억하세요

다음 단계는 수치심이 정당화되거나 정당화되지 않는 정도를 결정합니다.

>> 수치심은 어떤 사회적 규범을 위반했다는 이유로 다른 사람에게 거절당할 위험이 있거나, 그 행동이 자신의 핵심 가치관이나 도덕을 위반한 것이라면 정당화됩니다. 자신의 수치심이 정당화된다면 사회적 규범과 자신의 가치관을 위반한 것은 고쳐야 할 문제입니다.

>> 거절의 위험이 적거나 전혀 없고, 이에 대한 증거가 있어야 하거나, 자신의 행동이 가치관이나 도덕에 위배되지 않는다면 수치심은 정당화되지 않습니다. 거의 모든 내담자가 자신의 수치심이 정당하다고 말하는 것으로 시작하지만, 현실은 자세히 살펴보면 대부분의 내담자가 수치심을 느끼는 대부분의 경우 정당화되지 않는 경우가 많습니다.

수치심 경험을 목표로 하는 가장 강력한 방법은 반대 행동을 사용하는 것입니다. 하지만 많은 사람에게 반대 행동을 사용하는 것은 그들이 상상할 수 있는 가장 공격적인 선택입니다. 왜냐하면 그것은 노출의 한 형태이고, 많은 사람에게 그들이 가장 두려워하는 것에 노출되는 것은 거의 상상할 수 없기 때문입니다(노출에 대해 더 많은 것을 알고 싶다면 다음 절을 이어서 읽어 보세요).

노출 경험하기

이 책에서 가장 중요하고 중요한 교훈 중 하나는 노출이 DBT에서 가장 강력한 기술 중 하나이며, 거의 틀림없이 모든 치료법에 포함된다는 것입니다. 당신이 자신을 노출시키고, 인내하고, 감정적으로 불편하거나 고통스러운 상황에 능숙하게 대처할수록, 그 상황은 당신의 삶을 통제하는 것을 더 이상 막을 수 없을 것입니다. 우리는 이것을 아무리 강조해도 지나치지 않습니다. 상담사들은 종종 내담자들이 노출을 경험하게 하는 데 있어서 겪는 어려움을 이야기합니다. 그들은 내담자들 중 일부가 노출되기 전에 어떻게 몇 주, 몇 달, 혹은 그보다 더 오랜 시간을 기다려야 하는지, 그리고 노출에 완전히 참여한 후 몇 주 안에 내담자들이 어떻게 기분이 좋아지기 시작하고 자신의 삶을 더 완벽하게 통제할 수 있는지를 설명합니다.

노출에 대한 동기 구축하기

내담자가 노출 치료를 해야 한다고 확신하면 그 다음 단계는 노출 치료에 대한 동기를 강화하는 것입니다. 제19장에서 살펴본 동기 전략들을 통해 상담사와 내담자는 수치심이 내담자의 현재 경험과 삶의 목표를 방해하는 방식과 그 반대의 행동 기법과 행동의 근거를 살펴봅니다. 그러면 내담자는 노출 작업을 하는 것에 대한 찬반 의견을 나열할 수 있습니다. 노출은 강제할 수 있는 치료법이 아닙니다. 내담자가 노출 치료를 하는 것이 목표가 아니라면, 상담사가 내담자에게 노출 치료를 하도록 할 방법은 없지만, 이 경우 내담자는 종종 고통을 겪을 것이고, 살 만한 삶과 자신의 감정을 더 잘 통제할 수 있는 삶이라는 목표를 방해할 것입니다.

상담사의 임무는 내담자의 의심과 회의를 진지하게 고려하는 것입니다. 심지어 상담사는 내담자의 노출 행위에 대한 의지를 평가하기 위해 악마의 옹호자(극단적인 비판) 기법을 사용하는 것도 고려할 수 있습니다. 부당한 수치심에 대한 치료는 수치심을 유발하는 사건과 상황에 반복적으로 노출되는 동시에 부적응적 회피나 자기 파괴적 행동을 차단하고 반대 행동을 강화하는 것입니다.

노출 치료 연습하기

부당한 수치심에 대한 노출 기술은 전문가들에게 빈번하게, 오랜 기간 사용되고 있습니다. 이 기술은 다음 구성 요소로 구성됩니다.

1. 내담자는 상황에 대해, 특히 이전에 숨겨졌거나 공개되지 않았던 행동에 대해 상세하고 사실적인 정보를 공개합니다.
2. 그런 다음 이전까지 피하던 행동을 합니다.
3. 이전에 공개하지 않은 신체적 특징을 드러냅니다. 예를 들어, 수치심을 유발하는 신체 부위나 성적 행동에 대해 이야기합니다.
4. 그런 다음 이전에 피했던 매우 특정한 사회적 상황과 대인관계 상호작용에 물리적으로 접근합니다.

주의

상담과 실제 삶에서 수치심의 감정을 이끌어 내는 것이 매우 중요합니다. 상담 회기에서 사건에 대해 이야기하고, 상상하며, 역할극을 하는 것은 종종 수치심의 반응을 이끌어 냅니다. 상담사는 그들, 즉 내담자와 상담사가 함께 수치심을 목표로 삼는 작업을 수행하는 데 동의했음을 분명히 해야 합니다. 이 때문에 상담사와 내담자는 둘 중 누구도 모호하게 말하거나, 주제를 바꾸어 피하거나, 중얼거리거나 조용한 목소리를 사용하거나, 비판적이거나 자기비난적인 언어를 사용하거나, 눈 맞춤을 피하거나, 해리 또는 도피 행동을 사용하지 않도록 해야 합니다. 노출 치료는 수치심을 유발하는 사건과 행동을 완전히 식별하고 노출 작업에 통합하는 경우에만 효과적입니다.

기억하세요

부당한 수치심에 맞서 행동하는 것은 피하던 상황과 사람들에게 적극적으로 접근하는 연습이며, 그렇게 함으로써 자신이 사회적 규범을 위반하지도 않았고, 부도덕한 행동을 하지도 않았으며, 자신이 거절당하더라도 그것이 자신이 부끄러운 존재이기 때문이 아니라는 것을 인식하는 것입니다.

TIP

수치심과 자기부정에 대항하는 행동을 연습할 때 중요한 점은 자신감을 갖고, 눈을 잘 맞추고, 자기 확신을 갖고, 비록 어렵지만 최선의 접근 방식이라는 인식을 가질 필요가 있다는 것입니다. 연습을 강화하고 일반화하기 위해 회기를 녹음하거나 동영상으로 촬영하여 반복해서 듣거나 볼 수 있습니다. 내담자가 수치심을 유발하는 상황에 노출되는 것이 중요합니다. 내담자가 다른 사람으로부터 피드백을 받을 때, 거울을 보거나 신체 부위에 대해 이야기할 때 수치심을 느낀다고 해 봅시다. 이는 신체 이형 장애(BDD)의 증상입니다. 핵심은 내담자에게 수치심을 유발하는 모든 것을 회피하거나 도망치지 않고 계속 언급하고 이야기하는 것입니다.

수치심을 경험하는 많은 사람은 자신이 나쁜 사람이고 사랑받을 자격이 없다는 결론에 도달합니다. 상담의 또 다른 측면은 수치심을 정당화하는 문제 행동에 의하여 유발되거나, 수치스러울 만하지 않을 때 잘못된 사고에 의해 유발되는 강한 감정으로 재개념화하는 것입니다. 상담사의 의무는 내담자가 문제 행동이나 왜곡된 사고방식을 바꾸도록 돕는 것입니다. 예를 들어, 당신이 잘못한 것이 있든 없든 관계에서 일어나는 모든 일에 대해 사과하는 경향이 있다고 가정해 봅시다. 상담 목표 중 하나는 부당한 죄책감과 수치심에 대해 사과하는 것을 중단하는 것입니다. 하지만 그러기 위해서는 먼저 그 감정이 정당한지 아닌지를 판단해야 합니다.

기억하세요

이 노출법은 가장 어렵지만 가장 힘이 있는 개입 방법입니다. 당신이 할 수 있는 만큼 이끌어 내야 합니다. 범법 행위, 신체적 결함 또는 성적 행위에 대해 자신을 판단하지 않고 자세히 설명하는 동시에 자신이 경험한 감정에 대해 스스로를 인정하고 그 상황에 처할 수밖에 없었던 이유에 대해, 적어도 당시에는 그랬다는 것을 인정하는 것이 필요합니다. 어떤 내담자들은 감정의 정당성 여부가 중요하지 않다고 생각하지만, 감정의 정당성 여부와 상관없이 감정은 유효할 수 있다는 점을 명심하세요. 정당한 감정이든 아니든 감정은 유효할 수 있다는 점을 명심하세요. 정당화된, 정당화되지 않은 수치심을 구분하는 것은 치료의 중심입니다.

내담자는 다음과 같이 설명했습니다.

> 오랫동안 저는 저에게 수치를 느끼게 하는 어떤 것도 바라볼 수 없었습니다. 그것이 제 잘못이든 아니든 저에게는 똑같았습니다. 회피는 저를 항상 고통스럽게 만들고, 더 큰 수치심을 느끼게 하는 행동을 하게 만들었습니다. 그래서 저는 결국 제가 느끼는 수치심이 정당한지 아닌지를 살펴보기 시작했습니다. 저에게는 속도를 늦추는 것이 중요했습니다. 그렇지 않으면 저는 사실을 확인하지 않고 자기부정 사고에 빠져들곤 했습니다. 수용 · 인정 공간을 만들어야 합니다. 수용 · 인정 공간을 만들지 않으면 저는 더 화가 나고, '그들이 나를 싫어한다.' '이 일로 화내면 안 돼.' 등과 같은 부정적인 결론에 도달하게 됩니다. 첫걸음을 내딛고, 뭔가 다른 것을 시도하며, 자신의 오래된 방식이 효과가 없었다는 것을 상기시켜야 합니다. 저는 필기류를 사용해서 손등에 '수용 · 인정'을 의미하는 SV(Self-Validate)라는 글자를 썼습니다. 그것이 정말 효과가 있었습니다. 저는 그것을 문신으로 새길 생각까지 했습니다!

안심(안정, 확인) 추구하기

한 사람이 그의 연인에게 말했습니다. "나는 당신이 날 사랑하고 날 떠나지 않을 것이라는 것을 알기 원해." 연인은 그를 안심시키고 그 사람은 기분이 좋아졌습니다. 그렇지만 연인이 문자나 전화에 답하지 않는 일이 발생했습니다. 그리고 그는 다시 기분이 나빠지고, 다시 안심(안정)을 필요로 했습니다. "당신 나한테 화났어?" 그는 물었습니다. 그의 연인은 "아니."라고 답했지만, 안심을 느끼기 위해서 "확실해?"라고 다시 한번 물었습니다.

다음 절에서는 다양한 유형의 안심 추구(reassurance-seeking) 행동에 대해 살펴보며, 그것들이 왜 문제가 될 수 있고 안심시키기 대신 무얼 할 수 있는지 다룹니다.

안심 추구의 유형들

기억하세요

안심 추구는 불안을 줄이고자 이미 제공된 정보를 수집하려고 지속적으로 애쓰는 행위를 말합니다. 그런 행동에는 다양한 유형이 있습니다.

>> **자기위안**: 이는 강박장애와 같은 상황에서 나타날 수 있습니다.

- 문이 잠겼는지, 알람이 설정되었는지 등 대상을 반복적으로 점검하기
- 끊임없이 체온을 측정하는 것 같이 지속적으로 신체 증상 점검하기
- 친구 기분이 상하지 않았다거나 자신의 반응이 부적절하지 않았음을 확실히 하고자 친구와의 문자 대화 같은 사건을 끊임없이 정신적으로 검토하기

>> **타인을 통해 안심 추구하기**: 이는 보통 경계성 성격장애일 때 발생합니다.

- 자신에게 화가 났는지 타인에게 물어보기
- 모든 게 괜찮을 거라는 약속 요구하기
- 자신을 떠나지 말라는 약속 요구하기

안심 추구가 가지는 문제점

주의

우리는 다음과 같이 자문할 수 있습니다. "안심하게 해 달라고 요구해서 기분이 좋아진다면 그게 뭐가 그렇게 잘못된 거야?" 어쨌든, 안심 추구하기는 단기적으로 불안을 낮춥니다. 그리고 이를 **부적 강화**라고 부릅니다. 이는 안심을 추구하며 원하지 않는 대상(여기서는 불안)을 제거하는데 (빼기, 따라서 부적이라는 용어를 씀), 일단 안심을 얻게 되면 끊임없이 이를 반복적으로 요구하게 됩니다. 그러나 장기적으로 이는 불안을 악화하고 더 큰 안심을 위한 욕구를 높이는 사이클을 만들어 내기 마련입니다. 설상가상으로 스스로의 능력에 자신감을 상실하고 자기 의심을 증폭시키는데, 결국 자기비하와 자기부정으로 이어지게 됩니다.

안심 추구 감소시키기

기억하세요

안심 추구라는 것이 단기적으로는 꽤나 만족스러울지라도 결국 장기적으로는 도움이 되지 않을 수 있기 때문에 이를 줄이는 방법을 아는 게 좋습니다. 여기 안심 추구를 줄일 수 있는 몇몇 단계가 있습니다.

1. 언제 안심 추구가 발생하는지 알기

정보 탐색(이해를 위한 목적으로 하나의 정보를 수집하는 것)과 **안심 추구**(불안을 낮추기 위해 이미 주어진 정보를 끊임없이 수집하려고 애쓰는 것)는 분명히 다릅니다.

2. 행동에 정확한 이름 붙이기

예 "나는 불안해. 그리고 나는 안심을 추구하고 있어."

3. 점진적 접근 취하기

매일같이 묻는 수많은 질문 또는 같은 질문에 수차례 묻기를 서서히 줄여 나가세요.

4. 특정 시간 동안 안심 추구 미루기

예 "오늘 4시간 동안 안심 추구를 미뤘다면, 내일은 6시간으로 그 양을 늘려 볼 거야."

5. 안심 추구 완전히 제거하기

종종 이 단계가 가장 힘들 것입니다. 만약 그렇다면 자신이 얼마나 힘든 정서를 경험하고 있는지 가족이나 연인이 알도록 하고 싶을 것입니다. 이때 상담사에게 가족 구성원을 대상으로 교육을 하는 도움을 구할 수 있는데, 만약 가족들에게 안심 추구를 위한 질문을 한다면, 가족들은 안심을 제공하는 식의 반응 대신 다음과 같이 답할 수 있습니다.

- "무슨 생각 해?"
- "우리 몇 시간 전에 그 이야기 했잖아. 뭐 바뀐 거라도 있어?"
- "그 질문을 하게 만든 특별한 일이라도 있었어?"
- "너는 이미 그 질문에 대해 어떻게 답할지 알잖아. 난 답 안 할 거야."

6. 다이어리 카드로 진전 추적하기

DBT 기반 상담을 받고 있는 만큼 다이어리 카드를 지니고 있을 것입니다(제18장 참조). 안심은 다이어리 카드의 목표 증상이 되어야 하며, 이를 매일을 기준으로 추적해야 합니다. 보다 구체적으로, 질문 유형과 스스로 행하고 있는 특정한 안심 추구 행동의 유형을 기록해 두어야 합니다. 또한 무엇이 유용했고 무엇이 쓸모없는 방식이었는지에 대한 기록을 지니고 다니면서, 안심 추구를 위한 욕구를 자각하는 순간, 다른 상황에서 그 욕구를 어떻게 다뤘는지 확인할 수 있도록 다이어리 카드로 돌아가야 합니다.

7. 점진적인 접근 유지하기
안심 추구를 이어가려 하거든 하루에 10번 말해 보고, 다음 날에는 9번, 그다음 날에는 8번 같은 식으로 스스로 요구하는 횟수를 점차 좁혀 가세요.

기억하세요

스스로 불안한 사람일수록 안심 추구를 줄이는 건 매우 어려운 일입니다. 그러나 이 행동을 줄이지 않고서는 스스로의 불안을 효과적으로 통제하는 것은 거의 불가능할 것입니다.

자기혐오 다루기

작가인 샤론 살츠버그(Sharon Salzberg)는 "마음은 우리가 계획하지 않은 생각을 합니다. 우리가 '9시 10분에 나는 증오로 가득 찰 거야.'라고 말하는 것과는 다릅니다."라고 말합니다. BPD와 같은 질환을 가진 많은 사람은 극심한 자기 증오, 수치심, 실패자 또는 부적합한 사람이라는 느낌으로 어려움을 겪습니다. 샤론 살츠버그가 지적했듯이 이러한 생각은 원치 않더라도 사람들의 마음속에 자리 잡고 있습니다. 상담사들은 종종 다음과 같은 말을 듣게 됩니다.

- "나는 무가치한 사람입니다."
- "나는 아무것도 제대로 할 수 없습니다."
- "나는 내 자신이 싫어요."
- "아무도 나와 함께하고 싶어하지 않을 것 같아서 너무 무서워요."
- "나는 최악이에요."

이는 모두 부정적인 생각이며 사실이 아닙니다. 그럼에도 불구하고 이러한 자기혐오의 표현은 BPD에서 가장 가차 없고 파괴적인 생각을 나타냅니다. 흥미로운 모순은 자기 자신을 미워하는 BPD 내담자들은 종종 자기감(sense of self)이 없는 경험을 한다는 점입니다. 자신이 누구인지 모른다면 자신이 미워하는 사람은 누구일까요? 27세의 한 내담자는 "내 몸, 내 장애, 내 감정, 내 결정, 내 삶, 내가 관계를 파괴하는 방식 등 모든 것을 얼마나 미워하는지에 대해 생각해요. 기분이 나아지고 증오심이 줄어들어도 여전히 제 자신이 싫어져요. 이것은 설명하기 힘들지만 어떤 때는 내가 아무것도 받을 자격이 없는 사람처럼 느껴지기도 하고, 어떤 때는 그렇게 무가치한 사람은 존재할 수 없으니 내가 사람인 것 같지 않기도 해요."라고 말합니다.

기술적 사항

상황에서 부정적 요소를 찾는 것은 진화론적 근거가 있습니다. 인류는 매우 어려운 환경에서 살아남기 위해 우리를 공격할 포식자나 얼어 죽거나 폭염의 악천후를 경계해야 했습니다. 순진하고 행복한 태도를 가지고 위험은 고려하지 않았다면 인류는 오래 살아남지 못했을 것이고, 그 결과 우리의 유전자에 이러한 태도가 내재되어 있습니다. 하지만 오늘날 우리 중 호랑이에 노출되거나 피난처를 찾지 못하는 사람은 거의 없지만, 위협을 경계해야 할 필요성은 계속 남아 있습니다.

기억하세요

BPD와 같은 질환을 가진 사람들은 부정적인 면을 찾는 시선이 내면으로 향하고, 그 위협적인 존재는 자기 자신이 됩니다. 그런 다음 자신의 부적절함과 실패에 집착하여 자신에 대한 분노와 혐오감을 느끼게 됩니다. 자신을 미워하는 사람들이 이해하기 어려운 점은 자기 자신의 인식이 다른 사람들이 인식하는 방식과 다른 경우가 많다는 것입니다. 학대를 당한 경험이 있고 트라우마가 해결되지 않은 사람들에게 특히 그렇습니다. 이들은 자신이 학대를 당해도 마땅하다고 생각할 수 있습니다. 자신이 가치가 없다고 확신하는 사람들은 반복적으로 떠오르는 부정적인 내러티브 때문에 다른 사람들이 자신을 사랑한다는 사실을 믿기 어려울 수 있습니다. 자신이 가치 있고 사랑스럽다는 것이 어떻게 사실일 수 있을까요? 이런 식으로 어려움을 겪고 있다면 어떻게 바꿀 수 있을까요? 다음 절이 도움이 될 수 있습니다.

반대 행동으로 자기애 생각하기

기억하세요

제10장에서 설명했듯이 반대 행동 기술은 감정이 시키는 것과 반대로 행동하는 것입니다. 반대 행동을 효과적으로 사용하면 이 기술을 자기 강화적으로 만드는 데 도움이 되는 강력한 숙달감을 얻을 수 있습니다. 즉, 다음에 어려운 상황에 처했을 때 반대 행동을 하도록 동기를 부여하는 데 도움이 됩니다. 자기애를 실천하는 것은 자기혐오적인 사고를 하는 것과는 반대되는 것입니다.

자기 관리와 자기연민의 행동을 통해 자기애의 지점에 도달할 수 있습니다. 변화를 실행하는 것이 중요하며, 이를 위해서는 힘들고 지속적인 노력이 필요합니다. 많은 사람이 치유를 원한다고 말하지만, 자신의 '안전지대'를 떠나는 것을 두려워합니다. 비록 그 안전지대가 자기혐오와 수치심에 기반한 것이라 할지라도 말입니다.

부처가 남긴 명언 중 다음과 같은 구절이 있습니다.

> 이 세상에서
> 증오는 아직 증오를 없애지 못했습니다.
> 오직 사랑만이 증오를 없애 줍니다.
> 이것은 오래되고 무궁무진한 법칙입니다.

이는 DBT에서 행동주의의 초점과 완전히 양립할 수 있습니다. 자신을 계속 미워하는 것으로 자기혐오를 대체할 수는 없습니다. 자기애, 또는 최소한 자기 호감만이 자기혐오를 대체할 수 있습니다.

자기애를 실천하는 데 필요한 요소 살펴보기

기억하세요

자신을 진정으로 사랑해 본 적이 없는 사람들에게는 말도 안 되는 생각으로 보일 수 있습니다. 하지만 자기애를 실천하기 위해 취할 수 있는 단계가 있습니다.

- **인내심을 가져야 합니다.** 자기혐오를 느끼며 오랜 세월을 보냈을 가능성이 높습니다. 새로운 두뇌 경로와 새로운 사고 방식을 만드는 데는 시간과 연습이 필요합니다. 이것은 다른 모든 연습과 마찬가지로 뇌가 작동하는 방식입니다. 자신에게 인내심을 갖는 것이 자기연민의 첫 번째 행동입니다.
- **사랑하는 사람들에게 도움을 요청하세요.** 주변에서 당신을 사랑한다고 표현한 사람들의 목록을 작성해 보세요. 친구와 가족뿐 아니라 교사, 종교인, 직장 동료, 상담사, 그 외 당신을 돌봐 주는 모든 사람을 포함시키세요. 당신을 아끼는 사람들에게 도움을 요청하는 것은 나 자신에 대한 연민의 행동입니다.
- **자기혐오를 모면하지 마세요.** 당신은 자기혐오에 대한 개념이 없던 어린 시절부터 자신을 미워하게 되었습니다. 당신은 태어날 때부터 자신을 미워하지 않았습니다. 어떻게 자기혐오에 빠지게 되었을까요? 자기혐오가 어떻게 발전했는지 탐구하는 것은 고통스럽지만, 자기혐오에 주의를 기울임으로써 극복할 수 있습니다. 자기혐오를 직면한다는 것은 자기혐오가 존재한다는 사실을 인정하고, 그것에 집착하거나 반추하지 않고 알아차리는 것을 의미합니다. 궁극적으로, 당신은 그것이 당신의 삶을 파괴적인 방식으로 통제하지 않고 직면할 수 있을 것입니다.
- **용서하고 용서하고 용서하세요.** 부끄러운 일을 한 적이 있다면 당신도 지구상의 거의 모든 사람과 똑같습니다. 자신을 사랑하는 방법을 몰랐기 때문에 그런 일을 저질렀다는 사실을 명심하세요. 정당한 수치심을 유발한 각 행동에 대해 스스로를 용서해야 하는데, 대부분의 경우 더 잘 몰랐기 때문이며, 더 잘 알았다면 상처를 준 사람들에게도 용서를 구해야 합니다. 물론 자제력이 부족하다면 능숙하게 용서를 구하는 것이 매우 어려울 수 있습니다. 그 순간에는 스스로를 조절하고 용서를 구하는 것이 그 순간에 필요한 일인지 스스로에게 물어보는 것이 중요합니다. 자신의 가치관을 넘어 누군가에게 상처를 줬다고 판단했다면 그 사람에게도 용서를 구하세요. 이는 당신의 가치 체계에 속하기 때문입니다. 더 능숙해지면 가치관에 어긋나는 행동을 할 가능성이 줄어들 것입니다. 자신을 용서하는 것은 자기연민의 연습입니다.
- **사랑하는 사람들과 함께하고, 사랑하는 일을 하세요.** 독서를 좋아하나요? 그렇다면 독서를 하세요. 악기 연주를 좋아하나요? 그럼 악기 연주를 하세요. 춤을 좋아하나요? 댄스화를 신고 춤을 추세요. 특정 친구들과 함께 있는 것을 좋아하나요? 매주 저녁 식사나 영상 통화하도록 하세요. 좋아하는 일을 더 많이 연습할수록 더 좋아하게 될 것입니다. 이것은

> 싫어하는 사람이 되기 위해 스스로를 처벌하는 것과는 반대입니다. 자신을 박탈하지 않는 것은 자기연민의 행위입니다.

TIP

다음은 자기혐오 문제를 해결하는 또 다른 방법인 선(zen) 수행법입니다. 현명하고 자비로운 사람이라고 생각하는 존경하는 사람을 떠올려 보세요. 이제 그 사람이 자기혐오의 순간에 당신의 몸과 마음속에서 함께 살고 있다고 상상하고, 그 사람이 어떻게 대처하고 당신을 어떻게 인도할지 살펴보세요. 다시 말하지만, 이것은 어려운 작업이지만 연습을 통해 더 큰 자기연민을 발견할 수 있습니다.

고독과 관계의 균형 유지

대부분의 사람은 삶의 기쁨과 의미를 주는 본질적인 이유로 친밀한 관계를 꼽습니다. 가정에서의 관계든 직장에서의 관계든 인간관계는 일상에 구조를 제공합니다. 소중한 사람들과 함께 있을 때 기분이 좋아지며, 기분이 좋을 때는 더욱 기분이 좋아질 수 있습니다. 기분이 별로 좋지 않을 때에도 가까운 사람들과 있으면 기분이 좋을 수 있습니다. 인간관계는 또한 당신의 지지원이 될 수 있고, 당신은 다시 그들에게 힘이 되어 줄 수 있기 때문에 중요합니다.

관계의 다른 면은 사회적 고립과 외로움입니다. 자신을 단절되고 분리된 존재로 보는 것은 고통스럽고 잠재적으로 정신건강에 해로울 수 있습니다. 많은 사람은 관계를 원하지만 때로는 고독(solitude)의 순간을 원하고 심지어 즐깁니다. 그러나 이런 순간들이 자신의 선택에 의한 것이기를 원하며, 자신의 삶에 아무도 없다는 이유로 강요되는 것이 아니길 원합니다.

외로움은 특정한 사람들에게만 영향을 주는 것이 아닙니다. 외로움의 감정은 언제든 누구에게나 영향을 미칠 수 있으며, 어떤 사람들은 명절, 생일 및 기념일 같은 축하할 일이 있는 시기에 특히 외로움을 느끼게 됩니다. 지나친 고립감은 신체적 건강뿐만 아니라 정신적 건강에도 위험을 초래할 수 있습니다.

다음 절에서는 홀로서기의 다른 경험을 검토하고, 따를 수 있는 단계를 살펴봅니다.

일정 기간 동안 홀로 있는 것을 편안하게 받아들이는 것이 목표가 될 수도 있습니다.

기억하세요

많은 BPD 내담자는 항우울제를 복용하며 DBT를 찾아옵니다. 일부는 우울증을 겪을 수 있지만 주로 임상적 우울증이 아닙니다. 대신에 불만족과 불행한 상태입니다. 더 정확한 용어는 불안감이나 불만족을 느끼는 상태인 '불쾌감(dysphoria)'입니다.

불쾌감은 안정된 순간과, 그런 안정과 함께 찾아오는 희망을 경험하고, 그 안정성이 지속되지 않아서 실망할 때 발생합니다. 이러한 상황에서는 공허하고 외로움을 느낄 수 있습니다.

홀로서기

외로움(다음 절에서 다룸)은 기꺼이 연결될 사람이 없는데 누군가와 연결되고 싶을 때 발생하는 것이지만, 홀로서기(aloneness)는 사랑하는 사람이 떠나거나 당신을 버렸을 때 느끼는 공허함이나 비어 있는 느낌입니다.

기억하세요

외로움을 느낄 때는 우리 모두가 근본적으로 서로 연결되어 있고 서로에게 의존하고 있음을 잊기 쉽습니다. 그렇게 느껴지지 않더라도 사람들은 당신에게 의존하고 있습니다. 주변 사람들이 당신에게 어떻게 의존하고 있는지 생각해 봅시다. 때로는 그다지 중요하게 느껴지도 않을수도 있지만, 당신이 커피를 사러 가는 것에 의존하는 동네 바리스타, 당신이 출근하는 것에 의존하는 고용주, 당신이 학생으로 나가는 것에 의존하는 학교, 당신의 목소리가 필요한 예배당, 주말에 집을 비우는 동안 고양이를 부탁하는 이웃에 대해 생각해 봅시다. 자신이 얼마나 연결되어 있는지 깨닫게 되면 혼자가 아니라는 것을 깨닫게 되며, 홀로서기는 일시적인 고통스러운 경험일 뿐이므로 홀로 있음에 길게 머무르지 않는 것이 중요하다는 것을 알 수 있습니다.

외로움

외로움(loneliness)은 혼자 있거나 혼자임을 인식하는 데서 오는 불안한 감정입니다. 이 감정이 발생하고 나타나는 방식에 대한 다양한 관점이 있습니다. 하나는 친밀성과 동반자 관계에 대한 본능적인 욕구가 충족되지 않아서 발생한다는 것입니다. 다른 하나는 관계에 대해 바람직하다고 여겨지는 욕구가 개인의 관계 맺는 현실을 반영하지 않을 때 외로움의 불안한 감정을 초래한다는 것입니다. 외로움이 나타나는 방식이 무엇이든, 외로움은 장기적으로 정서적 및 신체적 건강에 영향을 미칠 수 있습니다.

기억하세요

외로움은 수백만 명의 사람에게 영향을 미칩니다. 다행히도 이것을 극복하기 위해 많은 일을 할 수 있습니다. 핵심은 자신이 어떻게 느끼는지 깨닫고 자신에게 가장 적합한 전략을 찾는 것입니다. 다음에는 외로움을 다루기 위한 몇 가지 DBT 아이디어가 있습니다.

- **외로움을 느끼고 있다는 사실을 인정하기**: 이것은 버림받았다는 느낌이나 우울한 기분이 아닌 외로움을 느끼고 있다는 사실을 인정하는 것을 의미합니다. 또한 외로움이 자신의 삶에 미치는 영향을 명확하게 표현하는 것을 의미합니다. 외로움을 치료하고 싶다는 의사를 상담사에게 알리세요. 또 다른 아이디어는 친구나 가족과 이야기하는 것입니다. 외로움으로 힘들어하고 있다는 사실을 사람들에게 알리는 것은 어려울 수 있습니다.
- **외로움의 행동을 파악하기**: 어떤 사람들은 외로움에 대해 아무것도 하지 않고 그 느낌에 갇혀 지내기도 합니다. 또는 아무것도 할 수 없다고 느낄 수도 있습니다. 집에 머무르기로 결정하였나요? 친구와 가족과 함께 행사에 참여할 기회를 거절하나요? 문자나 이메일 답장을 소홀히 하나요? 외로움을 반추하며 시간을 보내나요? 이러한 행동들은 직접 그 행동들을 다루기 위해 파악하는 것이 중요합니다.
- **온라인 생활이 외로움을 더 악화시키고 있지 않은지 알아보기**: 온라인은 외로움에 있어 양날의 검이 될 수 있습니다. 물론 온라인 커뮤니티는 다른 사람들과 연결하는 편리한 방법을 제공합니다. 멀티 플레이어 게임 및 온라인 데이트와 같은 활동은 다른 사람들과 교류하고 소통하는 방법을 제공할 수 있으며, 이것은 일부 사람에게는 충분할 수 있습니다. 그러나 일부 소셜 미디어 앱은 다른 사람들의 화려한 삶만을 강조하기 때문에 외로움을

더 악화시키기도 합니다. 다른 사람들의 실제 삶은 일반적으로 묘사된 것과는 다른 경우가 많지만. 그럼에도 불구하고 마치 자신이 소외된 것처럼 느껴질 수 있습니다. 요점은 온라인상에 있으면서 외로움을 더 많이 느낀다면 로그-오프해야 한다는 신호일 수 있다는 것입니다.

- **자원봉사 활동하기**: 많은 지역 커뮤니티는 사람들이 자원봉사를 할 기회를 제공합니다. 당신이 중요하게 생각하는 사업을 위해 시간과 재능을 기부하고 다른 사람들과 함께 일하는 것은 비슷한 생각을 가진 사람들과 연결되고 외로움을 극복하는 데 도움이 될 수 있습니다. 자원봉사는 스트레스와 우울감을 줄이고 행복감과 성취감을 높일 수 있다는 건강상의 이점도 있습니다. 노인과 함께 일하는 데 관심이 있다면 요양원의 방문자로 자원봉사 활동을 할 수 있습니다. 아이들과 함께 일하는 것을 선호한다면 어린이 병원에서 자원봉사를 하거나 도서관에서 사서로 일할 수 있습니다. 기후 변화나 환경과 관련된 대의에 관심이 있다면 좋아하는 몇 가지 대의의 지역 활동이 있는지 알아볼 수 있습니다. 사람보다 동물을 더 좋아한다면 가까운 동물 보호소에서 자원봉사를 할 수 있을 것입니다.
- **지지 그룹에 가입하기**: 가족 구성원이 정신건강 문제나 약물 남용 문제로 겪고 있어 가족으로부터 고립감을 느낄 때가 있습니다. 알-아논(Al-Anon) 또는 BPD 국립 교육 연합(National Education Alliance for Borderline Personality Disorder: NEABPD)과 같은 지지 그룹에 가입하면 자신이 겪고 있는 많은 상황을 이해할 가능성이 있는 사람들과 연결될 수 있습니다.
- **취미 그룹에 가입하기**: 독서, 그림 그리기, 체스, 카드 게임, 노래 등에 관심이 있나요? 많은 지역 커뮤니티에는 비슷한 관심을 가진 다른 사람들과 연결할 수 있는 동아리 및 특별한 관심사를 공유하는 그룹을 소개하는 센터가 있습니다.
- **자기 관리 실천하기**: 다른 사람들과 소통하기 위해 노력하는 것 외에도 자기 자신을 돌본다면 훨씬 더 자신감이 생길 것입니다. 운동하고, 건강한 식습관을 유지하고, 충분한 수면을 취하고(제10장의 PLEASE 기술), 마음챙김 연습을 하세요(제9장 참조). 이러한 모든 연습은 짜증을 줄이고 다른 사람들이 좋은 친구로 여길 수 있는 사람으로 만들어 줍니다.

공허함

23세의 대학 졸업반인 한 여성은 삶의 불만족을 다루는 데 도움이 되는 상담을 원했습니다. 좀 더 구체적으로 말하자면, 그녀는 항상 공허함을 느낀다고 말했고 이는 견딜 수 없는 일이라고 했습니다. "속이 너무 공허해요. 사람들과 함께 있을 때 공허함을 덜 느끼긴 하지만 그 어떤 것도 공허함을 없애지는 못합니다. 가끔 마리화나, 성관계, 돈을 쓰는 것이 도움이 되긴 하지만 일시적입니다. 어떻게 하면 좋을까요?"

BPD를 가진 사람들이 겪는 모든 어려움 중에서 다른 사람들에게 설명하기 가장 어려운 것은 아마도 '만성적인 공허감'일 것입니다. 공허감은 주관적인 경험이며 분노나 슬픔처럼 겉으로 드러나지 않습니다. 다음 절에서는 공허함과 이를 해소하는 방법에 대해 설명합니다.

공허함을 설명하려고 노력하기

공허함은 설명하기 어렵기 때문에 공허함을 경험한 사람들에게 그것을 설명해 달라고 요청했습니다. 이 질문은 많은 응답을 이끌어 냈습니다. 어떤 사람들은 '견딜 수 없는 비어 있는 느낌'이라고 말합니다. 다른 사람들은 '절망감과 무의미함'이라고 말했습니다. '자신이 전혀 중요하지 않고 내가 있던 없던 세상은 더 나아지지 않고 똑같을 것이라는 느낌'이라는 응답도 있었습니다. 어떤 사람들은 공허함을 자신의 일부라고 말하지만, 다른 사람들은 공허함을 존재론적 무의미감이라고 말합니다.

28세의 한 은행 매니저는 다음과 같이 말했습니다. "내 안에 거대한 구멍이 뚫린 것 같아요. 제가 하는 일이나 함께 있는 그 누구도 그 구멍을 메울 수 없을 것만 같습니다. 설명하기 정말 어렵습니다. 뭔가 있었는데 이제 사라진 것 같아요. 팔을 잃은 사람들이 어떻게 느끼는지 아시나요? 환상통이라고 하죠. 제 일부였던 무언가가 찢겨나간 것 같은 느낌이에요. 예전에는 사람들이 나를 이해하지 못해서 공허함을 느낀다고 생각했는데, 공허함을 느끼는 다른 사람들을 만나도 여전히 공허함을 느낍니다."

공허함의 경험은 정의하기 매우 어렵기 때문에 복잡합니다. 예를 들어, 공허함은 여러 사람 속에 있으면서도 완전히 혼자가 된 느낌이기도 합니다. "공허함은 제 피부와 같습니다. 어디를 가든 공허함은 저와 함께합니다."라고 한 19세 청소년이 다음과 같이 설명했습니다. "공허함이란 바로 이런 것입니다. 내가 누구인지, 내가 무엇을 느끼거나 필요로 하는지 알지 못하는 것입니다. 그것은 설명할 수 없는 무언가에 대한 갈망입니다. 공허함은 끔찍한 삶의 방식이며, 공허함에서 벗어날 수 있는 방법은 거의 없습니다."

공허함을 해결해야 하는 이유 이해하기

기억하세요

공허함을 설명하기 어렵다고 느낀다면, 당신은 혼자가 아닙니다. 연구자들도 공허감이 무엇인지 완전히 설명하지 못합니다. 상담사는 공허함을 극복하는 데 사용할 수 있는 기술을 추천할 수 있도록 공허함이 당신에게 어떤 의미인지 설명해 주기를 원할 것입니다. 그렇게 하는 것은 다음과 같은 이유로 중요합니다.

- 공허함은 절망감, 외로움, 고립감과 밀접한 관련이 있습니다.
- 절망감은 자살의 강력한 위험 요인이므로 공허감은 BPD를 가진 사람들을 자살 위험에 처하게 합니다.
- 공허함은 (자살/자해 기준 자체를 제외한) 다른 어떤 BPD 기준보다 자살 사고와 더 밀접한 관련이 있습니다.
- 공허함과 권태는 같은 것이 아닙니다. 때때로 상담사들은 이 두 용어를 같은 의미로 사용하기도 하지만, 단순히 지루함을 덜 느끼게 한다고 해서 공허함이 덜해지는 것은 아닙니다.

주의가 산만해지지 않도록 주의하기

주의

공허함을 느끼는 많은 사람에게는 주의를 다른 곳으로 돌리는 것이 일시적으로 도움이 될 수 있습니다. 주의를 분산시키는 방법들에는 다른 방법보다 더 건강한 것들이 있습니다. 취미, 스포츠, 일, 집안일과 같은 건강한 주의 분산은 공허함을 줄일 수 있지만, 이러한 활동이 끝나면 공허함은 다시 돌아옵니다. 많은 사람이 공허함을 줄이는 데 도움이 될 것이라고 생각하는 덜 건강한 방법 중 하나는 섣부르게 연애를 시작하는 것입니다. 그러나 갑작스럽고 충동적이며 격렬한 관계는 공허감을 줄이는 데 도움이 될 수 있지만, 장단기적으로 부정적인 결과를 초래할 수 있습니다.

공허함을 해결하기 위한 마음챙김 연습하기

공허감이 자신에게 어떤 영향을 미치는지 정확히 파악했다면, 목표가 무엇인지 스스로에게 물어보세요. 공허함을 참을 수 없어서 그 느낌을 끝내고 싶을 가능성이 높습니다. 이 연습을 해 보세요(마음챙김에 대한 자세한 내용은 제9장 참조).

1. 목표 확인하기

집이나 공원, 가까운 도서관 등 조용한 장소를 찾습니다. 호흡에 집중하는 것부터 시작합니다. 천천히 공허한 느낌에 주의를 기울인다. 떠오르는 생각과 판단을 알아차립니다. 이렇게 하면서 생각을 '좋다' '나쁘다' '중립이다'의 세 가지 범주 중 하나로 나누어 봅니다. 이 모든 생각은 내 마음속에서만 일어나고 있다는 것을 알아차립니다. 이러한 생각은 내 외부에 존재하지 않습니다. '나쁘다'고 분류한 경험은 나를 죽이거나 파괴하지 않습니다.

2. 주의 기울이기

DBT의 관찰 기술을 사용하여 공허함을 해결하세요. '나쁜' 생각과 그 생각이 나를 해칠 것이라는 두려움이 짝을 이루고 있는지 알아차립니다. 그 생각을 피하고 싶은 욕구를 알아차립니다. 자, 이제 놀라운 일이 벌어집니다! 이 모든 것을 관찰하는 것만으로도 모든 나쁜 감정과 생각은 좋은 감정과 중립적인 생각과 마찬가지로 지나가고, 흘러간다는 사실을 알아차리고 깨달을 수 있습니다.

TIP

공허함에 주의를 기울이는 것은 공허함을 방해하는 요소가 많지 않을 때 가장 쉽게 할 수 있습니다. 주의가 산만해지면 공허함의 감정을 회피하도록 강력하게 이끌 수 있으므로 주의하세요. 공허함을 피한다고 해서 그것을 극복할 수는 없습니다.

이 연습을 통해 자신이 공허하다는 생각이 기분 좋게 느껴지지 않을 수도 있지만, 그것 역시 하나의 생각일 뿐이며 생각 자체가 자신을 공허하게 만들지는 않는다는 사실을 깨닫게 될 것입니다. 당신 자체가 바로 공허함이라는 것은 아니라는 것을 깨닫게 될 것입니다. 생각으로 가득 차 있는데 어떻게 비어 있을 수 있을까요? 연습을 하다보면 생각과 감정이 사라집니다는 것을 알게 될 것입니다.

기억하세요

공허함을 끝내고 싶다면 단순한 욕망이나 희망 이상의 것이 필요합니다. 자신을 온전하고 충분한 존재로 기꺼이 바라볼 수 있어야 합니다. 정서적으로 민감한 많은 사람은 자신의 삶의 문제에 대해 책임감을 느끼며, 때때로 자신이 친절하고, 똑똑하고, 충성스럽고, 사랑스럽다는 등의 긍정적인 면을 인정하지 않으려 합니다.

외부에서는 이런 점을 알 수 없습니다. 당신의 위대함은 당신 안에 있습니다. 자신의 모든 모습을 받아들이세요. 지금 이 순간 공허함을 느끼고 있다면 그 느낌은 자신의 일부이며, 그 느낌에 열려 있다는 사실을 받아들이도록 하세요. 공허함을 밀어내지 마세요! 공허함을 바꾸고 싶다면 기꺼이 그 감정에 온전히 집중해야 합니다. 자유는 두려움 없이 살아가는 것이며, 자신의 가장 고통스러운 부분을 직면하고 궁극적으로 받아들일 수 있는 것입니다. 공허함은 나의 전부가 아니라 나의 일부입니다. 사랑과 연민으로 기꺼이 맞이하세요.

3. 의식적으로 연습하기

8분 동안 앉아 공허함이라는 단어에 집중하세요. 마음속으로 다음을 수행합니다.

- 처음 2분 동안 숨을 들이마시면서 "나는 공허하다(I am empty)."라고 말합니다. 숨을 내쉬면서 "나는 그것을 좋아하지 않는다."라고 말합니다.
- 다음 2분 동안 숨을 들이마시면서 "나는 공허하다."라고 말합니다. 숨을 내쉬면서 "나는 그것을 바꿀 수 없다."라고 말합니다.
- 다음 2분 동안 숨을 들이마시면서 "나는 공허하다."라고 말합니다. 숨을 내쉬면서 "나는 받아들일 수 있다."라고 말합니다.
- 마지막 2분 동안 숨을 들이마시면서 "나는 공허하다."라고 말합니다. 숨을 내쉬면서 "나는 그것을 받아들일 것이다."라고 말합니다.

제 6 부

DBT 이해와 실천

Dialectical Behavior Therapy

제24장 … 열 가지 마음챙김 연습

제25장 … 우울증을 넘어서는 열 가지 방법

제26장 … DBT에 관한 열 가지 오해와 사실

제6부에서는

- 열 가지 마음챙김 습관을 확인합니다.
- 우울증을 넘어서는 열 가지 방법을 살펴봅니다.
- DBT에 관한 열 가지 오해에 대하여 확인하고 사실을 살펴봅니다.

제24장

열 가지 마음챙김 연습

이 장에서

- 네 가지의 관찰을 해 봅니다.
- 세 가지의 묘사를 해 봅니다.
- 세 가지의 참여를 해 봅니다.

마음챙김은 DBT의 핵심 기술입니다. 이 기술을 연습하고 뇌의 마음챙김 근육을 강화하는 것은 매우 중요합니다. 이 장을 뇌를 위한 열 가지 마음챙김 연습에 대한 지침으로 생각하세요. 제9장에서 언급했듯이 DBT는 마음챙김을 관찰, 묘사, 참여라는 세 가지 기술로 나눕니다. 이것들이 마음챙김을 연습하기 위해 당신이 하는 것입니다. 이 장에서는 세 가지 범주의 여러 연습 방법을 가르칩니다.

기억하세요

당신이 주의 깊게 **관찰**할 때 당신은 단지 알아차리고, 당신이 주의 깊게 **묘사**할 때 당신은 사실만을 사용하여 관찰하고 그것에 이름을 붙입니다. 그리고 당신이 주의 깊게 **참여**할 때 당신은 자의식과 현재 순간에서 벗어나게 하는 생각을 완전히 내려놓고 경험속으로 들어갑니다. 각 연습에는 한마음으로, 판단하지 않고, 효과적으로 수행하기라는 HOW 기술이 내재되어 있음을 알 수 있습니다.

가려움 관찰하기

의자나 바닥에 편안하게 앉은 자세를 취합니다. 손바닥을 위로 또는 아래로 하여 무릎에 부드럽게 얹습니다. 타이머를 2분으로 설정합니다. 눈을 감고 몸의 가려운 곳을 관찰하기 시작합니다. 단순히 관찰합니다. 가려움의 감각, 강도, 그리고 그 과정에서 발견할 수 있는 모든 변화에 주목합니다.

가려움을 관찰하고 그것에 대해 아무것도 하지 않고 단지 알아차리는 것이 연습입니다. 주의를 기울여야 할 것이 많다는 것을 알게 될 것입니다. 마음속에서 무슨 일이 일어나는지 주목합니다. 만약 당신의 마음이 가려움에서 멀어지면 마음이 방황하고 있음을 알아차리고 '방황하는 마음'이라고 이름 붙인 후, 관찰할 가려움을 다시 찾습니다.

삼키고 싶은 충동 관찰하기

의자나 바닥에 편안하게 앉은 자세를 취합니다. 손바닥을 위로 또는 아래로 하여 무릎에 부드럽게 얹습니다. 2분 동안 타이머를 설정합니다. 눈을 감고, 침을 삼키고 싶은 충동을 관찰하기 시작합니다. 삼키지 말고 입안의 감각과 생각을 관찰합니다. 한 걸음 물러나 경험과 그에 따르는 모든 것을 알아차립니다.

손 관찰하기

의자나 바닥에 편안하게 앉은 자세를 취합니다. 1분 동안 타이머를 설정합니다. 두 손을 모아 기도하는 자세를 취합니다. 이제 1분 동안, 손바닥 사이에 마찰이 느껴지도록 손을 앞뒤로 빠르게 문지르기 시작합니다. 타이머 벨이 울리면, 손의 온도와 감각을 관찰합니다. 손의 감각이 정상으로 돌아오는 느낌이 들 때까지 이 동작을 반복합니다.

기억하세요

생각 때문에 정신이 산만해진 것을 느낀다면, 그 순간을 포착하고 주의 깊게 다시 수행에 집중합니다.

단계적 호흡으로 숨 쉬는 것 관찰하기

의자나 바닥에 편안하게 앉은 자세를 취합니다. 손바닥을 위로 또는 아래로 하여 무릎에 부드럽게 얹습니다. 이 연습은 짧게는 2분 동안 할 수도 있고, 더 긴 시간 동안 마음챙김 연습을 할 수도 있습니다.

TIP

눈을 뜨고 이 연습을 해 보세요. DBT는 당신이 삶의 다른 영역에 일반화할 수 있는 기술을 가르치려고 노력합니다. 우리는 대부분의 시간을 눈을 뜨고 생활하기 때문에 이런 방식으로 마음챙김 연습을 하는 것은 눈을 뜨고 있을 때 발생할 수 있는 산만함을 극복하면서 기술을 연습하는 데 도움이 될 수 있습니다. 산만함을 최소화하기 위해 시선을 바닥이나 무릎 등 정면을 향해 부드럽게 내려놓으세요.

단계적 호흡을 연습하는 동안 숫자를 세면서 자신의 호흡을 관찰합니다. 숨을 들이쉬고 내쉬면서 하나(1)를 셀 것이고, 다음 숨을 들이쉬고 내쉬면서 둘(2)을 세는 식으로, 열(10)까지 세는 것입니다. 호흡의 길이를 숫자에 맞추려고 애쓰지 않아도 됩니다. 호흡의 길이를 조절하지 말고 자연스럽게 숨을 쉽니다. 열까지 세면 처음으로 돌아가서 하나부터 다시 시작합니다.

기억하세요

연습하는 동안 마음이 방황하는 일이 많이 발생할 것입니다. 이때 우리가 해야 하는 것은 마음이 방황하는 것을 알아차리고 다시 하나로 돌아가는 것입니다. 열을 넘게 세는 경우가 종종 있는데, 이것은 우리의 주의력이 방황하는 또 다른 방식이며, 세심한 주의를 잃을 수 있습니다. 이런 일이 발생하면 이를 알아차리고 다시 하나로 돌아갑니다. 어떤 사람들은 연습 중에 다른 생각을 하는 자신을 발견하면 '방황하는 마음'이라는 이름을 붙이는 것이 유용하다고 생각합니다. 이 연습 중에 마음이 방황하지 않고 열에 가까워지지 않는 것은 매우 흔한 일입니다. 목표는 반드시 열에 도달하는 것이 아니라 마음이 방황하는 순간을 알아차리고 다시 수행에 집중하는 것이며. 이것이 당신의 마음챙김 근력을 강화하는 것입니다.

소셜 미디어 게시물 설명하기

좋아하는 소셜 미디어 게시물을 찾습니다. 타이머를 2분으로 설정하고 보이는 내용을 설명하거나 이름을 붙입니다. 사실에 충실합니다. 판단, 약어, 또는 편집 기능을 사용하는 것을 피합니다. 이제 마음에 들지 않는 게시물을 찾습니다. 다시 타이머를 2분으로 설정하고 눈에 보이는 내용을 주의깊게 설명합니다. 사실에 충실합니다!

어렵거나 고통스러운 감정 설명하기

의자나 바닥에 편안하게 앉은 자세를 취합니다. 손바닥을 위로 또는 아래로 하여 무릎에 부드럽게 얹습니다. 잠시 시간을 내어 현재 겪고 있는 어려운 감정과 접촉합니다. 이 감정이나 감정적 경험에 대한 판단, 나 자신 또는 이 경험과 관련이 있을 수 있는 다른 사람을 찾습니다. 이러한 설명들을 적어 두는 것이 도움이 될 것입니다.

그런 다음, 감정과 경험에 대한 비판단적인 설명으로 자신의 판단을 대체합니다. 방금 나열한 판단적인 관찰 옆에 이러한 설명을 적을 수 있습니다. 감정을 있는 그대로 묘사할 때와 판단적으로 묘사할 때 몸에서 느껴지는 감정에 주의를 기울입니다. 다음에 고통스럽거나 어려운 감정을 경험할 때 감정을 있는 그대로 묘사하는 연습을 해 봅니다.

주변의 소리 묘사하기

의자나 바닥에 편안하게 앉아 보세요. 손을 무릎 위에 부드럽게 올려 놓으세요. 손바닥은 위쪽이나 아래쪽을 향할 수 있습니다. 이 연습은 걷는 동안 야외에서도 할 수 있습니다. 연습을 짧게 하고 싶다면 2분 동안 타이머를 설정할 수 있으며, 길게 하고 싶다면 하고 싶은 만큼 시간을 연장할 수 있습니다.

주변의 소리에 집중하세요. 소리를 듣고 나면 그것을 명명한 후 다음 소리를 찾으세요. 소리를 명명한 후 이에 대해 생각하기 시작할 때를 알아채 보세요. 예를 들어, '누군가 사탕 껍질을 벗기는 소리를 듣는다'고 생각한 후 그것이 어떤 사탕인지 생각하기 시작하게 되고, 마지막으로 사탕을 먹은 게 언제인지를 떠올리게 되는 등의 생각에 빠질 수 있습니다. 이것은 당신의 마음이 생각으로 흐르는 예에 해당합니다. 그럴 때마다 마음을 붙잡고 주의를 다시 연습으로 돌리세요.

한 발로 서 보기

많은 사람이 자신의 균형 감각에 대해 매우 엄격하게 판단합니다. 2분 동안 타이머를 설정한 후 한쪽 다리로 서 보세요. 판단과 걱정 없이 운동에 몰두하세요. 이러한 생각을 주의 깊게 듣고 마치 지금 이 세상에 한쪽 다리로 서는 것 외에는 아무것도 중요하지 않은 것처럼 연습에 마음을 돌려놓으세요.

잘 안 쓰는 손으로 써 보기

양손잡이가 아닌 대부분의 사람은 잘 안 쓰는 손으로 글을 쓰는 데에 자신이 없습니다. 이 작업은 마음챙김을 연습할 수 있는 아주 좋은 기회입니다. 종이와 펜을 꺼내세요. 잘 안 쓰는 손을 사용해 알파벳 쓰기 연습을 두 번 하세요. 먼저 모든 문자를 대문자로 쓰고 그 다음 소문자로 다시 써 보세요. 이 경험에 몰입하고, 자기 판단을 인식하고, 흘러가게 하세요.

운전하기

우리는 종종 운전과 동시에 여러 일을 합니다. 이 연습을 위해 당신은 자동차 운전이라는 작업에 완전히 몰두할 것입니다. 당신은 이 한 가지에만 집중하게 될 것입니다. 목적지까지 마음챙김하며 운전할 것이라는 의도를 정하세요. 직장, 학교 또는 체육관으로 가는 길이나 아이들을 데리러 가는 길, 슈퍼마켓 들르기와 같은 잦은 심부름과 같이 자주 가는 운전 경로를 고르세요. 음악을 끄고 휴대전화를 내려놓으세요. 당신이 해야 할 모든 일은 오직 운전입니다. 운전을 마친 후 이 경험이 어땠는지 인식하세요.

제25장

우울증을 넘어서는 열 가지 방법

이 장에서

- 운동, 건강한 식단, 수면으로 당신의 몸을 돌봅니다.
- 명상, 이완, 야외활동을 위한 시간을 만들어 봅니다.
- 타인, 반려동물, 당신의 내적 신념과 연결합니다.

우울감을 느끼는 많은 사람은 항우울제를 복용합니다. 그러나 이 약을 복용하는 사람들 모두가 약의 효과를 느끼지는 않습니다. 확실히 항우울제 복용에는 위험이 따르기도 합니다. 매일 약을 복용하는 데에는 몇 초밖에 걸리지 않지만, 이 약을 복용하는 사람들은 부작용을 경험할 수도 있고, 보험에서 항상 전액을 지원하지는 않아 경제적 부담이 따르기도 하며, 약 자체가 효과적이지 않을 수 있기도 합니다. 이 장에서 알게 될 것처럼 우울증과 불안을 대처하는 데에 약물을 사용하지 않는 다른 방법도 있습니다. 혹은 약물을 사용하더라도 그 효과를 향상시킬 수 있습니다.

운동하기

약을 복용하지 않고 우울감과 싸우는 데에 가장 효과적인 방법은 아마도 운동일 것입니다. 운동하는 사람들은 더 나은 기분을 경험하며, 이것은 그들의 체력 향상과 독립적입니다. 연구 결과에 따르면 운동의 지속시간이나 강도보다 운동의 빈도에 초점을 두어야 한다는 점이 중요합니다. 항우울제와 유사한 효과는 주당 150분, 즉 주당 2.5시간 이상 운동할 때 나타납니다. 다시 말해, 주 5일, 하루 30분씩 이루어지는 꾸준한 운동은 부작용이 없는 기분 향상제(mood enhancer)가 될 수 있습니다.

기억하세요

오랫동안 운동하지 않았거나 운동을 처음 해 보는 사람이라면 먼저 의사와 상의하여 운동을 방해하는 근본적인 건강 상태가 없는지 확인해야 합니다.

명상하기

마음챙김 명상의 영향에 대한 연구가 많아질수록 그것이 우울증과 불안을 줄이는 데 유용하다는 것이 밝혀지고 있습니다. 마음챙김 기반 인지 치료법(Mindfulness-Based Cognitive Therapy: MBCT)으로 알려진 마음챙김의 한 형태가 우울증으로 재발할 위험이 있는 사람들을 돕는다는 더 강력한 증거가 있습니다. MBCT는 일주일에 한 번 참석하는 8주 과정으로, 매 회기는 2시간이고, 5주차에는 온종일 수업이 진행됩니다. 이 과정은 매우 성공적이었고, 영국에선 MBCT가 국민건강서비스(NHS)에서 재발하는 우울증에 대한 치료법이 되고 있습니다.

기억하세요

운동과 명상 둘 다 우울증을 줄이는 데 도움이 되는 것으로 나타났지만, 최신 연구는 이 둘을 결합하면 우울증 증상이 현저하게 감소한다는 것을 보여 줍니다.

TIP

MBCT에 대해 더 많은 정보는 https:/mbct.com에서 찾을 수 있습니다.

가공식품 줄이기

주의

특히 서양에선 지나치게 가공되고 처리된 음식은 건강 악화의 주요 요인으로 작용한다고 알려져 있습니다. 우리 식단은 높은 함량의 포화 지방과 가공된 설탕으로 인해 열량이 높은 경향이 있습니다. 결과적으로 우리의 몸이 그것들을 분해할 필요는 줄어들게 됩니다. 의외로 이것은 극도로 높은 수준의 비만을 초래하고 있습니다. 그러나 신체뿐만 아니라 정신도 악영향을 받습니다. 많은 연구는 비만인 사람들이 우울증과 불안과 같은 정신건강 문제의 발병률이 더 높다는 것을 보여 줍니다.

반면 덜 가공되고, 덜 처리되고, 칼로리가 적은 음식을 먹는 사람들은 우울증의 위험이 적습니다. 우울증, 불안, 음식 섭취의 관계를 측정하는 것의 복잡성을 고려할 때, 그 원인과 결과를 연구하는 것은 어렵지만, 점점 더 많은 근거가 덜 가공된 식단을 포함한 생활 방식의 변화가 덜 민감하고, 덜 불안하며, 덜 우울한 뇌를 갖는 데 기여한다는 것을 보여 줍니다.

기억하세요

식단에 급격하거나 주요한 변화를 주기 전에 의사나 영양사에게 연락하여 고려 중인 변화가 건강하고 균형이 잡혀 있는지 확인해야 합니다.

알코올과 다양한 약물 조심하기

많은 연구는 약물사용장애로 진단받은 사람들이 흔히 우울증과 같은 기분장애를 가지고 있다는 것을 보여 줍니다. 구체적으로, 특히 많은 양의 알코올은 뇌의 화학적 변화로 이어져 불안과 우울증으로 이어집니다. 과도한 양의 알코올을 마시는 사람들은 과도하게 마시지 않는 사람들보다 불안과 우울증에 걸릴 가능성이 최대 3배 높습니다. 술을 마시는 우울한 사람들은 또한 술을 마시지 않는 우울한 사람들보다 자살할 위험이 훨씬 더 높습니다. 단기적으로 보면 과도한 음주의 중단이 약간의 우울한 증상을 유발할 수 있지만, 장기적으로는 알코올 섭취의 중단 또는 현저한 감소가 신체 및 정신건강의 다양한 측면에서 개선을 일으킵니다.

그러나 많은 약물이 우울증을 악화시키는 반면, 일부 약물은 도움이 되는 것으로 보입니다. 그중 하나는 카페인입니다. 널리 사용되는 정신 활동성 약물인 카페인은 주의력, 경계심 및 기분을 향상할 수 있습니다.

기억하세요

DBT 관점에서의 초점은 특정 약물보단 그것이 개인에게 미치는 영향에 더 있습니다. 어떤 사람들이 약물과 알코올을 사용할 때 매우 우려스러운 효과를 경험할 수 있는 것은 사실이지만, 다른 사람들은 그렇지 않을 수도 있습니다. DBT 상담사는 내담자와 긴밀히 협력하여 그 약물들이 내담자의 기분에 영향을 미치는지 평가할 수 있습니다. 만약 당신이 약물사용장애가 있을지도 모른다고 걱정하거나 다른 사람들이 당신을 걱정한다면, 의사는 당신에게 구체적인 치료 방법과 상담을 추천할 수 있습니다.

충분한 수면 취하기

많은 사람에게 숙면은 그들의 정신적 · 신체적 건강의 기반입니다. 우울증은 주요 수면 장애와 관련이 있으며, 우울증을 가진 많은 사람은 상당한 불면증을 보고합니다. 악순환적인 것은 불면증을 가진 사람들이 또 우울증에 걸린다는 것입니다.

TIP

수면을 개선하는 것은 우울증의 영향을 줄입니다. 우리는 더 나은 수면을 위해 다음의 노력들을 할 수 있습니다.

- **특정한 화학물질을 피하세요.** 이것들은 카페인, 알코올, 니코틴, 그리고 수면을 방해할 수 있는 자극제를 포함합니다.
- **침실을 수면 전용 환경으로 바꾸세요.** 이것은 암막 커튼 사용, 백색소음 기계 사용, 수면 안대 착용, 모든 모니터와 스크린 제거, 반려동물을 방에 들어오지 못하게 하거나, 방을 15~20℃로 시원하게 유지함으로써 달성될 수 있습니다.
- **취침 전 편안하게 하는 루틴을 설정하세요.** 따뜻한 목욕, 잡지의 기사 읽기, 특정 TV 프로그램 보기, 그리고 편안한 호흡 운동 연습과 같은 활동은 위안이 될 수 있습니다. 반면, 스트레스를 주는 상호작용이나 활동은 피하고, 이것들은 다음 날을 위해 남겨 두세요. 루틴에는 매일 밤 같은 시간에, 30분 안에 잠자리에 드는 것이 포함되어야 합니다.
- **피곤할 때 잠을 청하세요.** 많은 사람은 자려고 할 때 반드시 잠에 들 수 있어야 한다고 생각하지만, 그럴 수 없이 뒤척이고만 있는 자신을 발견하게 됩니다. 만약 20분 안에 잠들지

않는다면 침대에서 일어나 침실을 떠나서 다시 잠자리에 들기 전에 편안한 활동을 해야 합니다.

>> 낮잠을 피하세요. 낮잠이 필요하다면, 잠자리에 들기 바로 전보다 이른 오후에 자야 합니다.

>> 취침 전에 과식하지 마세요. 잠자리에 들기 직전에 과식을 하는 사람들은 자주 불면증을 경험합니다. 저녁 식사는 취침 몇 시간 전에 끝내야 하고, 간식이 필요하다면 가벼운 간식이 되어야 합니다.

>> 수분을 잘 유지하세요. 이것은 우리가 생각하는 것보다 더 많은 수분을 잃는 여름에 특히 중요합니다. 목이 말라 깨지 않도록 저녁에 무알코올, 무카페인 음료를 충분히 마셔야 하지만, 화장실에 자주 갈 정도로 마셔야 하는 건 아닙니다.

>> 운동하세요. 이 장의 앞부분에서 다뤘듯이 운동은 수면을 촉진하는 데 종종 도움이 됩니다. 그러나 운동을 취침 시간과 너무 가깝게 하면 지나치게 자극적일 수 있고, 반대의 효과를 가져올 수 있습니다. 때문에 어떤 운동이든 늦어도 취침 3시간 전까지는 마쳐야 합니다.

사회적 상호작용과 친밀한 관계 유지하기

항우울 효과를 나타내는 또 다른 주요 요인은 사회적 상호작용의 유무와 관계의 질입니다. 특히 노년층의 외로움은 우울증 및 자살과 높은 상관관계가 있습니다. 반면 친구 및 가족과의 지지적이고 연결된 관계는 정신건강과 심리적 웰빙을 유지하고 심지어 개선하는 것으로 오랫동안 밝혀져 왔습니다.

기억하세요

사회적 연결에 대한 욕구는 인간의 본성에 깊숙이 뿌리내리고 있습니다. 이는 유대감 및 친밀한 관계와 직접적으로 관련된 모든 신경, 호르몬, 유전적 요인과 함께 진화해 왔으며, 진화론적 관점에서 볼 때 인간 종의 생존과도 직결되어 있습니다.

이로 인해 압도적인 고립감과 관계 상실감은 인지력 저하와 우울증과 같은 기분 상태의 악화로 이어집니다. 관계의 상실은 우울증, 면역 체계 기능 저하, 체중 증가와 관련된 코르티솔의 증가 및 수면의 악화로 이어질 수 있습니다. 반면, 다른 사람들과 다시 연결되고 유지되면 고립으로 인한 이러한 부정적인 영향이 역전되어 우울증이 감소합니다.

일상에서 여가와 휴식 시간 갖기

우울증 관리의 또 다른 요소는 즐거운 여가 활동 일상에 포함시키는 것입니다. 취미, 스포츠, 정원 가꾸기, 요리 또는 집안일이 아닌 다른 활동과 같이 자기를 돌보는 활동들은 우울증에 대처할 수 있게 해 줍니다. 기존에 해 오던 여가 활동이든 새로운 기술을 익혀서 시작하려는 여가 활동이든, 이러한 순간은 즐거움을 경험하고 우울증 내담자를 괴롭히는 반추와 걱정에서 벗어나 마음을 돌릴 수 있는 기회를 제공합니다.

TIP

이러한 활동은 단독으로 정신건강을 증진하는 기술은 아니지만 감정 조절 모듈의 ABC PLEASE 기술의 핵심 부분이며, DBT 상담사가 내담자에게 연습하도록 권장하는 기술입니다(자세한 내용은 제10장 참조).

자연 환경에 자주 노출하기

많은 환경적 요인이 정신건강 상태와 관련이 있는 것으로 밝혀졌습니다. 여기에는 녹지 공간에 대한 접근성, 소음, 대기, 수질 오염 및 기후와 같은 요인이 포함됩니다.

증거 기반이 가장 큰 환경적 요인은 공원, 숲, 농경지 등 녹지 공간에 대한 노출입니다. 이러한 노출은 청소년기와 성인기의 여러 정신질환 발병 위험을 낮추는 것으로 나타났습니다. 2019년에 발표된 덴마크의 대규모 연구에서 위성 이미지를 사용하여 주거용 녹지 공간을 추적한 연구진은 거의 백만 명의 덴마크인을 대상으로 설문조사를 통해 시민들의 정신건강을 조사했습니다. 그 결과, 주변 녹지 공간이 가장 적은 곳에서 자란 시민은 우울증이나 불안과 같은 정신질환이 발생할 위험이 55%나 높다는 사실을 발견했습니다.

단순히 자연에 있는 것만으로도 정신건강이 개선될 수 있지만, 이러한 개선은 깨끗한 공기와 햇빛에 노출된 결과일 수도 있습니다. 햇빛에 노출되면 비타민D 수치가 높아져 우울증 증상이 감소한다는 연구 결과가 있습니다.

반려동물과 다른 동물들 돌보기

이는 다른 반려동물에게도 적용될 수 있지만, 반려동물이 정신건강을 개선하는 역할에 대한 대부분의 연구는 개를 대상으로 이루어졌습니다. 개를 키우면 다른 생명에 대한 목적의식과 책임감이 생기게 됩니다. 개는 육체적 애정과 무조건적인 사랑을 제공합니다. 연구에 따르면, 개를 키우면 스트레스, 불안, 우울증이 줄어든다고 합니다. 개와 함께 놀면 뇌에서 옥시토신과 도파민과 같은 기분 좋은 화학 물질이 증가하여 전반적으로 긍정적인 느낌을 줍니다. 개를 키우면 개를 키우는 것 자체뿐만 아니라 다른 개 주인과의 만남으로 인해 외로움을 줄일 수 있습니다. 개를 키우면 규칙적인 운동 스케줄을 지켜야 하기 때문에 운동을 하게 합니다. 마지막으로, 개를 키우는 사람은 혈압이 낮고 심장병에 걸릴 확률이 낮기 때문에 신체 건강도 개선됩니다.

개뿐만 아니라 정신건강 질환이 있는 사람들이 동물들과 함께 보내는 시간은 우울증과 불안의 발병률을 낮추는 것으로 나타났습니다.

신앙과 기도를 위한 시간 갖기

종교와 영성은 기대 수명 연장, 전반적인 삶의 질 향상 등 건강 개선과 관련이 있습니다. 흥미로운 발견은 단순히 제도적 종교의 교리를 따르는 것이 아니라 개인적인 헌신과 내면의 믿음이 정신건강 증진과 관련이 있다는 것입니다.

뇌 영상 연구에 따르면, 기도는 뇌의 보상 중추, 특히 즐거움을 느끼지 못하고 우울증의 핵심 증상인 무감각쾌감증(anhedonia)과 관련된 영역의 활동을 증가시키는 것으로 나타났습니다. 기도는 뇌의 보상 중추를 활성화하여 무쾌감증을 감소시킴으로써 우울증 감소로 이어질 수 있습니다.

제26장

DBT에 관한 열 가지 오해와 사실

이 장에서

- DBT에 대한 오해를 파헤칩니다.
- DBT에 대한 사실을 확인합니다.

잘못된 정보는 지난 수년간 정신건강 분야에 퍼져 왔습니다. 대량 정보의 시대를 맞이하여 잘못된 정보가 넘쳐났으며, 일반적으로 치료에 관한 잘못된 정보, 특히 DBT에 관한 잘못된 정보를 간과해 왔습니다. DBT에 관해 의구심이 든다면, 이를 다시 살펴보고 사실과 비교해 보는 것이 필요합니다.

오해: DBT는 경계성 성격장애 내담자에게만 쓰일 수 있다

사실 방대한 양의 연구에 따르면, DBT는 경계성 성격장애(BPD)보다 다른 정신 상태에 도움이 될 수 있다는 것이 밝혀졌습니다. DBT는 섭식장애, 우울증에 효과적이며 양극성 정동장애, 양극성장애, 외상 후 스트레스 장애, 물질 남용과 같은 상태에 놓인 사람에게 병행하기 좋은 치료법입니다.

TIP

http://behavioraltech.org/research/evidence에서 이에 관해 뒷받침하는 증거가 늘어나고 있다는 것을 알 수 있습니다.

오해: DBT 상담사는 매뉴얼에 적힌 기술을 기계적으로 가르치며, 이는 실제 치료가 아니다

사실 DBT에서 배우는 기술이 모두 워크북 메뉴얼에 있긴 하지만, DBT는 상담사와 내담자 모두의 현실 관계에 몰입해서 치료하는 치료법입니다. 이때 두 사람에게 스스로 감정을 조절하는 법을 알려 주고, 문제라고 생각했던 행동을 변화시킬 수 있도록 행동적 기술과 관점을 적용합니다.

DBT를 연구한 마샤 리네한 박사는 이 관계를 밝혀냈으며, 상담사와 내담자 간 진정한 상호작용이 있다면 단단한 치료적 관계를 통해 효과적인 치료가 가능할 것이라는 것도 밝혀냈습니다. 이 관계는 상담사와 내담자 각각 솔직하고 취약해질 수 있는 관계이며, 여기에는 '치료적 관계와 상담사의 자기 개방'이 포함됩니다. 이는 분석가들이 분석 과정에 실제 관계를 동반한 자기 개방 심리 치료의 주요 위험성을 주장하는 전통적인 역동적 정신치료와 극명하게 대조됩니다. 역동적 정신치료법은 내담자가 자신의 환상을 투사하는 것을 막고 상담사와의 관계를 왜곡시켜 치료의 효과를 손상시킬 것입니다.

오해: DBT를 통해 효과가 나타나기까지 오래 걸린다

사실 표준화된 DBT 치료는 6개월이라는 치료 기간이 필요하며, 때로는 치료 기간이 6개월이 더 늘어나기도 합니다. 이는 집단 치료를 동반하고, 마음챙김 기술, 대인관계 기술, 고통 감내), 감정 조절(제3장 참조)에 필요한 모든 기술을 가르치는 데 6개월이 걸리기 때문입니다. 개인 치료는 주 1회 또는 2회 진행되며, 집단 치료는 주 1회 진행됩니다. 정신분석으로 알려진 치료법과 대비되는 부분입니다. 정신분석은 일반적으로 주 3회에서 5회 진행되며, 일반적으로 치료 기간이 달라지는 치료법과 달리 5년에서 6년, 또는 그 이상이 걸리기도 합니다.

오해: DBT는 자살 예방 치료이다

기억하세요

사실 DBT는 자살 예방 프로그램이 아닙니다. 오히려 자살을 극도의 고통에서 벗어나는 유일한 방법이라고 믿는 사람들을 '치료'해 주는 방법입니다. DBT는 내담자에게 수많은 대안이 있다는 것을 강조하며, 삶의 비참함의 반대편에서 삶의 가치를 발견할 수 있다는 것을 강조합니다. DBT에 따르면, 사람들이 자살을 고려할 때 고통을 끊어 낼 다른 방법이 있다는 것을 알지 못합니다. 이에 DBT는 (제3부에서 다루었듯이) 고통에서 벗어날 수 있는 방법을 알려 줍니다. 물론 자살 행동과 자해 행동이 DBT의 주요 치료 대상이지만 치료 대상이 이들에만 국한되지는 않습니다. DBT는 삶을 통제하기 어려운 사람들을 돕고 의미를 되찾아 주는 기술을 알려 줍니다.

오해: 다른 치료법으로 효과를 보지 못했다면, DBT도 효과가 없다

사실 다른 치료법으로 효과를 보지 못한 내담자들이 DBT에서 치료되는 경우가 많습니다. 이는 일반적으로 다른 치료법들이 감정 조절 문제, 자살 행동 및 자해 행동을 야기하는 기술의 결함을 치료하기 위해 고안되지 않기 때문입니다. DBT는 내담자에게서 문제점을 파악했다는 것만으로 문제가 해결될 수 없다는 사실을 인지합니다. 많은 사람이 흡연이 건강에 해롭다는 것을 아는데도 흡연을 계속합니다. DBT는 기술의 결함을 인지하고 이를 새로운 기술의 교육, 구현, 적용과 결합합니다. 또한 새롭게 얻은 기술을 한 사람의 인생과 관련된 모든 방면에 적용시키기 위해 전화로 코칭하기도 합니다.

오해: DBT를 시작했다면 중간에 그만둘 수 없다

사실 DBT는 회복 기반 치료입니다. 즉, 내담자가 삶을 영위해 나가는 데 필요한 기술을 익혔다면 이 기술을 삶에 접목시켜 보고 사용해 볼 수 있다는 것을 의미합니다. DBT를 끝낸 내담자 대부분은 고통을 덜 느끼면서 삶을 의미 있게 살아 나갑니다.

오해: 불교를 믿어야만 DBT를 할 수 있다

사실 비록 리네한 박사가 기독교와 선(zen) 명상을 통해 마음챙김을 발전시켰지만, DBT(제9장 참조)의 마음챙김 기술은 일상에서의 수행과 종교적인 수행 모두에서 공통적입니다. DBT는 의식과 주의력을 발휘하는 기술로서 마음챙김에 중점을 둡니다. 독실한 신자들, 불가지론자(agnostics), 무신론자들은 그들의 종교적이거나 종교를 믿지 않는 철학, 삶에 대한 관점을 바꿀 필요 없이 마음챙김과 DBT를 실천할 수 있습니다.

오해: DBT는 컬트 집단이다

사실 만약 컬트(cult)가 '일반인들이 보기에 이상하거나 이단으로 여겨지는 종교적 믿음이나 관심을 가진 소수집단' 또는 '특정한 사람에 대한 잘못되거나 지나친 몰입'으로 정의된다면, DBT는 이에 해당하지 않습니다. DBT에는 종교적 기반이나 비밀 집단도 아니고 정해진 의례도 없습니다. 대신 과학적 방법을 사용하여 고통, 자살 사고, 자기 파괴적 행동의 감소를 측정합니다.

기술적 사항

일부 사람은 리네한 박사의 경건함이 DBT를 컬트처럼 보이게 한다고 주장하지만, 이러한 찬사는 보통 그녀가 개발한 치료의 혜택을 받은 내담자들과 DBT가 이치에 맞고 가장 문제가 많은 상담사를 도울 수 있게 해 주는 치료 시스템이라고 생각하는 상담사로부터 나온 말입니다. 사람들은 페니실린을 발견한 알렉산더 플레밍(Alexander Fleming)과 인슐린을 발견한 프레드릭 밴팅(Frederick Banting)을 존경했고, 많은 사람이 사람들의 목숨을 구한 제세동기를 개발한 사람에게 감사를 표합니다.

오해: DBT가 효과가 있다는 증거는 거의 없다

사실 수십 년 동안 치료하기 어려운 BPD와 같은 조건에서 DBT의 성과는 훨씬 더 효과적이며, GPM(General Psychiatric Management), DBT, MBT(Mentalization-Based Therapy), TFP(Transference-Focused Psychotherapy), SFT(Schema-Focused Therapy) 등 BPD에 대한 다양한 증거 기반 치료가 존재합니다. 이 중에서 DBT는 가장 잘 알려져 있고, 가장 잘 연구되었으며, 증거 기반 치료법 중에서 가장 널리 이용이 가능합니다.

TIP

게다가 DBT 연구자들은 그것이 좋든 아니든 모든 결과를 기꺼이 발표하고 개방적이었으며, 이것들에 대해서는 다음에서 더 자세히 찾아볼 수 있습니다.

>> https://behavioraltech.org/research/evidence/
>> https://depts.washington.edu/uwbrtc/about-us/dialectical-behavior-therapy/
>> https://blogs.cuit.columbia.edu/dbt/research-studies-on-dialectical-behavior-therapy/

오해: DBT는 정신질환의 '근본 원인'에 관심이 없다

사실 DBT는 모든 행동에 원인이 있으며, 모든 원인에는 더 근본적인 원인이 있다고 믿습니다. DBT가 현재와 최근의 행동에 초점을 맞추는 것은 사람들이 과거의 사건보다 최근의 사건을 기억할 가능성이 훨씬 높다는 생각에 근거합니다. 또한 오늘 아침에 일어난 일과 지금 일어나고 있는 일 사이의 연관성은 종종 수년 전이나 어린 시절과 현재 사이에서 일어난 일보다 훨씬 명확하고 그 변수가 적습니다. 분명히 말하자면, DBT는 사실 사람들의 행동사슬 분석에 나타나는 더 먼 원인들도 다루고 있습니다. 내담자가 더 이상 위험하고 자기 파괴적인 행동으로 힘들어하지 않을 때 다른 모든 상담사처럼 DBT 상담사들도 이것이 내담자의 목표라면 더 먼 과거 또한 살펴봅니다.

Gillian Galen(PsyD)

성인, 청소년, 가족을 대상으로 하는 변증법 행동치료(DBT)의 전문가다. 그녀는 McLean 병원의 3East(DBT 전문 프로그램) 여성 전일제 기숙 DBT 프로그램의 디렉터로, 경계성 성격장애(BPD)와 관련 장애를 가진 젊은 여성을 위한 특별한 기숙 치료 프로그램을 진행하고 있다. DBT 치료사 교육에 헌신하는 Galen 박사는 3East 프로그램 부소장이며, DBT와 마음챙김에 대한 임상 교육과 강의를 진행한다. 2009년부터 McLean 병원에서 심리학자로 활동해 온 그녀는 3East 프로그램에서 박사 후 연구원 과정을 마쳤으며, 심리치료에서 마음챙김의 적용에 특별한 관심을 가지고 있다. 또한 하버드 의과대학의 심리학 강사로 강의를 하고 있다. Galen 박사는 Blaise Aguirre 박사(MD)와 공동으로 New Harbinger Publications에서 출판된 『Mindfulness for Borderline Personality Disorder: Relieve Your Suffering Using the Core Skill of Dialectical Behavior Therapy』와 『Coping with BPD: DBT and CBT Skills to Soothe the Symptoms of Borderline Personality Disorder』라는 두 권의 책을 집필했다.

Blaise Aguirre(MD)

아동, 청소년, 성인을 대상 심리치료의 전문가로, 특히 변증법 행동치료(DBT)의 임상적 적용의 전문가다. DBT 트레이너이자 McLean 병원의 3East 책임자로서, BPD와 관련 장애를 가진 젊은이를 위한 기숙 프로그램 및 외래 환자 DBT 프로그램을 운영하고 있다. 2000년부터 McLean 병원에서 정신의학과 전문의로 활동해 온 Aguirre 박사는 청소년의 기분 및 성격 장애 치료 분야에서 국제적으로 인정받는 연구와 작업을 수행해 왔다. 현재 하버드 의과대학 정신의학과 조교수로 재직 중이며, 전 세계적으로 DBT와 BPD에 대해 강의하고 있다. Aguirre 박사는 Fair Winds Press와 New Harbinger Publications에서 출판된 『Borderline Personality Disorder in Adolescents: A Complete Guide to Understanding and Coping When Your Adolescent Has BPD』 『Mindfulness for Borderline Personality Disorder: Relieve Your Suffering Using the Core Skill of Dialectical Behavior Therapy』 그리고 『Coping with BPD: DBT and CBT Skills to Soothe the Symptoms of Borderline Personality Disorder』 등의 책을 집필했다.

김동일(Kim, Dongil)

서울대학교 사범대학 교육학과 교육상담전공 교수 및 서울대학교 대학원 특수교육전공 주임교수, 장애학생지원센터 상담교수, 서울대학교 특수교육연구소 소장, 서울대학교 평의원(SNU Senator, 교육위원장)으로 재직하고 있다. 서울대학교 교육학과를 졸업하고 교육부 국비유학생으로 선발되어 미네소타 대학교 교육심리학과에서 석사 및 박사 학위를 취득했다.

Developmental Studies Center, Research Associate, 한국청소년상담원 상담교수, 경인교육대학교 교육학과 교수, 한국학습장애학회 회장, 서울대학교 사범대학 기획부학장(실장), 여성가족부 청소년보호위원회 위원, ㈔한국교육심리학회 회장, 한국특수교육학회 부회장, 서울대학교 대학생활문화원(상담센터) 원장 등을 역임했다. 국가수준의 인터넷중독 척도와 개입연구를 진행하여 정보화 역기능예방사업에 대한 공로를 인정받아 행정안전부 장관 표창을 받았고, 교육부 학술연구지원사업의 연구 성과 선정으로 교육부장관 학술상(2020년 제20-1075호), 연구논문과 저서의 우수성을 인정받아 한국상담학회 학술상(2014-2/2016/2022)과 학지사 저술상(2012), 서울대학교 학술교육연구상(연구부문 2023), 제1회 서울대학교 사범대학 교학상(연구부문, 2023), 교육부 장관 학술상(2020) 등을 수상했다.

현재 SSK 교육사각지대 학습자 연구사업단 단장, BK21FOUR 혁신과 공존의 교육연구사업단 단장, 한국아동청소년상담학회 회장, 여성가족부 학교밖청소년지원위원회(2기) 위원, 국무총리실 사행산업통합감독위원회(중독분과) 민간위원 등으로 봉직하고 있다.

『청소년 상담학 개론: 한국아동청소년상담학회 연구총서 1』(공저, 학지사, 2020), 『DSM-5에 기반한 학습장애아동의 이해와 교육』(3판, 공저, 학지사, 2016), 『지능이란 무엇인가: 인지과학이 밝혀낸 마음의 구조』(역, 사회평론, 2016)를 비롯하여 70여 권의 저·역서가 있으며, 300여 편의 전문 학술논문(SSCI/KCI)을 등재했고, 30여 개의 표준화 심리검사를 발표했다.

한국아동 · 청소년상담학회 연구총서 19

변증법 행동치료(DBT), 새롭게 다시 보기
DBT for dummies

2026년 1월 5일 1판 1쇄 인쇄
2026년 1월 10일 1판 1쇄 발행

지은이 • Gillian Galen · Blaise Aguirre
옮긴이 • 김동일
펴낸이 • 김진환
펴낸곳 • (주)학지사
04031 서울특별시 마포구 양화로 15길 20 마인드월드빌딩
대표전화 • 02-330-5114 팩스 • 02-324-2345
등록번호 • 제313-2006-000265호

홈페이지 • http://www.hakjisa.co.kr
인스타그램 • https://www.instagram.com/hakjisabook

ISBN 978-89-997-3531-8 93180

정가 27,000원

역자와의 협약으로 인지는 생략합니다.
파본은 구입처에서 교환해 드립니다.